《自然の現象学》第五編

他性と場所 I

中 敬夫●著

萌書房

序

これまで筆者は「自然の現象学」という表題のもと、感性論（空間と時間）ならびにその論理（「多なき一」もしくは「一における一」）について扱った『自然の現象学――時間・空間の論理――』（世界思想社、二〇〇四年）、実在（自然）と表象（歴史・文化）の関係を主題化した『歴史と文化の根底へ――《自然の現象学》第二編――』（世界思想社、二〇〇八年）、自由（行為）と非自由（無為）について論じた『行為と無為――《自然の現象学》第三編――』（萌書房、二〇一一年）、そして身体の発生論的構成の問題を俎上に載せた『身体の生成――《自然の現象学》第四編――』（萌書房、二〇一五年）という四冊の書物を上梓してきた。本書はこの「自然の現象学」のシリーズのなかでは第五作目に当たり、「他性と場所」というテーマのもとに「他者の他性」や「神の他性」について「場所」の観点から考察しようとする論攷の、前半部ということとなる――この点に関しては少し説明を要する。

もともと筆者は本書を最後に「自然の現象学」の連作を一応完結させるつもりで、この他者論に関しては早くから考察のターゲットを絞っていた。そのうえ同じ「他性と場所」という研究課題名で二〇一五年度から一九年度にかけての五年間、JSPS科研費15K02009の助成を受けることが決定したということもあって、筆者はまず五章から成る『他性と場所――《自然の現象学》第五編――』を構想し、その第一章ではフッサールからメルロ＝ポンティにいたるまでの「二〇世紀の古典的他者論」について論じ、第二章ではレヴィナスの他者論をデカルトの「無限」

の観念を手掛かりに捉え直し、第三章でレヴィナスの倫理学についてわれわれ自身の観点から批判的に検討したのちに、第四章で自我と非我の分化・成立に関するフィヒテ哲学を、そして第五章では「場所」そのものの考えに関して西田哲学を主題化する予定であった——その構想そのものに、何ら変更があったわけではない。しかし二〇一五年に本書第一章、翌一六年に第二章を脱稿し、さらに一六年から一七年にかけて第三章まで書き上げたときには、すでに原稿は四〇〇字詰め換算で一一〇〇枚を超える大部となっていた。このぶんでは第五章までゆくと二〇〇〇枚以上になってしまうのではないか、それでは誰も通読してくれる者などいなくなってしまうのではないかと危惧したことが一つ。もう一つには第三章までの他者論には一応の〔現象学的な?〕連続性があるのに対し、第四章以降は明らかに調子《トーン》が変わってしまうということもあって、最初の三章までを『他性と場所』の前半部として、一箇の著作というかたちで出版しておいたほうがよいのではないかというのが、今回筆者がくだした結論である。

　それゆえ本書は続編を持つことになるが、しかし、一冊の書物としての完結性は一応保っていると考えていただいて差し支えない。本書はその第一章「二〇世紀の古典的他者論とその問題構制」で、主としてフッサール、シェーラー、ハイデッガー、サルトル、メルロ＝ポンティという五人の現象学者たちの他者論について扱う。第一節は「他者を見る」（フッサール型）と「他者と共に見る」（ハイデッガー型）に「古典的他者論」の二つの基本型を見、前者の欠点を後者によって補おうとしたヘルトの試みも併せて批判的に検討する——われわれの批判は、主として「他者と共に見る」ということそれ自体はそもそもいかにして確証されうるのかという点に関わる。第二節ではこれら二つの基本型のヴァリエーションとして、サルトルとメルロ＝ポンティの他者論を主題化するのだが、そのうち「他者によって見られる」を基本とするサルトルの他者論に関しては、結局そのようにして捉えられた他者は、サルトルの当初の方針には反して「ひと」一般というハイデッガー型の一つのヴァリエーションになってしまうか、あるいはもしサルトルが所期の目標に忠実たらんと欲するなら、むしろフッサール型の一ヴァリアントになってしまうのではないかということを、第三節で指摘する。第四節は「アプリオリな相互主観性」という考えやメルロ＝ポンティの「ひと」の考えを再検討し、結局のところMit〔（他者と）共に〕はFond〔（自他未分化の）基底〕なしにはありえないのだという結論を導き出す。第五節ではそのような観点から、われわれはシェーラーの「一体感」の理論等々に検討を加えつつ、「他者を見る」でも「他者と共に見る」でもない第三の道に一つの解決を見出そうと試みるのだが、しかし、結局のところ他者問題に関しては完全な理論的確実性を求めることなどできないというのが、本章の一応の結論となる。

そこで第二章「神の他性と他者の他性――デカルトの「無限」の観念とレヴィナスの他者論――」は、一見すると「理論的」な道を放棄して「倫理的」な道を選んだかのように見えるレヴィナスの他者論を、彼自身の援用するデカルトの「無限の観念」という観点から検討し直してみる。その第一節は、まずレヴィナスの思想の時代区分という問題も含めて、いかなる点でレヴィナスが従来の他者理論の枠を突破しようとしていたかについて概観する。そのさい「神の他性」と「他者の他性」との連関や、「有」と「有とは別様に」の関係といった問題が大きくクローズアップされることにもなるので、われわれはレヴィナスも依拠したデカルトに還って、第二節では「神の存在証明」や「自己原因」や「永遠真理創造説」、あるいは現代におけるその「有‐神‐論」的な解釈についても検討を加え、第三節ではデカルトにおける「他者」問題について扱う。しかるのちに第四節でレヴィナス固有の「〈無限〉の観念の現象学」における現象学的なアプローチとはいかなるものであったのかを確認し、第五節ではレヴィナス自身における「神の他性」と「他者の他性」との関連について主題化する。そして第六節で「無限」が惹起するであろう「不可逆性」ないし「非対称性」の思索の最後の砦として、レヴィナスの時間論を検討したのちに、第七節ではわれわれは、レヴィナスの哲学や倫理学がむしろ或る種の「相互性」や「場所」という考えを要請せざるをえないのではないかという予想を立てつつ、第三章を準備する。

それゆえ第三章「他性の場所――レヴィナス倫理学と相互性の問題――」は、とりわけレヴィナス自身の「非対称性の倫理学」がまさに成立するための前提条件として、或る根源的な「相互性」や「対称性」を、あるいはそれらの「場所」や「空間」を復権させることの必要性を、レヴィナスの思想そのもののなかから析出することを目的とする。本章はまずその第一節で、相互性の成立以前に非対称性を置こうとするレヴィナスの倫理学が孕むであろう幾つかの問題点について考察する。そしてそのような難点を幾らかなりとも軽減するために、第二節ではレヴィナス倫理学それ自身のうちに「非対称以前の相互性」があることを証示し、第三節ではそうした先行的・根源的な相互性や対称性の成り立つところとして、レヴィナスのうちにもやはり見出される「場所」や「相互主観的空間」といった思想について省察する。そして第四節においてはわれわれは、まだ自己も他者も、それどころか一切が不在のままであるような「場所」としての「イリア」について、幾つかの観点から考察してゆくのだが、それは「場所」というものを、そこにおいてあるものから思惟するのではなくて、「場所」それ自身において、「場所」それ自身として思索するためである――われわれ自身としては、本章が行った「非対称性以前の相互性」と「非対称性以後の相互性」の区別や、「空間」もしくは「場所」の強調も、レヴィナスの熱心な読者にはそれほど突飛な解釈とも思われないであろうと期待している。

当初筆者は、「二〇世紀の古典的他者論」のあとに、レヴィナスだけでなくアンリ、マリオン、フランクなどの他者論も同時に取り上げるつもりだったのだが、すでにしてレヴィナスだけでずいぶんと長大になってしまったので、この点に関しては早々に断念した。しかしマリオンやフランクについては、デカルト解釈やフッサール解釈、とりわけレヴィナス解釈というかたちで彼らの見解に言及することも多々あった。そしてミシェル・アンリに関しては、いまさら指示しなくても、すでに筆者自身のアンリ体質ということもあるので、暗々裏《アン・アンリ》にではあってもその影響は、本書の随所に現れていることと思う。

続編たる『他性と場所Ⅱ』においては、いま述べたとおり、筆者はフィヒテと西田を扱う予定なのだが、そこでも本書の諸考察との関連性を顧慮しつつ、〈一〉から〈他〉もしくは〈多〉がいかにして生まれてくるのか、そして〈場所においてあるもの〉なしに〈場所〉それ自身について思索するとはいかなることなのかという、主として二つの問いに的を絞って、「他性と場所」という主題についての考察を継続してゆきたいと考えている。それがどのような帰結をもたらすことになるのか、現時点ではまだ筆者自身にもよく分からないのではあるが。

他性と場所I——《自然の現象学》第五編——＊目次

序

他性と場所Ⅰ

――《自然の現象学》第五編――

第一章　二〇世紀の古典的他者論とその問題構制

はじめに

ここに言う「二〇世紀の古典的他者論」とは、年代記的《クロノロジー》観点からというよりもむしろ影響史的観点から言って、大略レヴィナス以前の二〇世紀の他者論、つまり、フッサールに始まりシェーラーやハイデッガーを経てサルトルやメルロ＝ポンティにいたるまでの他者論、あるいは著名なフッサール解釈も含めるなら、トイニセンやヴァルデンフェルス、ヘルト等の研究をも包含した、今日ではすでに「古典的」とも言うべき、主として現象学的な他者論のことである。

じっさい、他のいかなる時代にもまして二〇世紀〔あるいは二一世紀も含めて〕に他者論が興隆をきわめたということは、すでに一九六五年初版のトイニセンの名著『他者』が、その本文冒頭で述べているところである。「われわれの世紀の哲学的思索を、〝他者〟ほど強く魅了した実在がほんのわずかしかないことに、疑問の余地はない。〔……〕なるほど以前の時代も、他者について熟考し、倫理学や人間論、法哲学や国家哲学において、或る――ときおりは傑出した——地位を、他者に認めてきはした。しかし、今日ほど深く他者が哲学的思索の基礎のうちに入り込んできたことは、かつてたしかになかった。もはや他者は、たんに個別学科の対象にすぎないのではなくて、一般に、すでに第一哲学の主題なのである」（Theunissen, S. 1）[1]。

ところでトイニセンの著書が主題化するのは、「超越論的哲学」〔すなわち彼にとっては、超越論的現象学〕と「対話の哲学」との二つである。たしかに「二〇世紀前半」に他者問題に取り組んだ哲学は、両者のみではない。とはいえトイニセンによれば、「他者理論をめぐるほとんどすべての非超越論的な努力や非対話的な努力」は、「超越論主義と対話主義との系列様態か、混合形式かのいずれかとして」（Ibid., S. 3）呈示されるのだという。けれどもわれわれが本章で取り上げたいと思うのは、前者のみ、つまりはデカルトの流れを汲んだ現象学的他者論のみである——その理由を、以下、簡単に記しておく。

そもそも近世において、なぜ「他者」問題が重要かつ難解な問題となるのだろうか。「デカルトの《コギト》は自我と他者の問題を、その解決を不可能にするように思える言葉《ターム》で立てている」（MS, p. 38）と、メルロ＝ポンティは述べている。コギトは主観として、それによって意識されるものを、対象（コギタトゥム）として立てようとする。意識するのは我だが、意識されるのは、この場合、他者である。しかるに他者は、もう一つの主観としてのみ、真の他者であるにもかかわらず、我によって意識された瞬間に、それは対象としてしか捉えられないようなものになってしまう。実際問題としてわれわれが他者を見誤ることはほとんど皆無だというのに、しかし、その事実を理論的に説明しようとするや否や、われわれは永久の迷路のなかに迷い込んでしまう。それがフッサールが、そしてメルロ＝ポンティ自身もはっきりと自覚していた「基本的矛盾」、つまり「他者経験はわれわれに与えられているというのに、われわれはそれを論理的に立てることができない」（Ibid., p. 40）という矛盾なのである。「自我‐他者の問題、〔すなわち〕西洋的な問題」（VeI, p. 274）と、『見えるものと見えないもの』のメルロ＝ポンティも述べている。

フッサールの他者構成論では、この困難は、とりわけ「構成者の構成」というかたちで顕わとなってくる。究極的に構成するのが他者ではなくて、依然として私であるかぎりで、他者と私とのあいだに「等根源性」を認めることは不可能となって、構成論は、結局は「私の勝利」（Theunissen, S. 153）で終わってしまうことになろう。「自我論」は「ラディカルな超越論的独我論」（Ibid., S. 154）になるのだと、トイニセンは述べている。「この没パートナー性こそが、しかし、超越論的独我論の〝優れた〟意味を、第一次的に規定しているものである」（Ibid., S. 155）。

そこでこの言葉をそのまま自著に引用したヴァルデンフェルス（Waldenfels, S. 232）や、トイニセン自身が援用しようとしているのが、対話哲学なのである。一九七一年のヴァルデンフェルスの大著『対話の間界《あいだ》（*Zwischen-reich*）』は、そもそも「対話論（Dialogik）」を、フッサールの「超越論的相互主観性理論」と「対立」するものとはみなさない（Theunissen, S. XIV. Vgl. Waldenfels, S. XIV）。トイニセンも、フッサールやハイデッガーの「純粋超越論主義」と、ブーバーに代表される「純粋対話主義」とは、「互いに対立的に振舞い合う」（Theunissen, S. 374）と一応述べてはいるものの、しかし、彼自身の思索が求めているのは、むしろ「超越論的哲学と対話の哲学との一つの媒介」（Ibid., p. 488）なのである。それではわれわれは、最初から超越論的現象学の無謀な他者構成論は断念して、「間《ツヴィシェン》[2]」の優位から出発する対話哲学とともに、開始すべきだったのだろうか。

われわれは、そうは考えない。なぜならトイニセンもはっきり認めているように、「社会有論の超越論的哲学的企投」が「個々の抜きん出た哲学者たちの作品」であるのに対し、「対話主義」は「多く」の、しかもブーバー自身も含めて「より小才たち（kleinere Geister）」の参与した「一つの時流」（Ibid., S. 8）にすぎなかったからである。「方法的観点においては、ブーバーは、そして彼とともにすべての対話主義者たちは、サルトルより、しかしまたフッサールやハイデッガーより、はるかに劣っている」。しかもそれには「或る積極的な根拠」があるのであって、たとえばブーバーの「対話的原理」の思想は、もともと「形而上学的」経験からではなく、或る「信仰経験」に源を発している。そしてそれが「哲学的概念性」へと「翻訳」されなければならないのだが、しかるにこのような翻訳は、その性格上、「必然的に非十全的」(Ibid. S. 258. Vgl. S. 485) なままにとどまるのでなければならない――じっさいわれわれが、たとえばブーバーの主著『我と汝』の冒頭で目撃するのは、およそ対話的精神からはほど遠いと言わざるをえないような、ほとんど教条的なまでの諸断定の連続であり、しかもわれわれは、そのような「信仰経験」を共有しているどころではないのである。それゆえわれわれとしては、本章では、幾つかの考え方のヒントを求めてとおりすがりに言及することはあるにしても、対話哲学それ自身を主題的に取り上げることは、避けたいと思う(3)。

むしろ本章が意図するのは、レヴィナス以前の二〇世紀の古典的な現象学的他者論の問題構制を整理し直して、次章以降に主題化することになる、いっそう直近のレヴィナスの他者論の検討のための、準備作業を行うことなのである。先取り的に言っておくなら、われわれは「二〇世紀の古典的他者論」の問題構制には、「他者を見る」(フッサール型)と「他者と共に見る」(ハイデッガー型)の二つの基本型があるのではないかと考えている。サルトルやメルロ=ポンティの他者論の――すべてとは言わないが――大部分も、おそらくはそれらのヴァリエーションにすぎず、それらが孕む諸困難を、本質的なところでは脱しえていない。つまりそれらの諸理論は、それら自身では存立しえず、何か第三の型というようなものを前提として初めて成り立つのであるが、それがいまだ判明ではないのである。われわれとしては、シェーラーやメルロ=ポンティの思想の一部にそのような根拠の考えの萌芽を認めうると考えてはいるのだが、しかしそのような考えこそが、レヴィナスを始めとする現代の多くの他者論によって、厳しく糾弾されてきた当のものなのである。したがってわれわれは、はたしてレヴィナスたちが正しかったと言えるのか、あるいはむしろレヴィナス自身が同様の前提を無視したままに他者をめぐる諸議論のうちに突入してしまったのではないか、等々の問題を、次章以降に検討するためにも、あらかじめレヴィナス以前の古典的他者論の基本的な諸動向を把捉し、整理しておきたいと思うのである。

それゆえ本章は、以下のように分節される。まず第一節では、われわれはフッサールとハイデッガーの他者論を、それぞれ⑴「他者を見る」と⑵「他者と共に見る」と定式化し、それぞれの理論の概略を押さえておく。周知のようにクラウス・ヘルトは、一九七二年のその有名な他者論文のなかで、フッサールの「第五デカルト的省察」がはからずも露呈した華麗なる大失敗は、大雑把に言うなら⑵を前提せずに⑴を確証しようとしたことに起因するという、どちらかと言うとハイデッガー寄りの解釈を断行した。しかるにわれわれの考えでは、そこにはまだ事象的に解決されていない幾つかの諸問題が残されていて、ヘルトについてのわれわれのこの考察も、本章全体のなかでは、まだ一つの序論的考察にすぎない。そこで続く第二節では、以上二つの基本型のヴァリエーションとして、われわれはサルトルとメルロ＝ポンティの他者論を取り上げておく。しかしまず、「他者‐によって‐見られて‐有ること」を第一に置くサルトルの他者論は、本章第三節の考察によって、結局は「他者を見る」の問題構制に連れ戻されざるをえないことが示されるであろう。またメルロ＝ポンティの他者論に関しては、とりわけその「ひと」の理論に注目したいと思うのであるが、フッサール自身にも見出される、あるいはむしろ最近のフッサール解釈のなかでことさらに取り上げられることの多くなった、ハイデッガーの「共・有（Mitsein）」にも似たこの種の「相互主観性」理論は、じっさいには幾つかの問題構制を並列的に含んでいるということが、第四節で明らかとなろう。そこで本章最終節ではわれわれは、「他者を見る」、「他者と共に見る」、「他者によって見られる」のすべてがおそらくは前提しなければならない根拠として、メルロ＝ポンティの「自他の非区別」にも似たシェーラーの「一体感」のような考え等々を検討してゆくことになるのだが、いま述べたように、それもまた、本書以降を含めた次章以下の問題圏の所在を確認するための準備作業にすぎない。

それではまず、「第五デカルト的省察」におけるフッサールの他者構成論と『有と時』に見られるハイデッガーの「共・有」の理論を、そのアウトラインなりともたどっておくことから始めることにしよう。

第一節　二つの基本型――「他者を見る」と「他者と共に見る」

(1)「他者を見る」――フッサールの他者構成論

「この解明においてはしかし、新たなる〝驚異〟も、〔すなわち〕私自身のうちで遂行される他者たちの構成という逆説も、解明されなければならない。けだし他者たちは、私にとって構成されるとはいえ、世界構成を共に担う者たち（Mitträger）であらねばならないからである」（H XV, S. 551）。

「はじめに」でも述べておいたように、フッサールの他者構成論には初めから、構成者の構成という難題が含まれている。そのうえ「他者」は、「場合によっては、他者を経験する者として〔の〕私を経験する者」として、「私のうちで構成される」（Ibid., S. 373）のでもなければならないのである。他者を見ている私を、他者もまた見ているのだということを私が体験することは、日常的な経験としては、少しも珍しいことではない。ところがそれを「構成」という哲学専門用語を用いて説明しようと試みたとたんに、それはほとんど「解明」不可能な「驚異」へと転じてしまう。ここでもわれわれは、ちょうどデカルトにおいて〈理論としての心身区別〉と〈事実としての心身合一〉との関係がそうであったように、思惟や哲学は断念して、ただひたすら日常の生に沈潜することに甘んじていなければならないのだろうか――しかし、ともかくもわれわれは、まずフッサールの「移入の現象学（*Phänomenologie der Einfühlung*）」（H XIV, S. 265, 281）の構想を、それが最も典型的かつ表明的なかたちで呈示されている彼の「第五デカルト的省察」に基づいて、確認しておくことにしたい。

(a)「第五デカルト的省察」の問題構制

そもそもなぜ超越論的現象学にとって、「他者」が問題とされるのだろうか。「第五省察」の冒頭は、それを「超越論的独我論」との異議に対する反駁というかたちで示そうとする。つまり、もし「省察する自我」が「現象学的エポケー〔判断停止〕」によって自らを「私の絶対的な超越論的エゴ」へと還元するのであれば、私は「独我（*solus ipse*）」（H I. S. 121）になってしまうのではないだろうか。それゆえにこそ「いかにして、いかなる志向性において、いかなる綜合において、いかなる動機づけにおいて、他我（*anderes ego*）という意味が私において形成され、一致した異他経験（Fremderfahrung）というタイトルのもとに、有るものとして、しかもそれなりの仕方でそれ自身現〔に有るもの〕として、確証されるのか」（Ibid., S. 122）ということが、示されなければならないのである。

ところで、素朴に経験されるがままの他者を「超越論的手引き」として利用するなら、一方では他者は「世界客観」として、もしくは世界のうちにある「心理物理的な客観」として経験され、他方ではそれは「この世界に対する主観」として、そのうえ世界や他者たちを経験する「私」をも経験している主観として、「経験」（Ibid., S. 123）されるのでなければならない。そのうえ「異他経験」もしくは「移入」についての超越論的理論は、「客観的世界についての超越論的理論」にまで及び、そして後者には「客観的自然」のみならず、「精神的述語」をともなった「文化客観」や「文化共同体」（Ibid., S. 124）の構成も、含まれているのである。

そのために「第五省察」は、他のテクストでは「独我論的還元」（H XV. S. 51）とか「孤独な自我への孤独な還元」（H XIV. S. 264）[4]とも呼ばれているような、「或る固有の仕方の主題的エポケー」を、「超越論的普遍圏域の内部で」遂行しようと試みる。つまり「直接間接に異他的主観性に関連づけられる志向性のすべての構成的能作」が、まずもって「度外視」（H I. S. 124）されるのである。そこから「第二のエゴ」が、「他我（alter ego）」として「構成」されることになる。それゆえ「他者は私自身の反映（Spiegelung）なのだが、それでも本来的には反映ではなく、私自身の類比体《アナロゴン》なのだが、それでもふたたび通常の意味での類比体《アナロゴン》ではない」(Ibid., S. 125)[5]のだという。つまり、なるほど他者は「私自身の類比体《アナロゴン》」(H XV, S. 96)、つまり「自我‐類比体」(H XIII, S. 409, 414)もしくは「私の肉体の類比体《アナロゴン》」(Ibid., S. 274)、すなわち「肉体類比体《ライプアナロゴン》」(H XIV, S. 241, 242)ではあるのだが、しかし、それはけっして「像」の意味での「類比体《アナロゴン》」ではない――「私が汝に或る怒りを移入するとき、私自身はまったく怒っていない」(H XIII, S. 187-8)のだし、あるいはまた「私は太り、彼は痩せている、私は大きく、彼は小さい」(H XIV, S. 527)のかもしれない、等々――からである。本項(b)でも見るように、ここで問題とされているのは、たんに「〝あそこにいる私〟の類比体《アナロゴン》」(H XIII, S. 266. Vgl. S. 269)にすぎないのである。

「第五省察」の「新種のエポケー」もしくは「抽象的エポケー」(H I, S. 126)に戻るなら、それは「すべての文化述語」や「あらゆる異他精神的なもの」(Ibid., S. 127)を捨象してしまうので、「異他的主観性のあらゆる意味から浄化されたものとしての私の固有性(Eigenheit)」に属すのは、まさにこの「各人‐にとって」ということを失ってしまった「たんなる自然」という意味である。そしてこのような自然のもとでは、「たんなる物体(Körper)」としてあるのではなく、まさしく「肉体(*Leib*)」としてある「唯一の」肉体とは、「私の肉体」(Ibid., S. 128)[6]である。つまり、なるほど異他的なものを「遮蔽」したからといって、私の「心的な生全体」は残り、そのもとには「世界経験する私の生」や「異他的なものについての現実的また可能的な私の経験」(Ibid., S. 129)もまた含まれてはいるのだが、しかし、われわれが「移入」や「異他経験」の志向的能作を考慮から外すかぎりで、われわれが持つのは「一つの自然」と「一つの肉体性」(Ibid., S. 134)だけなのである。

『デカルト的省察』はその第四八節で、私の本元性・固有圏域に関わる「内在的超越」[7]と、異他性の構成を前提とした「客観的超越」(Ibid., S. 136)とをターム的に区別したあと、第四九節では異他経験の志向的解釈の行程を、あらかじめ描いておこうとする。つまり「客観的世界」の存在意味は、「私の本元的世界(meine primordinale

Welt）」を土台として「多くの段階」から構成されるのであるが、そのうち「最初の」段階として際立たされるべきは、「他者もしくは他者たち一般の構成段階」である。そしてそれとともに「私の本元的世界」は、「各人にとって一にして同じ世界」としての「或る特定の客観的世界」の「現出」となる。それゆえ「自体において最初の異他的なもの（最初の非我）」とは、「他我（*das andere Ich*）」[8]なのである。そしてそれが「異他的なものの或る新しい無限の境域」を、つまりは「客観的自然」や「客観的世界一般」を可能にする。ところで、まだ世界的な意味を持たない「純粋な他者」[9]から上昇してゆくこのような構成の本質には、「私にとっての他者たち」は個々のままにとどまらず、私自身をも包含した「自我‐共同体」を、かくしてまたついには一つの「モナド共同体」[10]を構成するということが存している。このモナド共同体が「一にして同じ世界」を構成し、この世界のもとではすべての自我が、今度は「人間」[11]という、つまりは「世界客観としての心理物理的人間」という意味を携えて、登場するのである。かくして「超越論的主観性」は「超越論的われわれ」となって、その「相互主観的固有圏域」は「客観的世界」から「区別」（Ibid. S. 137）されるとはいえ、後者は本来的な意味ではもはや前者を「超越」（Ibid. S. 137-8）するとは言われえず、むしろ前者に「内在的超越」として居住するのだということになる――このようにして「客観的世界の構成」には、「諸モナドの調和」（Ibid. S. 138）[12]が属しているのだという。

(b)他者構成の過程

次に「第五デカルト的省察」の第五〇節から本格的に始まる「他者への歩み」――「客観的世界の構成への上記の歩みの第一歩」（Ibid.）――を、具体的に追ってゆくことにしよう。まずフッサールは、明らかにリップスの移入理論[13]を念頭に置きつつ、「もし他者の固有本質的なものが、直接的な仕方で接近可能なら、それはたんに私の固有本質の契機にすぎないことになってしまって、ついには他者自身と私自身とが、同一（einerlei）になってしまうだろう」と述べている。移入には、或る「志向性の間接性」[14]が必要なのであって、それゆえここには一種の「付帯現前化（*Appräsentation*）」が、すなわち「共に‐現在的に‐すること（*Mit-gegenwärtig*-machen）」というものが、存しているのである。もちろんたんなる外的「事物」経験においても、たとえば物の「裏面」が付帯現前化される場合のように、このような経験がすでに存してはいる。けれども他者経験において特徴的なのは、ここでは対応する「充実化する現前化」による「確証の可能性」――裏面が正面になるような――が、「アプリオリに排除されているのでなければならない」（Ibid., S. 139）ということなのである。

いま「われわれの知覚境域」のなかに「一人の他人」が入ってきたとしよう。「本元的に還元」して言うなら、そのことは「私の本元的自然の知覚境域」のうちに「一つの物体」が入ってきたということを意味している。そしてこの世界ないし自然のなかでは、「肉体（機能する器官）」として根源的に構成される「唯一の物体」は「私の肉体」[15]だけなのだから、「あそこの物体」は「私の肉体からの統覚的移送（*Übertragung*）」から、「肉体」という意味を受け取るのでなければならない。それゆえ「私の本元的圏域の内部で、あそこのあの物体を私の物体と結合する類似性」[16]のみが、「前者を他の肉体として類比化的に統握するための動機づけ根拠」（Ibid., S. 140）を手渡しうるのだということになる。

ただしフッサールは、昔からの彼の理論にしたがって、ここでも「類似化する統覚（verähnlichende Apperzeption）」は、けっして「類推」[17]ではないと断っている。「統覚」は「推論」でも「思惟作用」（Ibid., S. 141）でもないからである。

「エゴ（自我）とアルテル・エゴ（他我）は、つねに必然的に、根源的な対化（*Paarung*）のうちで与えられる」（Ibid., S. 142）のだとフッサールは述べている。もし私の本元的圏域のうちに、私の物体に「類似」していて私の物体と「現象的な対化」を形成するような「或る物体」が入場してくるならば、ただちにその物体は「肉体」という意味を、「意味の押しかぶせ構造（Sinnesüberschiebung）」[18]によって、私の物体から受け取るのでなければならないように思われる――つまり異他経験は、「異他的な肉体物体」や「異他的な支配的自我」といった「原本的には近づきえないもの」と他の「物体」の「原本的な現前化」との「編み合わせ（Verflechtung）」（Ibid., S. 143）によって、換言するなら「綜合的に一致して経過する新たなる付帯現前化」と「これらの付帯現前化が、絶えず帰属するが変化する固有的現前化との動機づけ連関に、その存在妥当を負っている仕方」とによってのみ、「確証」されうるのであるから、そのようにして経験される「異他的なもの」は「固有的なものの類比体《アナロゴン》」、つまりは「私の自己の変様」（Ibid., S. 144）たらざるをえないのである。

もう少し詳しく見ておくことにしよう。私の「物体的肉体」は「中心的なここ」という与えられ方を有し、他者の「物体」は「あそこ」（Ibid., S. 145-6）という様態を持っている。しかるに「あそこ」のこの方向づけは、「私のキネステーゼ」のおかげで「自由な変化」に服していて、各々の「あそこ」は「ここ」に変わりうる。つまり私は、単純に他者を、私と同じような原本的圏域や空間的現出方式を有している「私自身の複製（Duplikat）」として統覚するのではなくて、「もし私があそこに行き、あそこにいるならば（wenn ich dorthin ginge und dort wäre）」私が持つであろうような原本的圏域や空間的現出方式をともなった者として、統覚するのである。そしてそのときにこそ他者は、「彼の肉体」が「絶対的ここ」という様態でまさに「彼の支配にとっての機能中心」として構成されるような「本元的世界」の「自我」として、ただし「付帯現前的」に、「統覚」（Ibid., S. 146）されるのだということになろう。

「もし私があそこにいるならば（*wenn ich dort wäre*）」（Ibid., S. 147）と、あるいはまた「まるで私があそこにいるかのように（*wie wenn ich dort wäre*）」とも、フッサールは述べている。そして「ここ」と「あそこ」は互いに「排除」し合い、「同時にはありえない」のだから、ここで「付帯現前化」されているエゴは、間違いなく「他の」エゴである。このようにして「最初の」具体的内容を形成するのは、「他者の肉体性とその特殊肉体的内容」の、つまり「触れたり突きもしたりしつつ機能する手」、「歩みつつ機能する足」、「見つつ機能する眼」（Ibid., S. 148）等々としての四肢の理解であって、「より高次の心的圏域の特定の内容の移入」が起こるのは、たとえば肉体的な「振舞い（Gehaben）」が「怒っている者」や「楽しんでいる者」の「外的振舞い」（Ibid., S. 149）として理解されるのは、もっとあとのことである。

他のテクストから、少し補足しておくことにしよう。最初の移入においてなされる「あたかも－解釈（Als-ob-Interpretation）」（H XIV, S. 500）は、「あたかも私が肉体的にあそこにいるかのように（*als ob ich leiblich dort wäre*）」（Ibid., S. 498）のレヴェルで行われるにすぎない。つまり、たとえば「あそこの肉体物体が水たまりを避けて動き、彼の〝眼〟が水たまりのほうに〝向け〟られる」のが、「あたかも私がこの肉体物体の自我としてあそこにいるかのよう」（Ibid., S. 499）だというのである。フッサールによるなら、「他者が或る事象に眼を向けたときに他者が見ているということ、重い対象が彼の手の上に乗っているときに彼が或る圧迫感を有しているということ」等々は、「表現」によって把捉されるような事柄ではない。表現は、「もっと高次の圏域」（H XIII, S. 64）に関係づけられるのであって、たとえば私は「赤面（Erröten）」を「見る（sehen）」ことはないが、しかし、もし私が他者を他者としてすでに統覚しているのであれば、私はそれに「〝火の出るような〟恥ずかしさ」を「見て取る（ansehen）」（H XIV, S. 331）ことができる。つまり、「心的な作用や状態の〝表出（Äusserung）〟や〝表現（Ausdruck）〟の統握は、肉体としての肉体の統握によって、すでに媒介されている」（H XIII, S. 70. Vgl. S. 74, 435-6 ; H XIV, S. 249, etc.）のである。それゆえ最初の移入は、「感性論的－運動的な層（ästhesiologisch-kinetische Schicht）」（H XIII, S. 70）において、あるいはもう少し具体的に表現するなら、「或る方向づけられた周界のなかの移入されたゼロ客体（Nullobjekt）〔＝定位の絶対的中心〕としての肉体の理解」（Ibid., S. 435）として、行われるのである。「異他的な人間」とは、まずもって

「肉体」であり、「肉体において支配している自我」なのだが、しかしフッサールによれば、それは「この一般的なものを超えて、或る理解されない自我（ein unverstandenes Ich）」（H XV. S. 434）でもあるのだという。

「第五デカルト的省察」に戻る。フッサールは、その第五四節で他者構成論に一応の完結を見たあと、「自然の共同性」（H I. S. 149）や「人間世界や文化世界」（Ibid., S. 153）の構成に、さらにはまた「様々なタイプの社会的共同体」（Ibid., S. 160）や「誕生と死との世代 - 出生的諸問題（generative Probleme）」（Ibid., S. 169）にまで言及するのだが、フッサール自身が「共同体化の最初の段階が、またほとんど同じことだが、本元的世界からの客観的世界の最初の構成が、十分に解明されたあとでは、より高次の諸段階は、比較的わずかの困難しか呈しない」（Ibid., S. 157）と述べているので、それらの問題については、もはや放置しておくことにしよう。ただフッサールが「異常性」の問題に関して、「動物」を「私の人間性の異常な変容[19]（*Abwandlungen*）」と考えているのみならず、「私自身」を「すべての人間にとっての原規範（Urnorm）」（Ibid., S. 154）とみなし続けていることは、彼の相互主観性理論のどこまでも払拭しえない自我中心主義的な考えの一つの現れとして、記憶にとどめておくことにしたい。

フッサールは本当に、〈何かを見ている他者〉を〈見る〉ことに、成功したのだろうか。その検討は、ハイデッガーの〈共・有〉説を確認する次項以降に、回すことにしたい。ともかくも「第五省察」自身は、その最終第六二節で、こう述べているのである。「独我論との仮象は解消される。私にとって存在するすべては、その存在意味を、もっぱら私自身から、私の意識圏域からのみ汲むことができるという命題は、基本的妥当性を保持してはいるのだが」（Ibid., S. 176）。

(2)「他者と共に見る」――ハイデッガーの「共・有」

『有と時』第一部第一篇第四章は、「共・有（Mitsein）」と「ひと（das Man）」とを主題化する。そこではハイデッガーは、たとえばこう述べている。「そもそも現有が有るかぎりで、それは共相互有（Miteinandersein）という有り方を有している。この共相互有は、幾つもの《主観》の眼前的な登場（Vorkommen）の加算的な結果として把握されることはできない」（SZ, S. 125）。他者は眼のまえに直前的に現れる以前に、たとえば同じ事物を共に見、同じ道具や器物に共に接している者として、非主題的に共に出会われているのである。しかしながら、たとえばトイニセンは、こう反論する。「〝そもそも現有が有るかぎりで、それは共相互有という有り方を有している〟という命題は、それが証示されてしまわないかぎりは、たんなる主張のままにとどまっている」（Theunissen, S. 167）。他者の共・有は、しかし、どのようにして「証示」されるのだろうか。それがたんなる心理的な思い込みや哲学以前の素朴な言説以上のものであるということは、いかなる仕方で確証されるのだろうか。

いずれにせよ、まずはハイデッガー自身の「共・有」分析を確認することから始めることにしよう。

(a)「共・有」と「ひと」

『有と時』第二六節は、「日常的な共・有」を主題化する。そこではたとえば、こう述べられている。「最寄りの周界、たとえば職人の作品世界の《記述》から明らかになったのは、仕事中の道具とともに、《作品》がそのために定められているところの他者たちが、《共に出会われている》ということである。この手許にあるもの（＝道具）の有り方のうちには、すなわちその事情（Bewandtnis）のうちには、それがその《肉体に合わせて作られて》いるべき可能的な着用者たちへの、或る本質的な指示（Verweisung）が存している。同様に、使用された材料のうちには、その制作者や《供給者》が、《奉仕》の良い人もしくは悪い人として、出会われている」（SZ, S. 117）。つまりこのようなケースにおいて「他者たち」とは、「私を除いた残りの者たちの残部全体」というより、むしろ「ひと自身がたいていはそこから自らを区別せず、ひともまたそのもとにあるところの人々」というほどのことを意味している。

このようにしてこそ「現有の世界」は「共世界（*Mitwelt*）」なのであり、「〔世界-〕内-有」とは「他者たちと共に有ること〔*Mitsein* 共・有〕」なのであって、他者たちとは「共現有（*Mitdasein*）」（Ibid., S. 118）のことなのである。

　このような仕方で、さしあたり「現有」は「自己自身」を、「それが営み、用い、期待し、予防するもの」のうちに、つまりは「さしあたり配慮された周界的に手許にあるもの」（Ibid., S. 119）のうちに見出し、さしあたりたいていは、自らを「その世界から」理解している。他者たちの共現有も、たびたび「内世界的に手許にあるものから」出会われ、そして他者たちが「主題的に」なるときでさえ、彼らは「直前的な人格事物」として出会われるのではなくて、むしろわれわれは「仕事中」の、つまりは「世界-内-有」（Ibid., S. 120）のうちにある他者たちに出くわす。それゆえ、たとえ他者への慮《おもんぱか》り（Sorge）を道具的事物への「配慮（Besorgen）」からは区別して、ことさらに「顧慮（*Fürsorge*）」（Ibid., S. 121）としてターム的に定着させるのだとしても、他者が開示されるのは、さしあたっては「配慮する顧慮（besorgende Fürsorge）」（Ibid., S. 124）においてである。要するに「固有の現有」も「他者たちの共現有」も、「さしあたりたいていは、周界的に配慮された共世界から出会われている」（Ibid., S. 125）のである。

　ちなみにトイニセンは、すでにここで他者は、本質的に「道具によって媒介されたもの」としてしか捉えられていない旨を指摘する。それゆえフッサールの「相互主観性理論」と同様、ハイデッガーの「共・有分析」においても、「他者との出会いの直接性」は「欠在」したままである。なぜならここでは「私」と「他者たち」のあいだに、「〝世界〟という媒体（*Mittel*）」（Theunissen, S. 171. Vgl. S. 161, 167, 169）が、押し込められているからである。

『有と時』に戻る。第二七節冒頭は「他者たち」は、「周界的に配慮されたもの」において「彼らがそれで有るところのもの」として、出会われているのだと述べている。彼らは「彼らが営むもので有る」。つまり「日常的な共相互有」において、「さしあたりたいてい《現で有る》」他者たちとは、あれやこれやの人ではなく、その人自身でも若干の人でもすべての人たちの総和でもなく、それはただ「中性名詞、ひと（das Neutrum, *das Man*）」（SZ, S. 126）なのである。

「公共交通機関の利用において、報道機構（新聞）の使用において、各々の他者は他者のように有る（ist jeder Andere wie der Andere）。この共相互有は、固有の現有を、《他者たちの》有り方へと完全に解消してしまい、しかも他者たちが彼らの相違性（Unterschiedlichkeit）や表明性（Ausdrücklichkeit）においてはさらにそれ以上に消滅してしまうようにして、そうなのである。このような目立たなさと確認不可能性とにおいて、ひと（das Man）がその本来の独裁を展開する。われわれはひとが享受するようにして享受し、楽しむ。われわれはひとが見て判断するようにして文学や芸術について読み、見て判断する。しかしまたわれわれは、ひとが引きこもるようにして《大衆》から引きこもる。われわれはひとがけしからんと思うものを《けしからん》と思う。特定の者がそれであるのではなく、あらゆる者が、総和としてではないとはいえ、それであるところのひとが、日常性の有り方を指図しているのである」（Ibid. S. 126-7）。各人は「他者《ひと》」であり、誰一人として「彼自身」ではない。「日常的な現有」とは誰なのかという問いに答えるべき「ひと」とは、「誰でもない者（*Niemand*）」（Ibid., S. 128）であり、あらゆる現有は互いのもとに有るなかで、すでにそのような者へと引き渡されているのである[20]。

しかし他者それ自身に主題的に出会う以前に、このようにして「ひと」一般にすでに非主題的に出会っているという、このようなハイデッガーの「共・有」分析は、他者との邂逅や他者経験の事実性そのものが持つかけがえのなさというものを、かえって見失わせる結果となってしまうのではないだろうか。それゆえにこそトイニセンは、「共・有の根源性が〔……〕共現有の根源性を遮る」のだと批判する。なぜならハイデッガーの場合、「共・有」が「現有の構造」に属しているのに対し、「他者たちの共現有」は「私の現有のいかなる構造でもない」（Theunissen, S. 169）からである。ここではブーバーにおいて見られるような「間人間的（*zwischenmenschlich*）な出会いという特殊な意味」(Ibid., S. 170) も「我－汝の－出会い」(Ibid., S. 163) も、排除されているのである。じじつトイニセンも引用しているように (Ibid., S. 161)、一九二九年の論攷「根拠の本質について」のなかでも、ハイデッガーは「自己性は、つねに汝においてのみ開示される自我性の可能性のための、前提である」と述べ、しかも同所では「自己性は、「自我有 (Ichsein) や汝有 (Dusein) に対して、いわんや何か《性別》に対して、中立的 (neutral)」だと言明されている。「人間における現有の有論的分析論のすべての本質命題は、あらかじめこの有るものを、このような中立性 (Neutralität) のなかで受け取る」(WM, S. 156) のである――しかし、現有一般の本質に求められるこのような「中立性」は、日常的非本来性にとどまるべき「ひと」という「中性名詞」の中立性と、いったいどこがどうちがうのだろうか。この種の没「相違性」や没「表明性」に基づいて、われわれは本当に他者問題の核心に触れることができるのだろうか。

しかしそのまえに、『有と時』の当該箇所から、他者それ自身の主題化と本来的な共相互有とについてのハイデッガーの見解を、確認しておくことにしよう。数少ない前者についての言及のなかには、ちょうど「移入」への批判というかたちで行われている箇所がある。

(b) 「移入」の批判と本来的共・有の問題構制

「移入」理論に対する直接の批判を見るまえに、われわれはハイデッガーの次の言葉を押さえておきたいと思う。「一人の他者が事実的に直前的に (vorhanden) 有るのではなく、知覚されていないときでも、共・有は実存論的に現有を規定している。現有が孤独で有ること (Alleinsein) も、世界のうちでの共・有である。他者が欠け〔*fehlen* いなくて寂しいと思い〕うるのは、ただ、或る共・有において、そして或る共・有にとってのみである。孤独で有ることとは、共・有の欠如的一様態なのであって、それが可能であるということは、共・有の証明である」(SZ, S. 120)

――なぜこの箇所が重要かと言えば、それはハイデッガーが「移入」も「共・有の欠如的諸様態」に起因すると考えているからである。「《移入》が初めて共・有を構成するのではなく、それは共・有を根拠として初めて可能なのであって、それは共・有の支配的な欠如的諸様態（die vorherrschende defiziente Modi）によって、不可避的に動機づけられている」（Ibid., S. 125）。そもそも「移入」などということを行わなければならなくなるのは、おそらくは「共・有」が十全的には経験されていないような、或る欠如的な状況においてのみのことなのであろう。しかし、それはいったいどのような状況なのだろうか。

ハイデッガーは、「《移入》が根源的な実存論的現象ではない」ということは、移入に関しては何も問題が存しないということではない、と続けている。移入の「特殊な解釈学」が示さなければならないのは、「いかにして現有それ自身の様々な有の諸可能性が、共相互有とその自己知とを誤って導き、建て損ない、したがって真正の《理解》が抑圧されて、現有が代用品に逃避するのか」ということ、また「正しい異他理解は、その可能性のために、いかなるポジティヴな実存論的条件を前提としているのか」（Ibid.）ということだという。「正しい異他理解」のために必要な前提条件とは、ハイデッガーの場合、もちろん「共・有」のことであろう。逆に共・有とその自己知とを導き損なうおそれのある現有の「代用品」とは、先の「孤独で有ること」に関して述べられた段落のちょうど一段まえにあった「直前的な人格事物」（Ibid., S. 120）に類したもののことであるように思われる。つまり、移入はまず抽象的・虚構的に「孤独」な環境をしつらえたあとで、眼前のたんなる「事物」にこそ、自己の感情（リップスのように）や自己の肉体性（フッサールのように）を投入するのでなければならない。けれどもそれは、ハイデッガーに言わせるなら、むしろ「真正の《理解》」を「抑圧」するようなやり方なのであろう。しかし、それでは正しく他者を主題化的に理解する道とは、今度はいったいどのような経験なのだろうか。

ハイデッガーによれば、「顧慮」は「そのポジティヴな諸様態」に関して、「二つの極端な可能性」を有しているのだという。第一にそれは、言わば他者から「慮り」を取り除いてやって、配慮しつつ、彼の代わりに「代理を務める（*einspringen*）」ことができる。この顧慮は、配慮すべきものを、他者に代わって引き受ける。そのさい他者は退いて、配慮されたものをすでに意のままにしうるものとしてあとから引き受けるか、あるいはまたそのことをまったく免除されさえする。こうした顧慮においては、他者は「依存する者」や「支配された者」となりうるであろう。このような顧慮が「共相互有」を広範に規定しており、たいていは「手許にあるものの配慮」（Ibid., S. 122）に関わってくる。

　第二の「顧慮の可能性」は、他者に代わって「代理を務める（einspringen内に跳躍する）」というよりも、むしろ他者の実存的な「有りうること」に関して「先立って跳躍（*vorausspringen*）」し、慮りを慮りとして初めて「本来的に」与え返す。この顧慮は、他者が配慮するものにではなく、「本来的な慮り」に、つまりは「他者の実存」そのものに関わってくるのだが、それは他者が自らの慮りにおいて自らを見通して、自らの慮りのために「自由」になるように「助ける」（Ibid.）のである。

　それゆえ「顧慮」は、その様々な可能性において、「配慮された世界に向かう現有の有」にも「現有それ自身に向かう本来的な有」にも絡み合うような「現有の有の体制」であることが証される。そして「積極的《ポジティヴ》な顧慮」――「代理を務めつつ‐支配する（einspringend-beherrschend）」顧慮と「先立って跳躍しつつ‐解放する（vorspringend-be-freiend）」顧慮と――の「両極」のあいだにこそ、「日常的な共相互有」が保持されて、「多様な混合形態」（Ibid.）を示しているのだという。

　このようにして「ひと‐自己（*Man-selbst*）」としての「日常的現有の自己」は、「ことさらに掴み取られた自己」たる「本来的」自己からは、区別される。しかるにハイデッガーによれば、「そのつどの現有」は「ひと‐自己（＝ひとたる自己）」として「ひと」のうちに「拡散」せしめられていて、「自己を初めて見出す」のでなければならないのだという。つまり、「さしあたって」は「固有の自己という意味での《私》」が「有る」のではなく、「ひとという仕方での他者たち」(Ibid. S. 129) が存在するのである。しかも「本来的な自己有」は「ひとから剥がされた主観の或る例外状態」に依拠するのではなくて、むしろ、相変わらずそれは「一つの本質的な実存疇としてのひと」の「一つの実存的変様」(Ibid. S. 130) なのである。

「共・有」に関する『有と時』の主だった議論は、以上である。しかし、このようにしてわれわれは、本来的な他者に、あるいは少なくとも本来的な「共相互有」に、めぐり会えたのだろうか。

ここでもトイニセンの幾つかの批判を、見ておくことにしよう。彼によれば、まず、或る意味で「共相互有一般」を事実的に形成しているのは「非本来的‐日常的な共相互有」なのであって、「本来的」な共相互有は、或る注目すべき「間接性」においてのみ遂行される。要するに本来的な共相互有が「本来的」なのは、或る別の意味ではそれが「本来的」ではないから、つまりは「直接的な共相互有」ではないからにすぎない。そしてもし「本来的な共相互有の間接性」が理解されうるのだとすれば、それは「個別化 (Vereinzelung) の実存的遂行」によるほかないのだが、しかし、そもそも「いかにして個別化と本来的な共同体化とが、具体的に連関して思惟 (zusammendenken) される」(Theunissen. S. 178) というのだろうか。

というのも、ハイデッガーの場合、「本来的な共相互有」は、「私による他者の解放」(Ibid. S. 179. Vgl. S. 181) としてしか考えられていないからである。しかもそのさい、私は他者からその「実存」までも取り除くことなどできないのだから、「私の覚悟せる顧慮」が他者の実存に関わるのは、ただ「間接的に」ということでしかない。そのうえそもそもハイデッガーの場合、現有はその「本来的な自己」を「共現有の積極的な協力なしに」獲得していたのだから、「本来的な自己」は「本来的な共現有」のうちでは「構成されない」のだということになってしまって、ここでもまた「本来的な共相互有」は、「たんに間接的」にすぎないのだということになってしまう。それゆえハイデッガーの「本来的自己」は、フッサールの「超越論的エゴ」と同様に、結局は「孤独」だということになってしまおう。『有と時』のなかで「実存論的《独我論》」(Ibid., S. 181. Vgl. SZ, S. 188) について語っていたのは、ハイデッガー自身ではなかったか。

そのうえわれわれとしては、本項冒頭でも見たトイニセンの問い、すなわち「そもそも現有が有るかぎりで、それは共相互有という有り方を有している」という命題が、本当にそれ以上に遡ることのできない根源的な命題なのだろうかという疑問が、解消されたと考えることはできないのである。それはたんなる言いっ放し以上のものでありうるのだろうか――しかしながら、「はじめに」でも見たように、ヘルトはそのフッサール解釈のなかで、「他者を見る」は「他者と共に見る」を前提としなければ成り立たないのだという、一つの注目すべき結論を導き出した。それゆえ「共・有」に関する問題点の批判的検討は、もう少し先に――本章第四節まで――延ばすこととして、そのまえにまずヘルトのフッサール批判を、検討しておくことにしたい。

(3) 「他者を見る」と「他者と共に見る」――ヘルトのフッサール解釈

ハイデッガーをあいだに挟んだので、以下のヘルトの解釈に関わるかぎりで、フッサールの他者構成論のなかから特に問題となりそうな箇所を、『デカルト的省察』以外の若干の彼のテクストから補いつつ、簡単に想起しておくことにしよう。

フッサールの「移入する準現前化（Vergegenwärtigung）」には、その言葉どおり、「われわれが自らを他者のうちに言わば移し入れる（hineinversetzen）」ということが存している。「あたかも私があそこにいて、あそこから部屋を見ているかのよう」(H XV, S. 427) なのである。しかし他者が何かを見ているということを、われわれはどこから知るのだろうか。フッサールの場合、他のすべての身体機能と同様、それは他者の身振りからでしかありえない。

水たまりを避けるために水たまりを見ている肉体物体の実例に関しては、先に見た。フッサールはこうもまた述べている。「あそこの物体の振舞い、ないしは伸ばし出す手等をともなったあそこの物体の湾曲の振舞いが、私を〝想起〟させる。まるで私があそこにいて、あそこの物体たるステッキを掴み取るために、キネステーゼ的に身を曲げて、手を伸ばそうとしているかのように」(Ibid., S. 256-7)。しかし、ときとして「樹木」でさえ、われわれに似た身振りを行うのである。フッサールは「すべての四肢運動」にもかかわらず、「肉体全体」の現出方式が「静止」している様を、「小枝」が動いているときにも静止している「一本の樹木全体」(Ibid., S. 263) にたとえている。そしてフッサールによるならば、じっさいにわれわれは、樹木に自己移入しているのである。「もし樹木の枝が動くなら、〝連合的に〟運動感覚が〝追加連合 (hinzuassoziiert)〟され、ともに統一化されうる。そしてもし私が他の人間肉体を見るなら、なおさらであり、いっそう完全に、である」(H XIII, S. 45)。しかし、もし「樹木」への自己移入と「他の人間肉体」への自己移入とが、本質的に同じ構造を有しているというのであれば、両者の相違は、たんなる程度問題にすぎなくなってしまうのではないだろうか。もし問題とされているのが、マリオンがデカルトの「第二省察」の蜜蝋から作り出した「蝋人形 (poupées de cire)」(Marion, p. 198) や、あるいはもっと近未来的に、精巧なアンドロイドであるとするなら。あるいはもしそれが、フッサール自身も想定しているような「視覚的ファントム」、つまりわれわれに受け答えしうるだけの「霊」のような存在だとしたなら。「なるほど移入の類比化的基礎たるわれわれ自身の肉体は、肉と血を具えた物ではあるが、しかし類比体《アナロゴン》は、異他的肉体として統握されるものを、ただ外的現出方式においてのみ表現して、肉と血を持たないということは、ありえないのだろうか」(H XIV, S. 340)。

「相互主観性の問題と現象学的超越論的哲学の理念」と題された一九七二年のヘルトの論文は、「現象学的超越論的哲学の可能性の理念」を特に発生的現象学との絡みで解明した第一部と、フッサールの「相互主観性理論」を

「第五デカルト的省察」の「内在的批判」(Held. S. 3. Vgl. S. 35) というかたちで検討した第二部、そしてその批判を踏まえたうえで逆に彼の相互主観性理論を成功させるための前提条件について考察した第三部とから成っている。第一部に関しては、われわれは別のところで紹介したことでもあるので[21]、ここではわれわれは、本章の中心テーマに関わるかぎりで、第二部と第三部の主要部分について、それぞれ以下の(a)と(b)で扱うことにしたい。

(a) ヘルトのフッサール批判

ヘルトによれば、フッサールの他者構成論においては、「異他的世界経験の付帯現前化において[22]、機能しつつある他者を非主題的に共に意識すること」は、「この他者それ自身の主題的把捉」を「前提」(S. 29) としている。それゆえ逆に言うなら、「共主観の統覚」を挙示してしまう以前には、「この共主観の世界経験についての付帯現前的な共把捉」は、「捨象」(S. 30) されなければならないのだということになる。このような前提のもと、ヘルトは「肉体的に機能している共主観についての原的統覚」を、以下の「四つの段階」において再構築する。

(1)私は「あそこの或る物体」を知覚して、それを「私自身の物体」と同種のものとして把捉する (=「対化」)。この意識は「たんなるあそこ」あるいは「たんなる物体」としての、そしてまた「絶対的なここ」ないし「肉体」としての私の空間的現前性の「相違性」についての「本元的な二重実在性 - 意識」(S. 33) を前提としている。(2)私は「私自身の物体性」と「私の肉体性」とが「一にして同じものの二つの与えられ方」にすぎないことを把捉する。(3)私はこの「統一性」を「あそこの物体」に「移送」し、それとともに「まるで私があそこにいるかのよう」という意識が「純粋本元的に」獲得される。(4)「まるで私があそこにいるかのよう」という「付帯現前的意識」が、「その確証可能性の或る特定の規制」にしたがって、或る「異他的肉体物体」についての、すなわち「あのあそこで絶対的なこことして機能している他者」についての「統覚」を「動機づける」。

ヘルトによれば、「決定的な歩み」は第四段階に存しているのだが、しかし、そこで鍵を握っている「まるで私があそこにいるかのように（wie wenn ich dort wäre）」は、「二重の意味」（S. 34）を含んでいるのだという。つまり、(α)第一に私は、「あそこの物体」は「肉体」ではあるのだが、しかし「現実に」そうであるのではないのだという確信をともなって、それを表象することができる。この場合、問題とされているのは或る「虚構的表象」なのであって、この「虚構的意識」は、「あたかも私があそこにいるかのように（als ob ich dort wäre）」と定式化されうるであろう。(β)けれども第二に私は、私が「あそこにいた」、あるいは「いるであろう」と、一般に「いつか実在的にあそこに現前的にいることができる」と表象することもできるのである。ここで表象されているのは「あそこの虚構的な同時的現前性」ではなくて、「実在性におけるあそこの現前性」であるにはちがいないのだが、ただし、もちろんそれは「ここの私の現前性と同時」のものではなくて、「以前か以後」のものである。この意識は「もし私があそこにいるなら（wenn ich dort bin）」と定式化されはするのだが、しかし接続法を用いて、「もし私があそこにいたなら（wenn ich dort wäre）」と言い表すこともできる。ただしこの接続法wäreが示すのは、(α)においてのように「非現実話法」なのではなくて、たんに「可能法」（S. 35）にすぎない。

フッサールは「類比化的統覚」を挙示するために、(α)「準措定的」な準現前化と、(β)「措定的」な準現前化の「協力」を用いているのだと、ヘルトは指摘する。すなわち、(α)「準措定的準現前化」が提供するのは、「第二の絶対的ここの同時性についての付帯現前的意識」であり、(β)「措定的準現前化」がしつらえるのは、「二つのあそこの相違による二つのこのような（＝絶対的）ここの措定的相違性についての付帯現前的意識」である。そしてもしこれら二つの準現前化が本当に協力し合えるのであれば、そのときにはそれらは、「私のここから知覚されたあそこにおいて私の絶対的ここと同時に現前している第二の絶対的ここにおける或る機能」（S. 38）についての意識へと、互いに補完し合いながら統一されることができるでもあろう。ただしこのような過程は、(α)と(β)のそれぞれにおいて遂行される「確証の可能性」が、互いにカヴァーし合うというようにしてしか、考えられない。

このようなカヴァーが不可能だというわけではない。(i)第一に、「私があそこのあの物体として肉体的に現前している」という想像表象」が、「それに結びついた特定表象の予描」を含んでいるということに、異論の余地はない。たとえば私が「あそこのあの樹木」であるのだと想像するなら、或る「特定の予期」が「かの対象の運動の仕方」に関して喚起され、その「予描」が風による枝の揺れという現実の運動によって「確証」されることは、可能である〔たとえばもし私があそこのあの樹木であるならば、私は右手を振ろうとするであろう。やがて風が吹いて、右枝が動いた。あたかも私があそこで右手を動かしたかのように〕。

(ii)第二に、同様のことは私の肉体的な振舞いに関する「措定的な予期」に関しても当てはまる。「もし私があそこにいるなら」私が行うであろう私の振舞いについての私の意識は、のちに私がじっさいにあそこに行くことによって、「確証」されるであろう。もちろん「予描」されえないケースもあろうが、予描されるケースもあるだろう〔たとえばもし私があそこに行っても、左腕は壁に当たって、動かせないだろう〕。そしてそのようなケースを「選択」して予描する場合、このような「特定の確証可能性の措定的に予描された選択」が、「あそこの物体の事実的身振りによって、想像における私の先行予期に与えられる確証」と「一致する」(S. 39) こともあるだろう〔あそこに行けば私の左腕が壁に当たって動かせないだろうという措定的な予描の確証が、まるで私であるかのようなあそこのあの樹木の左枝が大風に吹かれても壁に支えられてびくともしないだろうという予期の事実的確証と、一致することもあるだろう〕。

しかし、(i)第一に、たとえ「私の想像的先行予期の確証」が「あそこの物体についての私の知覚の措定性」に基づいて生じたとしても、この確証の意識が「想像意識」であることに変わりはない。「百回」風が吹いて「あそこの樹木」が「あたかも私があそこにいるかのよう」な身振りを示してくれたとしても、「かのあそこへの私の肉体性の移送」は、「あたかも」という性格を、けっして払拭しえないだろう。

（ⅱ）同様にまた、「知覚の措定性からのこのような確証」が「措定的に準現前化された予描からの特定の確証可能性」と「一致」することがあるにしても、そのことによって「準措定的な意識」がその「虚構的な性格」（S. 41）を失うことも、やはりありえない〔あそこに行った場合の私の左腕の特定の運動の予期が、あそこの樹木の左枝の運動の予期とそっくりであったとしても、その確証において私の左腕はあたかも樹木の左枝であるかのようなだけである〕。

かくして（α）と（β）がカヴァーし合うという意識そのものが、「準措定的意識」でしかないことが判明する。それは「私の自我の準－倍化（Quasi-Verdopplung）」に到達することはあったとしても、「私の本元性の彼方で機能する或る共主観の登場についての措定的意識」（S. 41-2）に導くことは、けっしてないのである[23]。

（b）ヘルトの解決と幾つかの疑問点

ヘルトによれば、「共主観の類比化的統覚についてのフッサールの理論の挫折」によって、われわれは以下のような「三つの準現前化の仕方」の「等根源性」という、単純な洞察へと誘《いざな》われる。すなわち、（1）「私自身の共現在的な想像変容についての準措定的な本元的準現前化〔＝同時的に想像された私についての私の非現実的な内在的意識・付帯現前化〕」、（2）「以前や以後の現在への私の顕在的現在の変容についての措定的な本元的準現前化〔＝過去か未来の私についての私の現実的な内在的意識・付帯現前化〕」、（3）「共現前的な共機能への機能する現在の変容としての措定的な本元性超出的準現前化〔＝同時的共機能についての私の現実的な超越的意識・付帯現前化〕」。したがって第三の準現前化は、「他者についての原的統覚の理論」によって「説明」されるどころか、逆に後者によって「前提」（Ibid., S. 44）されているのだということになる。つまり、フッサールの考えるように「最初の自我疎遠的なものとしての共主観についての主題的意識」が「共同的世界についての意識」を「基づける」どころか、「私の世界とそこで与えられるものとが、非主題的に共機能している他者によって、共把捉されているということについての付帯現前化」

が、「この他者それ自身についての主題的な統覚的把捉」の「根底に横たわっている」(S. 47) のである。
ところでヘルトは、「同じものに関する主題化と非主題化」は、「同時には不可能」(S. 49. Vgl. S. 13-4) だと考えている。それゆえ「相互主観性についての超越論的現象学的問題」は、「発生的本性」を具えたものだということになろう。そしてもしフッサールの想定したように、「他者についての非主題化的意識」よりも「主題化」のほうが先行するのだとしたなら、「共主観の登場」が「原創設的統覚」の性格を帯びて一つの「始源」を持つことになり、したがって「共主観」のいない意識史的時期というものを、想定しなければならなくなってしまうであろう。結論として、「本元的還元」は「たんに方法的な術策」にすぎないのではなくて、「意識生の始源に一人の超越論的ロビンソンが立つ」のだということを、じっさいに認めざるをえなくなってしまう。ヘルトによれば、フッサールがこのような「不条理な帰結」を引き出さなかったのは、彼が「異他経験の静態的構成分析」に話を限定しうると信じていたからにすぎない。しかしながら「静態的分析」といえども、その核心においては、つねにすでに「発生的」(S. 49) ではないだろうか。

なるほど「他者についての主題的意識」は「能動的発生」のなかで成立しはするのだが、しかしそれは「共主観の受動的構成」を前提しており、そしてこのような受動的構成は「異他的世界経験についてのその側で原的に非主題的な付帯現前化」(＝共に世界を見ているという非主題的意識) のなかに埋め込まれていて、「いつでも生起する」(S. 50) のだとヘルトは考える。それゆえ能動的発生に先立つべきものとして考えられていた「受動的感性的発生」(S. 51. Vgl. S. 14) は、むしろ「感性的かつ相互主観的」な受動的発生と規定すべきなのだという。

ところで受動的感性的発生は、「遂行の時間性の形式的発生」(S. 51. Vgl. S. 16) を前提としている。それゆえ残るは「異他経験的な付帯現前化の受動的相互主観的発生」のさらに根底に横たわる「受動的形式的発生」(S. 54) を、解明することである。

そのさいヘルトによれば、フッサールは唯一的現在の「移行性」を、「非現在的になること」のほうからしか理解しようとしていない。しかるに移行性は、「退去性（Weggängigkeit）」であるのみならず、「到来性（Ankünftigkeit）」（S. 58）でもあるのではないか。フッサールが見落としたのは、「未来予示」は「立て続けの遂行現在の到来性についての意識の原的形態ではない」（S. 58-9）ということである。つまりよく非難されるように、彼の「未来予示説」は、「新しいもの」や「突然のもの」についての意識を、説明することができない。しかるに「将来」の本質を形成するのは、「不意打ち性格（Überraschungscharakter）」なのである。要するに「不意打ちする将来（die überraschende Zukunft）」もまた、「純粋な到来性」として、「この絶えず現在的な移行性の一契機」を形成しているのである。[24]

「純粋な立ち入り（Eintreten）」として、「機能することの到来性」は「原理的に予知されない機能の絶えざる共現前」という性格を有している。しかるにそれこそが「第三の、等根源的な準現前化の可能性のうちで意識されるもの」（S. 59）の性格なのである。ヘルトは「対話哲学」に由来する「他者は根源的な将来である」というテーゼは、この意味においてのみ「現象学的超越論的哲学の構成分」（S. 59-60）たりうるのだと指摘する。それゆえ「根源的将来としての他者の共現在の匿名性」は、現象学的には、対話哲学の主張するような「〝汝〟の純粋無世界性」としてではなく、ただ「この〔＝受動的・異他経験的な〕付帯現前化のうちで意識されている共機能者の非主題性」としてのみ、理解されうるであろう。そしてこの非主題性は、「この絶えざる受動的付帯現前化によって動機づけられた、きわめて多様な能動的主題化」のうちで、「部分的に止揚される」（S. 60）のだという。

以上のようにヘルトの論証は、このうえなく緻密で、その驚くべき精巧さには、まったく眼を見張るものがある。しかしながら、他方では、われわれはその技巧にのみ眼を奪われてしまって、あまりに厳格で抽象的な諸概念と諸立論との羅列に、事態の単純簡明さや議論の真の核心に気づかないという危険にも、曝されているのではないだろうか。それゆえわれわれとしては、以下、もう少し素朴な言葉と観点とから、ヘルトのこの優れたフッサール解釈に対しても、幾つかの疑問を呈しておくことにしたい。

第一に、すでに前項でも見たことでもあるのだが、そもそも〈他者と共に見る〉ということは、どのようにして証明されるのだろうか。ヘルトはそれを、ただ〈他者を見る〉ために「前提」されると主張しているだけなのであって、それ自体としてはその可能性を、検討すらしていない。しかしもしそうなら、〈他者の主題化〉が〈共世界の共経験における他者の非主題的経験〉に「基づく」というのとまったく同様に——どちらがフッサールの手順に忠実かという問題は別にしても——後者が前者に「基づく」という可能性も、捨て切れないであろう。ここには或る循環が存するのではないだろうか。あるいはむしろ、両者の関係は、ヘルトの主張するような一方的な「基づけ」の関係ではなくて、相互依存的関係だということは考えられないのだろうか。さらにはまた、もしそのような相互依存の関係が成り立つとするなら、両者ともに何か第三のものに「基づいて」こそ成立するのだということは、ありえないのだろうか。

第二にヘルト自身が、共機能者の「非主題性」は、「きわめて多様な能動的主題化」によって、「部分的」にしか「止揚」されないことを認めている。じっさい、非主題的な共主観一般を想定したところで、それだけではそれに基づいて私が「樹木」に自己移入するのを禁じてくれるものは、まだ何もないのだと言わざるをえない。つまりヘルトが説明したのは、私から出発した他者の同時的措定が可能だということだけなのだから、そのような理論からは、「樹木」もまた私と共に共世界を見ているとわれわれが準現前化する可能性は、まだ否定できないのである。絶対確実であるか否かは別として、ともかくも或る程度の蓋然性をともなって「移入」が遂行されうるためには、つまり「人間」か「樹木」かを見極めうる程度のことが成り立つためには、たんに一般的で非主題的な共主観の想定だけではなくて、もっと別の、もっと決定的な何らかの事実的で具体的な動機づけが、必要となってくるのではないだろうか。

第三に、現に生物界には「刷り込み」という現象がある。「超越論的ロビンソン」の孤独から私を救ってくれるべき「共主観」や「共機能者」の先行的・潜在的な可能性が他者の主題化を現に「基づけて」くれているのであれば、なぜ狼少年は、人間ではなく狼を、肉親とみなしえたのだろうか。

あるいは逆に第四に、本元的意識であらかじめ付帯現前化されているのは、「共主観」や「共機能者」というほど明確に限定されたものではないからこそ、フッサールとともにわれわれは、「樹木」や「鳥」にさえ自己投入しうるのではないだろうか。移入の条件とは、もっと広範な、生一般のようなものなのではないだろうか。他者への限定は——その成否はともかくとして——そのようなものに「基づいて」こそ、つまりはそこから出発してこそ、初めて生起しうるのではないだろうか。

第五にヘルトは、「超越論的ロビンソン」という想定を、「不条理な帰結」としてあっさりと切り捨ててしまっている。しかしながら匿名的な共主観という先行条件を認めたところで、事実上私が孤独であるという可能性は、そのことによっては何ら否定されない。むしろヘルトは〈私が初めて他者を他者として認めうるのはいかにしてか〉という「原創設」の問題を排除することによって、他者問題に恣意的な制限を設けてしまっているのではないだろうか。

それと関連して第六に、もし〈他者との最初の出会い〉のようなものを排除して、あらゆる世界経験のうちにすでに非主題的な他者の共存を容認するというのであれば、ヘルト自身も強調する「新しいもの」、「突然のもの」、「不意打ち」といった事態は、はたして本当に意味をなすのだろうか。ヘルトの主張するような不意打ちは、潜在性の顕在化でしかない不意打ち、つまりは仕組まれ仕込まれた不意打ちであって、真の「不意打ち」ではないのではないだろうか。そうではなくて、もし本当に「不意打ち」するものが存在するというのであれば、それは私の体制のうちにあらかじめ組み込まれた匿名的で一般的な潜在性の一特殊化ではなくて、そのような地平や体制の枠を突破して、真に偶然的に私に降りかかってくるようなもの、つまりは事実的な他者との事実的な出会いなのであって、そのなかでも最たるものが、〈他者との最初の出会い〉なのではないだろうか。

さらにそれと関連して第七に、「主題化」と「非主題化」とが同時成立しないという主張や、それに基づくヘルトの諸議論は、真に有効なのだろうか。つまりこの場合、眼のまえにいる現実の他者との出会いと匿名の他者一般の経験とのあいだに、本当に時間的前後関係を設ける必要があるのだろうか。むしろ他者との最初の出会いのさいには、他者一般の地平もまた同時に形成されると考えるほうが、われわれの経験の具体的事実を考えるさいには自然なのではないだろうか。

そして最後に第八に、「不意打ち」するのは本当に「将来」なのだろうか。もし私が何か「新しいもの」、「突然のもの」に不意打ちされたと気づくなら、むしろそれはまさしく「現在」[25]の経験なのではないだろうか。ヘルトはフッサールの「未来予示」の考えを批判してはいるのだが、しかし、われわれにはヘルトは、そこにまだ或る種の予期（可能性）を混入してしまっているように思われるのである。それゆえにこそヘルトは、事実的他者との出会いよりも、むしろ「匿名的共主観」(S. 47) の一般的潜在性のほうを、優先しようとしているのではないだろうか。

* * *

第一節ではわれわれは、フッサール、ハイデッガー、ヘルトの他者論を順に概観してきた。いささか単純化して言わせてもらうのであれば、フッサールは〈他者を見る〉を〈他者と共に見る〉より優先し、ハイデッガーはその順序を逆転した。ヘルトはフッサールを内在的に批判しながらハイデッガー寄りの結論を導き出したのだが、われわれとしてはそれに対しても、若干の疑問を呈しておいた。しかしながら本節は、本章全体のなかでは、まだ問題提起の位置づけしか有していない。はたして〈他者を見る〉と〈他者と共に見る〉の関係は、すでに十全的に解明されたのであろうか。あるいは「二〇世紀の古典的他者論」の問題構制は、以上で本当に論じ尽くされてしまったのだろうか。もちろんわれわれには、そのすべての問題群を取り上げて考察することなどできないが、しかしながら以下、われわれは、少なくともその主要なヴァリエーションの幾つかに関しては、いささかなりとも検討しておかなければならないと思う。

第二節　ヴァリエーション——サルトルとメルロ＝ポンティ

本章冒頭でも述べたように、第二節ではわれわれは、サルトルとメルロ＝ポンティの他者論を取り上げる。サルトル『存在と無』の第三部における有名な他者論は、フッサール的な「他者を見る」よりもむしろ、「他者によって見られる」のほうを優先する。けれどもその順序は、はたして正しかったのだろうか。また『知覚の現象学』や『見えるものと見えないもの』に見られるメルロ＝ポンティの他者論は、多様な内容を含んでいて、むしろ雑駁とした印象を与える。そのなかで、どれが最も独自で思索に値する（denkwürdig）考えなのだろうか。

本節は、まだそのような検討や批判には着手しない——それは次節以降の課題である。批判や検討を行うためには、あらかじめ標的を定めておかなければならないだろう。本節が行うのは、ただ彼らの他者論のあらましを、もちろん本章全体の課題に関わるかぎりで、紹介することだけである。それではまず、サルトルの他者論から始めることにしよう。

（1）「他者－によって－見られて－有ること」——サルトルの他者論

「フッサールの相互主観性理論やハイデッガーの共・有分析と比較するなら、『存在と無』で展開されているサルトルの社会有論は、間人間的（*zwischenmenschlich*）な出会いの本質と現実性とに、かなり近づいている」（Theunissen, S. 187）と、トイニセンは評価する。じっさいドイツ哲学の厳格で抽象的な思索風土から、フランスの明るく開放的な思想風景に身を移すなら、そこに見出されるのは生き生きとした多彩で具体的な思惟の諸々の果実である。しかしながらここでもわれわれは、『存在と無』の他者論のすべてを公平に扱うことなどできず、若干のテーマに的を絞ってゆかなければならない。すなわち同書第三部「対他」は、第一章「他者の実存」、第二章「身体」、第三章「他者との具体的な諸関係」の三つの章から成っているのだが、われわれは以下、第一章からは主としてその第四節「まなざし」を中心に扱い、第二章は——必要なおりに概括的もしくは部分的に取り上げることはあるが——ほぼ割愛、第三章はおおよその全体を、その第一節と第二節からは「相剋」の問題を中心に、第三節からは「われわれ」（「共・有（Mitsein）」もしくは「共－有（l'être-avec）」）のテーマを取り上げて、のちの批判のための準備作業とすることにしたい。

（a）「見られて－有ること」

第一章第四節「まなざし」に入るまえに、二点だけ補足しておく。第一に、サルトルは——サルトルもまた——ハイデッガーが行った「対－有（l'être-pour）」から「共－有」への置き換えは、「根拠なきたんなる肯定」にすぎないと主張する。なぜなら説明すべきは、まさしくこの「共存（coexistence）」（p. 292）[26] だからである。そしてたとえ人間存在一般が、その「有論的構造」によって、「共に－有る」ということが証明されたのだとしても、そのことはまだ、いかなる「具体的な共－有」をも説明してくれない。換言するなら、「私の《世界－内－有》の構造として現れる有論的《オントロジック》な共存」は、けっして「有るもの的《オンティック》な共-有」に、根拠として奉仕することなどできないのである。しかるにサルトルによれば、示すべきはむしろ「ピエール-と共に-有ること」や「アニー-と共に-有ること」が、「私の具体的-有を構成する一構造」なのだということである。しかしこのことは、もちろんハイデッガーの観点からは「不可能」である。「共-有」の関係は、「他者の承認の心理的で具体的な問題」(p. 293)[27]を解決するには、役立たないのである。「共・有」は「他の人間存在」を「出現」せしめない。「《私の》有から出発して捉えられた私の共-有」は、「私の有に基づいたたんなる要請」としかみなされえず、「他者の実存」をまったく証明しないのだし、「私と他〔人〕とのあいだの架け橋」を構成しもしない。むしろこのような「抽象的他者への自我の有論的関係」は、「私の経験のうちで与えられる特異的他者への私の有のあらゆる具体的な絆」を、「不可能」にしてしまうだろう。なぜなら、もし「他者との私の関係」が「アプリオリ」だとするなら、それは「他者との関係のあらゆる可能性」(p. 294)を、汲み尽くしてしまうからだという。かくしてハイデッガーは、「観念論」を免れえないのだということになる。しかるに「他者の実存」は、「偶然的で還元不可能な一事実」という本性を有している。つまり「ひとは他者に出会う(*rencontrer*)のであって、他者を構成するのではない」(p. 295)のである。

　第二にサルトルは、今度は自らのヘーゲル批判に基づいて、「唯一可能な出発点」は「デカルト的〈コギト〉」だと述べている。〈コギト〉が私を外に投げ出して、「他者」に向かわせるのでなければならず、しかもそれは「アプリオリ」な他者にねらいをつけた「私自身のアプリオリな構造」を私に顕示することによってではなくて、「しかじかの具体的他者の具体的で疑いえない現前」を、私に発見させることによってでなければならない。それゆえ「〈対-他〉」をわれわれに引き渡すことを要求すべきは、「〈対-自〉」に対してであり、「絶対的超越」へとわれわれを投げ返すことを求めるべきは、「絶対的内在」[28]に対してである——ただし〈コギト〉がわれわれに顕示しなければならないのは、「対象-他者」ではない。なぜなら「対象」は、サルトルにとっては「蓋然的」でしかないからである。つまり他者は、「まずもって」(p. 297) 対象であることはできない。
「まなざし」の節も、「私への他者の現前の諸様態の少なくとも一つ」は「対象性 (*objectité*)」であることは確かなのだが、しかし、もしこのような「対象性の関係」が私-他者の基本的な関係をなすのであれば、他者の存在は「たんに推測的」(p. 298) なままにとどまってしまうであろうと指摘することから始まっている。それゆえ他者が「主観」として直接私に与えられるような「最初の関係」にして「基本的な関係」というものが、つまりは「私の対-他-有の典型そのもの」(p. 299) が、まず示されるのでなければならないという。

　いま「一人の人間」が、私の世界のなかに登場したとする。それはまず、私を中心とした世界の「崩壊 (désintégration)」を惹起する要素として現れる。つまり、「他者」とはまずもって、「私が同時に私から或る距離にある対象として捉えるところの、かつ、それが自らの周りにそれ自身の諸々の距離を繰り広げるかぎりで私から逃れるところの、或る項」へと向かって、諸事物が永遠に逃れてゆくという経験なのである。他者の出現は、私の世界の「脱中心化 (décentration)」に対応する。

　しかしそのような他者は、まだ「私にとっての対象」(p. 301) でしかないと、ここではサルトルは主張する。「他者-主観」との私の基本的関係は、むしろ「他者によって見られるという私の永続的可能性」へと連れ戻されうるのでなければならないのである。つまり、「他者にとって私が対象で-有ること」が顕示されることにおいてこそ、他者が「主観で-有ること」(p. 302) が捉えられうるのである。かくして「他者-によって-見られて-有ること (être-vu-par-autrui)」の関係は、「他者-対象の本質」からも「私の主観-有」からも演繹されえないような、「還元しえない一事実」を示しているのだということになる。逆にもし「他者-対象」の概念に何らかの意味がともなわなければならないのだとするなら、それはただ「この本源的な関係からの転回と降格と」からでしかありえない。それゆえ「《他者-によって-見られて-有ること》が、《他者を-見ること》の真理」(p. 303) なのである。

主観たる「まなざし」は、世界のなかの一対象たる「眼」からは、区別されるのでなければならない。むしろ「もし私がまなざしを把捉するなら、私は眼を知覚することをやめる」——そのときには眼は、「中和化」されているのである。われわれは「世界を知覚し、同時にわれわれに注がれたまなざしを捉える」(p. 304) ことなどできないのだという。「まなざしを捉えること」とは、「世界のなかのまなざし-対象を把捉すること」ではなくて、「視られている (*être regardé*) と意識すること」(p. 304-5) なのである。

「嫉妬」からか「興味」からか、「悪趣味」からかは分からないが、私が「鍵穴」(p. 305) から部屋を覗いているのだとしよう。そのとき突然、廊下で足音がする。「ひとが私を視ている (on me regarde)」のである。そしてそのことは、「私の諸構造のうちに本質的な諸変様が現れる」(p. 306) ということを意味している。「恥 (honte)」とは「自己についての恥」であり、「私がまさしく他者が視て判断するところのこの対象で有るということの承認」(p. 307)[29] なのである。しかもそのさい問題とされているのは、「私の有についての一箇の像《イマージュ》」なのではなくて、まさに「私の有」なのだが、ただしそれは「他者の自由のうちで、そして他者の自由によって書かれるがままの私の有」(p. 308)[30] なのである。「まなざしとしての他〔人〕」とは、「超越された私の超越」にほかならない。「私の原堕落」とは、「他〔人〕の実存」(p. 309. Cf. p. 336) のことなのである。

先にも見たように、「視られて-有ること」としての「私の他有化〔aliénation 疎外〕」は、「私が組織する世界の他有化」(p. 309) をも含んでいる。もともと私自身のものであった「私の可能性」は、いまや他者にとっての「道具的有用性 (ustensilité)」(p. 310) にすぎず、「私はもはや状況の主人ではない」(p. 311) のである。そしてそのことをサルトルは、空間的にも時間的にも説明しているのだが、とりわけそれは、「視られる-まなざし (regard-regardé)」ではなくて「視る-まなざし (regard-regardant)」たる「他者のまなざし」が、「諸対象に対する私の距離」を否定して、「それ自身の距離」(p. 316) を展開するところに強調されている。

ところで他者は、私がけっして自己から引き出すことも、逆にまた疑うこともできない「或る具体的で明証的な現前」として私に与えられているので、それは「現象学的還元」や「エポケー」(p. 318) を免れるのだという。なぜならそもそも他者のまなざしは、「世界に属していない」(p. 319) からである。それゆえサルトルは、他者の現前を「超世界的な現前 (présence transmondaine)」と、また他者の超越を「遍在的で捉ええない超越 (transcendance omniprésente et insaisissable)」(p. 316) とも呼んでいる。

それに対して「世界 - の内の - 対象」[31]は、相変わらず「蓋然的」でしかありえない。それは他者 - 対象についても当てはまることなのであって、たとえば「通行人」がはたして本当に人間であるのか否かは、「蓋然的」である。そしてもし彼が私に眼を向けるなら、ただちに私は「視られて - 有ること」を確実に体験しはするのだが、しかし私はこの「確実性」を、「他者 - 対象についての私の経験」に移し入れることはできないのだと、サルトルは主張する。「他者 - 主観の確実性」を、「この確実性の機会 (occasion)」でしかないような「他者 - 対象」に「移送」することなど「不可能」なのであって、逆に言うなら、「他者 - 対象」が蓋然的だからといって、「他者 - 主観の出現の確実性」が「無効」にされることもありえない。むしろ「まなざし」は、「それを顕す対象の破壊」に基づいてこそ、現れるのである。それゆえ「視られて - 有ること」は、「まなざしを顕す対象」には「依存」しえない。たとえば「他者」の存在を証する「恥」は、その「機会」となった「世界の一対象」が疑問に付されたとしても、疑われることはないのである。「視られて - 有ること」は「他者の身体」にさえ結びついてなどいない。たとえば「他者の眼の私の方向への収斂」なども、視られていることを私が実感する「機会」でしかないのだという。したがって「確実」なのは、「私が視られている」ということであり、「たんに蓋然的」なのは、「まなざしがしかじかの内世界的現前に結びついている」ということである。「われわれを視ているのは、けっして眼ではない。それは主観としての他者である」(p. 323)。その意味で、他者は「現在いたるところに、私の下に、私の上に、隣の部屋部屋に」いるのであって、かりに内なる警報が誤りだったと判明したとしても、そのとき破壊されるのは、「他者－主観」でも「私への彼の現前」でもなく、たんに「他者の事実性」、つまりは「他者がそこに－有ること（*l'être-là*）」にすぎない。けだし他者の本源的現前は、「世界－の彼方に－有ること」（p. 324）だからである。

　あらゆる人間存在は、「あらゆる生ける人間に対して」こそ、「本源的現前」を基底として「現前的」であったり「不在的」であったりするのだと、サルトルは述べている。そしてこの「本源的現前」は、「視られて－有ること」か「視つつ－有ること」としてしか、意味を持ちえない。また「対－他－有」は「私の人間存在の恒常的な一事実」（p. 326）なのだとも、サルトルは述べている。つまり他者は、「それによって私が対象になるところのもの」として、「いたるところに現前」しているのである。そのあとで私は、道で会った「対象－他者」の「経験的現前」について、思い違いをするというようなこともあるのかもしれない。たとえばアニーと思ったのが、じつは見知らぬ他人であったりするのかもしれない。それでも「私へのアニーの基本的現前は、そのことによっては変様されない」のだし、「すべての人々への私の基本的現前」や「私自身へのすべての人々の現前」も、変わることがないのだという。私が誤りうるのだとすれば、それは「〈他者〉」についてでも「私への〈他者〉の実在的で具体的な絆」についてでもなくて、ただ「人間－対象を表象することも表象しないこともできるこのもの（un *ceci*）」（p. 327）についてのみなのである。

　私がつねに他者に対して有るかぎりで、「他者がつねに私に現前している」というのが、「基本的確実性」なのである。「各々のまなざし」は、「われわれがすべての生ける人々に対して実在している」ということを、すなわち「それに対して私が実存しているところの（des）consciences〔（諸々の）意識〕がある」ということを、「具体的に」――「コギトの疑いえない確実性のなかで」――われわれに体験させている。ここでdesが括弧に入れられたのは、このまなざしのなかで私に現前している「他者－主観」が、「複数（pluralité）」の形式のもとでも「一性（unité）」

としても与えられないからだという。じっさい「複数」は、「諸対象」にしか帰属しない。「視られて-有ること」が現前せしめるのは、むしろ「数えられない実在（une réalité non nombrée）」であり、「他者の数以前的な現前（présence prénumérique）」なのである。たとえば私が或る公衆の面前で講演を行っているとするなら、私は絶えず「視られている」ということを意識してはいるのだが、しかしそのさい「まなざしを数え上げる（dénombrer）ようなことはない」（p. 328）。けれども私の話がちゃんと理解されているか否かを確かめたくなったなら、私は諸々の頭や諸々の眼を見ることになって、そのときには「他者の数以前的な実在」が解体されて、それは「複数化」されることになろう。「ひと（on）」という語は、ハイデッガーが考えたような「人間存在の非本来性の状態」よりも、むしろこのような「数以前的で具体的な実在」にこそ、取っておくべきだとサルトルは主張する。つまりここでもまた、「ひとが私を視る（*on* me regarde）」（p. 329）のである。

「他者-主観の私へのこのような現前」から出発して、われわれは「〈他者〉の対象化」を、「〈他〔人〕〉への私の関係の第二の契機」（p. 334）として理解することもできる。しかしそのとき他者の超越は、もはや「彼自身のほうへと私を超越する超越」ではなくて、「たんに観想されただけの超越」（p. 335）に——「超越する超越（transcendance transcendante）」ではなくて、「超越された超越（transcendance transcendée）」（p. 338）に——なってしまって、私には他者は、「降格された現前」（p. 335）としてしか現れないことになってしまうであろう。

つまり「〈他者〉が私を見うるのか」、あるいはまた「私がしかじかの〈他者〉を見うるのか」ということを決定するのは、「私の事実性」や「他者の事実性」なのである。かくして私は「〈他者〉の現前」を、「〈他者〉-にとって-対象で-有ること」のうちで、「諸主観の準全体性」として体験し、この全体性に基づいて、いっそう特殊的には、私は「具体的-主観の現前」を体験することもできるのだが、ただし私はまだそれを、「しかじかの〈他者〉へと特殊化」することができない。しかるに「私の対象性に対する私の防御反応」が、「私のまえの〈他者〉」をして「しかじかの対象」として、現れさせるのだという。このような資格において、他者は「この者（celui-ci）」として私に現れ、彼の「主観的準全体性」が降格して、「全体性‐対象」（p. 343）となる。私を対象として捉える可能性は、まだ「誰の可能性でも」なかったのだが、「他者‐対象」といえども、「ひと」がいつでも炸裂させる永続的可能性がその周りに予感されているような、言わば「爆発器具」なのだという。私の恒常的な気遣いは、それゆえ、他者をその「客体性（objectivité）」のうちに含み入れておくことなのであろうが、しかるにこうした術策のすべてが瓦解するためには、「他者のまなざし一つ」（p. 344）があれば、それで十分なのである。

要約しよう。われわれにとって他者は、「二つの形式」のもとに存在する。つまり、もし私が他者を「明証的に体験」するなら、私は他者を「認識」することができない。逆にもし私が他者を「認識」するなら、私は「世界のただなかでの彼の対象‐有と彼の蓋然的実存と」にしか到達しない。そしてこれら二つの形式に関しては、いかなる「綜合」も「可能ではない」（p. 349）のである。

(b)「相剋」の問題構制

『存在と無』第三部第三章「他者との具体的な諸関係」に移行するまえに、第二章「身体」について、その骨格なりとも簡単に記しておくことにしたい。サルトルはそこで、身体の三つの次元を区別する。その「第一の存在次元」とは、「私は私の身体を実存する」（p. 401）ということである。少しだけ補足するなら、それは「対‐自‐有としての身体」（p. 352）であり、「世界の諸対象‐道具によって空虚に指し示された指示中心」と「対‐自が実存する偶然性」という「相補的」な「二つの有り方」（p. 388）によって示される。「第二の次元」とは「私の身体は他者によって利用され、認識される」（p. 401）と定式化されるような身体、つまりは「対‐他‐有」（p. 352）としての身体であって、ちなみにこの場合には、「私の身体が他者に現れる仕方」を研究することと「他者の身体が私に現れる仕方」を研究することとは、「同じこと」(p. 388) に帰するのだという。最後に「私の身体の第三の有論的次元」とは、「私は私にとって、身体という資格で他者によって認識されるものとして実存する」(p. 401) ということであり、たとえば「臆病者」は、「彼にとってではなく他〔人〕にとって有るがままの自らの身体」について、「生き生きとした恒常的な意識」(p. 403) を有しているのだとサルトルは考える。

第三章に入る。「他者の実存」は「私がそれで有るところの有を私に顕示してくれる」ので、この実存は「対立する二つの態度」を動機づけるのだという。つまり、「他者の超越」を「超越」して他者の「対象化」を図るのか、それともこの超越を「私のうちに呑み込んで」、他者を「同化」しようと努めるのか。これら二つの態度は対立し、各々は「他方の死」であって、一方の「失敗」が他方の「採用」を動機づける。それゆえ「他者に対する私の諸関係」に「弁証法」はなく、そこにはただ「循環」(p. 412) があるだけなのである。

かくして「対‐他‐有の本源的意味」は、「相剋 (conflit)」だということになる。そしてもしわれわれが「まなざしとしての他者の第一次的顕示」から出発するのであれば、われわれは、われわれの捉えがたき対‐他‐有を、「所有 (*possession*)」の形式のもとに体験するのだということを認めなければならない。「私は他者によって所有されている」、それが「他者に対する第一の態度」(p. 413) なのである。

たとえば愛する者は、愛される者を、「物を所有するようにして」所有したいと欲しているわけではなくて、「自由としての自由」を所有したいと望んでいる。ただしその自由たるや、「もはや自由でない」(p. 416) のでなければならない。つまり愛する者は、愛される他者にとって、「〈他者〉の超越がそこへと向かって他のすべての諸対象を超越しはするが、しかし〔それ自身は〕まったく超越しえないようなもの」に、要するに「世界を要約し象徴するもの」(p. 417) に、ならなければならないのである。しかしながら愛される者は、「まなざし」である。それは自らの超越を、「その諸超出に対する究極の一限界」に固定するように利用することも、自らの自由を「捕われる」ようにして利用することもできない。つまり愛される者は、このままでは「愛そうと欲する」ことができない。そこで愛する者は、「魅惑的な対象」となって、相手を「誘惑」(p. 421) しようと試みる。けれども「魅惑」はそれ自身「超越」なのだから、それは「魅惑的な対象」を「超越の究極の項」(p. 424) として立てることなどできない。

そのうえ「愛すること」は、その本質において「愛される企投」でもある。それゆえそこから、また或る「新しい相剋」(Ibid.) が生じてくるのだということになる。つまり愛し合うカップルにおいて、各人は他方が自らを愛してくれることを欲してはいるのだが、しかし、「愛すること」は「愛されたいと欲すること」なのであって、相手が自らを愛してくれることを欲しつつ、自らはたんに「彼が他〔人〕を愛することを他〔人〕が欲すること」を「欲しているだけ」(p. 425) だということに気づかない。しかるに他者が私を愛するや否や、他者は私を「主観」として体験し、自らは「私の主観性に面した客体性」(p. 426) のうちに沈んでしまうのである。

それどころか愛する者たちは、「第三者」によって「視られる」だけで、自己自身のみならず相方の「対象化」をも、体験せざるをえなくなってくるのだという。そのとき相方は、もはや「私を私の有において根拠づけてくれる絶対的超越」などではなくて、たんなる「超越された超越」になってしまう。カップルが「孤独(=二人だけでいること)」を求めるのは、それが理由なのだが、けれども「事実上の孤独」は、「権利上の孤独」ではない――以上のような「愛の三重の破壊可能性」(Ibid.) によって、「愛は相剋」(p. 415) なのである。

そこで生まれてくるのが、「マゾヒスト的態度」である。もともと他者が「私の対‐他‐有の根拠」だったのだから、そのとき、もはや私は「その有において一つの自由によって根拠づけられた一箇の即‐自‐有」(p. 427) でしかない。けれども「私の自我‐対象」によって他人を魅惑するためには、「他〔人〕にとって有るがままのこの対象」についての「直観的把握」を、実現しうるのでなければならないだろう。しかしながらそのようなことは、「原理的に不可能」である。そこでマゾヒストは、自らの「客体性」を自ら味わうよりないのだが、しかしそうすればするほど、彼はますます「自らの主観性についての意識」に浸されるようになってしまうだけである。そのうえマゾヒストは、金を払って女に鞭打ってもらうことによって、女を道具扱いにし、そのことによって自らを彼女に対する「超越」として立ててしまうことになる。いずれにせよマゾヒストの「客体性」は彼から逃れ、たいてい彼は、「自らの客体性」を捉えんとすることによって、かえって「他〔人〕の客体性」を見出し、意に反して「自らの主観性」を解放してしまうことになろう。ゆえにマゾヒズムは、「原理的に失敗」(p. 428)なのである。

「他〔人〕に対する第一の態度の失敗」は、「私が第二の態度を取る機会」となりうる。けれどもサルトルは、これら二つの態度のいずれもが「最初」ではなくて、各々が「本源的状況としての対‐他‐有への基本的な反応《リアクション》」(p. 429)なのだと断っている。

「他〔人〕のまなざし」を私が睨み返すことによって「他〔人〕の主観性の瓦解の上に私の主観性を打ち建てる」こと、それが「他者に対する無関心(*indifférence*)」である。ここで問題とされているのは、「他〔人〕たちに対する或る盲目」である。しかしながら盲目は、「対‐他‐有についての、すなわちまなざしとしての他者の超越についての、或る暗黙の理解」(p. 430)を含んではいないだろうか。そして私の盲目は、「知らぬ間に私を他有化〔=疎外〕するおそれ」のある「さまよえるまなざし」についての意識をともなっているからこそ、「不安」(p. 432)なのである。

他人の「私‐にとっての‐客体性」を介して他人の「自由な主観性」を捕えようとする私の「本源的な試み」が、サルトルによれば「性的欲望」(Ibid.)なのだという。欲望においては、私は「他者の肉体を我有化するために」、他者の眼前で自ら「肉体」となる。そのときもともと「状況のうちに」あった他者の「身体」が、「現前の純粋な偶然性」にすぎない「肉体」(p. 439)となるのである。欲望とは、衣服を脱がせるようにして身体にその「運動」を脱がせ、身体を「たんなる肉体」として実存させるための試みであり、「〈他者〉の身体の受肉の試み」である。私は他者を愛撫しながら、私の指のもとに他者の「肉体」を生まれさせる。「愛撫」は「身体にその行為を脱がせる」ことによって、また「身体を取り巻く諸可能性から身体を分かつ」ことによって、「肉体を顕示する」(p. 440) のである。

しかし、欲望は「失敗」する。なぜなら「快」が「快への注意」という「反省的意識」の出現を、動機づけてしまうからである。そもそも「快」は「欲望の完成」であるのみならず、その「終項 (terme)」にして「目的・終焉 (fin)」でもあるのだから、それは「欲望の死」である。そればかりか「快についての反省的意識」は、「享受」の対象となってしまった自らの「受肉」への「注意」(p. 447) となって、同時に「他〔人〕の受肉」を「忘却」させてしまう。つまりは「愛撫する快」が、「愛撫される快」に転じてしまうのである。このような「欲望の失敗」は、しばしば「マゾヒズムへの移行」(p. 448) を動機づけるのだという。

しかしながら欲望は、もともと「捕えて我有化する」欲望であったので、自ずからそれは「把捉し浸透する諸行為」へと延長してゆく。そして私がいま「捉え、引きずり、掴み、噛む」ように試みるのであれば、私の身体は「肉体」であることをやめて「道具」となり、同時に他人も「受肉」であることをやめて「道具〔〕」(Ibid.) となってしまうであろう。「サディズム」とは「暴力によって〈他者〉を受肉させる一つの努力」なのだが、ただこの「《力ずくの》受肉」は、すでにして「他〔人〕の我有化にして〔道具的〕利用」(p. 450) たらねばならないのである。

けれどもサディズムもまた、自らのうちに「その失敗の原理」を含んでいる。まず第一に、「身体を肉体として把握すること」と「それを道具として利用すること」とのあいだには、「深い両立不可能性」がある。つまり「受肉」が完成して眼のまえに「喘ぐ身体」しか持たないとき、もはや私には「いかにしてこの肉体を利用すればよいのか」が、分からなくなる。かくしてサディストは、その目的が到達された瞬間に、「欲望」に席を譲ることになる。サディズムは「欲望の失敗」であり、欲望は「サディズムの失敗」(p. 455) なのである。そのうえサディストは、「彼の犠牲者」が彼を「視る」とき、「自らの有」が「〈他〔人〕〉の自由」のうちに「他有化〔疎外〕」されるのを体験して、自らの「誤謬」(p. 456)を自覚する。そのとき彼は、彼が隷属させたかったのは「この自由」だったのだということに気づいて、同時に「自らの努力の虚しさ」を実感する。われわれはふたたび「視つつ-有ること」から「視られて-有ること」へと送り返され、この「循環」(p. 457)を脱しえないのである。

このように「〈他〔人〕〉-対象に対するすべての行為」は、「〈他〔人〕〉-主観への暗黙の覆蔵された指示」を含んでいて、この指示がその「死」であり、そしてこのような「〈他〔人〕〉-対象に対する行為の死」に基づいて、「〈他〔人〕〉-主観を奪い取ろうとする新しい態度」が生まれはするのだが、しかし今度はそれが瓦解して、「逆の行為」に席を譲る。われわれは「〈他〔人〕〉-対象」から「〈他〔人〕〉-主観」へと、またその逆へと、「無際限に送り返される」(p. 458-9)だけなのである。

いっそ「他〔人〕の死」を願うような態度を、サルトルは「憎悪」(p. 461)と呼んでいる。ただしここでの憎悪とは、「ただ一人の他〔人〕におけるすべての他〔人〕たちの憎悪」のことであり、「しかじかの他〔人〕の死」を追求することによって「象徴的」に到達したいと欲されているのは、「他者の実存の一般的原理」(p. 462)なのである。しかしながらこのような憎悪といえども、「他〔人〕がいなかった」ことにすることはできない。むしろ「他〔人〕の廃止」は、「他者が実存した」ということの「明示的な承認」となってしまって、「他〔人〕の死」は、私を「取り返しのつかない対象」として、まさしく「私自身の死」として構成してしまうことになるだろう。かくして憎悪は、「循環」を脱せしめない。それはたんに「究極の試み」を、すなわち「絶望の試み」を表しているだけなのであって、この試みの「失敗」のあとには、もはや対自には、循環のなかに帰って「二つの基本的態度の一方から他方へと無際限に揺れ動く」(p. 463)より、道は残されていないのである。

(c)「われわれ」の存在

第三章第三節「《共-有》(Mitsein)と《われわれ》」の冒頭近くで、サルトルは「われわれについての経験」は疑うべくもないが、しかしこの経験は、「われわれの他者意識の根拠」ではありえないと言明している。けだし「或る意識」が「一箇のわれわれ」のうちに巻き込まれているということを意識するためには、あらかじめ「その意識と共同化される他の諸々の意識」が、「超越する-超越」か「超越される-超越」かという資格で、当の意識に与えられていたのでなければならないからである。つまり、「対-他-有が共-他-有に先立ち、これを根拠づける」(p. 465)のである。

「〈われわれ〉の経験」には「〈われわれ〉-主観」と「〈われわれ〉-対象」という「ラディカルに異なる二つの形式」があるのであって、それぞれ「視つつ-有ること」と「視られて-有ること」に、「精確に対応」(p. 466)しているのだという。そしてまずサルトルが主題化するのは、後者からである。

ただしサルトルは、「〈われわれ〉-対象」を扱うまえに、第三者の登場によって他者(=第二者)と私とに及ぼされる変化の、五つのパターンを列挙している。第一に、もし私が他者と第三者とによって視られるなら、私は両者を「彼ら-主観」として体験し、この「彼ら」は「ひと」に向かってゆく。第二に、もし私を視る他者を第三者が視るなら、たとえ私が第三者を直接に捉えることがなくても、私は「視られた-〈他者〉」となってしまった〈他者〉の上に、第三者を捉えることができるのだという。ちなみにこの「第三の超越」は、私を超越する第二者の超越をさらに超越することによって、第二者の超越を「武装解除」することに貢献してくれるのだとサルトルは考える。第三に、私が第三者と「同盟を結んで」第二者を視るなら、第二者は「われわれの対象」となって、私は「〈われわれ〉-主観」を経験するであろう。第四に、もし第二者を視る第三者を視る私をさらに第二者が視るというようなケースが起こるなら、私は第二者にとって対象であり、その第二者は第三者にとって対象であり、第三者は今度は私にとって対象である。そして第五に、第二者と第三者とを私が視るなら、両者は「〈彼ら〉‐対象」(p. 467) として私に現れる。

第三者がその「まなざし」によって私と第二者とを「包括」(p. 468) するなら、そのときにこそ「〈われわれ〉‐対象」の体験が生起するのである。それは「認識される」のでも「感じられる」のでも「体験される」のでもなくて、「他〔人〕との連帯性という純粋な状況」を私が引き受けることによって、「発見される」のだという。私は「引き受けるという私の自由」のただなかで、「状況の内的相互性」のゆえに、「〈他〔人〕〉をも引き受け」(p. 469) なければならないのである。そしてこのような状況は、たとえば「階級意識」においてよく見られる。「抑圧階級の状況」が、「非抑圧階級」に対して、「自らの自由によって彼らを考察し、彼らを超越する或る不断の第三者のイメージ」(p. 471) を提供しているのである。

かくして「われわれ‐対象」の体験は、「対‐他‐有」のそれを想定し、その「いっそう複雑な一様態」でしかない。そしてもしそれが、「階級意識」においてのように、強固に構造化されたケースにおける「われわれの引き受け」であるならば、それは「自己性の個人的な取り戻し」によってではなく、「われわれ全体」を「われわれ‐主観」へと変容することによって、われわれを「解放」しようとする企投を含んでいるのだという。この意味では、ちょうど私の「他〔人〕‐にとって‐対象‐で有ること」が、「私‐にとって‐他者が‐対象‐で有ること」の経験へと送り返していたように、「われわれ‐対象」の体験は、「われわれ‐主観」のそれへと、「送り返す」(p. 473) のである。

ただしわれわれは、他人の眼に対してしか「われわれ」ではないのだから、「人類全体」、つまり「ヒューマニズム的な《われわれ》」の観念は、「空虚な概念」にとどまってしまう。なぜならここで「他性の限界‐概念」の対象となるべき「第三者」とは、「神」くらいのものであろうが、しかるにサルトルによれば、「神」は「ラディカルな不在」によって特徴づけられるからである。ゆえに「人類をわれわれのものとして実現しようとする努力」は、絶えず「更新」され、絶えず「失敗」(p. 474) に到達するだけなのである。

次に「一つの共同体‐主観へのわれわれの帰属」をわれわれに告知してくれるのは、「世界」、とりわけそのなかの「製造対象」(p. 474-5) である。これらの諸対象は「彼ら‐主体」のために、すなわち先に「ひと」[32]と呼ばれた「無差別的なまなざし」と一致するような、「個体化されず数え上げられない或る超越」もしくは「任意の超越」のために、「人々によって」(p. 475) 製造されたものである。

しかし第一に、先のハイデッガー批判のところでも見たように、サルトルはこの種の経験は「心理的次元」に属すものであって、「有論的」次元に属するものではないと考えている。それは「考察された諸々の対自の実在的合一化」には、まったく対応していないのである。つまりそれは、「超越としての彼らの超越」についての「直接的体験」に由来するものではなくて、むしろ「共通に超越された対象」と「私の身体を取り囲む諸々の身体」とについての「二重の対象化する把握」(p. 476) によって、動機づけられているだけなのだという。それゆえ「われわれ‐主観」の経験は、「或る一つの特異的意識におけるたんなる心理的で主観的な一つの出来事」(p. 476-7)、もしくは「他〔人〕たちのただなかで自らを感じる仕方」であるにすぎず、「他〔人〕たちにおける類似の相関的な経験」(p. 477) を、まったく含んでなどいない。要するにそれは、「まったく主観的で、私をしか巻き込まない一つの印象」(p. 478) でしかないのである。

第二に、先にも触れられたように、「われわれ‐主観」の経験は「第一次的」であるどころか、むしろそれは「他者の実存の二重の先行的承認」を想定している。つまりまず、「製造対象」は「生産者」や「他〔人〕たちによって固定された使用規則」へと送り返す。したがって他人を経験していないような者は、「製造対象」を「加工されていない事物の純然たる物質性」から、「区別」(Ibid.) することなどできないだろう。それゆえにこそ「われわれ‐主観」の経験は、「副次的で従属的な経験」と言われるのである。しかし、それだけではない。自らを「無差別的な超越」として、つまりは「《人種》のたんなる例示」として捉えることは、まだ自らを「一箇のわれわれ‐主観の部分構造」として把握することではない。そのためには自らを、「任意の人間的な流れ〔一定数の人間たち〕のただなかの誰か」として、発見しておくのでなければならない。つまり、じっさいに「他〔人〕たち」によって取り囲まれているのでなければならない。「共・有（Mitsein）」は、あらかじめ他人が何であるかを知っていなければ、それだけでは「不可能」なのである。「私は《……と共に有る》。よろしい。しかし、誰と共になのか」。そのうえ、たとえこのような経験が「有論的に第一次的」であることを認めたとしても、いったいいかにして「まったく無差別的な超越についてのこのような経験」から、「特異的諸人格についての体験」へと「移行」しうるのかが、「分からない」（p. 479）。

かくして「われわれ‐対象の体験」と「われわれ‐主観の経験」とのあいだには、「いかなる対称性《シンメトリー》もない」のだということになる。前者は「或る実在的な実存次元の顕示」で、それは「対‐他の本源的体験のたんなる豊富化」に対応している。後者は「或る加工された世界と特定の経済的タイプの或る社会とに浸った歴史的人間」によって実感された「一つの心理的経験」にすぎない。いずれにせよ「諸々の意識間の諸関係の本質」は、「共・有」ではない。それは「相剋」（p. 481）なのである。

(2)「平和な共存」と「生きられた独我論」――メルロ＝ポンティの他者論

すでにして問題山積のように思われるであろう以上のようなサルトルの高名な他者論についての批判的検討は、しかし、次節に回すこととして、ここでは二〇世紀の古典的他者論の基本形態からのもう一つのヴァリエーションとして、やはり有名なメルロ＝ポンティの他者論を取り上げておくことにしたい。それは一番まとまったかたちでは、『知覚の現象学』第二部第四章「他者と人間的世界」において展開されているのだが、この問題への言及は、後期の彼の主著『見えるものと見えないもの』を始めとして、いたるところに見出される。それゆえ本項は、他のテクストからも随時補いつつ、まず『知覚の現象学』の同章を(a)と(b)に分けて——(a)と(b)とに分けるのは、メルロ＝ポンティの調子《トーン》が、同章の途中から明らかに変化しているからだが——紹介し、(c)では彼の後期思想のなかから、サルトルとの連関ということも含めて、「キアスム」問題のみ主題化し、併せて次節以降の検討課題となるべき箇所を絞り込んでゆくことにしたい。

(a)「ひと」と「平和な共存」

「他者」の章は、その最初の段落で前章の「自然」の問題を引き継いだあと、第二段落の冒頭で「自然が私の人格的生の中心にまで浸透して、私の人格的生と絡み合うのと同様に、行動は自然のなかに降りてきて、そこで文化的世界の形式のもとに沈殿する」(PP. p. 399)と述べることによって、他者問題に突入する。私は「文化的対象」のうちに「他者の身近な現前」を、ただし「匿名性のヴェールのもとに」体験するのである。「ひとが煙草を吸うためにパイプを用い、食べるためにスプーンを用いる」、等々。そして「文化的世界の知覚」が検証されうるのも、「或る人間的作用や或る他人を知覚すること」(Ibid., p. 400)によってである。というよりも、むしろ——或る意味ではフッサールに似て——「それによってすべての文化的諸対象が存在するところの最初の文化的対象」とは、「行動の担い手としての他者の身体」なのである。もちろん「他者」を構成したからといって、ただちに「社会」を構成したことにはまだならない。それでも「他者知覚の分析」は、「文化的世界が提起する原理的困難」に出くわすのだという。なぜならそれは、「外から見られた意識という逆説」(Ibid., p. 401)を、解決しなければならないからである。

他者の存在は、「客観的思惟」によっては、「困難とスキャンダル」(Ibid.) をしかなさない。けれどももし『知覚の現象学』がそれまで示してきたように、「私の意識のその身体とその世界とへの内属」を私が体験するのであれば、「他者知覚と諸意識の複数性とは、もはや困難を供しない」のだとメルロ＝ポンティは主張する。「もし私の意識が一つの身体を持っているのだとするなら、どうして他の諸身体が意識を《持た》ないことがあろうか」。ただしそのためには、「身体」と「意識」との概念が、「深く変容」されなければならないだろう。まず身体は、もはや「客観的身体」ではなく、われわれは「可視的身体」の上に、「行動」(Ibid., p. 403) を捉え直すのでなければならない。意識もまた「構成する意識」や「純粋な対‐自‐有」ではなくて、「知覚的意識」もしくは「行動の主体」である。そのようにしてこそ他者は、「現象的身体」の頂上に現れて、「一種の《局在性》」(Ibid., p. 404) を受け取ることができるのである。

ちなみに「行動の経験」において「対自と即自の二者択一」が「超出」(SC, p. 137) されるということは、すでに『行動の構造』が十分に強調していたことであったのだし、以下の(b)にも見るように、「行動」に対して若干の疑問を呈することになる『知覚の現象学』の「他者」の章後半部が終わったあとでも、やはり同書は「他者知覚」においては、「他の行動」(PP, p. 494) を特権視し続けている。そのうえ中期メルロ＝ポンティに属すソルボンヌ講義においても、「他者知覚とは結局、その行為 (conduite) の知覚である」(MS, p. 552) と言明されることになる。ただし『行動の構造』が、その題名の示すとおりに、他者の行為の「構造」(SC, p. 239) や「形態」(Ibid., p. 138) を強調するのに対し、ソルボンヌ講義ではむしろ、他者の行為の「結果」(MS, p. 32-4) の模倣に言及されることが多い。またすでに『知覚の現象学』において「身振りの意味は与えられるのではなく、理解される」(PP, p. 215) と述べられていたのと同様に、ソルボンヌ講義においてもまた、「われわれの表情表現の途方もない曖昧さ」を忘却してしまっているように思われるクラーゲスに対して、こう述べられているのである。「表現に付着している意味などない。

或る身振りの正確な内容は、状況への指示である。表現の読解は、完全な状況への指示においてしか可能ではない。〔……〕他者を知覚することとは、一つの言語活動を解読することである」(MS, p. 553)。

このようにしてメルロ＝ポンティは、他者問題においては「行為」、「行動」を強調しているように見えながら、じつは「表情」、「表現」の理解に力点を置いているケースが多いのだということには、留意しておかなければならないだろう。たとえば『行動の構造』が「投影」説や「類似」説を批判するために援用しているのは、「幼児は自己自身の微笑を見るはるか以前に、微笑の楽しげな意味を理解するのだし、彼が一度も実施したことがなく、それゆえ彼の固有経験がいかなる内容も提供しえないような威嚇的な身振りや憂鬱な身振りの意味を、理解する」(SC, p. 169) という事実なのであって、同様の実例は、ソルボンヌ講義 (MS, p. 310) においても利用されている。「他者の表現」には、むしろ「一種の盲目的承認」(Ibid., p. 550) のようなものが属しているのである――『知覚の現象学』の「他者」の章に戻るならば、ここでも「類比による推論」という理論を反駁するために、よく似た例が挙げられている。つまり「一五ヶ月の赤ん坊」は、まだ鏡のなかで自分の顔を見たことがなく、そのうえ彼の歯は私の歯には似ていないというのに、戯れに私が彼の指の一つを歯に挟んで噛む真似をしてみると、彼は「口を開く」のだという。それゆえ赤ん坊にとって、「噛むこと」はただちに「相互主観的意義」を有しているのだということになる。彼は「自らの意図」を「自らの身体のうちに」知覚し、また「私の身体」を「彼の身体」でもって知覚して、そのことによって「私の意図」を「彼の身体のうちに」(PP, p. 404) 知覚する。そこには「或る内的な関係」(Ibid., p. 405) のようなものが存しているのである。

そしてすでに『知覚の現象学』第二部第一章で、「ひとが私のうちで知覚するのであって、私が知覚するのではない」(Ibid., p. 249) という有名な言葉を発していたメルロ＝ポンティは、ここでも「知覚する主体」とともに「前人称的な主体」を見出し、世界は「私の知覚と他者の知覚とのあいだで、非区分 (indivis) のままにとどまりうる」

(Ibid., p. 405) のだと言明する。「同じ一つの世界のなかでの諸意識の交流」というものもあるのであって、たとえば他者が「私のパースペクティヴ」に閉じ込められることがないのは、後者自身が無際限に開かれているからであり、後者は「自発的に」他者のパースペクティヴのうちへと滑りゆき、二つのパースペクティヴの収められる「唯一の世界」には、われわれ二人ともが「知覚の匿名的主体」として参与している。もともと「他者の身体を知覚する」のは「私の身体[33]」だったのだが、二つの身体は、私の身体の諸部分が「一つの系」をなすようにして、「唯一全体」を形成する。けだし「以後、これら二つの身体に同時に住みつく」のは、「匿名的な実存」なのだから。もちろんこの段階で問題とされているのは、「他の生者 (un autre vivant)」であって、まだ「他の人間 (un autre homme)」ではないのかもしれない。けれどもこの生もまた「開かれた生」なのであって、それは「自然的諸対象」(Ibid., p. 406) から「文化的諸対象」(Ibid., p. 407) にまで及んでゆくのだという。

　他者知覚や相互主観性が問題となるのは「大人たちにとってだけ」だと、ここでメルロ＝ポンティは述べている。幼児は誰にでも近づける世界のなかで生きていると信じ込んでいるのだし、「私的な諸主観性」(Ibid.) のことを意識したりなどしない。ピアジェによれば、幼児は一二歳頃から「コギト」を遂行し、「合理主義の諸真理」に合流するのだという。しかしながら、もし大人たちにとっても「唯一で相互主観的な世界」があらねばならないのだとするなら、「乳児期の野蛮な思惟」もまた大人の時期の思惟のもとに、「不可欠の獲得物」となって存続しているのでなければならない。「コギト」とともにヘーゲルにおいてのような「諸意識の闘い」というものが始まりはするのだが、しかし、闘いが生起するためには、「共通のグラウンド (un terrain commun)」というものがなければならない。彼らもまた「幼児の世界における彼らの平和な共存 (leur coexistence paisible dans le monde de l'enfant)」(Ibid., p. 408) を、覚えているのでなければならないのである。

(b)孤独と交流——「生きられた独我論」

しかし、ここからメルロ＝ポンティの態度は一変する。つまり、なるほどわれわれは、主観性のただなかに「非人称的なもの」を導入し、「諸々のパースペクティヴの個体性」を消し去ることはできた。しかしながらこのような「一般的混乱」のなかでは、われわれはEgo〔自我〕のみならず、肝心のalter Ego〔他我〕までも、見失ってしまうのではないだろうか。もし知覚するのが〈我〉なら、知覚される他者も「もう一つの〈我〉」[34]だということになってしまって、前者は後者を「知覚」(Ibid.)することができなくなるだろう。しかし逆に、もし知覚する主体が「匿名的」なのであれば、他人もまた「匿名的」だということになって、「諸々の意識の複数性」という「困難」(Ibid. p. 408-9)が、再燃してしまうことになるのである。

結局のところ、「他者の行動」や「他者の発話」でさえ、「他者ではない」のだとメルロ＝ポンティは述べている。他者の「喪の哀しみ」や「怒り」は、他者にとっては「生きられた状況」なのであろうとも、私にとっては「付帯現前化された状況」でしかない。たとえ私が彼の感情に参与しうるのだとしても、ポールが妻を失って苦しみ、時計を盗まれて怒っているのに対し、私はポールが苦しんでいるから苦しいのであり、彼が怒っているから怒っているにすぎない[35]。それゆえ「他者知覚の困難」は、「客観的思惟」のみに起因するのではなく、それは「行動の発見」によっても除去されるものではない。あるいはむしろ、「客観的思惟」やそこから帰結する「コギトの唯一性」は「虚構《フィクション》」ではなくて、「自我と他者の相剋」は、思惟を「非定立的意識」や「非反省的生」に統合したからといって、「消失」(Ibid. p. 409)するわけではない。「共存」とて「各自によって生きられる」よりなく、結局のところ、私は他者とのいかなる「共通のグラウンド」も有してなどいないのである。「その世界をともなった他者の措定」か、それとも「私の世界をともなった私自身の措定」かは、「二者択一」(Ibid. p. 410)をなし、そこにあるのは「或る生きられた独我論(un solipsisme vécu)」なのであって、このような独我論は「超出しえない」(Ibid. p.

411）……。

けれどもメルロ＝ポンティは、「孤独と交流は二者択一の両項ではなく、唯一現象の二契機でなければならない。というのも、じっさいに他者が私にとって実存しているからである」（Ibid., p. 412）と述べることによって、ただちに自らの発言を緩和してしまう。「私の経験は、何らかの仕方で私に他者を与える」のでなければならない。なぜならさもなくば、私が「孤独」について語ることも、「他者には接近しえない」（Ibid., p. 412-3）と宣言することさえ、不可能になってしまうからである。「初次的に与えられていて真なるもの」、それは「或る他〔人〕に対する私の経験の緊張」[36]なのであって、「その他〔人〕の実存」は、たとえ他人についての「認識」が「不完全」であろうとも、「異論の余地がない」（Ibid., p. 413）のだという——なるほど他者の実存は確実だが、他者の認識は不確かだというのは、誰しもが認める、むしろ一般的な共通理解なのかもしれない[37]。しかしながら、いったいなぜそうなのか、そもそもいかなる仕方で他者は「与え」られているのか、そしていかなる点で他者の存在を「与える」仕方は「認識」の仕方と異なっているのか、等々についての肝心の哲学的議論には一切立ち入らずに、メルロ＝ポンティは、すぐさま通俗的な言説に席を譲ってしまう。

つまり他のテクストでも、「真の独我論は（もしそれが可能なら）、自らが孤立していることを知らない」（P II, p. 224）とか、「還元を教える哲学者は、皆に向けて語っている」（RC, p. 150）とか述べられることになるように、ここでもまたメルロ＝ポンティは、もし私が「独我論的哲学」を構築しうるのであれば、私はそれに向かって私が語りかけているところの「語る人間たちの共同体」を、「想定している」と言うのである。「他者か私か」を選択せねばならぬと述べつつ、ひとは両者を「肯定」している。他者は私を「対象」化しつつ私を「否定」し、私は他者を「対象」化しつつ他者を「否定」するとひとは言うが、しかし、「他者のまなざし」が私を「対象」化し、「私のまなざし」が他者を「対象」化するのは、「昆虫」の行動でも「観察」するようにして、各自が「非人間的なまなざし」(Ibid., p. 414) となるようなとき――あるいはフッサールなら、「窓から私が道路工事中の労働者たちを観察するとき」(H XV, S. 426) とでも言うだろう――にすぎない。あるいはたとえそのような「まなざし」が向けられたとしても、「各自の対象化」が苦痛に感じられるのは、それが「可能的交流」に取って代わったからこそなのであって、「犬のまなざし」なら、私はけっして苦しむようなことはなかっただろう。「交流の拒絶」とて「交流の一つの仕方」(PP, p. 414) である。結局のところ、「超越論的主観性」とは「相互主観性」(Ibid., p. 415) のことであり、他のテクストでも言われているように、「相互主観性」とは「相互身体性 (intercorporéité)」(P II, p. 226) のことなのである。

すでに『行動の構造』においても「他者の行動は、或る思惟する仕方を意味する以前に、或る実存する仕方を表現している」と、あるいはまた「われわれの階級やわれわれの環境を思惟する以前に、われわれはこの階級やこの環境で有る」(SC, p. 239) と述べられていたように、ここでもまたメルロ＝ポンティは、「意識化の以前に、社会的なものは暗々裏に、そして促し (sollicitation) として、実存する」(PP, p. 415) と語っている。もともと「社会的なもの」は「対象として三人称で」実存しているのではなく、むしろ階級などは、「決然たる意志の対象」となる以前に、「具体的に生きられて」(Ibid., p. 416) いるのだという。つまり国家や階級は「個体を促す共存の仕方」(Ibid., p. 417) なのであって、私にとって各々の他者は、「忌避しえない共存のスタイルや環境」(Ibid., p. 418) として実存しているのである。

「他者」の章は最後に、「他者」等々の逆説は「時間の逆説」(Ibid., p. 419) に連れ戻される旨を予告して終わっていて、じじつ『知覚の現象学』は、その第三部第二章「時間性」において、「なるほど他者はわれわれにとって、けっしてわれわれ自身のようには実存しないであろう」が、しかし「二つの時間性は、二つの意識のように、排除し合うことはない」(Ibid., p. 495) と述べることになる。けれどもわれわれには、これは同じ問題を別の次元で繰り返しているだけのように思われるので、ここではもはやこの問題は追求しない。次にわれわれは、他者をめぐる後期メルロ＝ポンティの様々な言説のなかから、少なくとも表面的には前期のそれとは異なるアプローチを示しているように思えるものの代表的な一例として、「キアスム」問題を取り上げておくことにしたい。

(c)他者と「キアスム」

たとえば一九五六－七年の講義「〈自然〉の概念」のなかでは、こう述べられている。「私が握り締めている他者の手は、触れかつ触れられる手をモデルとして理解すべきである。私はこの手の先に、誰かを感じるにいたる。他者を知覚することは、たんに私が彼の手を握り締めるだけでなく、彼が私の手を握り締めるのを知覚することである。〔……〕私は思惟するものとして身体を覚知する以前に、知覚するものとして身体を覚知する」(N. p. 109)。同様のことはもちろん、後期メルロ＝ポンティに頻出する或る特徴的な反語表現で、『見えるものと見えないもの』のなかでも主張されている。「もし私の左手が、触れうるものを触診しているあいだの私の右手に触れ、触れつつある私の右手に触れ、右手にその触診を返すことができるのだとするなら、どうして私は、或る他〔人〕の手に触れつつ、私の手のうちで私が触れたのと同じ〈事物に合致する力能〉に、他〔人〕の手のうちで触れないことがあろうか」(VeI. p. 185)。多少とも過激な表現を含む一九五九年の有名な論文「哲学者とその影」では、メルロ＝ポンティはこうも述べている。「もし、他人の手を握り締めつつ、私が彼の現有(être-là)の明証性を持つとするなら、それは彼の手が、私の左手の代わりになるからである〔……〕。私の両手が《共現前的》である、もしくは《共存する》のは、それらが唯一身体の両手だからである。他者はこの共現前の延長によって現れ、彼と私とは、唯一の相互身体性の諸器官のようである」(S. p. 212-3)。もちろんわれわれは「唯一の相互身体性の諸器官のよう」ではあっても、本当にそうであるわけではないということは、『見えるものと見えないもの』のなかの次の言葉からも明らかである。「ところで、どうして私の身体の統一性をなすこの一般性が、私の身体を他の諸身体に開かないことがあろうか。手の握りもまた可逆的なのであって、私は自らが触れているのと同様に、またそれと同時に、触れられているのを感じることができる。そしてたしかに両手、両眼がそれらの各々についてそうであるように、われわれの身体がその諸器官であるような、一つの大きな動物がいるわけではない」。けれどもメルロ＝ポンティは、直後にやはり、こう付け加えているのである。「もし共働（synergie）が各々の有機体の内部で可能だとするなら、どうしてそれが様々な有機体のあいだに存在しないことがあろうか」（VeI, p. 187）。

触れる右手に左手で触れるという、いわゆる「キアスム〔交差配列〕」の問題構制は、他者の身体が絡んでくると、むしろ「キアスマ〔交叉〕」と呼ばれるケースが目立ってくるように思われる。たとえば『見えるものと見えないもの』では、「一種のキアスマによって、われわれは他〔人〕たちになり、われわれは世界になる」（Ibid., p. 212）とか、あるいはまた「キアスマ」は「私と他者の交換」であるのみならず、「私と世界の、現象的身体と《客観的》身体の、知覚するものと知覚されるものの、交換」（Ibid., p. 268）であるとも述べられている。一九五二－三年の講義概要によれば、「他〔人〕と私のあいだ」に結ばれる「交換」、つまり「キアスマ」においては、「ひとはけっしてまったく二人であるわけではないのだが、しかしひとは、たった一人であることをやめる」（RC, p. 25）のだという。『見えるものと見えないもの』では「或る身体から他の身体への推移性（transitivité）」（VeI, p. 188）について語られ、あるいはまた「私と他者のあいだの分離面」でも「われわれの合一の場所」でもあるような「見えない蝶番（charnière invisible）」（Ibid., p. 287）といった表現が用いられたりする。他のテクストによれば、それはもはや――前期メルロ＝ポンティにおいてのように――たんに「両立不可能で、遠くからは相殺されてしまう諸々のパースペクティヴ」にとどまるのではないような「私－他者の蝶番」（IP, p. 175）であり、むしろ「共通の生」であるような「私－他者の蝶番」（Ibid., p. 179. Cf. RC, p. 60）なのである。

ちなみにこのようなキアスム関係は、触覚だけでなく、ときとして視覚にも適用されていて、たとえば「哲学者とその影」では、こう述べられている。「私が私の右手に触れつつある私の左手に触れるように、私はあそこのあの人間が見ているのを見る」(S. p. 215)。そしていま「キアスマ」の箇所でも見られたように、後期メルロ＝ポンティはこのような関係を、「私」と「世界」のあいだにも拡張しようとする。たとえば『見えるものと見えないもの』では、「多くの画家たちが述べたように、私は自らが諸事物によって視られているのを感ずる」と述べられていて、それが彼のいわゆる「ナルシシスム」の「最も深い」意味なのである。したがって、「もはや誰が見、誰が見られているのか、分からない」(VeI. p. 183)――あるいはむしろこのような言説は、『眼と精神』の読者にこそなじみのものと言うべきなのかもしれない。「画家と見えるものとのあいだで、不可避的に役割が逆転する。それゆえにこそ多くの画家たちは、諸事物が彼らを視ていると述べた」(E. p. 31)のであり、ここでもまた「もはや誰が見、誰が見られているのか、分からない」(Ibid., p. 32)のである。[38]

しかしながら、この種の問題を論じるさいには、たいていメルロ＝ポンティは「多くの画家たちが述べたように」等々のような間接引用のかたちを取っていて、このことからも窺い知れるように、メルロ＝ポンティ自身が本当に「諸事物が視る」とか「諸事物によって視られる」等々といったことを額面どおりに信じていたかについては、いささか疑問が残る。おそらくそれは、「物活論(hylozoïsme)」(VeI. p. 304)を斥け、「自らを見る色彩」や「自らに触れる表面」といった考えを「馬鹿げたこと」(Ibid., p. 178)として一蹴してしまうメルロ＝ポンティには、原理的に不可能な事柄であったろう。そのうえそもそもこのような考えは、事物と他者とに「見る」機能を共有させることによって、かえって本来の「他者」問題を、除去してしまうようにさえ思われる。それゆえここでは、本来の他者問題だけに的を絞ることにしよう。一見して分かるように、メルロ＝ポンティの「キアスム」、「キアスマ」は、基本的にはサルトルの「相剋」と同じ構造を有している。サルトル自身はメーヌ・ド・ビランの「努力の感覚」[39]を批判しつつ、「触れることと触れられること、触れていると感じることと触れられていると感じることは、虚しくも《二重感覚》の名のもとにひとが統合しようと試みる二種類の現象である。じつはそれらはラディカルに異なり、交流不可能な二つの次元に存在する」(EN. p. 351. Cf. p. 372) と述べてはいるのだが、しかしドゥプラッツも指摘しているように、メルロ＝ポンティの「キアスム」や「可逆性」が「サルトルの困難」に「ふたたび陥る」(Depraz, p. 135) であろうことは、察するにかたくない。それゆえこの問題構制は、次節で扱うサルトル批判によって、一部肩代わりされうるであろう。

しかし、他者問題がはたして右手左手のキアスムのようにして解決できるのか否か、ここで簡単な批判的コメントだけ付け加えておくことにしたい。「キアスム」問題一般に関しては、これまでわれわれもいろいろ論じてきたのだが(40)、たとえば「触れられる」という経験に関して「モデル」となるのは右手左手のキアスムなのか、それとも他者経験なのか、等々の問題も、ここでは措いておくことにする。ここで簡単に検討しておきたいのは、ただ本当に私－他者のあいだに右手－左手のあいだのような「キアスム」、「キアスマ」が成り立つのか、ということだけである。そもそも右手－左手のキアスムが成り立つためには、少なくともわれわれは、(1)私の右手が触れていることを私が知っているということ、(2)私の左手が触れていることを私が知っているということ、(3)右手も左手も私に属すということ、あるいはむしろ、右手の機能も左手の機能も私に属していることを私が知っているということ、つまりは身体全体やその機能についての統一性の意識を私が有していて、それが身体諸部分の分化に先立つのであって、このような統一層は、身体諸部分の区別の意識が芽生えたあとでさえ、それらの基盤となって存続しているのだということ、以上三点を必要条件として前提しているのだと考える。そしていまもし私の右手はそのままに、私の左手を他者の手に置き換えてみたと想定するなら、成立しうるのは明らかに(1)のみであって、(2)や(3)ではない――(2)や(3)が成立するなら、逆に他者と私の区別がなくなってしまうであろう。したがって「キアスム」問題を他者問題に応用してこれを解決しようとする試みは、少なくともメルロ＝ポンティの主張するような形態では、われわれには無謀な企てであるように思われる。

それでは『知覚の現象学』を始めとする、両義的というよりはむしろ曖昧さに満ちた前期・中期のメルロ＝ポンティの他者論のなかから、いったいわれわれは何を残しておくべきなのだろうか。まず他者の「行為」や「行動」への関心については、或る程度それは水たまりを見てよけようとするフッサールの他者論にも通じるところがあるので、それは身体機能を重視した後者の一つのヴァリエーションとみなしておいて差し支えないであろう。そしてもしいまキアスム現象において見たように、機能する身体を中心とする他者論に――ここでもまたこの形態のままでは――問題が残るとするなら、それはのちに批判されなければならなくなるであろう。

ただしメルロ＝ポンティは、ここでは「内的な関係」を重視する。その点はのちに検討されなければならない。あるいはむしろ、それと密接に関係するとわれわれに思われるのは、前期・中期の彼が着目した「表情」、「表現」の根源性のほうなのであって、しかもそれは、明らかにフッサールの問題構制からは外れている。またメルロ＝ポンティの「ひと」は、或る面ではハイデッガーの「ひと」の一つのヴァリエーションとして捉えることもできるのだが、しかし彼の「ひと」には、文化的対象のみならず自然的対象に向かうさいの自然的な知覚主体も含まれており、さらにはEgoとalter Egoを区別できないような匿名性といった問題構制も、当然そこには含まれてくる。それゆえそうした諸問題は、のちの検討対象とならなければならないだろう。

しかしそのまえに、われわれはまずサルトルの他者論を、批判的に検討しておくことにしよう。

第三節　サルトルの他者論の批判的再検討

「他者－によって－見られて－有ること」を第一に置くサルトルの極端な、戯画的とさえ言えるような他者論に関しては、たとえば「相剋」という悲惨な結末しかもたらさないその悲劇的世界観に対して、いわば外在的ないし超越的な批判を試みることは容易であろう。また、たとえばその「恥」の考えに対して、「われわれは或る他者《に対して》やわれわれ自身に対して根源的に恥じることができるのとまったく同様に、或る他者《のことで》根源的に恥じることができる」(GW X. S. 81) というシェーラーの言葉等々を利用したりなどして、事実の列挙によって彼の他者論を反駁することも可能ではあろう――本節ではわれわれは、そのようなことは行わない。われわれが本節で試みるのは、ただサルトルの理論的諸矛盾を検討して、彼の当初の目的に到達するためには、いったい彼の理論のどこを修正すればよいのかを、われわれなりに考察してみることだけなのである。以下、まず本章第二節(1)で見てきたサルトルの他者論に基づき、その様々な矛盾を析出することから始めることにしたい。

(1) 理論的諸矛盾

(a) 諸々の矛盾

まずサルトルの他者論がめざしていたもの、もしくはその前提となっていたものを、簡単に振り返っておくことにしよう。『存在と無』の第三部はその末部近くで、「われわれ－主観」の経験は、「たんなる心理的で主観的な一つの出来事」(p. 476-7)[41] にすぎないと述べていた。しかもハイデッガー流の Mitsein は、あらかじめ他人を知っておかねば成り立たないのだという。「私は《……と共に有る》。よろしい。しかし、誰と共になのか」。そのうえこのような経験から出発するなら、いったいいかにして「特異的諸人格についての体験」へと「移行」しうるのかが、「分からない」(p. 479)。しかるに同書同三部冒頭近くでサルトルは、示すべきは「ピエール-と共に-有ること」や「アニー-と共に-有ること」のような「具体的な共-有」(p. 293)なのだと主張していた。「《私の》有から出発して捉えられた私の共-有」は、「他者の実存」を証明したりなどせず、むしろ「私の経験のうちで与えられる特異的他者への私の有のあらゆる具体的な絆」を、「不可能」(p. 294)にしてしまう。「ひとは他者に出会う」のであって、「他者の実存」は「偶然的で還元不可能な一事実」(p. 295)なのである。そこでわれわれは「しかじかの具体的他者の具体的で疑いえない現前」を発見しなければならないことになるのだが、サルトルにとって「対象」は、「蓋然的」(p. 297)でしかない。それゆえにこそサルトルは、「他者によって見られる」という経験のうちに「他者-主観」(p. 302)を求めたのであり、「《他者-によって-見られて-有ること》が、《他者を-見ること》の真理」(p. 303)だと述べたのである。そしてこれら二つの形式のあいだには、いかなる「綜合」も「可能ではない」(p. 349)――以下われわれは、個々のサルトルの主張がこのような前提と矛盾していないか否かについて、逐一検討してみることにしよう。

(1)「恥」の問題構制においては、「嫉妬」や何やで「鍵穴」から部屋を覗いている私が、突然「ひとが私を視ている」(p. 305-7)と感づくような状況が設定されていた。しかし、もし私がそのようにして覗き見していたとするなら、そこにはすでに他者もしくは他者と密接に関わるものが、しかも私の視ることのできるものとして、前提されているのではないだろうか。そのうえここでの「ひと」は、ひょっとして私の思い違いかもしれない、まだ誰でもない「ひと」である。それではなぜそれは「心理的」な思い込みではなくて、絶対確実性を享受しうるのだろうか。

(2)他者のまなざしは、「超世界的な現前」や「遍在的で捉ええない超越」(p. 316)と、あるいはまた「さまよえるまなざし」(p. 432)等々と呼ばれていた。しかしそれは、サルトルが当初めざしていた「しかじかの具体的他者」

の「偶然的で還元不可能な一事実」という考えと、両立しうるのだろうか。

(3)サルトルによれば、私は「視られて－有ること」の「確実性」を、「この確実性の機会」でしかない「他者－対象」に「移送」してはならず、前者は後者に依存しないのだという。それは「他者の身体」(p. 323)にさえ結びついてなどいないのであって、先には引用しなかったが、サルトルは「他者の身体」の出現は「第一次的な出会い」を構成せず、むしろそれは「他者との私の諸関係の一つのエピソード」、「一つの副次的構造」(p. 388)にすぎないのだと主張する。それゆえ「他者の事実性」つまり「他者がそこに－有ること」(p. 324)は、たんなる蓋然性のランクに落とされてしまうのだということになる。しかしながら、そのような「事実性」の軽視は、サルトル自身の当初のもくろみと、うまく整合するのだろうか。

(4)他者は「現在いたるところに、私の下に、私の上に、隣の部屋部屋に」(Ibid.)いるのだとも述べられていた。他者の遍在性については先にも見たが、サルトルは、他者は「いたるところに現前」(p. 327)しているのだとも語っている。けれども世界に属さず世界を超越してしまうがゆえのこのような遍在は、そもそも上階や下階、近隣の部屋部屋での他者の存在と、併存しうるのだろうか。むしろ後者は世界のただなかでの存在ではないだろうか。そしてもし事実的・具体的な他者存在が指摘されうべきであるとするなら、それはむしろ後者においてではないだろうか。

(5)私が誤りうるのは「このもの」についてだけであって、たとえば私が道で出会ったのがアニーではなく見知らぬ人であったからといって、そのことによって「私へのアニーの基本的現前」は何ら変更されず、それどころか「私自身へのすべての人々の現前」(Ibid.)や「あらゆる生ける人間」の「本源的現前」(p. 326)が、あるいはまた「他人の死」(p. 463)でさえ、私を対象化することをやめないというのに、サルトルは「私への〈他者〉の実在的で具体的な絆」(p. 327)については、誤りえないのだという。けれどもサルトルの理論から言って、いったいどのようにして一人ひとりの他者を、対象化することなく、主観（＝ひと）のままに区別したり同定したりすることができるというのだろうか。

(6)というのもサルトルは、「まなざし」としての「他者‐主観」は「複数」でも「一性」でもなく、「数えられない実在」、「数以前的な現前」（p. 328）だと言明していたからである。「数以前的で具体的な実在」、それが「ひと」であり、「ひとが私を視る」（p. 329）のである。しかしながら、本当にそれは、「具体的」な他者であろうか。むしろそのような存在ならば、アニーとピエールの相違を、まずもってその数的相違を説明しうる程度の具体性さえ、有していないことになってしまうのではないだろうか。

(7)要するにサルトルの理論からは、「しかじかの〈他者〉」への「特殊化」は、「他者の事実性」つまり「対象」（p. 343）としての他者にしか、認められないのだということになってしまおう。逆に「私を対象として捉える固有の可能性は、他者‐主観の可能性なので、顕在的には私にとって、誰の可能性でもない」のである。それでも「他者‐対象」は、「ひとがそれを炸裂させる永続的可能性を私がその周りに予感する」ところの「一つの爆発器具」（p. 344）なのだという。しかし、他者‐主観と他者‐対象との「綜合」は初めから否定されていたというのに、いったいいかにしてわれわれは、両者を関連づけうるというのだろう。むしろ「ひと」は相変わらず「特殊化」されず、「数え」られず、「遍在」したまま「さまよい」続けているのでなければ、「主観」としてのその地位を保ちえないのではないだろうか。

(8)「相剋」の問題構制においては、私は「他者の超越」を「超越」して他者の「対象化」を図るか、それともこの超越を「私のうちに呑み込んで」他者を「同化」（p. 412）しようとするかだと言われていた。しかしながら「対象化」したり「同化」したりしうるのは、他者のように見える身体だけなのではないだろうか。そもそも「他者の超越」や本当の「他者」は、けっして特化されることのない「ひと」だったというのに、どうしてそれを「対象化」したり「同化」したりしようと試みることができるのだろうか。

(9)つまり具体的に言うなら、たとえば「愛される者」は「まなざし」(p. 421)である。けれども誰とも特定できない「ひと」一般を愛したり、「ひと」一般に自分を愛してもらおうと術策のかぎりを尽くしたりするなどということが、考えられるだろうか。あるいは少なくとも、それがこの問題構制においてサルトルが念頭に置いていた状況であっただろうか。

(10)同様に、「サディスト」は「彼の犠牲者」が彼を「視る」ときには、自らの「誤謬」(p. 456)に気づくのだという。しかしながら、サディストを視るまなざしは、けっしてこの「犠牲者」には特定できないというのが、サルトルのもともとの理論だったのではないだろうか。

(11)それゆえ一般に、「〈他〔人〕〉-対象に対するすべての行為」が「〈他〔人〕〉-主観への暗黙の覆蔵された指示」を含んでいて、われわれは絶えず「〈他〔人〕〉-対象」から「〈他〔人〕〉-主観」へ、またその逆へと「無際限に送り返される」(p. 458-9)という、相剋の問題構制それ自身が、理論的にはよく理解できない。「私は他者に振り返って、今度は他者に客体性を授けることができる」(p. 412)とサルトルは述べる。けれどもどこでもないところからどこか特定の場所に「振り返る」などということが、ありうるだろうか。むしろサルトルがここで述べているのは、〈A主体-B客体〉から〈B主体-A客体〉への「振り返り」といった程度のことなのであろう。しかしながら、そのようなことが成り立ちうるためには、あらかじめA主体とA客体とが同定ないし「綜合」されていなければならない。つまりはA主体も、その程度には「特殊化」されていなければならないだろう。

(12)「第三者」の問題構制において、もし私が第二者と第三者によって視られるなら、私は両者を「彼ら-主観」として体験し、そしてこの「彼ら」は「ひと」(p. 467)に向かってゆくのだとサルトルは述べていた。しかしながら、もし私が視られているなら、私を視ているのは、最初から「ひと」であったはずである。そして私が視られているかぎり、私を視ているまなざし－他者を第二者と第三者とに数的に区別することなど、サルトルの理論では初めから不可能なのではなかったか。

⒀もし私を視る第二者を第三者が視るなら、たとえ私が第三者を直接捉えることがなくても、私は「視られた－〈他者〉」となった〈他者〉の上に第三者を捉えることができ、この「第三の超越」が第二者の超越を「武装解除」（Ibid.）してくれるのだという。けれども私には見えない第三者によって第二者が視られているということなど、第二者でもない私が、いったいどのようにして知りうるというのだろうか。それはたんなる主観的な思い込み、心理的な憶測以上のものでありうるだろうか。

⒁私が第三者と「同盟を結んで」第二者を視るなら、そのとき第二者が「われわれの対象」となって、私は「〈われわれ〉－主観」（Ibid.）を経験する。もちろんサルトルは、それこそが主観的な印象にすぎないのだと、ここでは主張するでもあろう。しかしながら、そもそもそれ以前に、いかにして私は第三者と「同盟を結ぶ」ことなどできるのだろうか。そのとき私は、いったい他者－主観の対象なのだろうか、それとも他者－対象の主観なのだろうか。いずれにせよそれらは、残念ながら「〈われわれ〉－主観」とはなりえない。

⒂第三者がその「まなざし」で私と第二者とを「包括」（p. 468）するなら、「〈われわれ〉－対象」の体験が成立し、そのさい私は「〈他人〉をも引き受け」（p. 469）なければならないのだと言われた。それはちょうど愛し合うカップルが、「第三者」に「視られる」だけで、本人のみならず相方の「対象化」をも「体験」（p. 426）せざるをえなかったのと、同断である。しかし、第二者が第三者によって視られているということを――私がその視覚の当事者（視覚主体でも視覚対象でも）であるわけでもないのに――いったいどのようにして私は「体験」し、「引き受ける」ことなどできるのだろうか。つまり⒀で述べられた疑問は、第二者が私を視ているか否かを問わずして、また第三者が私に見えているか――私が見ているとでもいうのだろうか――否かにかかわらず、やはり再燃してしまうのではな

いだろうか。

⒃最後にサルトルは、「われわれ-主観」の第一次性を否定するために、「製造対象」は「生産者」（p. 478）等に送り返し、「われわれ-主観の経験」は「他者の本源的体験の上に構築される」（p. 479）と述べていた。けれども「生産者」との出会いは、はたして他者-主観についての「本源的体験」を形成しうるのだろうか。それはサルトル自身の理論に基づいて、私によって利用し認識されるだけの、「他者-対象」でしかありえないのではないだろうか。つまりわれわれは、そもそも「主観-他者」を「生産者」へと「特定」することなどできないのではないだろうか。

⒝最大の難点

以上でわれわれは、サルトルの他者論の問題点をすべて列挙しえたとうぬぼれるつもりはないが、しかし、本章全体の意図にとって必要となるような考えのだいたいの傾向については、把握しえたように思う。上に挙げた一六の批判点は、そのほとんどが事実的-具体的他者の特殊化-個別化の問題に関与している。例外は⒀⒁⒂で、それらは他者の〈超越する超越〉や〈超越される超越〉にはたして私が参与しうるのかという、或る意味では原理的な、しかし下手をするとたんに心理的な問題に関わってくる。また⑻でも同様の問題構制が指摘されたのだが、われわれはそこに他者の特化の問題も絡めておいた。さらには⑴には或る意味では心理的な問題も含まれてはいるのだけれども、そこには他者の特定の問題もやはり見出される。そしてその他の諸問題は、その核心においてはすべて、他者の一般性・匿名性とその個別性・具体性のあいだの関わりについての問いとなろう。ところであまりに原理的な立場の問題や、たんに心理的なだけの解釈の問題に関しては、結局のところ議論は水掛け論に終わってしまうおそれがある。われわれは当初、あくまでサルトルの他者論の理論的矛盾について検討してみるという方針を立てていた。それゆえ本項(b)が呈示するサルトル他者論の最大の矛盾点とは、他者の個別的具体性に関わるものである。

たとえばすでにトイニセンも、以下のように述べている。「なぜ事実的に部屋にいたりいなかったりする個々の他者が、いずれにせよ客観‐他者であらねばならないのだろうか。なぜサルトルは事実性を客観‐他者だけに認め、主観‐他者には認めないのだろうか。もし視られることの〝歴史的で具体的な出来事〟が、たんに蓋然的なもののうちで沈んでしまうというのであれば、いかにして〝他者それ自身〟の不可疑性が救われるというのだろうか」。トイニセンによれば、ここではサルトルは、「彼自身の主導思想」に「矛盾」している。つまりサルトルは、最初は次のようなテーゼを、つまり「根源的に出会われる異他実存」たる「主観‐他者」は、「偶然的で還元しえない一事実という本性を持つ」というテーゼを立てていた。そしてそこから「他者の〝不可疑性〟を現示せんと欲する理論」は、同時に「出会いにその事実性性格を」認めなければならないという「格率」が導き出された。しかるにいまやサルトルは、「主観‐他者の事実性を犠牲にして」、不可疑性を「擁護」(Theunissen, S. 228) している。けれどもそれとともに、唯一「絶対的明証性」が帰せしめられうる「まさにその主観‐他者 (*der* Subjekt-Andere)」が、「何か一般的なもの、非個別的なもの」になってしまうのである。しかるに「つねにいたるところに現在的な主観」とはまさしく、「数えられず、数以前的で、無差別的で、平坦化された実存」として、「ひと (das Man)」(Ibid. S. 229) にほかならない……。

ここでトイニセンも示唆しているように、もともとサルトルには、本来区別されるべきはずであった「ひと」という語の二つの意味、二つの用法が、共存している。一つは私自身も巻き込むような、「われわれ‐主観」としての「ひと」であり、つまりはサルトルがハイデッガーの「ひと」と同一視し、同時に「或る一つの特異的意識におけるたんなる心理的で主観的な一つの出来事」(EN, p. 475-7) でしかないと断じていた「ひと」[42] である。もう一つは「ひとが私を視る」と言われたときの「ひと」、つまり私自身は含まずに、ただ私を対象化するだけの「数以前的で具体的な実在」のことである。そしてサルトル自身は、ハイデッガーの考えた「人間存在の非本来性の状態」よりも、この後者にこそ「ひと」(Ibid., p. 329) という語を取っておくべきだと主張していたことも、すでに見たとおりである。しかしながら結局のところ、サルトル本来の「ひと」も、結果として「無差別的なまなざし」、「個体化されず数え上げられない或る超越」、「任意の超越」(Ibid., p. 475) という、内容からすればハイデッガーの「ひと」とまったく同じ特徴を共有するような「ひと」となることによって、終わってしまうのである。それでは主観‐他者の具体性は、いったいどこに消えてしまったのだろうか。

サルトルの「他者」が、結局はトイニセンの言うように「何か一般的なもの、非個別的なもの」になってしまったということは、ショーペンハウアーならば「個体化の原理」と呼ぶであろうような時間・空間の有り方を見ても、すぐ分かる。すでに見たように、「他者によって見られる」のは「私の永続的 (permanent) な可能性」(Ibid., p. 302) であり、「対‐他‐有」は「私の人間存在の恒常的 (constant) な一事実」(Ibid., p. 326) であった。つまり「他者がつねに (toujours) 私に現前している」というのが、「基本的確実性」(Ibid., p. 328) なのである。また他者は、「現在いたるところに (partout à présent) いる」(Ibid., p. 324) のであり、「私にいたるところに現前 (présent partout)」(Ibid., p. 327) してもいる。それは「遍在的な超越 (transcendance omniprésente)」(Ibid., p. 316) なのである。それゆえにこそ「すべての人々」(Ibid., p. 327) が私に現前しているのだし、あるいはむしろ、それは「数えられない実在」、「数以前的な現前」(Ibid., p. 328) だったのである。そしてこのような「諸主観の準全体性 (quasi-totalité)」を「しかじかの〈他者〉へと特殊化 (spécifier)」するためには、逆に私が主観となって、他者を「しかじかの対象」(Ibid., p. 343) の地位へと降格させるよりなかった。けれどもこのような他者出現の体制は、サルトルが断固として拒んでいた「アプリオリ」(Ibid., p. 294) な他者関係、つまり「同様にアプリオリな他者のほうにねらいを定めるような私自身のアプリオリな一構造」(Ibid., p. 297) へと、われわれを連れ戻す結果となってしまっているのではないだろうか。なぜなら愛し合うカップルに向けられた第三者のまなざしのところでも言われていたように、「事実上の孤独」は、けっして「権利上の孤独」（Ibid., p. 426）から防御してはくれないからである。しかしながら、もしサルトルの他者論が結局のところアプリオリ主義に舞い戻ってしまうのであれば、「しかじかの具体的他者」（Ibid., p. 297）は、永久に見失われたままになってしまうのではないだろうか。

　フッサールは「私の感覚肉体、感情肉体、意志肉体の全体」――つまりは主観としての肉体――を私が有してはいても、「物理的肉体」つまりは「私自身が見ることができ、私に物的に与えられることができ、物として作用する肉体」は有していないような状態を想定して、それを「霊（Geist）」もしくは「幽霊（Gespenst）」（H XIII, S. 229）の名で呼んでいる。じっさい、身体が本来的には結びつくことがなく、それがたんなる一箇のエピソード、たんなる副次的現象でしかないようなサルトル的な他者のまなざし（Cf. EN, p. 323, 388）、「私の知らぬ間に私を他有化（＝疎外）するおそれがある」がゆえに「不安」の種でしかなかったこの「さまよえるまなざし」（Ibid., p. 432）は、言ってみれば幽霊的な存在でしかないだろう。現にサルトルは、「ひとたび他者に対して有った者」は、たとえ「他者が完全に抹殺」されたとしても、それでも「その対‐他‐有の次元を自らの有の永続的可能性として捉えることを、やめないだろう」とも述べている。「彼はこの他有化に働きかけて自らの有利になるようにそれを用いるというあらゆる希望を、失ってさえしまったのである。というのも、消滅した他人は、この他有化の鍵を、墓まで持って行ってしまったからである」（Ibid., p. 463）。けれどもそのようなことが可能なのは、もともと「他者のまなざし」一般が、どこにも誰にも特定されてはいなかったからであろう。しかしもしそうなら、デリダがレヴィナスに対して用いていた言葉、つまりレヴィナス哲学の「幽霊のような性格（caractère fantomatique）」（Derrida, p. 192）や「霊的であると同様に幽霊的な把握（une appréhension aussi spectrale que spirituelle）」（Ibid., p. 193）は、ともかくもまずもってサルトルの他者論にこそ的中するのだと言わなければならないだろう[43]。

サルトルの当初の意図には忠実に、アプリオリズムに陥ることなく事実的遭遇の偶然性を重んじつつ、真に具体的で個別的な他者に出会いうるためには、われわれは「見られて‐有ること」の匿名的一般性を見直して、そこに或る個体化の契機を見出すのでなければならない。しかし、そのためには何が必要なのだろうか。

(2) 「見られて‐有ること」の可能性の条件

(a) 「他者に見られる」と「他者を見る」

「ひと」一般に見られていると感じるだけなら、それはまだ気配のようなものにすぎないだろう。鍵穴から覗き見しているときに突然羞恥心に襲われるという状況は、その種の気配の察知を想起させる。そこに足音は必ずしも必要ないであろうし、足音も一つの「機会」にすぎないだろう。われわれは、そのような気配が他者問題に無関係だと言うつもりはない。それどころかそうした気配、あるいはまたその場の空気や雰囲気、表情といったものは、むしろ他者の存在に近づくための必須条件となってくるであろう――その点については後述する。けれども第一に、気配は〈いつでも・どこでも〉の「アプリオリ」ではない。むしろそれは或る特定のケースにおいてしか成立しない、特異的・個別的・事実的・偶然的な状況であろう。そして第二に、われわれはまだ雰囲気だけでは、具体的で個別的な他者を特定することができない。気配だけなら特定の他者がいようがいまいが、無関係に存立しえよう。他者がそこにいなくても、たとえば良心の過度の呵責、過去の忘れがたい思い出、あるいはまさしくその場の特異な雰囲気のようなものだけでも、そうした気配が感じられるようなときはある。むしろそのようなときにこそ、他者ではなく幽霊や心霊が――幽霊や心霊を「他者」問題に加えるか否かはさておき――出没するであろう。しかしその種の「心理的」諸現象は、具体的な他者問題の現実的な解決の方途とはなりえない。他者を見るか他者によって見られるかの二者択一しか有していないサルトルの他者論にしたがうなら、私を見ている他者を特定するには、私はその他者を見るよりない。あるいはむしろ、私がアニーやピエールを特定するには、たとえアニーやピエールによって私が見つめられたことがなくても、ともかくもアニーやピエールを、まずもって私のほうから見ておくのでなければならない。

そうすると私が見ているのは、サルトルの言うように、他者のまなざしではなくて他者の身体、この場合、他者の眼でしかないことになってしまうのだろうか。しかしながら見ることのない眼は、蝋人形の眼と異ならない。もし私が造り物ではなく、たしかに他者を見ていると実感しうるなら、そのとき私は〈見る眼〉を見ていると感じているはずである。見ているのを見ていると思えるからこそ、他者を見ているのである。あるいはサルトルも触れているように、もし他者が「盲目」（EN. p. 300）だとするなら、少なくともその身体的な働きの何がしかを顕在的に行使しているのが見えていると思えるからこそ、私が見ているのはたんなる物体ではなくて、まさしく他者だと確信しうるのである。〈物を見る〉ことと〈他者を見る〉ことでは、初めから意味がちがう。だからこそ他者問題が、独立した一箇の哲学的問題として成立しうるわけでもあるのだが。

しかし、それでも身体は一つの対象であって、主観ではないと言わなければならないのだろうか。けれどもサルトル自身の身体論でも三つの次元が区別されていて、そのうち第一の次元に属すのは、まさに「対‐自‐有としての身体」（Ibid. p. 352）なのであった。「私‐にとっての私の身体」は、「世界の諸対象‐道具によって空虚に指し示された指示中心」か「対‐自が実存する偶然性」かであって、「これら二つの有り方は相補的である」（Ibid. p. 388）とサルトルが述べていたのも、先に見た。もしわれわれが〈他者を見る〉ことによって〈他者を見る〉ことができるとするなら、ここでわれわれが留意しておかなければならないのは、身体の第二・第三の次元ではなくて、まさにこの第一の次元のはずである。

それゆえこの問題構制を、もう少し詳しく見ておくことにしよう。サルトルによれば、「私が現‐有〔être-làそこに‐有ること」という形式のもとに有ること」は「必然的」だが、しかし「私が有るということ」は「まったく偶然的」である。なぜなら「私は私の有の根拠ではない」からである。他方また、「私がしかじかの視点に拘束されていること」は「必然的」だが、「他のあらゆる視点を排除して、それがまさしくこの視点においてであるということ」は「偶然的」である。「一つの必然性を取り囲むこの二重の偶然性(44)」をこそ、サルトルは「対‐自の事実性」と呼ぶのである。したがって「身体」は「私の偶然性の必然性が取る偶然的な形式〔私が存在することは偶然的だが、しかしもし私が存在するなら、必然的に私は或る特定の偶然的視点を取らなければならない〕」(Ibid., p. 356) と定義される。それは「私が他の道具を用いて利用することのできない道具」であり、「それに対してもはや私が視点を取ることのできない視点」(Ibid., p. 378) なのである。

そのうえサルトルは、「身体は私にとって超越的ではありえず、認識されえない」とも述べている。それゆえにこそサルトルは、「実存する」という動詞をあえて「他動詞」で用いて、意識は「その身体を実存する」と述べるのである。かくして「諸事物に対する身体‐視点の関係」は「客観的関係」だが、「身体への意識の関係」は「実存的関係」だということになる。そのうえ身体に対しては、もはや私は視点を取ることができないのだから、「非反省的意識」の次元では、「身体についての意識」はまだ存在していない。むしろ身体は「自己(の)非定立的意識」(Ibid.) の構造に属しているのである――それではこのような「対‐自‐有としての身体」は、私が他者の身体を見るとき、どのようにして経験されるのだろうか。

先にわれわれも見たように、サルトルは「他者によって見られる」という「他者‐主観」(Ibid., p. 302) の問題構制に本格的に突入する直前に、「私の知覚の領野のなかでの他者の平凡な出現」(Ibid., p. 299) という具体例を取り上げていた。サルトルによれば、「私はこの人間を見て、彼を同時に一対象としても一人の人間としても捉える」のだという。つまり彼をたんなる一対象としてではなく、「人間として知覚すること」とは、たとえば「彼への椅子の非加法的な関係」(Ibid., p. 300) を捉えることである。つまり同じような別例を用いて説明するなら、「芝生と人間とのあいだに繰り広げられる距離」は、両者のあいだに「私」が確立する距離の「否定」であって、それは「私が私の宇宙の諸対象のあいだに把握する諸関係」の「純然たる崩壊」として現れる。しかもこの崩壊を「実現する」のは、「私」ではない。かくして「私の宇宙の諸対象のあいだにこの宇宙を崩壊させる一要素が出現すること」こそが、「私の宇宙のなかでの一人の人間の出現」なのである。先にも見たように、「他者」とは「まずもって」、「私が同時に私から或る距離にある対象として捉えるところの、かつ、それが自らの周りにそれ自身の諸々の距離を繰り広げるかぎりで私から逃れるところの、或る項」への「諸事物の永続的な逃避」なのであり、この意味での「世界の脱中心化」(Ibid., p. 301) である。けれどももし「他者」が、このような視点——私の視点とは異なる視点——として一つの「項」へと収斂するのなら、私は世界を見ている他者を、特定の他者として位置づけながら見ることも、できるのではないだろうか。

もちろん先にも見たように、ただちにサルトルは、「しかし他者はまだ私にとっての対象である」(Ibid.) と付け加えることも忘れてはいない。サルトルにとって「他者 - 対象」が「世界との関連《リエゾン》」において「私が見ているものを見る対象」だとするなら、周知のように「他者 - 主観との私の基本的な関連」は、「他者によって見られるという私の永続的可能性」(Ibid., p. 302) に連れ戻されてしまうのである。しかしながら、まず第一に、もし「私が見ているものを見る」者を私が見ることができるのだとするなら、或る意味では「他者」問題は、すでに解決済みだということになってしまおう。他者は私によって見られているだけでなく、すでに自ら何かを——私ではなくても——見ているのである。

第二に、これも先に部分的に見たことなのだが、「他者のまなざし」は「私自身の変容」であるのみならず、「世界の全面的変貌」でもある。「私は視られた世界のなかで視られる」のである。しかもそのとき「諸対象に対する私の距離」を否定して「それ自身の距離」を繰り広げる「他者のまなざし」は、サルトル自身がわざわざ強調しているように、「視られる‐まなざし」ではなくて、「視る‐まなざし」である。「他者のこのまなざしは〔……〕それによって距離が世界にやって来るところのものとして、直接的に与えられる」(Ibid., p. 316)。しかしそれは、先に言われた私の視野のなかへの――まだ「対象」でしかないと言われた――一人の人間の出現によって生じる世界空間の変貌と、まったく同じ状況ではないだろうか。そしてここではそれが「視る‐まなざし」としての「他者のまなざし」として、「直接的に与え」られているのである。そもそも私が主観としての他者を、それでも見る――聞くのでも触れるのでもなく――ことができるのでなければ、私ではない一項を中心としたこの空間世界の全面的な崩壊と変貌とを、私自身が体験することなど、できるはずがないではないか。

誰でもない「ひと」のレヴェルにとどまっているかぎり、サルトルの他者論は、結局はハイデッガーのそれの一つのヴァリエーションとなってしまうほかないであろう。しかしもし特定の事実的・具体的な他者によって見られるためには、まずもってその他者を見ておかなければならないのだとするなら、今度はサルトルの「まなざし」他者論は、その問題構制そのものによって、むしろフッサールの他者論の一つのヴァリエーションでしかないことになってしまうのではないだろうか。

シェーラーの有名な定式によれば、私は「他者の《眼》を見るのみならず、「他者が私を見つめていること」をも見るのであり、それどころか「彼が私を見つめているのを私が見ていることを彼が避けたがっているというようにして、彼が私を見つめている」のをさえ、私は「見る」(GW VII, S. 254-5) ことができるのである。あるいはまたまったく別の観点から、パトチュカもまた「他人は〔……〕まなざしを見ることを私に許容する」(Patočka, p. 269) と語っている。真の他者によって見られるためには、主観としての他者を見ることができるのでなければならない。しかし、本当に私には、見るまなざしを見ることなどできるのだろうか。あそこで見ていると私が思っている眼は、じつは義眼か何かであって、本当は何も見ていないという可能性もあるのではないか。そもそも他者が見ているのを私が見ていると思っていること自体が、たんなる主観的にして心理的な思い込みにすぎないのではないということを、今度はいったい何が保証してくれるというのだろうか――かくしてわれわれは、フッサール的他者論の一ヴァリエーションから出発したとしても、結局はやはりフッサール的他者論の根本問題へと、送り返されてしまうことになるのである。

(b)「他者を見る」ための可能性の条件への問い

主観を対象として見ることとは、本来矛盾を含んでいる。しかし真の他者論は、概念の変更によってであれ、新たなる根源的経験方式の開拓によってであれ、何らかの仕方でこのような矛盾を乗り越えてゆかねばならない。なぜならじっさいにわれわれは、ごくありふれた日常的経験のうちで、まさしく主観としての他者を体験しているからである。

サルトルの他者論に接して誰しもが最初に思うのは、その「まなざし」の苛酷さ、仮借なさであり、その対象化の常軌を逸した威嚇性・攻撃性である。それゆえにこそ、たとえば先にも見たように、メルロ゠ポンティなどは、このような厳しさをいささかなりとも緩和するために、以下のように述べていたのである。「他者は私を対象へと変容して私を否定し、私は他者を対象へと変容して他者を否定するとひとは言う。じっさいには他者のまなざしが私を対象へと変容し、私のまなざしが他者を対象へと変容するのは、われわれが双方ともにわれわれの思惟する本性の奥底に引きこもり、われわれが双方ともに非人間的なまなざしとなって、各自が、自らの諸行為が捉え直され、理解されるのではなく、昆虫の諸行為のように観察されるのを感ずるような場合のみである」(PP. p. 414)。ヴァルデンフェルスもまた――『全体性と無限』のレヴィナスのように――「闘争者は、表明的には彼が主観としては排除せんと欲している彼の敵対者を、暗黙のうちに承認すべく強いられている」(Waldenfels, S. 398) と述べ、そして今度ははっきりとサルトルの名を挙げつつ、こう語っている。「われわれはさしあたり互いに与えられ合い、主観として肉体的に触発し合っている。サルトルは、客観化するまなざしでもって相互主観的関係を開始させるとき、あらゆる相互的な振舞いのうちに含まれているこのような根本的な関わり合いを、見逃している。われわれが互いに立ち向かい合う以前に、われわれが互いに対抗的に登場し合う以前に、われわれは現に互いにとって (füreinander) 有る。〔……〕この以前に (Bevor) はもちろん、一つの基づける以前に〔Prius 先位〕として理解されるべきである」(Ibid. S. 386)。そしてブーバーもまた、サルトルを名指しこそしていないが、明らかに彼のことを念頭に置きつつ、次のように言明しているのである。「客観－で有ら－ないことこそが、決定的なことである。周知のように多くの実存主義者たちは、或る者が他者にとって客観であることを、人間間の根本事実だと主張する。しかしそのようになりゆくかぎり、間人間的なものの固有の現実性、接触の秘密は、すでに高度に排除されてしまっている。もちろんそれは、完全には排除されえない。ひとは二人の人間が互いに観察し合うことを、極端な実例とみなしている。出来事における本質的なものは、或る者が他者を自らの客観とすることではなく、彼にはそれが完全には成功しないということ、また、なぜそうなのかということである」(Buber, S. 274-5) ――けれども対象化よりもっと根源的な他者との関係があるのだと、事実としてただ日常会話のレヴェルで述べるだけでは、まだ他者問題の真に哲学的な解決となりえているわけではない。「客観化するまなざし」ではない他者との「接触」、互いに「主観として肉体的に触発し合っている」ような自他関係とは、いったいどのような関係なのだろうか。そしてもし他者の客観化が「完全には成功しない」というのであれば、このような主客関係の根底には、いったい何が残っているのだろうか。

他者を対象化しようとするだけなら、他者を対象化しえなくなってしまうということは明らかなのだが、だからといって、ひとは他者が見ていることを、直接的に体験しうるわけではない。「キアスム」、「キアスマ」の問題構制でも見たように、ひとは自らが触れていることは内から直接知ってはいても、他者が触れていることを内から直接知っているわけではない。同様にして、私は自分が見ていることは――鏡を見て間接的に確認することなどなくても――内から直接覚知しているのだが、他者が見ていることを内から直接体験しているわけではない。さもなくば、それこそ他者と私の区別がつかなくなってしまって、他者問題は消え去ってしまうだろう。だからこそ、他者が私を見ているように思われはしても、本当に他者が見ているのか否かは、分からないのである。ということはつまり、このような問題構制のうちに立つかぎり、あそこにいるあのものが本当に他者であるか否かも、結局は分からないのだということになってしまう。そうすると「他者‐によって‐見られて‐有ること」も、たんなる蓋然的な心理現象にすぎないということになってしまおう。それゆえ自他関係は、主客関係とは別の、もっと根源的な関係(?)に基づいて、そのうえで成立するのでなければならないのだということになる。「移入」はそれを必要条件として、初めて遂行されうるであろう。

　それにしてもなぜフッサールの「移入」論は、リップスのそれを批判しつつ、「見ること」よりも「主観として肉体的に触発し合っている」ことに近しいように思える「表現」や「表情」を、まずもって遮断しなければならなかったのだろうか。思うにそれは、表情・表現は、どれほどそれが顕著なものであったとしても、まずそれを担うものが「肉体」であることがあらかじめ承認されていなければ、たんなる想像の地位に堕してしまうと思われたからなのであろう。たとえば真の生命体以上にどれほど表情溢れるものであったとしても、絵画や彫刻や蝋人形が他者の実在を証するものでないということは、明らかである。けれども「肉体機能」が私から私に類似する眼前の物体に移入されたとしても、それが「表情」以上に誤謬に曝されていないという保証は、いまのところまだまったくない。すべては私の思い込み、私の想像にすぎないのかもしれない――ヘルトが批判したように、フッサールの他者論は、構造的にそうなのである。

そのヘルトは、「共現前的な共機能への機能する現在の変容としての措定的な本元性超出的準現前化」(Held, S. 44) という難解な表現を用いて、フッサールの移入論の困難を一部止揚しようと試みていた。平たく言うなら、それは「他者と共に見ている」という意識が、「他者を見ている」という意識に対して、その実在性を保証しうるということである。しかしわれわれが異議を唱えたように、或る意味ではそれは他者の存在を強引に先取りしてしまっているのだし、そのうえ特定の他者の措定に関しては、まだフッサールの困難の何の解決にもなっていない。けれどもわれわれは、「他者を見る」ための可能性の条件について問いつつ、もう一度、「他者と共に見る」もしくは「共・有」、「ひと」の問題構制を、再検討してみたいと思う。なぜならこの問題構制は、ハイデッガーやヘルトのそれによって尽くされているわけではなく、すでに見たようにメルロ＝ポンティにおいても、あるいはまたあまたのフッサール研究者たちが示唆するところによると、フッサールの他者論それ自身においても見出されていて、必ずしも前者たちの唱えるような主張には解消されないような独自の展開を示しているからである。

第四節　「共・有」と「ひと」の理論の批判的再検討

フッサールの「移入」論をあれだけ鮮やかに切ってみせたヘルト自身が、こうも述べているのである。「他者経験の原的形態が他者の主題化ではなく、共同的な世界経験における匿名的な共主観としての他者の共意識だということを、フッサールはときおりは (gelegentlich) 見た」(Held, S. 47)。しかしながらわれわれは、幾つかの理由から、フッサールのそのような側面を直接詳述することはしない。われわれは本節前半部で、「アプリオリな相互主観性」という名称のもと、そうした面を強調したタイペイルの研究を、このようなフッサール解釈の代表的な一例として取り上げる。しかし、もちろん「ひと」や「共・有」の問題構制は、それだけでは終わらない。本節後半部ではわれわれは、タイペイルも部分的に利用しているメルロ＝ポンティの諸考察について検討する。

(1) フッサールと「アプリオリな相互主観性」

タイペイルによれば、「相互主観性についてのフッサールの諸文書」には、「二つの基本的傾向」が広く認められるのだという。一つはもちろん「移入（*empathy*）」であり、フッサールは「固有圏域」から出発して「いかにしてエゴが他者たちを経験するようになるのか」を解明する。しかし他方では「それほど知られていないアプローチ」も見出されるのであって、それは「経験の地平構造」から出発して、それを「相互主観的次元」として顕わにするのだという。そして両者の関係はと言えば、「他者たちについてのいかなる顕在的経験よりも以前にすでに働いていた超越論的相互主観性を、移入が〝暴露（disclose）〟する」（Taipale, p. 192）というのである。

以下、(a)まずわれわれは、幾人かの有力なフッサール解釈者たちが典拠として挙げたフッサールのテクストを簡単にチェックしたのち、タイペイル自身の解釈を呈示しておく。(b)しかし当然のことながら、それに対してもわれわれは、若干の批判的なコメントを付け加えておかなければならない。

(a)「アプリオリな相互主観性」

ヘルトは先の発言の典拠として、『フッセリアーナ』第一五巻の三箇所を註記している。そしてたしかに第一の箇所では、他者は私の、私は他者の「共主観」（H XV, S. 446）であると言われ、第二の箇所では「他者は私にとって〝客観〟であるのみならず、共主観である」（Ibid., S. 454-5）と述べられてもいる。しかしながら、たとえば第一の箇所では、その少しまえに「もし私がいま私の本元性において、移入する、一人の他者を経験する自我であるならば、それならば他者の肉的物体は、私の本元性において経験されたものではあるが、しかし、その本元性における他者を付帯現前化するものとしてである」(Ibid., S. 446) と述べられたりしていて、「共主観」の成立がたしかに移入前のことであるのか否かに関しては、さだかではない。また第三の箇所でもなるほど「他者」が「主題的」ではないような或る状況が設定されてはいるのだが、しかしそのさい「主題的」とされているのは、彼の「伝達 (Mitteilung)」、すなわち彼の「言表された思念」、「要求」、「願望」、「命令」(Ibid., S. 484) 等々であるにすぎない。ここでは「他者たちの共相互 (Miteinander) は、私にとって、たしかに共相互であり、われわれはそのさい、一つの機能の統一のうちにある」(Ibid., S. 485) と言われてはいても、それは還元以前の素朴なレヴェルでの発言なのかもしれない。同じテクストはもう少し先で、「ひょっとして私は、私の知覚野のうちにすでに他者たちを持ち、そうでなくても、いずれにせよ親しい他者たちの境域が、現実的に経験可能なものとしてあらかじめ私の世界に属しており、未規定的に知られざる周界の開かれた感性的構造のおかげで、すでに共人間たちの開放的に無際限の宇宙もまた属している」(Ibid., S. 495) と述べてもいる。そのうえ私が「異他的な物体的肉体」に出くわしたとき、私は「純然たる物体性」にも「異他的人格」(Ibid., S. 496) にも向けられうるのだが、後者の方向においてはすでに「〃人間たちのもとでの〃一人の人間としての自己経験」(Ibid., S. 497) が、共に与えられているのだという。しかしながら、ここでもこのような発言が還元以前のものなのか否か、あるいはまた他者構成以前のものなのか否かが、はっきりしない。

ドゥプラッツによれば、「自我論的還元とは区別される相互主観的還元の観念」を是認する諸テクストが現れるのは、「一九三〇年の最初の数ヶ月以降」(Depraz, p. 219) のことだという。そして彼女の詳述する一九三〇年三月七‐九日のテクストでは、「あらゆる始源」は「素朴さ」であり、「相互主観的世界経験の活動のこの素朴さ」において、われわれは「経験の世界としての世界についての一つの有論」を試みるのだと述べられている。そのさい

「『アムステルダム講義』においてのように、究極－ノエシス的なものとして理解されたエゴ・コギトとしての純粋に心的なものに、簡単に移行してはならない」（H XV. S. 63）と記しているのは、フッサール自身なのである。われわれは「世界の生としての生のその共同性におけるわれわれ」（Ibid. S. 65-6）へと還元するのであり、それは最初から、「純粋に精神的に結合された一つの統一としての相互主観性」（Ibid. S. 66）なのだという。「相互主観性から出発して、ひとは相互主観的還元を確立することができる」（Ibid. S. 69）。しかしながら、この同じテクストは、「われわれの経験の世界は、何よりもまず、さしあたり私の経験の世界であり、他者たち、共経験者たちは、主観的諸様態のなかで様々に現出しつつ、私自身にとってすでに世界的に与えられている」と述べつつ、「それゆえ私はただちに本元的エゴに還元して、それから、いかにしてそれが社会的エゴになるのかを問う」（Ibid. S. 68）等々とも語っているのであって、曖昧さはやはり残る。

その他フッサールの諸テクストには、「端的な超越論的主観性」は――「いま超越論的に－現象学している主観性」とは区別された――「超越論的相互主観性として証される」（Ibid. S. 74-5）とか、「他者は必然的に私の地平のなかにいるにもかかわらず、たった一人でも他者が私に顕在的に現出することは、私には属していない」（H XIV. S. 359）等々、地平的な共主観の存在を示唆する言葉が多々見出されないわけではないのだが、結局のところ、それが自然的態度における素朴な発言であるのか、それとも超越論的還元を経たあとの言葉（少なくとも最初の発言はそうなのだろう）なのか、あるいは後者においても移入以前の出来事なのか、それとも移入以後の話なのか、その判別はつねにむずかしい。それゆえわれわれとしては、フッサール解釈としてよりはむしろフッサールの相互主観性論から学んでそれを応用・発展させた一つの考えとして、以下のタイペイルの見解を見ておくことにしたい。

正確に言うなら、タイペイルの著書『現象学と身体化』は、「アプリオリな相互主観性」、「社会的な相互主観性」、「世代・出生的（generative）な相互主観性」という「相互主観性の三つの形式」（Taipale. p. 69. Cf. p. 15, 100, 115, 170）

を区別しつつ、各々は必然的に「身体化（embodiment）を含む」（Ibid., p. 170）のだと主張する。すなわち、⑴まだ他者が匿名のままに地平において共意識されているだけの「アプリオリな相互主観性」においては、「身体化された自己」もまた「匿名的」なままにとどまり、⑵移入において初めて他者が特殊化されるような「社会的な相互主観性」においては、「自己」は「他の諸人格のあいだの一人の身体化された人格」として構成され、⑶誕生と死、故郷世界と異郷世界といった問題構制を含む「歴史的な世代・出生的相互主観性」においては、「身体化された自己」もまたやはり「歴史的共同体の一成員」として構成される。そしてこれら「相互主観性の三つの形式」は「相互排除的」ではないにしても、しかしそこには「或る構成的なヒエラルキー」（Ibid., p. 115）が存しているのだという。

スタインボック（Steinbock, A. J.）の研究によって一躍脚光を浴びるようになったと思われる「世代・出生的現象学」に関しては、他の箇所[45]で触れたことでもあるし、本章の主題には直接関係がないので、ここでは取り上げない。相互主観性の第一の形式に関して、タイペイルは「知覚的環境は、原理的な諸理由によって、*anyone* にとってそこにあるものとして、つねにすでに構成されている」という意味で、「他者たちは知覚の地平構造のうちにすでに原本的に含まれている」のだと主張する。この“anyone”を“any*body*”と解釈することによって、「相互主観性の初次的な形式」は、「身体化された相互主観性」（Ibid., p. 69）の言葉で語られることになる。「その地平構造のおかげで、知覚は本質的に、可能的共 - 知覚者たちの開かれた無限性の、すなわち〝アプリオリな相互主観性〟の、共 - 措定を含んでいる」（Ibid., p. 72）のである。

「移入的 - 相互的な相互主観性」は、「アプリオリな相互主観性」を「前提」（Ibid., p. 115）としている。つまり「他者たちについてのわれわれの移入的経験」は、他者たちもわれわれと同じ仕方で環境を経験しうるのだという「初次的な、素朴な予期」（Ibid., p. 83）を、必然的に含んでいるのだという。そしてこのような仕方においてこそ、

「アプリオリな相互主観性は、他者たちについてのわれわれの具体的経験において、働きうるのでなければならない」（Ibid., p. 76）のだし、「移入」は「初次的な、アプリオリな相互主観性を基盤として、確立される」（Ibid., p. 70）のである。そしてこのような移入経験においては、他者は「地平的他者（the horizontal other）の一特殊部（a particular exemplar）」（Ibid., p. 115）となる。つまりは「移入的に経験された身体」は、「われわれのすべての知覚のうちに含まれている匿名的なanybodyの一特殊部」になるのである。けだし「移入」においては、他者は「空虚に志向されたたんなる可能性」としてではなく、むしろ「もう一つの顕在的な超越論的生」（Ibid., p. 84）として与えられるからである。かくして「具体的他者」は、必然的に「潜在的な"anybody"の一特殊例（a particular *example*）」として構成されるのだということになる。「移入」はその「可能性の条件」としての「基礎をなすアプリオリな相互主観性」を「顕示」するだけなのであって、けっしてそれを「創造」するわけではない。「他者たちについての具体的な経験」は、「アプリオリな相互主観性の一つの充実化（*fulfilment*）」（Ibid., p. 77）なのである。

しかしながらここで興味深いのは、タイペイルが「移入の発生」を、メルロ＝ポンティのソルボンヌ講義「幼児の対人関係」に基づいて説明しようとしているということである。つまり幼児には「或る差異化されていない集団的‐生〔group-life 集団‐生活〕」というものがまずあるのであって、そのような段階においては「幼児は、まだ自他のあいだの区別を明示的に意識していない」（Ibid.）というのである。それゆえにこそ「新生児」には、もともと「移入」が不可能なのである。たとえば部屋から保護者が立ち去って、幼児が泣き出すのだとしても、このことは或る特定の人物が去ったのを幼児が外的に知覚することを意味するのではなくて、むしろ幼児は自らの身体経験に不快な変化を感じるだけ、つまり幼児は「不完全だと感じる」（Ibid., p. 78）だけだというのである。

もちろんタイペイルは、だからといって「自他のあいだの根本的で"乗り越えがたき相違"」（Ibid., p. 79）という考えを、破棄しようとするわけではない。「もしわれわれが、初次的には自他のあいだにまったく差異が存在しないことを前提するのであれば、そもそもいかにしてのちに差異化が確立されうるのかを理解し、説明することが、不可能となろう」(Ibid., p. 78-9)。なるほど「われわれが他者たちを他者たちとして知覚しうる」のは、「われわれの身体的自己意識が或る程度まで発達したとき」のみであるのかもしれない。しかし「私自身と他者とのあいだのはっきりとした差異」がまだ生起していないにせよ、たとえば「キネステーゼ的に感覚された」運動と「直接的なキネステーゼ的感覚をともなわない」運動とのあいだの「経験的区別」は「初めから」存するのであって、「私のものであるものと私のものでないものとのあいだの質的な経験的差異は、初次的にある」(Ibid., p. 81)のである。

しかしながら、その後もタイペイルは、「幼児たちは他者たちを、他の異なる主観として主題的かつ明示的に意識してはいないのかもしれない」(Ibid., p. 101)と語り続ける。「アプリオリな相互主観性のケースでは、まだ“分かち合い《シェアリング》”について語ることはできない。環境はanyoneにとってそこにあるものとして現れてはいるのだが、しかし、特に誰か(anyone in particular)にとって、ということではない」(Ibid., p. 90)のだという。はたして自他の区別の顕在的でない状態と「誰でも」の状態が同一と言えるのかどうか、その問題はまたのちに扱うこととして、そのまえにタイペイルの「アプリオリな相互主観性」という考えを認めるとどのようなことが帰結するのか、まずその点を検討しておくことにしよう。

(b)その批判的検討——可能性と事実性

アプリオリな体制は、それ自身が根拠なきたんなる断定にとどまるおそれがあるのみならず、それは具体的な他者との遭遇をまったく解明しない——それがすでにわれわれの見た批判であった。サルトルははっきりと「他者との私の関係」が「アプリオリ」(EN, p. 294)であることを否定していたのだし、「同様にアプリオリな他者のほうにねらいを定めるような私自身のアプリオリな一構造」(Ibid., p. 297)というものを批判してもいた——もっともわれわれの検討した結果では、サルトル自身が同様の困難に陥ってしまうことになるのだが。ちなみにメルロ＝ポンティは『行動の構造』のなかで、「私は真に他者を認識する生得的な力能も持たない」（SC, p. 239）と述べ、フッサールもまた一九二四年の或るテクストのなかで、シェーラー批判の文脈において、「生まれつきの〝表象〟」を否定しつつ、「悪しき生得説の根本誤謬」（H XIV, S. 335）を糾弾している。「アプリオリ」と「生得」はちがうのだと、ひとはシェーラーのように反駁するのかもしれない。しかしながらいずれにせよ、そのような先行的体制からは、トイニセン（Theunissen, S. 150, 297, 299）やヘルト（Held, S. 59）もまた強調していたような「不意打ち」は、その鋭さを失ってしまうであろう。トイニセンも述べていたように、「共・有の根源性」は「共現有の根源性を遮る」（Theunissen, S. 169）のである。そのトイニセンは、自らの主張を補強するために、ブーバーの次の言葉を引用している。「汝への関係は直接的である。我と汝のあいだには、いかなる概念性も、いかなる先行知も、いかなるファンタジーもない。〔……〕我と汝のあいだには、いかなる目的、いかなる渇望、いかなる先取りもない。〔……〕あらゆる媒体（Mittel）は、障害である。あらゆる媒体が崩壊したところにのみ、出会いが生起する」（Ibid., S. 263. Buber, S. 15-6）。それゆえ「出会い（Begegnung）」の直接性を擁護するためには、われわれはむしろ「先行知（Vorwissen）」や「先取り（Vorwegnahme）」を取り除いてゆくのでなければならない。さもなくば出会いの事実は、先行企投された地平のもとに包摂されるだけの、たんなる一事例にすぎなくなってしまうであろう[46]。

　他者との出会いは、そのような意味でのたんなる一事実ではない。それは一九三一年一一月のフッサールの有名なテクストで「超越論的自我のエイドスは、事実的なものとしての超越論的自我がなければ、考えられない」と述べられていたのと同じ意味で、「原事実（Urtatsachen）」であり、「原事実性（Urfaktizität）」（H XV, S. 385）なのである。現にフッサールは、この同じテクストのなかで、「私は現事実（Urfaktum）」であり、「私は私の事実的有を超出しえない」のだが、そこでは「志向的に含まれている他者たちの共・有」（Ibid., S. 386）をも、私は超出しえないのだと述べてもいる。同じく一九三一年一一月の或る別のテクストによれば、「超越論的相互主観性一般」という「絶対的なもの」は、「絶対的〝事実〟」(Ibid., S. 403) であり、そして一九三四年の或るテクストによれば、「絶対的〝事実〟」は「偶然的」とさえ言えない。なぜなら「偶然」は「諸可能性の地平」を自らのうちに含んでいて、そのような地平においてこそ「偶然的なもの」は「諸可能性の一つ」であり、まさしく「現実に生じた可能性」(Ibid., S. 668-9) だからである。

ところでフランクは、その著書『肉体と物体』のなかで、一九三一年一一月のこのテクスト〔前者〕を取り上げつつ、「フッサールはエイドス・エゴが相互主観性を含み、一つの原事実性に定位していることを、明示的に認めている」(Franck, p. 67) と語っている。それは「事実と本質、可能性と現実性の区別の根拠」となるような「根源的事実」(Ibid., p. 68) であり、しかもフランクはこの根源的事実を、その書名も示唆するように、「受肉した原事実性」(Ibid., p. 169) として解釈しようと試みる。

しかしながらフランクは、われわれも引用した「第五デカルト的省察」のなかの言葉「自体において最初の異他的なもの〔最初の非我〕とは他我である」(H I, S. 137) を、少なくとも三度、彼の著書のなかで引用し (Franck, p. 79, 113, 118)、おそらくはその言葉の趣旨を過度に強調・厳格化しつつ、「他〔人〕はエゴの構成の最深部において働いている」(Ibid., p. 79) のだと主張する。たとえばもし「他のエゴ」が「私を根源的に触発するもの」であって、かつ「根源的時間的ヒュレー」を「自我‐に‐異他的なものの核」として定義するようなテクストが見出されたとするなら、ただちに「他のエゴ」が「根源的時間的ヒュレー」と「一体」(Ibid., p. 80. Cf. p. 79, 113, 172, 173, 191, etc.) とみなされてしまうのである。そして同書の結論は、「あらゆる構成一般の根源、構成の普遍的アプリオリはまさしく、他者への関係である」(Ibid., p. 193) という、いかにもフランクらしいものとなっている。

けれどもこのようにして自我の有の根底に、すでに他性の関与〔「異他‐触発 (hétéro-affection)」(Ibid., p. 168, 192)〕

を認めようとする試みは、かえって自他のあいだに存する境界を、曖昧にしてしまうのではないだろうか。つまり時間やヒュレーの他性は、もし他者の他性を真に異他的な他性として考察したいのであれば、やはり後者からは区別されなければならないのではないだろうか。

フランクとはまた別のルートをとおって、ドゥプラッツもまたその著作『超越と受肉』のなかで、「自己への他性（altérité à soi）」を前面に押し出している。同書の序文をしたためたルドルフ・ベルネの簡潔な要約によれば、「自己への他性」には「第一次」、「第二次」、「第三次」の三つが区別されていて、その第一は「自己のただなかでの前‐自我的な他性」に、第二は「心理的自我と超越論的自我とへの自我の二分化」に、そして第三は「構成する〈我〉と現象学する〈我〉とへの超越論的自我の分裂」（Depraz, p. 17-8）に、それぞれ関与する。ドゥプラッツの本文から少しだけ補足するなら、第一はフランクも注目した「ヒュレー」に関わり、それは「自己自身への他性の原細胞」（Ibid., p. 259）を提供するのだと言われている。そして「自己への第二次的他性」は自己の「無際限の反省力能〔＝反省する自己と反省される自己との無際限の分裂〕」（Ibid., p. 277）に関わり、また第三は、フィンクの『第六デカルト的省察』が析出したことで有名な「現象学する自我」と「構成する自我」のあいだの「他性（*Andersartigkeit*）」（Ibid., p. 288）を意味する。

この第三点についてもう少しだけ補足するなら、ドゥプラッツによれば、「現象学的還元」についてのフィンクの理解の「ライトモチーフ」とは、現象学的還元の「自己前提」ということであり、還元にはその「動機づけ」に関して「循環がある」（Ibid., p. 231）ということである。つまりフィンクは、「自然的態度」はあくまで自然的なのであって、超越論的次元のことなど何も知らないのだから、自然的態度には「現象学的還元を遂行すべく《強制する》ような動機づけ」（Fink(2), p. 85）など、存在しないのだと考える。それゆえ「現象学的認識」を動機づけるのは、つねに「或る現象学的認識」であり、それは「内世界的（*mondain*）な認識によっては、けっして動機づけられない」(Ibid., p. 89. Cf. p. 83, 86 ; Lahbib, p. 181, 198) のだということになる。だからこそ「現象学的還元は、自己自身を前提する」(Fink (2), p. 89. Cf. p. 80, 90 ; Fink (1), p. 130) と述べられるのである。ところでフィンクによれば、「普遍的エポケー」を行使するのは、「現象学する観者 (*spectateur phénoménologisant*)」(Fink (2), p. 95) である。それゆえにこそ「現象学する自我」と「構成する自我」とのあいだには、「超越論的な他性 (*Andersartigkeit*)」(Ibid., p. 106. Cf. p. 93, 107 ; H XV, S. 74) が強調されることにもなるのである。

ところでドゥプラッツは、このような「自己への他性」のみが「他者経験を現象学的に構造化する」のだと考える。したがって彼女の著作の「ヴェクトル的な仮説」とは、「他性を《外》にではなく、《内》に求めること」(Depraz, p. 23) である。「自我論的相互主観性」は、とりわけ「自己自身への他性の原細胞」と言われた「自我異他的なもの (*Ichfremd*) としての原ヒュレー」から出発して、「根源的に流れつつある相互主観性の共現在 (*Mitgegenwart*)」を経て、「想 - 起 (re-souvenir) と類比化される共現前 (*Kompräsenz*)」(Ibid., p. 259) へと進展してゆくのだという。しかしながら、われわれがずっと見続けてきたように、このように自己のうちに他性を求める試みは、具体的な他者との直接的な出会いという事実の重さを、結局は可能的一般者のもとへの一包摂という形式へと貶める結果となってしまうのではないだろうか。

ヴァルデンフェルスによれば、「私の〝内〟をとおってゆく道」は「ラディカル」ではあっても、しかしそれだけなら「可能的他者」(Waldenfels, S. 38) にしか導かない。つまり、「第一次的に」他者が「私に出会われる者 (mir Begegnender)」ではなくて、「私自身の条件」としてしか把握されていないようなところでは、他者は「匿名的」(Ibid., S. 289) なままにとどまってしまうのである。そうではなくて、むしろ「私が非表明的にすでに他者たちと現実的に結びついている」ということは、「表明的な異他経験」、つまりは「汝の明証性」を通過することによって、初めて「回顧的に」洞察され、正当化されるのだとヴァルデンフェルスは考える。それゆえ「決断」は、「他者たちへの表明的な差し向けの境域」においてこそ行われるのであって、そこではたんに「可能的他者への素質が有ること（Angelegtsein auf mögliche）」のみならず、まさしく「現実的な他者へと指定されていること（Angewiesensein auf wirkliche Andere）」（Ibid., S. 37-8）が、賭けられているのである。

それでは可能的で匿名的な他者たちとの共・有は、いかにして形成されるのだろうか。それは具体的な他者との一つひとつの遭遇から、加算的に構築されてゆくのだろうか。ここでもヴァルデンフェルスの見解にしたがうなら、「共同的な世界行動の社会的共主観」といえども、けっして「その取り替え可能な役割」に解消されてしまうわけではなくて、たしかにそれも「比類なき自己有の核」を有しているのと同様に、「比類なき汝」もまた「世界や社会を剥奪された主観」にのみ限定されるわけではなく、それはつねに「匿名性のオーラ」（Ibid., S. 221）を担っているのだという。フッサール本来の意図からは外れるのかもしれないが、ここでフッサールの或る言葉を援用するのであれば、「他者たち」は、あらかじめ「或る個体類型的な核をともなった未規定の一般性における類比者《アナロガ》たち」（H XV, S. 182）として、理解されているのである。われわれ自身も先に示唆しておいたように、他者との具体的な出会いの先行条件として、何か生得的な能力やアプリオリな地平を立てておく必要はないのだが、しかし、だからといって共・有の地平があとから帰納法的に積算されてゆくのだと考える必要もない。この場合、おそらく他者との最初の出会いと同時に、何らかの或る一般性を具えたMiteinanderの地平が形成され始めるのだと考えたほうが、「刷り込み」等々の現象をも許容するわれわれの現実的経験の実態に、近いのではないかと思われる。

(2)メルロ＝ポンティと「ひと」の理論の再検討

しかし「匿名性のオーラ」や「ひと」に関しては、その種の問題構制については最も卓越していたと思われるメルロ＝ポンティにおいてさえ、様々な考え方が併存的に見出されるのである。われわれはまずその点を確認してから、そのうちで最も重要かつ根源的とみなされうるであろう或る考えについて、詳しく検討してみることにしたい。

(a)「ひと」と「他者」

「他者と共に見る」がタイペイル的な「アプリオリな相互主観性」に最も近づくと思われるのは、メルロ＝ポンティにおいてはパースペクティヴの移行性・共有性の問題構制においてであろうと思われる。われわれは先に『知覚の現象学』の「他者」の章の、次の言葉を見ておいた。「他者は世界に対する私のパースペクティヴのうちに閉じ込められてなどいない。なぜならこのパースペクティヴそれ自身が限定された諸限界など持たず、それは自発的に他者のパースペクティヴのうちに滑り込み、そして両者は共に、われわれ二人ともが知覚の匿名的主体として参与している唯一の世界のうちに、集摂されているからである」(PP, p. 406)。同様のことは、「自然」を主題としたそのまえの章においても述べられている。「他者の諸経験や、私が移動することによって獲得するであろう諸経験は、私の顕在的経験の諸地平によって指し示されているものを展開するだけなのであって、そこに何一つ付け加えない」(Ibid., p. 390)――しかしながら、他者のパースペクティヴが私のパースペクティヴの延長線上にあるということを、私はどこから知るのだろうか。

世界を介して初めて他者に接近しうるという考えは、『見えるものと見えないもの』のなかでも主張され続けることとなる。或る研究ノートのなかで、メルロ＝ポンティは、フッサールの『デカルト的省察』の他者論を批判しつつ、「客観的超越は他者の措定のあとにあるのではない。世界はこの分析以前に、その客観的超越のうちに、すでにそこにある」と述べている。「客観的超越」を産出するのが「他者の導入」なのではなくて、むしろ「世界そのものにおいてこそ、他者の可能性が見出される」(VeI, p. 226)のである。『見えるものと見えないもの』の本文では、そのことはすでに「知覚的信憑」の問題構制〔第二の〕においても示されている。つまり「われわれが合流する」

のは「世界において」(Ibid. p. 26) なのであって、それどころか「私に侵入する他〔人〕」は、「私の実体から」作られてさえいる。けだし「彼の色彩、彼の苦痛、彼の世界」を私が考えるのは、「私が見る色彩、私が持った苦痛、私がそこにおいて生きているところの世界にしたがって」よりないからであり、いまや「私の私的世界」は「私にしか属さない」ことをやめて、「私の生に接ぎ木された一つの一般化された生」となるのである。それゆえ「世界」においてこそ、われわれは「交流」し合う。つまり、たとえば「私のまえのこの芝生」から出発してこそ、私は「他者の視覚への緑の衝突」を垣間見ると信ずるのであり、また「音楽」においてこそ、私は「彼の音楽的情動」のなかに入り込む。「他者の私的世界への通路を私に開いてくれるのは、物そのもの」(Ibid. p. 27) なのである——しかし、他者が私と同じ緑を見ているということを、「信憑」以上の何が保証してくれるというのだろうか。他者が他者であるかぎり、そこにはむしろ相違性が意識されていなければおかしいのではないか。そしてそれでもなお或る種の「信憑」がそこに見出されるのだとするなら、その根拠はいったい何であろうか。しかもそのような場合、たとえ他者が何らかの仕方で彼の知覚内容を正確に私に伝えうるのだと仮定しても、そのような情報伝達的な対話行為等々の経験は、当然のことながらすでに他者経験を前提としているのだから、他者問題に関しては、けっして根源的な経験とはなりえないであろう。

「ひと」と「匿名性」の問題に戻ることにしよう。『知覚の現象学』第二部第一章で「ひとが私のうちで知覚する」と言われたのは、むしろ生や自然の文脈においてであった。「あらゆる知覚は一般性の雰囲気のなかで生じ、匿名的なものとしてわれわれに与えられる。私は私が一冊の本を理解すると、あるいはまた私の人生を数学に捧げようと決心すると言う意味で、私が空の青を見ていると言うことはできない」(PP. p. 249)。たしかに先にも見たように、「他者」の章では「ひと」については、まずもって「文化的世界」の文脈において語られていた。「文化的対象において、私は匿名性のヴェールのもとに他者の身近な現前を体験する。ひとが煙草を吸うためにパイプを、食べるためにスプーンを、〈人を〉呼ぶためにベルを利用するのである」(Ibid., p. 400)。けれども同章が「匿名的な実存」を、「自然的対象」から「文化的対象」(Ibid., p. 406-7) への方向のなかで考えていたということも、すでに見たとおりなのである。それゆえ『見えるものと見えないもの』でも、「感性界」と「歴史」とに関して、それぞれに「身体的生のひと」と「人間的生のひと」(VeI, p. 116) という概念が用いられることになる。

しかしながら『知覚の現象学』には、自然的対象であれ文化的対象であれ、対象によって促された匿名的行為というかたちで体験される「ひと」という考えだけでなく、階級や社会的役割といった共存の仕方という意味での「ひと」という考えも、見出されるのである。たとえば「他者」の章でも、「私にとって各々の他人は、忌避しえない共存のスタイルや環境といった資格で実存し、私の生は一つの社会的雰囲気を有している」(PP, p. 418) と述べられていたのだが、『知覚の現象学』第三部第三章では、「社会的共存」に関して、「あらゆる個人的決断以前の〈ひと〉」(Ibid., p. 513) という言葉が用いられることになる。そしてそのさい興味深いのは、同章で「二重の匿名性」について語られるとき、そこで区別されているのは「絶対的個体性の意味での匿名」と「絶対的一般性の意味での匿名」、つまり「私の特異的実存」に関わる匿名性と「資格を持った実存 (existence ès-qualité)」(Ibid., p. 512) に関わるそれとの二つだということである。順序を逆にして、両者は「主観の一般性と個体性、資格を与えられた主観性 (subjectivité qualifiée) と純粋主観性、〈ひと〉の匿名性と意識の匿名性」(Ibid., p. 514) というように言い換えられている箇所もある。「資格を持った」や「資格を与えられた」が社会的役割を意味しているであろうことは察するにかたくないのだが、もう一つの「絶対的個体性」、「私の特異的実存」、「純粋主観性」に関わる「意識の匿名性」が、超越論的意識という意味での純粋意識のことを指し示しているのか、それともたんに命名や資格授与以前の私の個性的な有り方のことを示唆しているのか、これだけではまださだかではない。

しかし他者も同じ芝生を同じように見ているはずだという自然の共同経験についての信憑と同様に、文化的対象の知覚や社会的共存の有り方に関しても、それらはあくまで自他の区別を前提としたうえでの共同性、あるいはその意味での「匿名性」にしか関わらないということは、明らかである。そしてそのような経験に関しては、たんに共通性について述べるのみならず、差異性についても論じるのでなければ、真の自他関係の説明とはならないだろう。またもし「ひと」や「匿名」の経験において、すでにそのような他者の他性が想定されているというのであれば、或る意味では他者問題は、すでに解決済みだということになる。そのことはとりわけ文化的対象や社会的共存の経験について明らかなのであって、それらはすでに幾重にも媒介された他者経験を前提としている。それゆえその種の経験については、たんに非本来性についてのみならず、非根源性についても語らなければならなくなるであろう。

しかしながらメルロ＝ポンティには、まだエゴ〔自我〕もアルテル・エゴ〔他我〕も誕生していないような「匿名性」や「ひと」という考えもあるのであって、この問題構制の深さ・深まりを示している。たとえば『知覚の現象学』の「他者」の章でも、そのことには「幼児の世界における平和な共存」の文脈のなかで、触れられてはいた。しかしそこではまだこの問題は、「〈エゴ〉とともにアルテル・〈エゴ〉を消失」せしめてしまうような「一般的混乱」（Ibid., p. 408）として、消極的《ネガティヴ》・否定的に捉えられていたにすぎない。だからこそ同章は、そこから「生きられた独我論」（Ibid., p. 411）へと論を運んでいったのであった。けれども『見えるものと見えないもの』では、「ここにはアルテル・エゴの問題は存在しない。なぜなら見ているのは私ではなく、見ているのは彼ではなく、一つの匿名的な可視性が、われわれ二人ともに住みついているからである」（VeI, p. 187）というようにして、むしろそのことが積極的《ポジティヴ》・肯定的に捉えられているのである。そのうえ「この〈可視性〉、〈感性的なもの〉自体のこの一般性」は、「〈自我自身〉のこの生得的な匿名性」（Ibid., p. 183）とも言い換えられている。『行動の構造』では「真に他者を認識する生得的な力能」（SC, p. 239）を否定していたはずのメルロ＝ポンティが、なぜここでは「生得的な匿名性」

について語っているのだろうか。それはここではまだ「他者」が――そしておそらくは「他者」からことさらに区別された個体としての〈自我自身〉でさえ――存在していないような、発生論的にも超越論的にも、いっそう根源的な層が問題とされているからではないだろうか。

「哲学者とその影」のなかで、メルロ＝ポンティは「その真正性を持った本元的な〈ひと〉」(S. p. 221) という考えを称揚している。そして「このレヴェル」では、まだ「個体化」も「数的区別」さえ存立せず、そこにあるのはむしろ「自我と他〔人〕との混淆 (confusion)」なのであって、「他者と私の身体とは、本源的な忘我 (l'extase originelle) から、共に生まれる」(Ibid., p. 220) のだという――可能的他者の匿名性と自他の区別のまだない匿名性とでは、自ずから意味がちがう。なぜなら後者の「ひと」には、まだ「他者と共に見る」の「他者」が、存在していないからである。しかも幼児期の経験の実例が示していたように、それはきわめて原初的な事実であり、きわめて具体的な経験でさえある。そしてそのような事実に訴える傾向は、中期・後期のメルロ＝ポンティにおいて、ますます顕著になってくる。われわれはそのような彼の考えをたどることによって、「他者を見る」でも「他者と共に見る」でもないが、しかし「他者を見る」をも「他者と共に見る」をもその根底から支えているような、或る第三の道を見出すことができるのではないだろうか。

(b) 「自他の非区別」と「ひと」

自我も他我もまだ誕生していないような非区分の「ひと」は、いったいどのような有り方をしているのだろうか。『見えるものと見えないもの』の一九六〇年一一月の研究ノートには、次のような有名な言葉がある。「私－世界の、世界とその諸部分との、私の身体の諸部分の、あらかじめの一性 (unité *préalable*)、分離以前の、多様な諸次元以前の一性――そして同様に時間の一性――。合一することに成功することなく、互いの上に置かれ、相互に相対化し合うようなノエシス－ノエマの建造物ではない。そうではなくて、まず無－差別（*non-différence*）によるそれらの深い絆がある」（VeI. p. 315）。後期メルロ＝ポンティは、このような「あらかじめの一性」や「無－差別」によって特徴づけられるような有論の構築へ、向かってゆくことになる。そしてそれゆえにこそ後期の彼は、二元性によって規定され続ける彼の現象化の体制に基づいて、ときとして現象学そのものを批判せざるをえなくなってしまったのである。しかしながら彼の諸々の具体的な現象記述は、このような二元性の枠そのものを、たまさかならず突破する。そしてこのような「非区分」の体制のうちに自他関係も含まれていたことは、一九五九－六〇年の「自然」講義のなかの次の言葉からも明らかなのである。「私の身体の、私の身体と世界との、私の身体と他の諸身体との、他の諸身体相互間の、非区分（indivision）がある」（N. p. 346-7）。

　ここではわれわれは、有論的体制についての理論的探求をたどるより、むしろタイペイルも多々援用した一九四九－五二年のソルボンヌ諸講義『幼児の心理学と教育学』[47]の具体的諸記述のほうに、眼を向けることにしたい。このような幼児心理学の利用に対しては、たしかにフッサールが、先にも見た一九二四年のテクストに含まれていたシェーラー批判〔生得説批判〕の文脈のなかで、反論を企ててはいる。「〔……〕もしひとが小児たちの振舞いについての外的観察によって、同じようなものをわれわれ自身が体験しえないような彼らの自己能与へと推論するなら、それは誤った方法である。あらゆる真正の現象学的解釈は、その呈示を、根源的な自己看取のうちに有するのでなければならない。この点でシェーラーの移入理論は、現実に現象学的な理論の反対である」（H XIV. S. 335）。しかしながら、のちにわれわれ自身も見るように、一九三〇年代になるとフッサール自身が、このような幼児期の経験について積極的に論ずるようになってくる。そのうえメルロ＝ポンティには、「原初的なもの（*l'Urtümlich*）、根源的なもの（*l'Ursprünglich*）は、かつてのものではない」（VeI. p. 320）という言葉もある。根源は、たんに時間地平上で時系列的に捉えるべきものにすぎないのではなくて、われわれの直下にあって基底としてわれわれの生を支え続けているもの、それゆえそのようなものとして、瞬間ごとに体験され続けているものなのではないだろうか。

ソルボンヌでの最初の講義「意識と言語の獲得」では、「自我と他者は、幼児があとになってしか乖離させることのない諸存在者（entités）である」と述べられている。幼児は「他者との全面的な同一化（une identification totale avec autrui）」から始めるのであって、問題があるとすれば、それはむしろ「いかにして自我と他者の同一化から区別への移行を説明すればよいのか」ということである。そしてそのときにも幼児は、自らを「他の他〔人〕」としかみなさず、彼の関心の中心は、むしろ「他者」である。「《比類なき》（マルロー）唯一的自我」という意識は、幼児においてはまだ存在していない。つまり、まずあるのは「自己と他者のあいだの全面的な非区分」なのだが、もしどちらかに「特権的意義」が認められるとするなら、それはむしろ「他者」（MS. p. 35）のほうなのである。

同講義は「《コギト》の出発点を完全に断念」（Ibid. p. 41）したシェーラーの考えについても詳述している。シェーラーは明示的に「自我と他者とのあいだの全面的な無差別化（*l'indifférenciation* totale entre moi et autrui）」から出発して、「無差別化された心的な経験流」、つまりは「自己と他者の混淆（mélange de soi et d'autrui）」について語っている。「自己意識に与えるべき特権」など存在せず、自己意識は「他者意識」なしには「不可能」である。「自己経験」は、言わば「他者知覚」を「地」とした「図」としてしか存在せず、「ひとは他者を介して自己を見る」のである。しかしここでもメルロ＝ポンティは、シェーラーに対して「一つの問題」を提起する。つまりフッサールにとって、問題は「自己意識から他者意識へ移行すること」であったのに対し、シェーラーにおいては、問題は「いかにして原初的無差別化のこの基底（ce fond d'indifférenciation primitive）の上に、自己と他者の意識が出現しうるか」（Ibid. p. 42）を理解することなのである。「いかにして（言葉のフッサール的な意味において）自己意識でないような一主観が、この共通の流れの主観として現れ出ることができるというのか」（Ibid. p. 44）。この問題を解くためには、われわれはやはり「初次的な対立」というものを「除去」してはならない――けれどもこのように述べたあとでさえ、ただちにメルロ＝ポンティは、「生はじっさい、諸個体性をラディカルに超出する」（Ibid., p. 45）と語ってもいるのである。

そしてその後の講義、特に「幼児の対人関係」では、その傾向はいっそう顕著になってくる。「もしひとがエゴと他者を区別するなら、ひとは他者を知覚しえないだろう。反対に、もし幼児が自らを異なるものとしては知らない状態から精神発達が始まるのであれば、このことは可能となる」（Ibid., p. 311）。それゆえ自他関係は、二つの段階に区別されることになる。すなわち「第一の時期」には「差異化なき匿名的集団性」しかなく、「第二の時期」においてようやく「自己の身体の対象化」や「諸個体の分離、区別」（Ibid., p. 312）が始まるのである。ちなみにこのような考えが後期メルロ＝ポンティにおいても決定的であったということは、一九五九年の論文「哲学者とその影」のなかの次の言葉からも明らかである。「もし断絶があるとすれば、それは自我と他〔人〕とのあいだにおいてではなく、われわれが一体化（confondus）されているような一つの本元的一般性と、自我‐他〔人〕たちの正確な体系《システム》とのあいだにおいてである。〔……〕本元的な事物が属している身体性とは、むしろ身体性一般なのである」（S, p. 220）。

「幼児の対人関係」を続けよう。「個体的意識」や「隙のない仕切壁が他者と私とのあいだに確立する自己の身体の対象化」、あるいは「相互性の関係にある《人間諸存在》としての他者と自我との構成」、そうしたものは「もっとのちにしか」（MS, p. 312）現れない。先にタイペイルのところでも見たように、ワロンによれば「新生児」は三ヶ月までは「自己の身体についての概念」さえ持たず、ただ「不完全性の印象」しか持たないのだという。二ヶ月と五日で「他者の視覚的経験」（父親の承認）が生じ、六ヶ月で幼児は他の幼児を「凝視」（Ibid., p. 313）することができるようになる。「〈我〉の獲得」が「完全」になるのは、ようやく「二年目の終り」（Ibid., p. 325）においてなのであって、そして真に「エゴ」が出現したとき、それは「他者の眼で見たもう一つのエゴ」によって「二重化」されて、いまや「自我‐他者関係」は「無差別化」であることを「やめる」（Ibid., p. 326）のだという。要するに、それまでは「自他の非区別（*indistinction entre soi et autrui*）」（Ibid., p. 318）しかなかったのである。

ちなみに同講義においても、母と子のあいだに「物理的〔身体的〕同定」や「同一性の母体《マトリス》」というものが認められている。けれどもそれは、この種の主題のなかでは、むしろ当然の発言と言えよう。「人生の初めにおいて、幼児はそれ自身の身体を、彼の母の身体から区別しない」（Ibid., p. 374）のである。

ソルボンヌの諸講義ではよく「幼児の《自己中心主義《エゴサントリスム》》」についても語られているのだが、それが意味するのも、やはり「幼児にとって、自我と他者とのあいだに差異がない」ということでしかない。幼児は自らの思惟や感情が「普遍的」（Ibid., p. 49）であると信じているのである。「自己中心主義は、自らを知らない自我の、自己のうちと同様に他〔人〕たちのうちに生きている自我の、態度である」（Ibid., p. 312. Cf. S. p. 220）。幼児は「自我と他者とを分離する境界」など知らず、彼は「彼のうちにも他者のうちにも無差別的に」存在しているので、自らのことを考えているというよりも、むしろ「彼の関心を惹くもの」のことを考えている。「自我はそれが世界の中心であるかぎりは、自己を知らない」のである。幼児がよく「利他主義的」とか「個人主義的」とか言われるのも、幼児が「他者との無差別化」のうちにあるからにすぎない。本当のところ、彼は「真に利他主義的なのでも、真に個人主義的なのでもない」（MS. p. 530）のである。

メルロ＝ポンティは「幼児‐他者の関係」と「幼児とその文化との関係」は、「深く結びついている」（Ibid., p. 376）とも語っている。幼児は「そこから出発して様々な文化的選択《セレクション》が実現される」ような「人類全体に共通の或る基底」を、よりよく見せてくれるのであって、われわれは幼児において「すべての可能的形成」を、「粗描の状態で」（Ibid., p. 177）再発見するのである。じっさいわれわれは、メルロ＝ポンティの「ひと」の多様な問題構制において、文化的な「ひと」とならんで自然的な「ひと」が存在するのを目撃してきた。われわれはおそらく文化的共・有に関しては、たとえそれが可能的で匿名的な一般性のうちに埋没しているのだとしても、それでもやはり何らかのかたちで他者の存在を想定せざるをえないだろう。しかし「自然」の問題構制においては、可能的他者の措定をともなうケースもちろんあろうが、しかし自他がまだ未区分のままの状態もあるのだということを、認めなければならなかった。そしてわれわれが、なぜMiteinandersein〔相互と共に有ること〕が存立しうるのか、他者も同じものを見ているという「信憑」がいかにして成立しうるのかを問うとき、ひとたびわれわれが他者を措定するなら、その根拠は結局のところ、不可解なままにとどまってしまうことになるであろう。もし共通のFond〔「基底」にして「地」〕というものが存在するのであれば、それはまだMit〔共に〕が生じていないところにこそ、求められるのでなければならない。FondからMitがいかにして生起するのか、もちろんそれは難解な問題ではあるが、しかし、少なくともMitはFondなしにはありえないのに対し、FondはMitがなくても存立し続ける。

しかし本項(b)ではわれわれは、幼児期の問題だけにこだわりすぎてしまったのかもしれない。われわれはもう少しだけ戦線を拡大するために、メルロ＝ポンティも援用したシェーラーの「一体感」の理論を検討することによって、「他者を見る」でも「他者と共に見る」でもないが、両者の根底に横たわっているはずの第三の道の可能性を探りつつ、「二〇世紀の古典的他者論」についての一応の総括を期すことにしたい。

第五節　シェーラーと古典的他者論の問題構制

(1)シェーラーの「一体感」

一九二〇年頃に書かれたとされる或るテクストのなかで、フッサールは「共感（Sympathie）においては、私は移入のうちに生きているのではない」と述べている。「そうではなくて〝共感〟においては、他我およびその行為振舞いは、私の評価、私の愛等の主題である」(H XIV, S. 191)[48]。同じような問題構制のなかで、一九二七年二月の或る講義準備用のテクストのなかでは、こうも記されている。「もし他者が、この準現前化によって私にとって現にあるなら、それは他者であって、私ではない。それは、あたかも私が自らを移入して、他者のうちに生きるかのような、一体感(Einsfühlung)ではない〔……〕。しかしそれは、明らかにシェーラーのことを念頭に置いて書かれたと思われるこれらの言葉が提起する諸問題について、シェーラー自身はどのように考えていたのだろうか。

本節(1)では以下、(a)まずシェーラーにおける「一体感」の問題の所在を、『共感の本質と諸形式』のなかの「共感情」の問題構制のなかから捉え、(b)しかるのちに他者問題に関する彼の有名な定式「我‐汝に関して無頓着な一つの体験流」が孕む諸問題について、検討してゆくことにしたい。

(a)「一体感」の問題構制

まずシェーラーは「共感情(*Mitgefühl*)」というものに、「まったく異なる四つの事実」を区別する。(1)父と母が、愛する我が子の亡骸のかたわらに立っている。彼らは互いに「同じ」苦悩、「同じ」痛みを感じている。それはAがこの苦悩を感じ、Bもこの苦悩を感じていて、さらに両者が互いに感じていることを知っている、ということではない。それは一つの「共‐相互感得(*Mit-einanderfühlen*)」(GW VII, S. 23)なのであって、「彼らが《相互と共に》感得している」のは、「一つの苦悩」(GW X, S. 284)――たんに「《等しい》苦悩」ではなく、「厳密に同じ」(GW VII, S. 252)苦悩――なのだという。(2)あらゆる〔狭義の〕「共感情」は、他者の体験における苦悩や喜びの感得についての「志向」を含んでいる。それゆえ、たとえば「私の共苦(Mitleid)」と「彼の共苦」とは、現象学的には「二つの異なる事実」であって、(1)においてのように「一つの事実」(Ibid., S. 24)なのではない。(3)たとえば悲しい気分だった人が、酒場や祭りの陽気さに感染して、自ら陽気になるような「感情感染(*Gefühlsansteckung*)」(Ibid., S.

25-6) というものがある。それは他人の喜び等々についての知を一切前提とはせずに、たんなる「感情状態」のあいだで起こるので、それは「感情－志向」を必然的にともなうような狭義の「共感情」とは、何の関係もない。感染は「非恣意的」に生じ、当該の感情は、言わば「雪崩のように成長」(Ibid., S. 26) してゆくのである。(4)言うなれば「感染の限界例」が「一体感」なのであって、ここでは「異他的自我」が「固有の自我」とまさしく「同一化」される。ここでもこの「同一化」は「非恣意的」かつ「無意識的」[49]に生ずるのだが、シェーラーはそれに「自己感情的 (*idiopathisch*)」と「異他感情的 (*heteropathisch*)」(Ibid., S. 29) という二つのタイプを区別する。以下、シェーラーの挙げる幾つかの具体例を見てゆくことにしよう。

(a)レヴィ＝ブリュールが記述したような「最下位段階の自然民族」には、たとえば「トーテム動物」や「先祖」との同一化のように、「未開の」思考や感情に特有の「同一化」(Ibid., S. 30) というものがある。(b)古代の宗教的な「秘儀」においては、異他感情的な真正の「一体感」というものが見られ、たとえば秘儀者は恍惚のうちに「神に《成る》」のである。多くの民族において演劇や芝居は、その漸次の頽廃によってのみ生まれてきたのであって、もともと忘我的な「一体感 (*Einsfühlung*)」であったものが、ここではたんなる象徴的な「感情移入 (*Einfühlung*)」に降格したのだという。(c)催眠術をかける者とかけられる者とのあいだにも「真正の一体感」が見られ、被催眠者が催眠術師の個人的な自我活動の総体のうちに「巻き込まれて」(Ibid., S. 31) しまうことがある。ここでシェーラーが援用しているのが、ショーペンハウアーも引用しているインドの原生林での出来事についての或るイギリス人将校の報告なのであって、それによると白リスが木に垂れ下がる蛇の食欲旺盛なまなざしに「仰天」し、逃げるどころか蛇に近づいていって、ついには蛇の喉のなかに飛び込んでしまったというのである。リスは蛇への「一体感」において、その喉のうちに消え入ることによって、自発的に「身体的にも《一つ》に」(Ibid., S. 32-3) なったというわけである。

（d）フロイトの挙げる症例では、或る下宿屋の娘が恋人から貰った手紙に嫉妬心をかき立てられて「ヒステリー発作」を起こしたところ、数人の女友達が「心的伝染」によって、この発作を「引き受け」たとのこと。ここで問題とされているのは、狭義の「共感情」ではなくて、やはり「一体感」（Ibid., S. 34）だとシェーラーは述べている。（e）「幼児の心的生活」においては演劇や人形劇の「遊び」が「真剣」なのであって、大人にとっての「感情移入」が、子供においては「一体感」（Ibid., S. 35）である。（f）「精神分裂病」のなかには「憑依（Besessenheit）」現象というものもあるのであって、たとえばときおり「マリー・アントワネット」（Ibid., S. 35-6）に成り切ってしまうような婦人がいたという。（g）「自己感情的」でも「異他感情的」でもない「相互融合現象」として、「愛に満ちた性行為」がある。（h）「組織化されていない群衆」が「指導者」に操られるような、「融合による一体感の現象」（Ibid., S. 36）というものもある。（i）「母と子のあいだのつながり」（Ibid., S. 37）。シェーラーは（j）という記号を入れ忘れているが、「母の生活リズムと子の生活リズムとのあいだのより深い超経験的なつながり」（Ibid., S. 39）が、その話題を引き継ぐ。（k）ベルクソンが『創造的進化』のなかで引いているファーブルの研究によると、スズメ蜂は芋虫に卵を産みつけるために、熟練の外科医でさえ及ばないような巧みさで、「殺さないで麻痺させる」という課題を「一刺し」で解決してしまうのだという。ここで問題とされているのは「共感（Sympathie）」、つまりは「芋虫の生命過程と有機体とへのスズメ蜂の一種の一体感（*Einsfühlung*）」（Ibid., S. 39-40）なのである。

　視覚が触覚に対して「一つの相対的な遠感官」であるように、一体感の能力は感官知覚一般に対しては「異他把捉、遠把捉（Fremd- und Fernerfassen）」である。生物を生物として把捉するためには、「種別化されない最小の一体感」というものが必要になってくるのだとシェーラーは考える。なるほど人間においては、「多くの動物種に対する種別化的な一体感本能」というものが鈍ってしまっていて、「異他的な生一般のきわめて一般的な構造」へと「脱差異化（dedifferenzieren）」されてしまってはいるのだが、しかし「のちの文明の成長した平均的人間」に比べるなら、「幼児、夢を見ている人、或る種の患者（神経症患者）、催眠状態のケース、母の本能、未開人」において、まだ「一体感能力のはるかにいちじるしい名残り」（Ibid., S. 42. Vgl. S. 106）が見られるのだという。

「追感得（Nachfühlen）」や狭義の「共感情」は、「一体感情（Einsgefühl）」や「真正の同一化」を、「完全に排除」（Ibid., S. 44. Vgl. GA I, S. 399）するのだとシェーラーは述べている。もともとシェーラーは、「感得機能」と「感情状態」のあいだには、「鋭い相違」（GW VII, S. 52）があると考えていた。つまり「志向的な《何かについての感得》」は、「あらゆるたんなる《感情状態》」からは、「区分」されるのである。たとえば「観察された痛み」は「被られた痛み」のほとんど「反対」（GW II, S. 261）なのであって、感情状態が「内容と現出」に属するのに対し、感得は「それらを受け取る機能」（Ibid., S. 262）にしか属さない。それゆえにこそ「追感得や共感得（Mitfühlen）の機能」に参与する「生命感情」といえども、つねにすでに「機能的で志向的な性格」（Ibid., S. 342）を有しているのである。けだし「真正の共感得」は「一つの機能」（GW VII, S. 52）なのだから、「感染」等々は「真正の共感情」（Ibid., S. 53）ではありえない。それに対し「すべての真正の一体感」は、⑴つねに「自動的」に生じ、⑵「精神」、「人格」、「理性」といった圏域と「肉体物体的な感覚圏域」や「（感性的）感情圏域」という二つの意識圏域が、「特殊内容において《空っぽ》」（Ibid., S. 46）になったときにしか現れない。そのとき「人間は同時に、その肉体状態を超えて《高め》られ――かつ、精神的本質としては退位させられる」（Ibid., S. 47）のである。[50]

「今世紀（＝二〇世紀）の二〇年代は、多様な仕方で、自らの根源と疎遠になってしまった精神に対して、生を対抗させた」（Orth, S. 189）とペゲラーは述べている。そのことはもちろんシェーラーについても当てはまるのであって、じっさいに彼は、生と精神とのあいだで、おおいに揺れているのだと言わなければならない。たとえば一方では彼は、「一体感において現象的に《一つ》となる」のはつねに「生命的圏域（*Vitalsphäre*）」であり、ベルクソン等がもはや「世界根拠」にではなく「有機的生」にのみ「超特異的な一性（übersingulare Einheit）」を求めたのは、へーゲル、ショーペンハウアー、シェリング等々やインド哲学の「古き一元論的解釈」に対する「疑問の余地なき進歩」(GW VII, S. 84) のように思われると述べてはいるのだが、しかし他方では、ただちにこのような「形而上学的生物学主義」(Ibid., S. 85) を斥けてしまう。けだし「共感情についての形而上学的諸理論の周知の類型」は「一元論的形而上学の類型」(Ibid., S. 67) なのであって、「あらゆる素朴な形而上学」――それは「ショーペンハウアーやベルクソンのような人」の「各々の反省された形而上学」にとっても、「事後的な《思弁》の素材源泉」である――や「各々の神話」の本質は、「《……についての意識》をけっしてともなっていない」(GW X, S. 221) ということだからである。それゆえ「形而上学的‐一元論的諸理論」を拒絶する決定的な理由は、「真正の共感情」においては、諸人格相互の「距離」や「相違性意識」が保たれているということにある。真正の共感情は「感染」でも「一体感情」(GW VII, S. 75) でもない。そしてもし「共感情が形而上学的に理解されるべき」であるとするなら、そこに求められているのは「汎神論的‐一元論的」な形而上学ではなくて、「人格神論的 (*theistisch*)」で「万有内在神論的 (panentheistisch)」(Ibid., S. 77) な形而上学なのだという。

しかし他方でシェーラーは、世界を「全体有機体 (*Allorganismus*)」として捉えるような「宇宙的一体感情 (kosmisches Einsgefühl)」(Ibid., S. 92) について、多くのページを費やす労を厭いもしない。たとえばアッシジの聖フランチェスコが「西洋のキリスト教史全体」のなかで「先人を持たない」(Ibid., S. 98) と評価されるのは、彼が「あらゆる一体感の究極の根」たる「エロス」(Ibid., S. 102) を「アガペー」と「統一」(Ibid., S. 103) し、そのことによって「超自然的なものの光と輝きとへの自然の昇格」(Ibid., S. 97. Vgl. Cusinato, S. 104-5, 107) を果たしているように思われるからである。このようにしてシェーラーは、一方では「精神的な愛は、一体感、同一化、融合を何一つ示さなかった」(GW VII, S. 129) と断定する。「宇宙‐生命的一体感と無宇宙的人格愛とは〔……〕言わば正反対の極に立つ」(Ibid., S. 137) のである。けれども他方ではシェーラーは、個人にとっても一文化期全体にとっても、もし

「宇宙生命的一体感」が消滅するなら、「ひとは情動的な共感的生命のすべての《高次の》諸形式にとっての原初的な根や栄養源をも、断ち切ってしまう」と主張することも、忘れてはいなかったのである。彼によれば、「子供っぽくて未開的」なのは、「宇宙生命的な一体感を、有るものへの真正の参与源泉として信奉する者」なのではなくて、むしろ「宇宙生命的な一体感と科学とを〔それらの本質限界の《子供じみた》誤認によって〕互いに対抗させてしまうような者」(Ibid., S. 112) のほうだという。逆にもし「自然全体との人間のこの一体感」が欠けてしまうなら、人間は「自然というそのおおいなる永遠の母」から「引き抜かれて」(Ibid., S. 114) しまうだろう。そして「宇宙的生命への一体感への扉」は、まさに「他の人間のうちに」こそある。つまり「人と人との一体感情のディオニュソス的陶酔」を知らないような者には、「自然の生命的‐力動的側面」もまた、「永久に閉ざされたまま」(Ibid., S. 116) なのである。

(b)「我‐汝に関して無頓着な一つの体験流」

それでは本来の意味での「他者」問題は、どうなっているのだろうか。「推論〔《類推》〕」や「投影的《移入》」と《模倣衝動》〔リップス〕」(Ibid., S. 20) といった諸理論に対しては、シェーラーは、誰よりも明快かつ詳細に、これらを否定する。まず「類推」に関しては、「動物はたしかに《類推》を行わない〔のに他の動物を把捉する〕」(Ibid., S. 232) という、厳然たる事実がある。シェーラーによれば、われわれが類推を行うのは、すでにわれわれが魂を持った存在者の実存を想定していて、彼らの体験について知識をえてはいるのだが、しかし「下等動物」においてのように、周知の他の存在者の表現運動に類似している或る運動に、その「表現運動という意味」を帰せしめることができるか否かという疑問が生じるような場合のみなのだという。つまり或る運動や身体性状を「表現」として統握することは、「全体としての有機体」が魂を有しているという想定を「すでに前提」しているのであって、ただ

「特殊な質」に関してのみ「推論」がなされうるのである。そのうえわれわれは、その「表現運動」や「行為」が「われわれ人間のもの」にまったく似ていないような動物においても、「霊魂付与（Beseelung）の存在」を想定する。また「論理的」に言っても「類推」は、もし「等しい表現運動」がそこにあるなら、そこにもう一度「私の自我」があって、「他我」があるのではないようなときにのみ「正しい」ことになるのだから、もし推論が私とは異なる異他的自我を立てるなら、それは「一つの誤った推論」（Ibid., S. 234）だということになってしまうだろう。類推は、「異他的自我」が「私の自我」に「等しい」場合にのみ異他的自我の仮定に導きうるのだから、「異他的な心的個体の存立」（Ibid., S. 235）にはけっして導きえないのである。

「移入理論」についても同断なのであって、移入の過程が真に魂を持った物体に逢着するか否かは、この理論にしたがうなら、「偶然」ということになってしまう。なぜなら移入理論は、子供や神話が「死者」にさえ霊魂を付与してしまうときのように誤った移入を行う場合と、結果的に正しい移入を行う場合とを、理屈から言って「区別」（Ibid.）することができないからである。それにここでもまた「移入理論」は、せいぜいのところ「私の自我」が「もう一度」あそこにあると信じさせうるのみであり、それが「異他的で他の自我」（Ibid., S. 236）だということを、けっして証明してくれなどしない。またリップスの理論によれば、われわれの「共感情」は「われわれが自らすでに体験」してしまったような「他者の体験や体験統一」にかぎられてしまうことになろうが、それは「事実」（Ibid., S. 58）とは合致しない。そもそも「私において他者においてと類似した体験が経過する」などということは、他者「理解」には「何の関係もない」のであって、「理解においてわれわれは、理解されたものをいかなる仕方でも、実在的には体験していない」（Ibid., S. 22）のである。

類推理論に対しても移入理論に対しても、反証としてシェーラーが挙示するのは、つねに「表現現象」である。たとえば「〔……〕《体験》がそこにあるということは、われわれには表現現象において――またもや推論によってではなく、《直接的に》――原的《知覚》の意味で与えられる。われわれは赤面のうちに恥を、笑いのうちに喜びを知覚する。われわれには《さしあたりただ物体のみ与えられている》などと語るのは、完全に間違っている」(Ibid. S. 21)。またリップスに対しても、「われわれはまさしく異他的な心情状態を、表現現象自身のうちに原的に把捉する――投影的な《移入》などまったくなしに」(Ibid. S. 57)。シェーラーは、「《好意(Freundlichkeit)》や《無愛想(Unfreundlichkeit)》といった諸現象は、まったく原初的で、何か青あざというような現象より、もっと原初的である」(Ibid. S. 233. Vgl. S. 68) というコフカの言葉を、よく引用する。「人間が自らの外にある定在において把捉する一番最初のもの」は「表現」なのであって、われわれはあとからそれを学び知るのではない。もしここに「学習」などというものが存するのであれば、それは「霊魂‐付与(*Be-seelung*)」に関してではなく、むしろ「脱‐霊魂化(*Ent-seelung*)」(Ibid. S. 233) についてであろう。「自然それ自身をめぐるわれわれの最初の知は、生物の表現をめぐる知である。〔……〕そのように、幼児にとってと類似的に、未開人にとって《死せるもの》という現象は、そもそもまだ与えられていない。あらゆる所与は彼にとって、一つの大きな表現領野なのであって、個別の表現諸統一は、それを背景として、そのつど際立ってくる」(Ibid. S. 213)。このような「《魂を与えられた肉体》の全体性」から出発して初めて、「共人間」の「肉体‐物体」の方向と「内界」の方向へと、「知の差異化」(Ibid. S. 213-4) が進展してゆくのである。

「シェーラーは反独我論的な立場を代表する」(Sander, S. 75) と、サンダーは述べている。シェーラーによれば、われわれは「われわれの《思想》」を「他者の《思想》として」思惟することができ、〔共感得においてのように〕「われわれの感情」を「他者の感情のように」感得することもできる。或る他人の思想が「われわれの思想《として》」与えられることもあるのだし、われわれの思想や感情が「或る《他人》の思想や感情《として》与えられる」(GW VII. S. 239) こともあるのである。

「或る体験が、まだそれが固有のものや異他的なものとして与えられることなしに、単純に《与えられる》ようなケースもある。「固有のものと異他的なものとを非区分で互いに混ざり合ったままに事実的に含んでいるような、我－汝に関して無頓着な一つの体験流（ein *in Hinsicht auf Ich-Du indifferenter* Strom der Erlebnisse）が、《さしあたり》流れ去る。そしてこの流れのなかで、ようやく漸次的に、いっそう堅固に形象化された諸々の渦巻きが形成され、それらの渦巻きはゆっくりと、その圏域のうちに流れのますます新しい諸要素を引き込んで、この過程のなかで、継起的にきわめて漸次的に、異なる諸個体へと帰属せしめられてゆく」（Ibid. S. 240）[51]。シェーラーによれば、じっさいわれわれの「内的知覚」において、或る「心的体験」が私の体験なのか他者の体験なのか、「まだ無頓着に」（Ibid. S. 242）与えられるようなことがあるのだという。「Aの内的直観の作用」は、彼固有の心的過程のみならず、可能的には「実存する諸々の魂の王国全体」を——さしあたり「まだ区分されていない体験流として」——包括しているのであって、われわれは「自我有もすべての他者の体験もそのなかで原理的に《共に含まれているもの》として与えられているような、ますます非判明的になってゆく全包括的な意識」を「背景」としてのみ、「われわれ自身の自我」を把捉するのである。そして「さしあたりほとんど区分されていない一つの全体」に対してなされる「まさに同じ区別作用」によってこそ、「固有のもの」と「異他的なもの」とが、「同時に」（Ibid. S. 244）われわれの明晰な意識へと到達する。

それどころかシェーラーは、「《さしあたり》人間は、自己自身において以上に、他者において生きている」（Ibid. S. 241）とさえ考える。「シェーラーの見解にしたがうなら、たいていの理論によっては異他知覚の困難が過大評価されているのと同程度に、自己知覚の困難が過小評価されている」（Sander, S. 76）と、サンダーも述べている。パトチュカによるなら、「われわれはけっして、初次的かつ直接的に、われわれ自身に近くはない」のであって、「われわれは他人を介してこそ自己自身を知る」（Patočka, p. 50）のである。シェーラーの場合、そのことは、「幼児の生活」や「民族のあらゆる原初的〔＝未開〕な心的生活」（GW VII, S. 241）が示すように、「個体はさしあたり、自己自身においてより、はるかにいっそう共同体のなかで生きている」（Ibid., S. 242）ということを意味している。

他者経験に話を戻す。われわれが他者において「知覚する」のは、さしあたり「異他的物体」でも「異他的な《自我》や《魂》」でもなく、ここでもそれは「統一的な全体性」なのであって、まだそれは「外的」知覚の方向にも「内的」知覚の方向にも「解体」（Ibid., S. 255）されてなどいないのだという。いずれそれは「異他的個体の物体」の方向と「異他的個体の自我」（Ibid., S. 256）の方向へと分かれてゆくことになるのだろうが、しかしわれわれにも動物にも未開人にも「つねにいたるところ」で「初次的に」与えられているのは、そのつど「全体性構造」（Ibid., S. 258）なのである――ただしシェーラーは、「体験された異他的な肉体状態」だけは、「異他知覚」によってもわれわれは知覚しえないと考えている。特に器官の感覚やそれに結びついた感性的感情がそうなのであって、たとえば「私は他者が持つ苦痛や料理のさいの感性的快楽を、けっして知覚することができない」（Ibid., S. 249）のである。

ちなみにシェーラーの遺稿には、「世界」を「一つの生ける有機体」と考えるような「万象生命（Alleben）」（GW XI, S. 158）という思想、つまりは「万有内在神論（Panentheismus）」（Ibid., S. 199）という考えを、はっきりと打ち出しているような諸テクストもある。「純粋な生」は「純粋な生成」であり、それに対して「空間」は、「生成してしまったもの」という意味での「作品、被造物」（Ibid., S. 160）でしかない。「生」が「生成からのみ把捉されうるような仕方の有」なのだとすれば、「死せるもの」は「生成してしまって有ること」ないしは「生成以前の有」であり、それは「空間的な有」（Ibid., S. 162）なのである。ちなみに「死ぬ」のはもちろん「諸個体のみ」である。生の過程は「不可逆的」（Ibid., S. 163）なのであって、しかも「死せるもの」と「生けるもの」とは「一つの衝迫（Drang）の〔二つの〕力動的な主要方向」（Ibid., S. 181）にすぎない――このような叙述は自ずからベルクソンのそれを想起させるのだが、シェーラーによれば、「世界」とは「神における《能産的自然》としての万象生命の有機体（肉体）」（Ibid., S. 199）のことなのだという。

以上のようなシェーラーの全体論的な他者論に対しては、当然のことながら、それではいかにしてこのような一なる全体から自我と他我が、あるいは内と外が分かれてゆくのかといった問いが、生じてくることにもなろう。たとえばルル（Leroux, H）は、「しかしこのような仕方でシェーラーは、自己の意識化やアルテル・エゴとしての他者の意識化を、不可能にしているのではないか」とか、「シェーラーの考えは、そこにおいては諸々の意識の個体化が存在しないような、一種の汎心論（panpsychisme）と境を接する」（MS, p. 44）といったメルロ＝ポンティのソルボンヌ講義からの言葉を引用しながら、「メルロ＝ポンティは〔……〕シェーラーの相互主観性は一つの擬似‐相互主観性に、十分に差異化されていない唯一の志向的な流れに、とどまってしまうおそれがあると評価した」（Orth, S. 341）と述べている。[52] われわれも見たように、メルロ＝ポンティ自身も結局は、自他の「無‐差別」や「あらかじめの一性」といった考えのほうに帰ってゆくのだが、自他の差異化という、この――ほとんど解決不可能な――問題については、われわれも次項で再検討してみることにしよう。

そのまえに一つだけ、シェーラーに関して補足しておきたいことがある。シェーラーが「精神」と「生」のあいだでつねに動揺していたことについてはすでに述べたが、他者問題に関しては、「生」への究極の沈潜が他者の消滅という事態を招致してしまうように、逆に「精神」や「人格」の過度の偏重は、やはり倫理的な問題を巻き込んでしまうように思われる。たとえばシェーラーにとって「戦争」や「決闘」における殺害は、まだ「殺人」ではない。なぜなら「敵」は「人格」（GW II, S. 317）としては与えられていないからだという。そもそも「殺人」は、「人格や可能的人格価値の担い手としての人間の所与性を、前提」（Ibid., S. 318）としているのである。同様にして「胎児」に「人格性」というものが認められていない以上、「堕胎」は「けっして殺人には当たらない」（Ibid., S. 319）

――このような判断が結果として正しいか否かは別として、少なくともそこには重大な問題が秘められているのだということ、そしてそれなのにこの問題がいとも簡単に片づけられてしまっているということは、誰しもが抱く印象であろう。われわれは最後に、ここで――レヴィナスではなく――ブーバーの次の言葉だけ引用しておくことにしたい。「一匹の犬が汝を見つめている。汝はそのまなざしに責任を負う。一人の子供が汝の手を握る。汝はその接触に責任を負う。一団の群衆が汝の周りを動く。汝は彼らの窮境に責任を負う」(Buber, S. 163)。

(2) 総括――古典的他者論の問題点

そのソルボンヌ講義のなかで、メルロ＝ポンティは「人間は人間にとって魔法使いである」というアランの言葉を引きつつ、次のように語っている。「他〔人〕に対して遠隔作用を行うということが、人間的顔の特質である。他者は実在的諸手段を展開することなく私に対して働きかけることができ、人間的諸関係は本質的に魔術的である。なぜならそれらは、意味するものから意味するものへの諸関係だからであり、ここでは発話が命運(destin)を形成しているからである」(MS, p. 228)。けれどもそれは、どのような「遠隔作用」なのだろうか。そして「魔術的」と言われる諸関係は、いったいどの程度まで理論的解明を容れうるのだろうか。

(a) 「他者を見る」、「他者に見られる」、「他者と共に見る」が前提するもの

総括しよう。古典的他者論の問題構制には、大別して(1)「他者を見る」、(2)「他者に見られる」、(3)「他者と共に見る」の三つのパターンが見出された。しかしわれわれの考えでは、(2)は(1)の一つのヴァリエーションでしかない。そして(3)は「ひと」の問題構制と重ね合わせられることもあるが、しかし、今度はわれわれには、逆に「ひと」の問題構制が、(3)のみならず、(4)「自他の非区分ないし無‐差別」をも含んでいるように思われ、あえて言うなら、

むしろ問題構制としては、(3)と(4)が「ひと」のヴァリエーションである。そして(4)はシェーラーの「一体感」の問題構制をも包括して、それ自身はまだ本来の意味での「他者」問題ではないのかもしれないが、しかしおそらくは、他者や自他関係の諸問題の前提条件である。

まず(2)の「他者‐によって‐見られて‐有ること」に関して言うなら、それはそれだけでは、(i)たんなる気配や雰囲気のようなものでしかない。注目や好奇心、嫉妬や欲望、殺気や緊張感等々、その種の情況は、たしかに無ではない——よく挙げられる例を用いるなら、誰もいないコンサートホールでの静寂と、息を潜めて待ち構える聴衆に満ちたコンサートホールのそれとでは、意味がまったく異なる。しかしながら気配だけでは、具体的・現実的な他者の存在は特定できないし、ひょっとしてすべては私の錯覚だったのかもしれない。それが本当の他者問題となりうるためには、それは(ii)私によって特定〔＝(1)〕されなければならない。そしてもしその場の雰囲気や空間全体の表情が、不可分のままに自他をすっぽりと覆い尽くすような類《たぐい》のものであるとするなら〔＝(4)〕、(2)は(4)と(1)を前提として初めて成り立つのだということになろう——しかしここでの(4)に関しては、あとでもう少し詳しく説明する。

同じことは(3)の「他者と共に見る」についても言われえよう。私が本当に可能的他者と共に見ているのか、それともそれはたんなる私の思い込みにすぎないのかは、ひとたび私が自己と他者を区別してしまうと、分からなくなる。というよりむしろ、もし本当に他者が他者であるなら、「われわれは同じものを見ている」は、他者の他性のゆえに、かえって不可能になってしまうだろう。Miteinanderの「共に」は、その定義からして、(4)自他不可分の共同性を前提しておかなければならない。しかし、(4)はまだ他者も他性も措定しないのであるからには、もし「他者と共に見る」を言いたいのであれば、私はあらかじめ他者と出会っているのでなければならないということになる。あるいはサルトル的な凡庸さをここで避けたいのであれば、少なくともここではこう述べておかなければならない――つまりピエールを知った、アニーの面識をえたということではなくて、他者というものとの最初の出会いを形成するのは、(3)「他者と共に見る」でも(2)「他者によって見られる」でもなくて、(1)「他者を見る」である、と。それゆえ(3)もまた、(4)と(1)を前提としなければ、成立しえないのだということになる。

けれどもそもそも(1)は、いかにして可能なのだろうか。「他者を見る」ためには、たんにそこにある一物体を他者と宣言するだけでは足りない。そこには(5)「他者が見ている」か、あるいは少なくとも(6)「他者が何らかの身体的な働きを行使している」ということが、私によって意識されているのでなければならない。ここで言う(5)は、必ずしも(2)「他者によって見られている」と同一ではない。なぜなら私は他者によって直接見られてはいなくても、あそこにいるあのものがたしかに人間であって、蝋人形ではないということを、知りうるのでなければならないからである。あるいはまた私が盲人を盲人として覚知する場合のように、(5)は(6)に置き換えられる場合もある。けれども先にも示したように、他者が何かを本当に見ているのかどうか、私が見ているのは義眼かロボットの眼であって、じつは「視ている眼」ではないのか否か等々、私はそれを内から確証することなどできない。志向的意識はそれを行使する者によってしか内的に覚知されえない、しかもこのような内的直接的覚知はそれ自身、一つの志向的意識であることはできない――それが志向性の根本問題なのである。それゆえ(5)が絶対確実に知られるということは、原理的にありえない。しかし、それでももしわれわれが「他者」を覚知したいのであれば、われわれが(6)において求めなければならないのは、明らかに「非志向的」な意識である。

われわれは先に、以下のヴァルデンフェルスの言葉を見た。「われわれはさしあたり互いに与えられ合い、主観として肉体的に触発し合っている。サルトルは、客観化するまなざしでもって相互主観的関係を開始させるとき、あらゆる相互的な振舞いのうちに含まれているこのような根本的な関わり合いを、見逃している。われわれが互いに立ち向かい合う以前に、われわれが互いに対抗的に登場し合う以前に、われわれは現に互いにとって（füreinander）有る。〔……〕この以前に（Bevor）はもちろん、一つの基づける以前に（Prius 先位）として理解されるべきである」（Waldenfels, S. 386）。ヴァルデンフェルスはまた、こうも述べているのである。「けれども我－汝－関係は、そこにおいて対向的有（Gegenübersein）が初めて展開されるところのその前史（Vorgeschichte）を有しているので、必然的に、魅力（Anziehung）と反発（Abstoßung）とにおける受動的な結合性が、距離に対する第一次的なものである」（Ibid., S. 298）。そしてトイニセンによれば、「〈我〉と〈汝〉の出会い」が「直接的」であるのは、それが「非志向的な体制」（Theunissen, S. 494）を有しているかぎりにおいてのことである。それでは知覚一般の志向的な体制に先立ち、これを根拠づけているような、そして志向性一般が生み出す「距離」よりもっと直接的で「魅力」や「反発」をその典型とするような「非志向的な体制」とは、いったいどのようなものなのだろうか。

　この種の問題においてはひときわ光彩を放つメルロ＝ポンティは、すでに『行動の構造』のなかで、「諸対象の知覚に対する他者知覚の時間順序的《クロノロジック》で超越論的な先位」（SC, p. 180）について語っている。つまり「初期知覚（perception commençante）」は、「自然の諸対象やそれらがその担い手であるところの純粋諸性質（熱・冷・白・黒）よりも、むしろ人間的意図（intentions humaines）を視向《ヴィゼ》する」ことと、そして「それらを真の対象としてよりも、むしろ体験された実在として捉える」ことという、「二重の性格」（Ibid., p. 179-80）を有しているのである。ただしここで言われる「意図」とは、もちろん他者当人にしか分からないような意志や思惑のようなものではなくて、あくまでその気配や表現であろう。だからこそメルロ＝ポンティも、こう続けているのである。「われわれは、眼や髪の色、口や顔の形を知ることなしに、一つの表情（physionomie）を完全に認識することができる。〔……〕人間的意味は、いわゆる感性的記号以前に与えられる。顔は人間的表現の一つの中心である」（Ibid., p. 181）。ブーバーや、ブーバーにしたがったトイニセンも強調するように、私が「汝」と語りかける者から「その髪の色」、「その話の色」、「その善意の色」を獲得するならば、そのときもはや「汝」（Buber, S. 12-3, 21 ; Theunissen, S. 306）は消え去ってしまっているのだという――たしかに物理的な意味での諸性質の知覚は、まだ「表情」や「人間的意味」の志向的な覚知には介在していないのかもしれない。しかし、それでも顔色や顔の歪みに気づくことは、一つの非志向的な表情覚知なのではないだろうか――いずれにせよメルロ＝ポンティによれば、誤ってよく言われる「幼児のアニミズム」とは、じつは幼児にとって「生けるものが無機的なものよりはるか以前に知られる」(SC, p. 169)という、あるいはむしろ「事物などなくて、表情がある」(Ibid., p. 182)という事態を指し示しているにすぎない。それゆえにこそ幼児の知覚は、まずもって「顔や身振り」に、とりわけ「母のそれ」(Ibid., p. 180)に集中するのである。そのうえ先にも見たように、幼児は「自己自身の微笑を見るはるか以前に、〔他者の〕微笑の楽しげな意味を理解する」(Ibid., p. 169)のであって、「類比」(MS, p. 310)による他者問題の解決をメルロ＝ポンティが斥けたのも、そのゆえである。自他のあいだにあるのは、もっと「内的な関係」(PP, p. 405)なのであった。

　しかしながら表情・表現は、絵画や彫刻、蝋人形やマネキン等々にも見られたのではなかったか。われわれはいかにしてそれらが身体的な働きを行使し、「見ている」ないし「知覚している」ことを、あるいは少なくとも「生きている」ということを、確証しうるのだろうか。

　おそらくわれわれは、物体一般から出発するなら、「生」には永遠に到達しえないだろう。しかしもしわれわれが「生」一般から出発するのであれば、われわれはそれを限定していって、生けるものと無機物とを区別するよう試みることはできる。もともとわれわれは、表情や表現、気配や雰囲気といったものを、時間空間上の一点に限定することなどできない。われわれの聴くメロディーの全体が悲しげなのであり、われわれの見る顔の全体が喜々としているのである。もちろんわれわれは、メロディーの悲しさをそのなかの一音だけに凝縮させて、全体の気分をその音によって象徴させることはできる。しかし、だからといってその一音だけ隔離してもとの表情を再現させようなどと、誰も思わないだろう。同様にしてわれわれが陽気さを顔のなかの瞳の輝きに収縮させることはあるにしても、その人間の全身が、それで不要になってしまうというわけではない。むしろ表情や雰囲気に特有なのは、それがまず全体的に体感されるということなのであって、或る意味ではわれわれは、空間全体に陽気さを感じ取り、場の全体に痛ましい空気を見出しているのである。シェーラーも「あらゆる所与」は「一つの大きな表現領野」であって、「個別の表現諸統一」は、それを「背景（Hintergrund）」として「そのつど際立ってくる」（GW VII, S. 213）のだと述べていた――ちょうど「われわれ自身の自我」が、「自我有もすべての他者の体験もそのなかで原理的に《共に含まれているもの》として与えられているような、ますます非判明的になってゆく全包括的な意識」を「背景」（Ibid., S. 244）としてのみ、把捉されていたように。生命の原初的把捉の成功や失敗は、そのような全体性からの限定の成否にかかっているのではないだろうか。しかし、それにしてもそのような限定や収縮、分化や差異化といった構造化は、もし最初に一つの全体しかないというなら、いったいいかにして進行し、そもそもいかにして始まりうるというのだろうか。

(1)「他者を見る」ためには、(4)全体としての生の気配を前提としたうえで、(5)他者が見ているのを確証するか、(6)恥や怒り等々の表情を非志向的に経験することによって、その全体性を限定するよりない。なるほど(4)の「気配」は必ずしも「自他の無差別」や「一体感」とは同一ではないと、反論されるかもしれない。たとえば極端な話、もし私が或る「殺気」を感じるとするなら、そこには殺そうとする者と殺されるのではないかと怯える者との差異が、歴然として意識されているのだと考えられるかもしれない。しかしながらシェーラーの挙げたリスと蛇の例を考えてみても、そのような殺気は必ずしも生の「一体感」を排除するものではない。それどころかもし何らかの殺意というものが芽生えるとするなら、そこには「生」の覚知というものがあらかじめ前提されているのでなければならない。しかるにシェーラーによれば、生ける者としての生ける者の最低限の覚知には、生の「一体感」が前提されているのではなかったか。しかし(5)や(6)に関しては、たとえば瞳の輝きや恥ずかしげな表情によって、たとえそれが高度な蓋然性であったとしても、おそらくわれわれは、結局はただ蓋然的にしか、それを「確証」することができないのかもしれない。ただし、それでもその蓋然性は、唯一生ける者としての私との類比による蓋然性ではなくて、私をも含んだ全体性からの限定の持つ蓋然性であることは、強調しておかなければならないだろう――ちょうど自己の身体の局在化が、全体としての身体の一性を基底として初めて生起しうるのであって、それゆえにこそ、たいていは正確なその局在性意識のなかでも、ときとして幻影肢のような錯覚が生じうるように[53]――そしてその観点からするなら、(6)は(5)に対して或る優位を保つ。いかにしてそこから自他が分化し、収縮や構造化が始まるのかという、おそらくは解決不可能な問題に関しては、最後に本項(b)でも再検討してみることにするが、ともかくもわれわれはつねに表情空間のなかに包まれて生きており、その表情空間が私をも、そしてもし可能なら他者としての他者をも包括しながら、様々に変様してゆく。自他が区別されようがされまいが、いずれにせよわれわれはそのような「場所」の上にこそ有り、そのような「場所」のなかで生きているのである。

(b)自他の誕生ないし分化という難問《アポリア》

いかにして原初の一性を根源として、そこから自他の二性が誕生し分化してゆくのか、それはまさしく「アルケオロジー〔始源論〕」の問いと言うことができるだろう。「フッサールはつねづね、哲学の本質に完全に適合した《アルケオロジー》という言葉が、すでに或る一つの実証科学〔=考古学〕のために取っておかれていることを、残念に思っていた」(Fink (1), p. 218)と、フィンクは述懐している。じじつ、先にシェーラー批判のところでも見た一九二四年のフッサールのテクストでは、「〔……〕もしひとが小児たちの振舞いの外的観察によって、同じようなものをわれわれ自身が体験しえないような彼らの自己能与へと推論するなら、それは誤った方法である」(H XIV, S. 335)と述べていたそのフッサール自身が、すでに一九二七年の二月頃に書かれたとおぼしき或るテクストのなかでは、「子と母の最も根源的な発生的連続性」(Ibid., S. 504) について、語っているのである。

そのような傾向は、一九三〇年代にはますます顕著になってくるように思われる。たとえば一九三二年一一月の或るテクストでは、「意志とその意志目標との以前に、われわれが本能的と名づけるところの自我努力の、触発されて引きつけられることの、決心することの、前形式が存する」と述べられている文脈のなかで語られているのが、「私の母との結合が、すべての結合のうちで最も根源的な結合である」(H XV, S. 511) という言葉なのである。また一九三三年六月の或るテクストでは、「成熟者たちの伝達、交際は——母と子のあいだの——成熟以前の伝達と相互交際との育成を、前提としている」(Ibid., S. 582) と、すでに十分に発生論的な方向性を持った言葉が語られている。同様にして一九三三年一〇月前半に記されたと目されるテクストにおいては、「共主観としての共に現に有る他者たちについての移入的知覚」についてさえ、はっきりと「他者たちについてのこの統覚は、すでに他者たちについての以前の統覚を、私の生成した個人的妥当性として前提している」と述べられている。「他者たちを知覚すること」や「他者たちを成熟した諸人格として学び知ること」は、「私がそれであったところの子供の根源的な学び知り」を「前提」としているのだが、そのような「最初の他者たち」が、「母、父」(Ibid., S. 604) なのである。[54]

一九三五年七月の或るテクストでは、フッサールは幼児が「空間諸物体をともなった空間」や「その空間領野のなかの物体としての母」を持つようになるのは、「ずっとあとになってようやく」のことだと述べている。そして「同一的なもの、再認されたもの」としての「この最初の母」でさえ、まだ「欲望を満たすための〝前提〟」でしかない。彼女がやって来るということは、欲望の「充実化」がやって来るということにすぎないのであって、ここにはまだ「移入はまったくない」(Ibid., S. 605) のだという。ということはつまり、先にメルロ゠ポンティにおいても見たように、超越論的意識はその歴史の最初期において、まだ自他の区別が前提されていないような或る段階を有していたということではないだろうか。

そしてそのような始源的段階こそがむしろ、その後の発達段階にとって、経験の基底として前提され続けているのではないだろうか。先ほど見た一九三三年六月のテクストのなかでは、次のようにも言明されているのである。「私の超越論的現在のうちには、私の超越論的過去が、そして私のそのつど相互的に構成された〝世界〟をともなった私の超越論的な〝幼児的〟有のすべての段階が、含蓄（impliziert）されている」（Ibid., S. 583）。このような言葉はまさしく、幼児期に源を発する発生的現象学についてのフッサールの構想を、あるいはフィンクの報告にもあった彼の「アルケオロジー」の理念を、はっきり示していると言えるのではないだろうか。

ちなみに意外に思われるかもしれないが、フッサールには「アニミズム」について触れている一九三一－二年のクリスマス休暇中に書かれた或るテクストがあって、興味深い。「私にとって、われわれ（ギリシア人、ドイツ人等）にとって、〝自体において最初の〟民族的－本元的周界、さしあたりわれわれにとって端的に世界は、世代的現有の生き生きとした－根源的な歴史性（Historizität）のなかで成長した、そして成長し続けている〝神話的〟な周界であり、もちろん（理論以前的に理解された）一つの普遍的アニミズムである」（Ibid., S. 436）。カッシーラーなどの研究でも示されているように、もともと神話的世界は表現機能が卓越した世界であり、それゆえ幼児期の世界に着目した三〇年代のフッサールが「普遍的アニミズム」について語ったとしても、それはそれほど突飛な話でもないだろう。「科学以前的なものとしてのわれわれ固有の周界は、根源的に成長した（〝根源的に〟歴史的な）神話的周界である」（Ibid., S. 437）。

しかしながらそれは、フッサールにとっては、やはり本来の道ではなかったのかもしれない。一九三三年九月に書かれた有名なテクスト「普遍的目的論。すべての、そして各々の主観を包括する相互主観的な衝動――超越論的に見られた。モナド的全体性の有」では、フッサールはふたたび「母と子」に触れつつ、「衝動志向性（Triebintentionalität）」（Ibid., S. 594）について語っている。それはまずもって「異性への衝動」（Ibid., S. 593）であり、しかも

「衝動それ自身」のうちには「他者としての他者とその相関的な衝動とへの関連性」(Ibid., S. 593-4) が存している。そしてこのような観点からは、「本元性 (Primordialität)」とて「一つの衝動体系」(Ibid., S. 594) であり、モナド共同体も「普遍的に構成された衝動共同体」(Ibid., S. 596) なのである。けれどもフッサールにとって、相変わらずそれは「一つの普遍的衝動志向性」(Ibid., S. 595) でしかない。しかしながら、われわれが求むべきは、むしろ「非志向的[55]」な共同体なのではなかったか。

周知のように、フッサールとはまったく別の観点から、「主観的根拠づけの観念の彼方」に「超越論的現象学」の可能性を求め、もはや「世界から離脱した主観」には従属することのない「一つの非主観的 (asubjectif) な超越論的哲学」(Patočka, p. 190) を標榜したのが、ヤン・パトチュカである。彼によれば、「ひとが反転像においてのようにして主観を認識することを学ぶ」のは、「客観的に現象的なものを観察することによって」(Ibid., p. 186) なのだという。「その超越論期におけるフッサールのそれであった現象概念、〔つまり〕《客観的なものがそこにおいて構成されるところの》主観的諸発展の相関者としての現象は、斥けるべきである。現象は、主観的構成が完遂するものではない。反対に《主観的》諸可能性それ自身が、現象に《即して》しか明晰とならない」(Ibid., p. 215)。前期ハイデッガーの超越論的哲学の構想における「企投」の考えについても同様。「有の理解がわれわれの作品なのではない。そうではなくて、われわれこそが現れのうちの - 実存 (existence-dans l'apparition) なのであって、有の理解に依存しているのである」(Ibid., p. 215-6)。しかしながら、このようなパトチュカの「非主観的現象学」(Ibid., p. 189) の構想も、結局は「世界」を自然的諸実在や自己自身が「現れること」の「可能性の条件」(Ibid., p. 226) とみなすことによって、あたかも「反転像」においてのようにして、かえって世界と諸主観との対立を際立たせる結果となってしまっているのである。

逆に始源の「無 - 差別」や「一性」を強調するのであれば、いったいいかにしてそこから分化や差異化が生まれてくるのかという、周知の難問《アポリア》が生じてくる。われわれは先に、タイペイルの批判を見た。「もしわれわれが、初次的には自他のあいだにまったく差異が存在しないことを前提するのであれば、そもそもいかにしてのちに差異化が確立されうるのかを理解し、説明することが、不可能となろう」。直後に彼女は、こうも付け加えていたのである。「無差別化の代わりにフッサールが主張しているのは、われわれが自他のあいだに、根本的で〝乗り越えがたき相違（*unüberbrückbarer Unterschied*）〟を認めなければならないということである」（Taipale, p. 78-9）。同様にしてドゥプラッツも、こう語っている。「フッサールは諸モナドの全体を、根源的に流れるものとして理解している。しかし諸モナドの全体がそれであるところのこの絶対的な流れは、自我論的差異化に鑑みれば無－差別化されてはいても、根源的なレヴェルで一つの同一化的融合を生み出すほどにも、無差別化されているわけではない」（Depraz, p. 328）。そしてすでにトイニセンが、プラトンの『饗宴』におけるアリストパネスの説話をやり玉に挙げながら、こう述べているのである。「根源は、幼児的意識ではない〔……〕。ただ自己有の努力を度外視する熱狂的で精神的に疲れたロマン主義だけが、運動のゆくえをそのように歪曲しうるのである」（Theunissen, S. 503）。しかしながら、もし原初の一性や生命的な一体感が甘ったるいロマン主義として斥けられなければならないのだとするなら、逆に最初に他者の他性を前提してからでしか議論を展開しえないような他者論もまた、同様に怠惰な精神との誇りを免れえないのではないだろうか。そして結局はメルロ＝ポンティも認めたように、「差異化なき匿名的集団性」から「諸個体の分離、区別」（MS, p. 312）に向かう道は或る程度可能であったとしても、逆の道をたどろうとするなら、われわれは具体的他者が生きているというたったそれだけのことの蓋然性にさえ、到達する方途を見失ってしまうのではないだろうか。

われわれが「異他的知覚」をもってしても「けっして《知覚》できない」のは、「体験された異他的な肉体状態」であり、とりわけ「器官感覚」や「それらに結びついた感性的感情」であるとシェーラーは述べていた。われわれは無差別の一体感から出発して、「他者が持つ苦痛や料理のさいの感性的快楽」(GW VII, S. 249) によって、自他の区別を図ることはできないのだろうか。しかしながらシェーラーは、「知覚」しえないと言いつつも、他者の「苦痛」や「感性的快楽」について語っている。けれどもまったく知りえないものについて、いかにしてひとは語りうるというのか。そのうえシェーラーの主張は、明らかに自他の区別をすでに前提していなければ、語られえない。それゆえわれわれは、自他が分かれて初めて他者の他性が覚知されるような経験を説明するさいには、諸器官に結びついた自他の「苦痛」や「感性的感情」を引き合いに出すことも、やはりできないだろう。つまり、たとえば私があまりの「痛み」に顔を歪めるような瞬間においては、世界全体が或る苦痛の世界の相貌を示しているのであって、それがかけがえのないこの「私」の体験だと主張するためには、そこにはあらかじめ自他の区別の意識が前提されていなければならないのだということになる。

「一体感」や「融合」、「融即」といった考えは、結局は他者の他性を自己の「同」に同化してしまって、他性への敬意を損なってしまうであろうという、レヴィナス的な批判ももちろんある。それゆえ、いかにして無差別の一性から自他の二性が分化してくるのか、そして一なる基底の共同性は結果として他者が持つ真の他性を脅かしてしまうのではないか、こうした諸問題を検討してゆくことが、今後のわれわれの検討課題となってくる。ここではただわれわれは、「他」について語るためにはそもそも何に対してそれが「他」であるのかをまず言わなければならないという点で、「他」は「自己」および自己への「関係性」を前提しているのだということ、したがって他者の他性といえども関係の共有性なしにはありえないのだということ、じっさい他者に対して「生」の共同性を想定することなしには、たとえば他者の顔に「汝殺すなかれ」という発話を聴くことさえ不可能になってしまうのだということ、そして「関係」それ自身をそれ自体において、つまり「関係諸項」をさしあたり度外視して考察するなら、「関係」それ自身が消えてしまって一つの「場所」しか残らないのだということ、現に「生」それ自身の顕現をそれ自体において考察するなら、「生」はそのようなものになるのだということを、先取り的・前振り的に述べておくだけで、満足しておくことにしよう。

第二章　神の他性と他者の他性

――デカルトの「無限」の観念とレヴィナスの他者論――

はじめに――他者問題の変貌と「無限」の観念

前章ではわれわれは、レヴィナス以前の「二〇世紀の古典的他者論」として、主としてフッサール、シェーラー、ハイデッガー、サルトル、メルロ＝ポンティ等々の他者論について、どちらかと言うと批判的に検討してきた。そしてたしかにわれわれには、彼らの理論は、それぞれ固有の困難を孕んでいるように思われた。ということはつまり、ひょっとして「二〇世紀の古典的他者論」には、その問題設定の仕方それ自体において、何か問題があったということではないだろうか。そのような観点から、今度はレヴィナス自身の他者論を顧みるなら、そこでは他者の存在はすでに倫理的に前提されていて、もはや理論的主題化は断念されているかのようにも思える。たとえばレヴィナスは、こう述べている。「なぜ〈他者〉は私に関わるのか。〔……〕こうした問いは、〈自我〉が自己しか気遣わない、自己の気遣いでしかない、ということをすでに想定した場合にしか、意味を持たない。じっさいこのような仮定においては、絶対的な〈自我〉－の－外（le hors-de-Moi absolu）――〈他者〉――が私に関わるということが、不可解なままにとどまるのである」（AQ, p. 150）[1]。

レヴィナスにしたがうなら、たとえばフッサールは「他者の迎え入れ（l'accueil d'autrui）」を、彼特有の「他者経験」（HS, p. 53）というものに転換してしまうのだが、しかし「他者との出会いを一つの理論のうちに包含すること」は、レヴィナスにとっては「不可能」（Ibid., p. 55）である。またハイデッガーに関しても――「私の哲学の本質的な一要素――それによって私の哲学がハイデッガーの哲学と異なるところのもの――は、〈他〉の重要性である」（Œ 1, p. 134）――彼の「共相互有（*Miteinandersein*）」（p. ex., ibid., p. 472）という考えは、根底から覆されてしまう。なぜなら「相互人格的関係（relation interpersonnelle）」において肝要なのは、「自我（moi）と他〔人〕（l'autre）を一緒に思惟すること」ではなくて、「面と向かって（en face）いること」（EI, p. 82）だからであり、また他者への関係は、自我への同化を図るような「〔有論的〕理解」を「はみ出す」（En, p. 17）からである。さらにはまた、よく説かれる「二つの有〔るもの〕間の混淆であるような愛の観念」も、「誤れるロマンティックな観念」として、端的に廃棄される。「エロス的関係の悲壮は、二で有ることであり、他〔人〕がそこでは絶対的に他で有ることである」（EI, p. 68）。それゆえレヴィナスにとって、「私の道徳的意識」の外では「〈他者〉は〈他者〉として呈示されえない」（TI, p. 209）――「天の王国は、倫理的」（AQ, p. 231）なのである。

他者問題に関して「理論」的確実性を断念するかのようなこの態度は、現代哲学においては、レヴィナスにかぎった話ではない。それは古くはベルクソン[2]、直近ではマリオン[3]等々においても確認されることなのである。それではわれわれは、相互主観性の問題に関しては、理論的厳密性は放置して、他者の存在をただ無批判的に前提しなければならないのだろうか。

けれどもレヴィナス自身が他者への接近の大きな鍵の一つとして、デカルトが私の存在を最初に超脱するものの存在を証明するために用いていた「無限」の観念を、つねに援用し続けたということも、周知の事実なのである。

「〈無限〉の観念についてのデカルトの分析と、顔によって命じられた《倫理的》接近とのあいだにレヴィナスによって行われた関連づけは、彼の著作のおおいなる独自性の一つである」（Fæssler, p. 16）と、スイスの繊細な研究家フェスラーは述べている。現にデカルトの「〈無限〉」の観念は、レヴィナス自身にとって「比類なき思想」（En. p. 163-4 ; L'Herne, p. 95）もしくは「超越の最も注目すべき表現の一つ」（DI, p. 185）であり、それは「〈自我〉を〈他者〉に結びつける関係」（LC, p. 70 ; L'Herne, p. 102）そのものなのである。「われわれはじっさい〔……〕いかにして〈無限〉の超越が、私の隣人たる他者との関係に転ずるのかを、示そうと試みた」（DI, p. 186）。

しかしながら、問題は、デカルトが「無限」の観念によってその存在を証明しようとしたのが、ひとり「神」のみだったのに対し、レヴィナスにおいては、さしあたりそれが「私の隣人たる他者」であるように思われるのだということ、あるいはむしろ、それが「神」なのか「他者」なのか、にわかに判然としないことさえたびたびあるということなのである。たとえば中期の彼の主著たる一九六一年の『全体性と無限』においては、「全体化」を阻止すると言われているのは、「〈他者〉の〈無限〉」（TI, p. 52）である。かくして「他者」はしばしば「無限」と併置される（Cf. p. ex., ibid., p. 55, 141）、「無限は自らを合図するのみならず、それは語り、顔である」（Ibid., p. 72）等々とも述べられることになる。「彼〔＝他者〕は無限であり、そのようなものとして承認される」（ibid., p. 207）のである。しかし、たとえば「無限の観念――顔のなかで自らを顕示するところの」（Ibid., p. 125）という表現などは、少なくとも「顔」と「無限」とを同一視する先の表現と、等しくはない。そのうえ無限は「神的に存在する」（Ibid., p. 77）とも言われ、「他者は、私のイニシアティヴに先立つその意味作用（signification）によって、神に似る」（Ibid., p. 269）とも語られているのである。また後期の彼の主著たる一九七四年の『有とは別様に』でも、一方では「《有とは別のもの》という例‐外」をなすのは「主観性」（AQ, p. 9. Cf. p. X）であるのに対し、他方では「有の彼方（l'au-delà de l'être）」は「神の名」（Ibid., p. 199）とも言い換えられている。八〇年代の或るテクストによれば、「神は、有とは別様に（autrement qu'être）であり、マリオンの言うように、有の彼方」（En, p. 129）なのである。

遡ってとりわけ五〇年代のレヴィナスには、他者と神との区別をあからさまに飛び越えてしまうような表現が多々見られる。「じっさいには神のみが語る。他者が私に語りかけるかぎりで——すなわち私が他者に語りかけるかぎりで——〈他者〉は神である」（Œ 2, p. 227）[4]。高名な「汝殺すなかれ」も「無限」（Œ 1, p. 367）と言われ、「顔」もまた、もしそれが「形から解放」されるなら、「無限」（Ibid., p. 371）[5]である。つまり、「人間は人間にとって神」（Ibid., p. 420）であり、「他としての〈無限〉は、〈他者〉」（Œ 2, p. 274）なのである。

後期のレヴィナスにも、「他者は原理上、私にとって無限である」（SS, p. 21）という類《たぐい》の表現と、「神の〈無限〉」（AV, p. 178）や「〈無限〉もしくは神との関係」（Ibid., p. 179）といった言葉とが、或る程度混在したままである。それゆえにこそ、たとえばミシェル・アンリのような人は、こう述べるのである。「けれどもレヴィナスにおける他性の現象学的ステイタスとは、どのようなものなのだろうか。彼の〈他〉は、曖昧である。それは〈他〔人〕〉なのだろうか、それとも神なのだろうか。あるいは〈他〉とは、神が私を打つ仕方なのだろうか」（PV III, p. 299）[6]。

もちろんレヴィナスも、いつまでも他者と神とを同定していたわけではなくて、たとえば一九七五年や七六年のテクストには、「神」を「他者とは他（autre qu'autrui）、別様に他（autre autrement）」[7]と形容するような言葉が見られるようになる。七七年にも彼は、「神への超越」ないし「神というような語がそこから出発してのみその意味を顕示するところの超越」について語りつつ、「この超越が他者（autrui）との（水平的な？）関係から出発して生じたということは、他人（l'autre homme）が神であるということも、神が一人のおおいなる〈他者〉であるということも、意味しない」（En, p. 84）と述べてはいる。しかしながら、このような発言のさなかにあって、七六年の彼は、「おそらくは他人への超越と神への超越とのあいだの区別があまりにも早急になされてはならないような超越」（Ibid., p. 96-7）について、語っているのである。それではレヴィナスにおいて、他者の他性と神の他性との関係は、いったいどうなっているのだろうか。

レヴィナスにおける他性の問題を、デカルトにおける「無限」の観念や他性（神や他者の）の問題を導きの糸としつつ考察してゆくことが、さしあたり本章の課題となる。それゆえ本章は、以下、まずレヴィナスにおける「他性」の問題構制の大枠を、彼の思想の時代区分の問題と絡めながら主題化し（第一節）、次いでデカルトにおける「無限」の観念と神の存在証明を（第二節）、さらにはデカルト自身の「他者」問題を（第三節）、俎上に載せてゆく。しかるのちにわれわれは、レヴィナスのデカルト理解と「無限」に関する彼自身の「現象学的」な扱いとについて検討し（第四節）、「他者」の他性と「神」の他性の関係について、あらためて考察し直す（第五節）。またレヴィナス自身が「時間の無限」についても語っているということから、本章は彼の時間論についても検討を加え（第六節）、最後に本章の一応の結論と今後の課題とについて（第七節）、簡単に触れておくことにしたい。

本書におけるレヴィナス論は、本章だけでは完結しない。われわれはレヴィナス――「かつてこれまでひとが見たことがなく、類似のものを見ることがないであろうような、考え方と生き方との名」（Sebbah (1), p. 247）――に関しては、次章でさらに立ち入った諸検討を敢行してゆくことになろう。われわれが本章の後半部で、彼の時間論やその不可逆性の問題を取り上げるのは、たまたまそこに「無限」という言葉が現れているからだけではない。われわれは――われわれもまた――レヴィナス本来の「倫理」や「正義」の問題構制には、様々な問題点が含まれているのではないかと考えている。そしてその難点をいくぶんなりとも軽減するためには、われわれはむしろ「相互性」や「空間」、あるいは「場所」といった主題構制を、本格的に検討することが必要になってくるであろうと考える。さらには不可逆性の成立する以前の「イリア（il y a 有ること）」に関しても、或る意味では発生論的な、あるいはアルケオロジー的な諸考察が、不可欠となってくるであろう。それゆえ「無限」の示唆するがごとき「不可逆性」について主として検討する本章もまた、その可能性の根拠・根底について問い直してゆくことになるはずの次章の、準備的かつ橋渡し的な役割を担うにすぎないのである。

第一節　レヴィナスにおける「他性」の問題構制

すでに明らかなように、レヴィナスの思想に関しては、それがいかなる時期に呈示されたものなのかを、十分に考慮に入れておかなければならないだろう。われわれは本節では、(1)まず全体として彼の「他者」思想がどのような特徴を有しているのかを、大略的に、しかし「はじめに」よりはもう少し詳しく見定め、(2)それから彼の思想の時代区分の問題について考察し、その後順に、(3)彼の初期思想、(4)中期思想、(5)後期思想における「他性」の問題について、概観――まだ概観――しておく。本節は最後に、(6)デカルトの「無限」についてのレヴィナスの見解についても触れておくが、もちろんそれも、次節と次々節とにおいてデカルトの「無限」や「神」や「他者」についての考えを検討したのちに、第四節以降でふたたびレヴィナス自身に帰って、その思想の独自性を析出するための準備作業でしかない。

(1)他者問題の変貌――顔の発話としての「汝殺すなかれ」

『デカルト的省察』の、とりわけその「第五」省察の「翻訳者」(II, p. 19)でもあったレヴィナスが、早くから「他者」問題に関心を寄せていたとしても、そこに何の不思議もない。四七年の『実存から実存者へ』のなかで、彼はこう述べている。「他者との関係は、他我(un autre moi)へのアンシェヌマン〔連鎖・束縛〕としても、他者の他性を消失させてしまうような他者理解としても、何らかの第三項をめぐる他者との交わり〔communion 共同・共同体〕としても、思惟されえない」(EE, p. 144)。五四年にも彼は、「移入」(*Einfühlung*)の哲学者たち」に関して、少なくとも彼らは「他者《経験》が自己のたんなる《ヴァリエーション》によっては、またこれらのヴァリアントの一つを自己の外へ投影することによっては、獲得されない」（En. p. 36）ことを知っていたのだと述べている。

従来の他者理論に対するレヴィナスの批判を、個々において、もう少し詳しく見てゆくことにしよう。まず「他我」が「共感（sympathie）」によって知られるというような考えは、他我を「自己自身への回帰」（EE. p. 145）によってしか説明しようとしていない。しかしながら「共感によって接近可能な他我（un *alter ego*）」なのであれば、「芸術作品」と同様に、「他者の他性」は「われわれの世界のうちに統合」（Ibid., p. 89）されてしまうであろう。そもそもレヴィナスは、「顔の現前化」という意味での「表現」を、「理解ないし把捉すべき或る新たなる領域」を付加しただけの「あらかじめ閉じられた或る内界」（TI. p. 187）を開示するようなものと、みなしてなどいない。シュトラッサーが再三再四指摘するように、ディルタイとはちがって「レヴィナスにしたがえば、他者の表現は、他者の内的体験について私に情報を与えたりなどしない」（Strasser (2), S. 229. Vgl. Strasser (1), S. 30, 99, 104）のである。

また「はじめに」でも見たように、レヴィナスは「性的二元性」を「融合（fusion）」（TA. p. 78）とみなすような考えは、端的に斥ける。むしろ「愛」において「最も重要」なのは、このような「二元性」なのであって、それこそが「融合には還元不可能なその卓越性」（TrI. p. 54）なのだという。同様にレヴィ＝ブリュールの考えるような「融即（participation）の経験」においても、「二元性」が維持されることはなく、それは「恍惚的な融合」となってしまう。その場合、われわれは「モナドロジー」は免れたとしても、「一元論（monisme）」（TA. p. 22. Cf. TI. p. 49）に陥ってしまうであろう。

『全体性と無限』では、「他者は端的に〈自我〉を否定するわけではない」とも述べられている。なぜなら「殺害」がその「誘惑」であるところの「全面的な否定」は、「或るあらかじめの関係に」――おそらくはもっと平和な関係に――「送り返す」（TI. p. 168）からである。ここでは名前が挙げられているわけではないのだが、このような批判がめざしていたのは、直接的にはヘーゲルであり、間接的にはおそらくサルトルであろう。

これも先に触れたことだが、「共相互有」というハイデッガーの考えは、「対‐面（face-à-face）の関係」ではないがゆえに捨てられる。各人はそこに――サルトルがハイデッガーを批判したように――「自らの実存という私的事実」を持ち込むようなことだけはしてはならないのであって、それゆえ「他〔人〕との本源的関係」を記述すべきは、「共に（*mit*）という前置詞」（TA, p. 19）ではないのだという。

総括するなら、「他〔人〕との関係は、コミュニオン〔交わり・共同・共同体〕という牧歌的で調和的な関係でも、それによってわれわれが彼の立場に身を置いて、われわれが彼をわれわれに似た、しかしわれわれには外的なものとして認めるような、共感でもない。他〔人〕との関係は、一つの〈神秘〉との関係である」（Ibid., p. 63）。あるいはむしろ、「他〔人〕たちと共に（avec les autres）」が意味するのは、すぐれてレヴィナス的な意味において、じつは「他〔人〕たちのために（pour les autres）」（SS, p. 137）だと言うべきなのかもしれない。

「倫理的でないような人の人への関係など、存在するだろうか」（L'Herne, p. 129 ; NL, p. 34）と、レヴィナスは語っている。「他〔人〕を知覚すること――もしくは把捉すること」すら、すでにして「まさしく彼をしたがわせ、自我という彼の本質を免れさせること」（Œ 2, p. 182）なのだという。セバも指摘するように、レヴィナスの他者論においては「有論的観点からは誰もいない」にもかかわらず、「倫理的観点からは真に誰かがいる」（Sebbah (2), p. 158）のである。現代において、もしレヴィナスの他者論が何らかの意義を帯びてくるとするなら、それはたんに「観点」を「有論」から「倫理」へと置き換えたからというだけではなくて、それまでの「理論」ではどうしても解明できない他者問題の困難を知り尽くしたうえで、それを倫理的問題へと突破しようとしたからなのであろう。そしてレヴィナス以降、良かれ悪しかれ、たしかに他者問題は変貌してしまう。

すでに三〇年公刊のその処女作『フッサール現象学における直観の理論』において顕著なのは、彼自身がのちに述べることになるように、それが「『有と時』によって影響」されて「有論的問題」（EI, p. 36）へと関心を寄せていたということだけではなくて、そこではレヴィナスが「フッサールの主知主義」（ThI, p. 184, 220. Cf. p. 86, 141, 174, 219, 221, 223）やその「理論的意識の優位」（Ibid., p. 87, 99）に対して、きわめて批判的な態度を取っていたということであろう。このような批判的態度は、一〇年後の論文「エドムント・フッサールの著作」においてはおおいに軽減されて、「フッサール哲学」を「主知主義」と形容するのは「おそらくは不当」（DE, p. 23）だと述べられることになる。しかしながら、このような解釈の変化を通じても明らかになるのは、依然としてレヴィナスが倫理的な問題に関心を寄せ続けているということなのである。

　ところで『全体性と無限』によれば、「〈他者〉」は「語りうるのであって、けっして対象として課されるのではない」（TI, p. 194）のだという。それゆえにこそデリダは、「対‐面」においては「顔」は「同時に表現と発話として与えられる」と述べつつ、「見ることに対する聞くことの超越」（Derrida (1), p. 148）を強調するのであり、マリオンもまた、「〈他者〉は見るべきものとしてではなく、聞くべきものとして自らを顕示する」（FP, p. 83）と語るのである。けれども他者やその顔は、いったい何を発言するのだろうか。

「顔の最初の発話」、それがかの有名な「汝殺すなかれ」（EI, p. 93）なのである。「顔への関係は、一挙に倫理的である。顔とは、ひとが殺しえないもの、あるいは少なくとも、その意味が《汝殺すなかれ》と言うことに存するところのものである」（Ibid., p. 91）。レヴィナスにおいては「汝殺すなかれ」が「言説の意味」（Œ 1, p. 374）であり、「汝殺害を犯すなかれ」こそが「顔の赤裸（nudité）」（DMT, p. 132 ; L'Herne, p. 74）なのである。そのうえ「汝殺すなかれ」は「汝隣人を生かせよ」（AT, p. 135）を意味し、それはまた「汝の隣人を愛せ」（HN, p. 155）でもあるのだという。

「汝殺すなかれ」（DL, p. 21 ; Œ 2, p. 227）は、われわれの気づきえたかぎりでは、遅くとも五二年の諸テクストのなかにはすでに登場し、そして八九年に掲載されたテクストにも、なおまだ「汝殺人を犯すなかれ」(AT. p. 50)[8]という言葉が見出される。それゆえこの類《たぐい》の表現は、レヴィナスの哲学的活動期のほとんど大半を通じて、用いられ続けてきたのだということになる。けれどもわれわれは次項において、このように比較的変わることのなかったレヴィナスの根本思想のなかでも、幾つかの時期を区分することができるのだということを示しておくことにしたい。

(2) レヴィナス思想の時代区分について

『実存から実存者へ』のおそらく一九七八年に書き加えられた「第二版への序文」のなかで、レヴィナスはハイデッガーに触れつつ、「この哲学の風土を去ろうとする深い欲求」と、それでも「そこを脱して前‐ハイデッガー的と形容されうるような哲学のほうに向かってゆくことなど、できないという確信」(EE. p. 19) とについて語っている。じっさいレヴィナスにとって、ハイデッガーは「世紀(=二〇世紀)最大の哲学者、おそらくは千年のうちできわめて偉大な哲学者の一人」(En. p. 126) なのであって、「欲しようが欲しまいが、ハイデッガーによって導入された諸動機は、哲学的思索に新しい諸可能性を開いた、もしくは哲学的思索の古い諸可能性に、或る新しい意味を貸し与えた」(DE. p. 5) のである。二〇世紀において哲学しようと試みる者は、「そこを脱する」だけのためにさえ、ハイデッガーの哲学を「横断」(EI. p. 40) しておくのでなければならない。けれどもハイデッガーの「有論」は、「或る時代と或る世界とについての証言」になるとはいえ、それでもその時代、その世界を「明日超出すること」は、「おそらくは可能」(DE. p. 89) なのだという。ひとはハイデッガーに対して、「マルブランシュやスピノザがデカルトに対して有ったところのもの」(Ibid. p. 101) たることができるのである。

それゆえレヴィナス思想の時代区分について考えるときも、ひとはたいてい、ハイデッガーの有論に対する彼の基本的なスタンスの変化に準拠する。たとえばマリオンなども、六一年の『全体性と無限』と七四年の『有とは別様に』とのあいだに「厳密な時代区分」を設けようとするのだが、それは前者における「有るものに与えられたたんなる特権」と、後者における「有論的差別の超出」(EP. p. 60)との相違によって、特徴づけられているのである。

ジャック・ロランは、レヴィナスの『第一哲学としての倫理』に付した自らの「序文」のなかの或る註において、レヴィナスの思想を三五年の『脱走(*De l'évasion*)』から四七年の『実存から実存者へ』や四六―七年の『時間と他』にいたるまでの第一期、『全体性と無限』を頂点とする第二期、『有とは別様に』に代表される第三期、そして七〇年代末頃に始まったとされる第四期という「四つの時期」(EP. p. 12-3)に区分してはいるのだが、しかし第四期の特徴については、ここでは何も語っていない。むしろ標準的なのは、シュトラッサーやクレワニのように三つの時期に区分する立場であって、たとえばシュトラッサーは、「有論の批判」というスローガンによって言い表されるような、『脱走』から『実存から実存者へ』や『時間と他』にいたるまでの「第一期」、「基礎的有論に代わる形而上学」と約言され、『全体性と無限』によって代表される「第二期」、そしてもはや「形而上学」について語ることなく、「第一哲学としての倫理」と要約されるような、『有とは別様に』を頂点とする「第三期」(Strasser (2), S. 221-2)を区別する——ちなみに彼は、第三期への「回転(Wendung)」を記すものとして、六三年の論文「他〔なるもの〕の痕跡」に着目し、それ以前には「倫理的抵抗」は「無限の現前」と表記されていたのだが、それ以降は「不在」(Strasser (1), S. 221)として特徴づけられるようになると述べている。そしてこのような「転回(Kehre)」によって、『全体性と無限』では「形而上学と基礎的有論のあいだの対立」が中心に立っていたのに対し、いまや「基礎的倫理」の名において、「有の論(Seinslehre)」(Ibid., S. 223)がそのあらゆる形式において拒絶されるようになるのだという。またクレワニによれば、若きレヴィナスにとって「超越」を示すのは、「倫理」ではなくて「愛」(Krewani (2), S. 52)であり、『実存から実存者へ』と『時間と他』が展開するこのような「初期哲学」においては、糸口は「エロス的」である。それとは逆に、とりわけ『有とは別様に』が遂行するような「後期哲学」は、「エロス的愛」を拒絶して、「超越」を「責任」や「他‐のため」のうちに求めつつ、その着手は「倫理的」である。そして両者のあいだには「倫理的超越とエロス的超越との結合」を示す「移行期」というものがあって、それを代表するのが『全体性と無限』なのだという。さらにはこの区別には、初期・中期を特徴づける「有論的」思索と、後期のみに特有な「超《メタ》‐有論的思索」(Ibid., p. 53) との対立という規準が加わる(9)——そしてわれわれとしても、もちろんロランの示唆するような後期の細分にも何らかの意味を認めるのにやぶさかではないとはいえ、しかしあくまで大枠としては、このような三区分説を踏襲してゆきたいと思う。

マリオンにおいてもそうであったように、そのさい特に注目を浴びるのが、中期から後期にかけての思索の転回である。そしてそのことについてはレヴィナス自身が十分に自覚的であったようで、たとえば彼は『実存から実存者へ』の「第二版への序文」のなかで、「『全体性と無限』から『有とは別様に』へと赴く哲学的な歩み」を特徴づけるものとして、「有論的差別を超える諸々の意味作用」(EE, p. 12) について語っている。他のテクストでも述べられているように、「『全体性と無限』が〔……〕まだ用いている有論的言語は——以後避けられる」(DL, p. 412. Cf. DL, p. 133 ; En, p. 231-2) のである(10)。またクレワニも指摘していたように、『有とは別様に』は「エロス以前の責任」(AQ, p. 113) について語り始め、七〇年代の他の諸テクストでも、「エロスは顔を想定する」(HA, p. 122) とか、「他者に対する私の責任——すぐれて非エロス的なもの」(DL, p. 115)(11) といった表現が、多々見出されるようになる。また中期から後期にかけての移行には、鮮烈なレヴィナス批判を展開した六四年のデリダの論攷「暴力と形而上学」の影響を指摘する者が多い (Cf. p. ex. Strasser (1), S. 240-2 ; EP, p. 13 ; Taureck, S. 93-5)。モーガンは「顔が有と全体性との彼方に、したがって言語の彼方に横たわっている」にもかかわらず、レヴィナスは「顔について語り、それを議論している」(12) ではないかというデリダの批判を採り上げつつ、『有とは別様に』は、少なくとも或る程度、デリダへの、また言語および表現性に関するこのような批判への、一つの回答として書かれたということは、広く認められている」と述べている。そしてこのような回答の「コア」とみなされるべきなのが、「言うこと（*saying*）と言われたもの（the *said*）とのあいだの区別」（Morgan, p. 300-1）なのである。

　時代区分をもう少し正確化するために、初期レヴィナスから見直してゆくことにしよう。三五年にレヴィナスが、すでに「脱走（évasion）」を「自己自身を脱出（sortir）しようとする、すなわち最もラディカルな、最も仮借なき束縛を、自我が自己自身で有るという事実を、破ろうとする欲求」（Ev. p. 73）と規定しているのは、興味深いことである。それが逃れるのは「有そのもの、《自己自身》」（Ibid., p. 74）なのであって、「肝要なのは、或る新しい道によって、有から脱出すること」（Ibid., p. 99）[13]なのだという。レヴィナスは、四〇年代前半の捕虜時代に記した手帳のなかでも、やはり「自己に対する自我の脱走」や「有からの脱走」（Œ I. p. 59）について語っているのだが、六〇年代には「脱走は有の外の意味に向かってゆく、絶対者は有とは別の言葉で思惟される」（NP. p. 79）と、また八〇年代にも「肝要なのは、孤独を脱出することではなくて、まさに有から脱出することである」（EI. p. 60）と述べられたりしている。それゆえレヴィナスがその生涯を貫く恒常的な課題を見出したのは、遅く見積もったとしても三五年なのであって、われわれとしても、この期を彼の――彼独自の――初期思想の出発点とみなしたいと思う。

　『全体性と無限』では、「有るものに対する有の優位」を主張することは、「一箇の有るものたる誰かとの関係（倫理的関係）」を「有るものの有との関係」に「服従」（TI. p. 15-6）させてしまうことであって、そのような「第一哲学としての有論」は、「権能（puissance）の哲学〔＝力ずくの哲学〕」（Ibid., p. 16）であり、「不正の哲学」（Ibid., p. 17）だと言われている。それに対してレヴィナス自身は、「有論は形而上学を想定する」（Ibid., p. 18）と考える。そしてそのような立場からは、「有るものは有に対して《自律的》」であって、「すぐれて有るもの」とは「人間」（Ibid., p. 92）である。「認識の基盤としての、また有の意味としての有一般の開示には、自らを表現する有るものとの関係が先在し、有論の次元には、倫理的次元が先在する」（Ibid., p. 175）のである。

レヴィナスにおける「顔」の概念は、「『全体性と無限』がかたちをなす年代」に現れるのだが、しかしその概念は、「一九五三年」以来、「『自由と戒律』のうちに介入する」(Sebbah (2), p. 156) と、セバは述べている。あるいはヘヤによれば、「他〔人〕を視ることは彼の《顔》に出会うことだ」とレヴィナスが「初めて」主張したのは、五一年の論文「有論は基礎的か」(LC, p. 10) なのだという。しかしながら、ハッベルの主張するように、レヴィナスは「顔」の概念を「一九四七年以来」(Habbel, S. 29. Cf. TA, p. 67)、すでに用い続けていたのであって、「他〔人〕の顔」(Œ 2, p. 83) や「対‐面」(Ibid., p. 85) という言葉は、一九四八年の講演のなかでも用いられている。とはいえ論攷「有論は基礎的か」の意義は、それでもやはり疑うべくもないのであって、そこでは「他者は有るものであり、そのようなものとして重要である」(En, p. 17) とか、「他者との関係はそれゆえ、有論ではない」(Ibid., p. 19) とかいった有論批判の言葉や、「他者は私が殺したいと欲しうる唯一の有〔るもの〕である」(Ibid., p. 21) や、「いかなる点において顔の視覚《ヴィジョン》はもはや視覚ではなくて、聴くこと《オディション》にして発話であるのか」(Ibid., p. 22) といったレヴィナス特有の〔倫理的?〕表現も見られ、また「あいさつ」(Ibid., p. 18) や「呼格」、「〈無限〉」(Ibid., p. 19) といった語もそこでは重要なタームとして用いられている。それゆえわれわれとしては、この五一年を、彼の中期思想の出発点とみなしたいと思う。

　ちなみに先にも見たように、「汝殺すことなかれ」という言葉が用いられるのは、われわれが気づきえたかぎりでは五二年が最初であり、同年の諸テクストのうちの或る一つでは、「会話という平凡な事実が〔……〕暴力の次元を離れる」(DL, p. 19) と、あるいは「他者は認識されるのみならず、あいさつされる」と述べられ、また「他者は主格ではなく、呼格で現れる」(Ibid., p. 20) と、さらにはまた「無限は道徳的なまなざしにしか与えられない」(Ibid., p. 23) 等々とも語られている。また『全体性と無限』を予感させるような、その名も「〈自我〉と〈全体性〉」という五四年の論文には、「顔は体系を破る」(En, p. 45) という言葉も見出される——ちなみに「デカルトの有限の概念は、すでに無限を指示する」（Œ 2. p. 158）という言葉は、すでに五〇年の講演のなかで発せられているのだが。

「言われたもの（le dit）」は「有と有るものとの差異がその上に依拠するところの有論の《生誕の地》」（Franck (2). p. 31）であると、ディディエ・フランクは述べている。それゆえにこそ後期レヴィナスの主著では、こう述べられるのである。「主観を〈言うこと〉（Dire）として思惟するとき、すでに主観は、このような有論化に抵抗している。〔……〕究極の〈言うこと〉がゆくのは、主題化ないし全体化された有の彼方である。有の存在作用（essence）に還元不可能なのは、責任の身代わり――意味作用、もしくは他‐のための‐一（l'un-pour-l'autre）なのである」（AQ. p. 21）[14]。

「《有とは別様に（autrement qu'être）》という野蛮な言い回し」（Ibid., p. 224）――レヴィナス全集第二巻の編者の一人カトリーヌ・シャリエによれば、「おそらくレヴィナスのペンのもとで初めて«autrement qu'être»という、いっそう精確には«autre que l'être»[15]もしくは«autrement que l'être»という表現が現れる」のは、六二年二月二六日の講演「隠喩」のためのノートのなかであって、それゆえ彼女は、これを「一九六二年の転回にあるレヴィナス思想についての、一つの決定的な証言」（Œ 2. p. 36）とみなすのである。そしてたしかにそのような考えにも一理あるのだが、しかし同じ六二年の或る論文は、「〈他者〉の現前」と「その痕跡」（DE. p. 185）というようにして、現前と痕跡をそのまま併置しつつ、そのうえ「絶対的に現前しつつ、その顔のなかで〈他者〉は――いかなる隠喩もなく――私に面を向ける」（Ibid., p. 186）といった表現も用いている。それに対し、シュトラッサーが「転回」を見た六三年の論文「他〔なるもの〕の痕跡」では、「痕跡は〈有〉の彼方を意味する」（Ibid., p. 198）とか、「顔の至高の現前は〔……〕この至高の不可逆的な不在と不可分である」という、あるいは「痕跡は現象学には属さない」といった、いっそう特徴的な諸表現が用いられていて、そのうえそこには「三人称の彼性（*illéité*）」（Ibid., p. 199）や「彼性の痕跡」（Ibid., p. 202）といった言葉さえ登場する。それゆえわれわれとしては、レヴィナスの後期思想への移行期は、六二年あたりとのみ――六三年はすでに決定的に後期に属すということを含意しつつ――述べておくことにしたい。

なお「付きまとい（obsession）」（Ibid., p. 229）や「身代わり（substitution）」、「人質（otage）」（Ibid., p. 234）といった後期特有の諸術語がすでに見出されるのは、フランクが『有とは別様に』の「一つの準備的研究のようなもの」（Franck (2), p. 81）とみなした六七年の論攷「言語と近しさ」においてである。

要約するなら、三五‐五一年が初期、五一‐六二／三年が中期、六二／三‐九五年が後期という三区分説が、われわれの考える時代区分だということになる。

ところでマリオンは、八六年のレヴィナスとの或る討論のなかで、「普遍的なもの」しか示さない「倫理」を「第二ランク」に落としつつ、「しかじかの顔」の「唯一性」を体験させてくれるような「愛」（FP, p. 92）をこそ、それに置き換えるべくレヴィナスに提唱したのだという。そしてその提案はそのときレヴィナスの賛同をえて、現にそのような考えが、「レヴィナスの最後の思想」（Ibid., p. 93）を形成するように思われるともマリオンは語っている。じっさいその同じ八六年のレヴィナスには、「愛において認められたかけがえのない唯一的な者の顔」（HN, p. 155）というような表現も、たしかに見出されるのである――「愛」の問題はともかくとして、先ほども述べたように、八〇年代のレヴィナスには、それまでとは若干ニュアンスの変化を感じなくもない諸表現が多々見られ始めるということは、われわれとしても認めるにやぶさかではない。しかしながら、そのような変化がそもそも「有」や「有論」との関連においてどのような意義を有していたのか、その正確な画定はむずかしい。それゆえわれわれとしては、過度の煩雑を避けるためにも、ここではこれ以上の時代区分の細分化は行わないことにしたい。

(3) 初期レヴィナスにおける「他者」問題

それでは各期におけるレヴィナスの他者論を、その問題構制の大枠において、把捉しておくことにしよう。ただし初期レヴィナスにおける「エロス」と「豊饒性」の問題――それが初期レヴィナスの他者論を最も特徴づけるものとなるにもかかわらず――については、それが「イリア」から出発して「実詞化」や「ポジシオン〔措定・位置取り〕」による主観性の誕生を経て、「死」や「女性的なもの」の他性に出会い、「父性」という「息子」との関係から生じる「豊饒性（fécondité）」や「多元論的な実存すること」へと向かう壮大な問題構制のなかに包含されていて、かつ、それが中期の彼の時間論の問題構制とも共通部分を多々有しているということから、ここではそれはあくまで概略的に扱うことにして、本格的な検討は、本章第六節で行うこととする。

四〇年から四五年にかけて書かれた捕虜時代の手帳のなかに、レヴィナスはこう記している。「私が私の哲学の基盤に置く超越――それは対象への超越でも――将来への超越でも――愛への超越でもなくて――そうではなくて表現への超越である」。四〇年代末の初期思想の二つの主著に比べれば、「将来への超越」や「愛の超越」が「表現の超越」から区別されていたり、後者のみが肯定されていたりすることには、やや違和感を覚えないでもないのだが、しかしそのあとにレヴィナスは「社会的なものの基盤にある〈エロス〉」（Œ 1. p. 195）という言葉を加えてもいて、初期思想らしさは垣間見られる。

四七年の『実存から実存者へ』のなかで、レヴィナスは「世界」のなかでは「他者」は「一箇の事物」として扱われてしまって、そこではけっして「諸事物」から分離されないと述べている。つまり「他者は世界のなかでは、その衣服そのものによって、対象」でしかないのである。そして「衣服の普遍性」には、「身体のたんなる赤裸」（EE. p. 60）によっても、何ら変化がもたらされるわけではない。「美」は「すぐれてフォルム」なのであって、古代の立像はけっして「真に裸」なのではない。むしろ「フォルム」は真の「赤裸」[16]を隠してしまうのだという。レヴィナスにとって「赤裸との関係」とは、「他者の他性」についての「真の経験」である。しかるに「世界のなかでの社会性」においては、「他性」をまえにしたこのような「不安にさせる性格」（Ibid., p. 61）が、失われてしまうのである。それは「交流（communication）」もしくは「交わり〔communion 共同・共同体〕」（Ibid., p. 61-2）でしかなくなってしまって、そこでは「接触」の確立されるのが、「何か共通のもの、或る観念、或る利害関心（intérêt）、或る作品、或る食事、《第三の人間》への参与」によってでしかない。つまり人々は「何かをめぐって」共に有るにすぎず、「隣人」は言わば「共犯者」なのであって、「人間間のすべての具体的諸関係」はその「実在的性格」を、或る「第三項（troisième terme）」（Ibid., p. 62）から借りてしかいないのだという。

このような「仲間たちの集合性（collectivité de camarades）」（Ibid., p. 162. Cf. Œ 3, p. 168, 176, 193）に、初期レヴィナスは「私‐汝（moi-toi）の集合性」を対置する。それはもはや「第三項への参与」なのではなくて、むしろいかなる「媒介」もなき「対‐面」である。それゆえ「相互人格的なもの」は、けっして「交換可能な二つの項」の「無頓着で相互的」な関係などではない。他者は「他我〔alter egoもう一人の我〕」であるのみならず、「私がそれでないところのもの」でもある――他者は弱く、私は強い。他者は「貧しく」、「寡婦にして孤児」（EE, p. 162）である。

ところで「他者の他性」を垣間見させてくれるのは、初期レヴィナスにおいては、もっぱら「エロス」である。「すぐれて他なるもの」とは、「女性的なもの」（Ibid., p. 145）なのである。

先にも見たように、「他者の近しさ」においては、「近しさ」と「諸々の有の二元性」とから成る「悲壮」を帯びた「距たり（distance）」というものが、「維持」されているのでなければならない。ひとが「愛における交流の失敗」と呼ぶものは、レヴィナスに言わせるなら、じつは「関係の積極性」を構成している。このような「他なるものの不在〔＝交流の失敗〕」こそが、まさしく「他なるものとしてのその現前」なのである。逆に「文明」において特徴的な「諸関係の相互性」においては、結局のところ「相互主観的関係の非対称性（assymétrie）」が、「忘却」されてしまっている。レヴィナスによれば、「文明の相互性」（Ibid., p. 163）は「兄弟性〔fraternité博愛〕」の観念を平坦化したものでしかないのだが、しかるに「兄弟性」は「到達点」ではあっても、「出発点」ではない。なぜならそれには「父」が介入しなければならないからであり、そして父を要請するためには、「自我と他者との異質性（＝性差）」が必要だからである。ハイデッガーは「性の差異」を「或る類の種別化」としかみなそうとしていない。しかるに「超越」がラディカルな仕方で思惟されるのは、「エロス」（Ibid., p. 164）においてなのである。それゆえ「非対称的な相互主観性」こそが「或る超越の場所」なのであって、そこにおいては「主観」は「主観の構造」を保ちつつも、「それ自身に宿命的に回帰するのではない可能性」を、すなわち「豊饒的」である可能性を――「息子を持つ」（Ibid., p. 165）可能性を――有するのだという。

四六‐七年の講演『時間と他』でも、捕虜時代の先の手帳と同様、「世界への超越」のかたわらに「表現の超越」を置くべく主張されているのだが、しかし、ここではこの「表現の超越」それ自身が、「他性の将来」を「想定」（TA. p. 74）するのだと述べられている――このことの意味については、時間論をめぐる本章第六節で見る。そして『実存から実存者へ』と同様、ここでも「他性」は「非相互的な関係」と、つまりは「同時性と対照をなす」ものとみなされている。つまり他者は、その「性格（caractère）」や「顔立ち（physionomie）」や「心理状態（psychologie）」等々によって他者なのではなくて、まさにその「他性」そのものよって他者なのである。たとえば他者は――ここでも――「弱き者、貧しき者、《寡婦にして孤児》」であり、逆に私は「富める者、あるいは権能者」である。そしてこのような意味においてこそ、「相互主観的空間」は「対称的ではない」（Ibid., p. 75）と言われるのである。

同講演でもやはりレヴィナスは、「絶対的に他にとどまることを項に許す対立性（contrariété）は、女性的なものである」（Ibid., p. 77）と述べている。あるいはむしろ、「エロス」と「豊饒性」をめぐる議論の展開は、『時間と他』においてのほうが『実存から実存者へ』においてより、いっそう詳しい。しかしながら幾度も予告しておいたように、その問題についてはまた別の節で主題化することにしよう。

(4) 中期レヴィナスにおける「他者」問題

五七年の論攷「自由と発話」のなかで、レヴィナスはこう述べている。「政治的全体主義は、有論的全体主義に依拠している。〔……〕匿名的な中立、非人称的な宇宙、言語なき宇宙」(DL, p. 289)。またおそらくは五九年に書かれたであろう或るノートのなかには、次のような言葉も見出される。「戦争の有論も平和に到達しはするが、しかし帝国の平和に――全体性に――である」(Œ 1, p. 403)。そして六〇年とおぼしき或る別のノートには、こうも記されている。「あたかも特権的な一点が存在するかのように、〈自我〉は全責任を引き受ける。〔……〕責任としてのこの特権的な点が――反‐ファシズム的な、もしくは反‐全体主義的な哲学には必要である」(Ibid., p. 251)。

本項では『全体性と無限』を頂点とする中期レヴィナスにおける他者問題として、(a)まず「全体性」と「無限」の問題構制と、(b)次に「言語」のそれとを取り上げておくことにしたい。なお初期レヴィナスと同様、「エロス」と「豊饒性」の問題はやはり彼の時間論に深く関わってくるので、ここでは扱わず、第六節で検討することになる。

(a) 全体性と無限

『全体性と無限』はその序文のなかで、同書は「全体性の観念と無限の観念とを区別し、無限の観念の哲学的優位を肯定することによって振舞う」(TI, p. XIV)と言明している。そのさいレヴィナスは、しばしば「無限化(infinition)」という「新造語」(Vgl. Strasser (1), S. 172; Strasser (2), S. 236)を用いつつ、「無限の観念は、有り方――無限の無限化――である」(TI, p. XV)と付言してもいる。そして同書によれば、「全体性の観念」が「ただたんに理論的」であるのに対して、「無限の観念」は「道徳的」(Ibid., p. 55)なのだという。

「神的ないし人間的な全体性に到達することのない〈他〉との関係」、もしくは「歴史の全体化ではなくて無限の観念であるような関係」は、中期レヴィナスにおいては「形而上学」(Ibid., p. 23)とも呼ばれ、またしばしば「欲望[17]」というタームによっても言い表されている。「形而上学的欲望は、まったく別のものに、絶対的に他なるものに向かってゆく」(Ibid., p. 3)のである。あるいはまた「〈欲望〉にとって、観念に対して非十全的なこの他性が、或る意味を持つ。〔……〕高さの次元そのものが、形而上学的〈欲望〉によって開かれる」(Ibid., p. 4-5)、等々。

さらにはまた「一つの全体性を構成することなく〈同〉と〈他〉のあいだに確立される絆」は、ときとして「宗教」(Ibid., p. 10)とも名づけられている。つまり「(発話への権利なしに)《歴史のなかで現れること》と、他者固有の現れに立ち会いつつ他者に現れることとのあいだの差異は――私の政治的な有を、私の宗教的な有から、やはり区別する」(Ibid., p. 231)のだという。そしてレヴィナスにとって、「〈全体〉の不可能性にもかかわらず、そこにおいては〈同〉と〈他〉とのあいだに関係が存続するような宗教」が、つまりは「〈無限〉の観念」こそが、「究極の構造」(Ibid., p. 53)なのである。

ちなみに『全体性と無限』の序文は、「道徳」と「政治」との関係を「メシア的平和の終末論」と「戦争の有論」(Ibid., p. X)との関係にもなぞらえている。「終末論的なヴィジョン」は、「そこにおいてはひとが語ることのないような戦争と帝国との全体性」を破りはするが、しかし、それは「全体性として理解された有における歴史の終末」をめざしているのではなくて、むしろ「全体性を超出する有の無限」(Ibid., p. XI)と関係づけるのだという。

この問題構制に関するかぎり、認識や表象は、「全体性」という〈同〉を「超出」して〈他〉を開くどころか、〈他〉を〈同〉のうちに同化・吸収してしまって、結局のところ新たなる全体性を形成することしかできないとされている。「認識」とは「〈同〉とはまったく〈他なるもの〉が〈同〉に変わる坩堝《るつぼ》」(Œ 1, p. 273)なのであって、「超越者を認識すること」など、「形容矛盾」(Ibid., p. 306)である。また「表象」においてはなるほど「〈同〉」は「〈他〉」と「関わり」はするのだが、しかしそこでは「〈他〉」が「〈同〉」を「規定」するのではなく、逆に「〈他〉を規定する」のがつねに「〈同〉」(TI, p. 97)なのである。

「第三項」への批判は、中期思想にも受け継がれている。『全体性と無限』によれば、第三項とは、あるいは「思惟された概念」(Ibid., p. 12)であり、あるいは「感覚」であり、あるいは「有るものから区別された有」である。ここでもまた「有論」は「〈他〉を〈同〉に連れ戻し」てしまうのだが、それに対するレヴィナスの批判は、中期でははっきりと倫理的である。「〈同〉を問いに付すこと――それは〈同〉の利己主義的な自発性においては行われえない――は、〈他〉によって行われる。ひとは〈他者〉の現前によってこのように私の自発性を問いに付すことを、倫理と呼ぶ。〔……〕形而上学、超越、〈同〉による〈他〉の、〈自我〉による〈他者〉の迎え入れは、具体的には、〈他〉によって〈同〉を問いに付すこととして、すなわち知の批判的本質を完遂する倫理として生じる。そして独断論には批判が先行するので、有論には形而上学が先行する」(Ibid., p. 13)。

先にも見たように、このようにして「全体化を阻止」するのが、「〈他者〉の〈無限〉」(Ibid., p. 52)である。つまり「顔」が「全体化を止める」(Ibid., p. 258)のであって、「全体性の外」は「顔の超越によって開かれる」(Ibid., p. 201)のである。「形而上学者〔=私〕と〈他〉は、全体化されない。形而上学者は、絶対に分離されている」(Ibid., p. 5)。あるいは逆に言うなら、「〈無限〉の観念を持つため」には、ひとはむしろ「分離されたものとして存在」(Ibid., p. 52)するのでなければならない。そしてそのことの理由も、『全体性と無限』では明快である。「形而上学者と〈他〉は、可逆的であるような任意の相関関係を構成しない」(Ibid., p. 5)。なぜなら「〈同〉と〈他〉のあいだのラディカルな分離がまさしく、〈同〉と〈他〉の相関関係の外に身を置いて、この往路がこの復路に対応しているのか、それとも対応していないのかを確認することが、不可能であることを意味している」からである。さもなくば、「〈同〉と〈他〉」は「一つの共同的なまなざし」のもとに統合されてしまって、両者を分離する「絶対的な距たり」が、埋められてしまうことになるだろう。それゆえ「〈他〉のラディカルな異質性」という意味での「他性」は、〈他〉が、「その本質が出発点であり続けること、関係において入口として奉仕すること、相対的にではなく絶対的に〈同〉であること」であるような「或る項」に対して「他」であるような場合にしか、可能ではない。そしてそのような項こそが、自我なのである。したがって「或る項は、〈自我〉としてでないと、関係の出発点に絶対的にとどまることができない」（Ibid., p. 6）のだということになる。

〈自我〉のこのような分離は、中期レヴィナスによって、「普遍的な時間」には吸収されない「各々の〔＝各人の〕時間」としての「内面性」（Ibid., p. 28）とか、「個体化の原理」としての「心理現象（psychisme）」（Ibid., p. 30）とか、あるいはまた「享受（jouissance）という根本現象」（Ibid., p. 29）等々として規定されることになる。そして「分離もしくは自己性（ipséité）」がそこにおいて「本源的に」生ずるところの「幸福の享受」のうちでは、「分離された有」は、「それに対して超越的なままであり続ける〈他〉」には、「弁証法的にも論理的にも何一つ負うことのない独立性」を主張する。そしてこのような「絶対的独立性」のことを、レヴィナスは「無神論」（Ibid., p. 31）とも呼ぶのである。

それにしても、あれほどまでに神や宗教について語っていたレヴィナスが、なぜ「無神論」[18]などという誤解されやすい言葉を用いるのだろうか。五七年に行われた、その名も「分離」という講演のためのノートのなかに、レヴィナスはこう記している。「コギトの瞬間は、神なき瞬間であり、無神論の瞬間である。有論的な秩序とは異なる時間順的《クロノロジック》な秩序が存在しうるのだということ〔……〕それが分離である」（Œ 2, p. 268）。いずれ示すことになろうが、レヴィナスにとって他者との出会いは、神なしにはありえず、逆に神との出会いも、他者を介することなしにはありえない。それゆえ「分離」もしくは「無神論」とは、他者もしくは神の超越性を際立たせるための、言わば操作概念にすぎないのであって、それはむしろ「無限の観念」の到来を準備する。それゆえにこそレヴィナスは、「無神論ということによってわれわれが理解しているのは〔……〕神的なものの否定にも肯定にも先立つ或る立場である」（TI, p. 29-30; Cf. Œ 2, p. 268）と述べるのである。「分離された有の無神論的独立性のみが――或る関係を指し示す無限の観念への対立によって立てられることなしに、この関係を可能にする。無神論的分離は、〈無限〉の観念によって要請されている」(TI, p. 31)、そしてこれが「無神論」に託された使命なのである。

それゆえ「全体の不可能性にもかかわらず、分離において存続している関係」こそが、「無限の観念」(Œ 2, p. 285)だということになる。『全体性と無限』は、このような関係を「関係なき〈関係〉(Rapport sans rapport)」(TI, p. 271. Cf. p. 52)とも呼んでいて、同書はまた「全体性のうちには合一されない数多性」のことを――共通素材からの組成ではないという意味においてであろうか――「無からの創造(création ex nihilo)」(Ibid., p. 78)の概念を用いても表現している。おそらくは五八年に書かれたであろう或るノートによれば、「顔」は「すぐれて被造物」(Œ 1, p. 451)[19]なのである。

以上のような「分離」の状況を簡単に総括するなら、「自我であること、無神論者であること、自宅にいること[20]、分離されていること、幸福であること、創造されていること――それらは同義語」(TI, p. 121)だということになる。

(b)言語の問題

ところで『全体性と無限』は、「〈同〉と〈他〉の関係」そのもののことを、「言語」とも呼んでいる。なぜなら言語は、そこにおいて「諸項」が「隣接」しないような、つまりは「〈同〉との関係」にもかかわらず「〈他〉」が「〈同〉に対して超越的」にとどまるような「関係」(Ibid., p. 9)を、完遂するからだという。あるいはむしろ、「発話」は「絶対的差異」からこそ「生じる」(Ibid., p. 168)のであるからには、「〈同〉と〈他〉の関係――もしくは形而上学――は、本源的には言説として演じられる」(Ibid., p. 9)のである。

ところで「他者との関係」や「言語との関係」において「本質的なもの」は、中期ではまだ「呼格」(Ibid., p. 41)と考えられている。また『全体性と無限』では「志向性」というタームが、ときとしてまだ肯定的に用いられていることもあるのだが――たとえば「発話への注意」や「歓待性（hospitalité）としての顔の迎え入れ（accueil）」（Ibid., p. 276）と同一視されたりして――しかしこのような評価も、遠からず逆転されることになろう。

「本書の努力は、言説のうちに、他性との非アレルギー的な関係を覚知して、そこに〈欲望〉を覚知することをめざしている」と、中期のこの主著は述べている。そもそも「有論」の言葉が成り立つためにも、「一箇の有るものとの関係」たる「対話者としての〈他者〉との関係」が必要とされるというのが理の当然なのだから、「〈他者〉に言うこと」が「あらゆる有論に先行」するのでなければならない。「有論は形而上学を想定する」（Ibid., p. 18）という先の言葉は、このような文脈においてこそ語られたのである。

「非アレルギー的」で「倫理的」な関係として、「〈他者〉との関係」もしくは「〈言説〉」は、「一つの教え」なのだという。ちなみにレヴィナスは、「教え」は――ソクラテスの――「産婆術」（Ibid., p. 22. Cf. p. 178, etc.）ではないと、繰り返し述べている。なぜなら教えは「外から（＝他から）やって来る」からであり、それゆえにこそまた「私が含む以上のものを、私にもたらしてくれる」からである。そしてこれもレヴィナスが幾度となく強調していることなのだが、「顔」の概念は「私の意味付与（*Sinngebung*）」に先立ち、かくして「私のイニシアティヴや私の力能からは独立した意味」（Ibid., p. 22. Cf. p. ex. p. 182, 239）という概念へと、われわれを導いてくれもする。

またそのようなものとしてこそ、「顔の概念」はわれわれに、「直接的なものの概念」（Ibid., p. 22）を記述させてくれるのだという。レヴィナスにとって「直接的なもの」とは、まさに「対‐面」（Ibid., p. 23）のことなのである。それゆえにこそひとは、「顔」を「説明」することなどできないのだということにもなる。なぜならむしろ、「顔から出発して」こそ「あらゆる説明が始まる」（Ibid., p. 238-9）からである。そもそも「記号の象徴体系」が、すでにして「表現の意味作用」としての「顔」を「想定」しているのである。そして顔においては、「すぐれて有るもの」が「現前化」（Ibid., p. 239）されている――もっともレヴィナスは、ここでは「手」や「肩の湾曲」のように、

「身体全体」が「顔のように表現しうる」(Ibid., p. 240)[21]と付け加えてもいるのだが。

かくして「顔」は「語る」のであって、「顔の顕現が、すでにして言説」(Ibid., p. 37 ; Œ 2, p. 370)なのである。本章第四節で詳述することになろうが、レヴィナスの「顔」において肝要なのは、フォルムや色彩のような造形的特徴でも、顔色や表情のような特殊心理的状態の表出なのでもない。マリオンが『与えられて(*Étant donné*)』(ED, p. 30)のなかで引用しているのでよく知られてもいようが、『全体性と無限』には、「超越は〈他者〉の視覚《ヴィジョン》ではない——そうではなくて、一つの本源的な能与《ドナシオン》〔＝贈与〕である」という言葉も見出される。「超越」は「光学《オプティク》」ではなくて、「最初の倫理的な身振り」(TI, p. 149)なのである。

「絶対に異他的なもののみが、われわれを教化しうる」(Ibid., p. 46)とレヴィナスは述べている。言語は「新しいもの」を教え、そして導入する。それゆえ「絶対に新しいもの」とは、「〈他者〉」(Ibid., p. 194)のことなのである。なるほど中期のレヴィナスにとっても、「顔としての顔の公現」は「懇願し要請するまなざし」でしかない。「顔の赤裸」は「貧窮」であって、「他者を認めること」とは「飢えを認めること」であり、かつまた——口のパンか何かを——「与えること」である。しかしながら、それは「師(maître)」や「主《あるじ》(seigneur)」に与えることであり、「高さの次元において、ひとが《あなた(vous)》として話しかける者」(Ibid., p. 48)に与えることなのである。「言語が語られうる」のは、「対話者がその言説の始源である場合」のみだとレヴィナスは考える。つまり対話者は、「私と同じ平面上にはない」のであって、それは「〈汝〉(Toi)」ではなく、「〈あなた〉(Vous)」なのである。対話者は、その「主《あるじ》たること(seigneurie)」において「自らを顕示する」のであり、そして「外在性」は、「師たること(maîtrise)」(Ibid., p. 75)と一致するのだということになる。

ちなみに中期のレヴィナスによれば、自宅に住むという意味での「居住」は、まだ「言語の超越」ではない。「内密性(intimité)のうちで迎え入れる他者〔＝女性〕」は、「高さの次元で自らを顕示する顔のあなた(*vous*)」ではなくて、「家族性（familiarité）の汝（*tu*）」でしかなく、その言語は「教えなき言語」（Ibid., p. 128-9）でしかないのだという。

　そしてレヴィナスにおいては当然のことながら、「言説の本質は倫理的」（Ibid., p. 191）だということになる。「言説」において、私は「〈他者〉の問いかけ」に身を曝す。そしてこの「返答の緊急性」が、私を「責任」（Ibid., p. 153）へと誘《いざな》うのである。フェスラーは或る論文のなかで、レヴィナスの「責任（responsabilité）」を«respons-abilité〔返答－能力〕»（L'Herne, p. 415）と書き換えていて、まず他者の問いかけに対して答えることとしての責任の意義を際立たせようとしているのだが、レヴィナスによれば、「或る言説のうちにいるという事実そのもの」が、自己存在の「エゴイズム」に対する「或る権利」を他者に認め、そしてそのことによって、かえって「自らを正当化すること」に存しているのだという。自我が同時に「自らを主張」し、かつ「超越者に屈服」しもするこのような「弁明」が、「言説の本質」のうちにはあるのであって、言説の到達する「善良さ」は、このような「弁明的契機」を「失うことはない」（TI, p. 10）のである。

　周知のようにレヴィナスにおいては、「諸事物」は「価格」を有してはいても、「顔」（Ibid., p. 113-4）は持たない。それどころか、動物さえ「顔」を持って「責任」を担うことなど能わない。「諸事物の破壊も狩りも生物の撲滅も――顔をめざしてなどいない。顔は世界には属していない」（Ibid., p. 172）。逆に言うなら、他者は「私が殺したいと欲しうる唯一の有〔るもの〕」（Ibid., p. 173）なのである。

　とはいえ他者が「私に対置する」のは、「より大きな力」や「何らかの最上級の権能」などではない。それは「全体」に対する「彼の有の超越そのもの」なのであって、まさしく「彼の超越の無限」なのである。そしてこの「無限」こそが、「殺害」より強力に、すでに「彼の顔のなかで」われわれに「抵抗」している。すでにしてそれは「汝殺害を犯すなかれ」という「最初の語」であり、「本源的な表現」なのである。「無限」は「殺害に対するその無限な抵抗」によって、「力能」を「麻痺」させるのだという。それゆえこの抵抗は、「他者の顔」のなかで、しかも「無防備な彼の眼のまったき赤裸」において、とはいえ「〈超越者〉の絶対的な開けの赤裸」のなかで、輝くのである。それは「きわめて大きな抵抗」との関係ではないのだとしても、たしかに「何か絶対的に〈他〉なるもの」との関係なのであって、さればこそこの「抵抗ではないものの抵抗」は、「倫理的抵抗」(Ibid.) と呼ばれるのである。

〈他者〉が「この殺害を犯すことの倫理的不可能性」のなかで具体的に私に到来するのは、このような「高さの次元」(Ibid., p. 145-6) においてである。五四年の論攷「〈自我〉と〈全体性〉」のなかではレヴィナスは、「汝殺害を犯すなかれ」は「顔の上に記入」されていて、「顔の他性そのものを構成する」(En. p. 45) とさえ述べている。レヴィナスの言語論は、けっして理論的・認識論的な言語論なのではない。それは理論以前に、理論の根底に、理論の可能性そのものの条件として人と人との倫理的関係を置くレヴィナスの究極の立場から、初めて成り立つようなものなのである。

(5) 後期レヴィナスにおける「他者」問題

後期レヴィナスの他者問題の大枠に関しては、(a) まず特に後期の特徴とされた「痕跡」の問題について、後期固有の諸ターム「身代わり」、「人質」、「付きまとい」等々と併せて考察し、(b) 次いでやはり後期特有の言語の問題として、「言うこと」と「言われたもの」との対概念を中心に見てゆくことにしたい。

(a)「痕跡」と「身代わり」

もう一度、六三年の論文「他〔なるもの〕の痕跡」を見ておくことにしよう。そこでは「顔」は「絶対に異他的な圏域から出発して、われわれの世界のなかに入ってくる」(DE, p. 194) と言われている。そして「顔がそこからやって来るところの彼方」が意味作用を行うのが、「痕跡」としてなのである。「顔は絶対に経過した(révolu)、絶対に過ぎ去った(passé)〈不在者〉の痕跡のうちにある」——もちろんこの「彼方」とは、後期レヴィナスにとっては「〈有〉の彼方」(Ibid., p. 198) ということになるのだが。それゆえ「真正の痕跡」は、「世界の秩序を乱す」(Ibid., p. 200) のだという。そして「顔」は、このような「〈他〉の痕跡」のうちでこそ「輝く」(Ibid., p. 202) のである。

『有とは別様に』でも「隣人の顔として輝く痕跡」(AQ, p. 14) というような表現が用いられている。もちろん「〈無限〉によって残された痕跡」は、「或る現前の残滓」というわけではない。レヴィナス自身の言によって、「その輝きそのもの」が「曖昧」(Ibid., p. 15) だという。「顔における或る過去の痕跡は、或るまだ顕示されて－いないもの(un encore non-révélé)の不在なのではなくて、けっして現前的〔現在的〕ではなかったものの、〈他〉の顔のなかで命ずる或る無限の〔……〕アー－ナーキー〔無－秩序・非－根源〕である」(Ibid., p. 123-4)。しかしながら、けっして現前的ではなかったもの、けっして現在ではなかったものの「痕跡」とは、いったい何を意味しているのだろうか。八六年の或る対談では、「無限の痕跡は、他者に対する私の責務のうちに、呼び声に応えるこの瞬間のうちに、記入されている」(AT, p. 116) と述べられている。先に見たセバの言葉をもじって言い換えるのであれば、痕跡は、たんなる観想的・認識論的態度に対しては現前してはいなくても、あるいはまた現前していたと言われるべくもないのだとしても、それは実践的にはけっして不在であるわけではない。それは理論的不在と倫理的現前とによって特徴づけられるからこそ、「曖昧」なのである。

『有とは別様に』は「誰(*qui*)の誰－性(*quis-nité*)は、何(*quoi*)の有論的何性(quiddité)からは、除外される」と述べつつ、後期特有の表現で、「主観性」を「〈同〉－のうちの－〈他〉(l'Autre-dans-le-Même)」と規定している。また「主観性の〈同〉のうちの〈他〉」は、「〈他〉によって不安にさせられた〈同〉の不安(inquiétude)」(AQ, p. 31-2) でもあるのだという。七五年に行われた或る対談のなかで、レヴィナスは「〈同〉-のうちの-〈他〉」の「うちの」は——当然のことながら——「同化」を意味するのではないと補足する。詳述するなら、「〈他〉は〈同〉を乱す、もしくは呼び覚ます、〈他〉は〈同〉を不安にさせる、もしくは〈同〉にインスピレーションを与える、あるいは〈同〉は〈他〉を欲望する、もしくは〈他〉を待つ」(DI, p. 130) のだということになる。また後期レヴィナスは、他者に隷属する主観という意味を込めて、よく「主観性 (subjectivité)」を「隷属 (sujétion)」に置き換えているのだが、そのようにして他者によって不安にさせられた「〈自己〉の隷属の主観性」は、「受苦の受苦 (souffrance de la souffrance)」とも呼ばれている。つまり「主観性は傷つきやすさ (vulnérabilité) であり、主観性は感性である」(AQ, p. 70) ——ちなみに「傷つきやすさ」の「究極の意味」は、『有とは別様に』では「母性」とも言われているのだが、このことについては次章でもまた触れる——。いずれにせよこのような「傷つきやすさ」こそが、「意味作用の表意作用そのもの (la signifiance même de la signification)」(Ibid., p. 137) なのである。

かくして隣人は、「あらゆる引き受け以前」に、それゆえ「同意されたり拒否されたりするあらゆる参加《アンガジュマン》以前」にさえ、私に「関わって」(Ibid., p. 109) くることになる。隣人は、「私が彼を指し示す以前」にさえ、「私を指定 (assigner)」してくるのである。そしてもちろんそれは「知」の様態ではなくて、むしろ「付きまとい」(Ibid., p. 110) の様態なのだという。つまり隣人の顔は、「悲惨」によって「私に付きまとって」くるのである。「《彼は私を見つめる》。彼のうちなるすべてが私を見つめ、何ものも私には無頓着ではない」(Ibid., p. 118)。そのうえ「他〔人〕によって触発された主観」は、このような触発が「相互的」だと考えることさえできない。なぜならレヴィナスによれば、「主観に付きまとう者に主観が行使しうるような付きまといにも、主観は付きまとわれている」(Ibid., p. 106) からである。

このような意味での「感性」は、「身代わり」にいたるまでにも「他-のための-一」であり、そしてそのような「分離のなかでの身代わり」こそが、「責任」(Ibid., p. 70) なのである。それは「われわれが知ってさえいない人々に対する責任」(Ibid., p. 127) であり、それどころか私は「答えれば答えるほど、ますます責任がある」(Ibid., p. 119) ——そしてこのような「全員に対する責任」が「身代わりにまでゆく」からこそ、主観は「人質」(Ibid., p. 142) とも呼ばれるのである。かくして「誰も全員の身代わりになる私の、身代わりとなることなどできない」(Ibid., p. 162)、等々。

それゆえ後期思想をとりわけ特徴づけているのは、「自己自身」は「彼自身のイニシアティヴによって生じたのではない」(Ibid., p. 133) という考えだということになる。レヴィナスは、非人称的なイリアから——いかにしてかはさだかではないが——主観性が成立する過程を記すために、その初期思想において用いていた「実詞化 (hypostase)」というタームを、ここではっきりと、他者からの指定によって初めて生ずるものとして用いるようになる。「〈自己自身〉は、別様に実詞化される。それは他〔人〕たちに対する責任のなかで、解きほぐしがたいものとして結実する。〔……〕実詞化は、自己自身として、一つの対格という仕方で行使される」(Ibid., p. 134)[22] ——このようにして中期の「呼格」は、後期思想においては他者に対する自己自身の責任の受動性に基づきつつ、「対格」へと変貌するのである。

そしてこのような受動性——「〈他者〉への露呈の至高の受動性」——のゆえに、後期レヴィナスは「志向性の《反転 (inversion)》」(Ibid., p. 61) について、もしくは「志向的脱自の反転」(Ibid., p. 110) について、語り始めることになる。なぜなら『有とは別様に』が繰り返し強調しているように、「志向性」はまだ「意志的で目的論的なものの痕跡を担っている」(Ibid., p. 122. Cf. p. 129, 142) からである。また『全体性と無限』ではときとしてまだ肯定的に用いられていた「利他主義」という言葉も、後期思想においてはむしろ否定的に扱われることになる。というのも「他〔人〕たちに対する責任」は、けっして「利他主義的な意志」(Ibid., p. 142. Cf. p. 175) を意味しえないからである。

利他主義は、利己主義と同様、もしそれが何らかの意志から生じたのであるとするなら、それはレヴィナスの考えるような受動性の思想とは、やはり相容れないものとなってしまおう。それゆえにこそ「利己主義と利他主義は、それらを可能ならしめる責任よりは、あとにある」(Ibid., p. 158) と述べられるのである。

レヴィナスによれば、「責任」は利他主義などよりはもっとラディカルな意味で、「〈自我〉から他へ」の「一方通行」(Ibid., p. 177) である。研究者たちが好んで引用するように (Vgl. Strasser (1), S. 202; II, p. 12; Fæssler, p. 30, 132, etc.)、レヴィナスは「〔故郷たる〕イタカに帰るオデュッセウスの神話」よりも、「自らの祖国を永遠に去って、まだ知られざる地に向かい、この出発点に自分の息子を連れ戻すことすら自らの従者に禁ずるアブラハムの物語」(DE, p. 191) のほうを、尊ぶのである。

「身代わり」もしくは「〈同〉と〈他〉のあいだの不平等」を意味する「差異 (différence)」という語は、後期レヴィナスにおいては、よく「非－無頓着 (non-indifférence)」(AQ, p. 184) とか、あるいは「非－無－差別 (non-in-différence 非－無－頓着)」という言葉によって置き換えられる。そしてそれは、やはり『旧約聖書』の伝統に基づきつつ、「私はここにいる」(Ibid., p. 185) を表してもいるのだという。「〈私〉(*Je*) という語は、私はここにいる (*me voici*) を意味する」(Ibid., p. 145)。「私はここにいる」においては、代名詞《je》は「あらゆる曲用以前」に「対格」(Ibid., p. 180-1) で用いられ、後期レヴィナスは、代名詞 *Se* (自らを) に関しては、「われらのラテン語文法それ自身が、主格を《知らない》」ことに留意する。「すべてはあらかじめ対格においてある」(Ibid., p. 143) のである。

イザヤ書6, 8にある「私はここにいる。私を遣わしてください[23]」から取ってこられた「私はここにいる」は、そのまま「私を遣わしてください」を意味するのだと、レヴィナスは語っている。「私はここにいる」は「私を〈他者〉へと命ずる〈無限〉の栄光への服従」であり、つまりは「〈無限〉についての証言」なのだが、しかるにレヴィナスによれば、そもそも「証言」というものは、「〈無限〉について」しか存在しないのだという。なぜなら「証言」とは「表象」には還元不可能な「独自の構造」なのであって、「有の規則に対する例外」(Ibid., p. 186) をなすからである。

(b)「言うこと」と「言われたもの」

次に、これも後期思想に特有の「言うこと」と「言われたもの」との対照について、とりあえずはその議論の概略なりとも見ておくことにしよう。『有とは別様に』のなかでレヴィナスは、「ロゴス」とは「有と有るものとの曖昧さ」であり、「本元的な曖昧語法(amphibologie)」(Ibid., p. 54) であると述べている。「曖昧語法」というのはなぜなら、同書によれば、「名詞化」に抗うような「動詞」など存在しないからである。そのうえ「述定(それは有の《自然な場所》である)のなかの動詞有」は、なるほど「存在作用」を「響かせ」はするが、しかしこの響きは「名詞」によって、「有るもの」のうちに回収されてしまう。したがって「有」は、「響かせる」代わりに、「指し示して」しまうのである。そこでフランクも指摘していたように、「〈言われたもの〉」[24]は、「有と有るものとの曖昧語法」がそこにおいて陳述されるような「有論」の、「生誕の地」(Ibid., p. 55) だということになる。したがって逆に言うなら、「〈言われたもの〉なき〈言うこと〉(Dire sans Dit)」こそが「有とは別様に」(Ibid., p. 33) だということにもなるのである。ちなみに「〈言うこと〉」が「存在作用(essence)や諸々の有るもの(étants)を呈示するような現れ(appariteur)においてとは別様に」意味するのだということ、それこそが『有とは別様に』が提示する「諸テーゼの一つ」(Ibid., p. 59) なのだという。

ところで「〈言うこと〉の意味作用」は、もちろん「〈言われたもの〉の彼方」にまでゆく。それどころか「語る主観」を引き起こすのが「有論」なのではなくて、むしろ「〈言われたもの〉のうちに集摂された存在作用の彼方にゆく〈言うこと〉の表意作用」こそが「有の露呈もしくは有論」を「正当化」(Ibid., p. 48) してくれるのである。

それゆえ「主観的なもの」が「有論から出発」して「理解」されるどころか、反対に「〈言うこと〉の主観性から出発」してこそ「〈言われたもの〉の意義」が「解釈」(Ibid., p. 58) されるのというのが、もともとの順序だったはずである。

しかしながら、「言われたものが言うことに対して行使する支配」というものも、あるいはまた「言われたものがそこにおいて不動化されるところの神託」というものもあるのであって、「有」は「有とは別のもの」の陳述を、ただちに「出口なき命運」(Ibid., p. 6) のうちへと閉じ込めてしまう。じっさい、本来なら「言うこと」は「有」に対して「例外」をなすはずなのに、この例外が示され、「認識」が誕生するのは、つねに「言われたものにおいて」でしかない。「言うことと言われたものとの相関関係」、つまりは「言われたものへの、言語体系への、有論への、言うことの服従」は、「顕現が要求する代価」(Ibid., p. 7) なのである。

それゆえレヴィナスが要求するのは、逆に「〈言われたもの〉における有と有るものとの曖昧語法」から、「〈言うこと〉」へと「遡る」(Ibid., p. 58) ことであろう。そしてレヴィナスは、このような「遡行 (remontée)」のことを、「還元」(Ibid., p. 55) とも呼んでいる。「〈言うこと〉への遡行」は、「そこにおいて記述されえないものが記述されるところの、現象学的〈還元〉」(Ibid., p. 69) なのである。

「意味作用」は、もともとは「感性」の「他‐のための‐一」から出発して思惟されるのであって、「或る言語において同時的であるような諸名辞の体系」(Ibid., p. 97) から出発して思惟されるわけではないのだという。けれども「〈言われたもの〉なき〈言うこと〉の意味作用」が、ただ意味するだけの「表意作用」であって、「他‐のための‐一」でしかないということは、「〈言われたもの〉の無限の豊かさ」と引き換えに受け取られた「〈言うこと〉の貧しさ」(Ibid., p. 232) などではけっしてないのだと、レヴィナスは強調する。「言うこと」は、たしかに「言語以前」のものだが、しかし「言うこと」がなければ、「メッセージの伝達」としてのいかなる「言語」も「可能ではない」(Ibid., p. 19) のだし、むしろ他者への「露呈」としての「〈言うこと〉」は、「あらゆるコミュニケーションの条件」(Ibid., p. 61) でさえある。「〈言うこと〉」は「〈言われたもの〉」に停止することなく「意味する」(Ibid., p. 62) のであって、「言語体系を介した情報交換」として生活に奉仕する以前にさえ、それは「証言、〈言われたもの〉なき〈言うこと〉、〈他者〉に与えられた合図(signe)」(Ibid., p. 192) なのである。

ところで〈言うこと〉は、通常の見方からするなら「最初の《能動性〔activité 活動〕》」と思われるかもしれないが、しかしながらここでもレヴィナスが強調するのは――当然のことながら――むしろその「純然たる受動性」(Ibid., p. 78) なのである。それは後期レヴィナスに特徴的な言葉で、「あらゆる受動性より受動的」(Ibid., p. 18) な受動性と言われる。なぜなら「《言うという》作用(acte)」は、最初から「〈他者〉への露呈」として、つまりは「他〔人〕の自由なイニシアティヴに対する責任」として、「至高の受動性」(Ibid., p. 61) とみなされなければならないからである。

「言うこと」とは、それゆえ、端的に言って「他者に責任を持つこと(*répondre d'autrui*)」(Ibid., p. 60) そのことである。〈言うこと〉は、「志向性のノエマを突破」しつつ、「〈他〔人〕〉に接近」する。つまり「〈言うこと〉における主観」は、「あらゆる場所の外に自らを追い出す」という字義どおりに「自らを表‐現する〔s'ex-primant 自らを外に‐圧する〕」ことによって、「隣人に接近」(Ibid., p. 62) するのである。〈言うこと〉とは、「それが活用させる動詞的諸記号」以前に、また「諸言語体系」や「意味論的煌き」以前に、「他に対する一の近しさ」であり、「他のための一」(Ibid., p. 6. Cf. p. 101) である。つまりは「他者に対する責任」こそが、まさに「あらゆる〈言われたもの〉以前の〈言うこと〉」(Ibid., p. 56) なのである。

七五‐六年のソルボンヌ講義「神と有‐神‐論」のなかで、レヴィナスは、先に述べられたような「受動性の受動性」、つまりは「他者への献呈(dédicace)」のことを、「誠実(*sincérité*)」の名でも呼んでいる。そしてこのような

「誠実」こそが、「〈言うこと〉」なのである。しかるにここでも〈言うこと〉は、「或る〈言われたもの〉のコミュニケーション」ではないにもかかわらず、〈言われたもの〉によってしか意義を有しないときには、〈言われたもの〉に「覆われ」、〈言われたもの〉によって「吸収」されてしまう。そこで「〈言われたもの〉なき〈言うこと〉」には、「絶えず自らを開き、自らをそのようなものとして宣言する、或る開け」がなければならないのだが、〈言うこと〉とは、このような「宣言（déclaration）」（DMT, p. 223）でもあるのだという——おそらくそれは、他者に語りかけることによって私が他者に対して責任を持つのだという宣言、あるいはまた端的に言って、「私はここにいます」という宣言なのであろう。

同講義はまた、このような「誠実」は「〈言うこと〉の一属性」などではなくて、むしろ「誠実を完遂する」のが「〈言うこと〉」なのだと述べてもいる。「誠実」は、「諸々の語の保証」のもとに「そこにおいて諸情報が交換されるところの〈言われたもの〉」のうちへと〈言うこと〉が「吸収」されるのを、「無効化」してくれるのである。「有」や「現前」が〈言われたもの〉のうちにあろうとも、いかなる〈言われたもの〉も「〈言うこと〉の誠実」には「匹敵」しえないのだし、「真なるもの以前の真実性（véracité）」に対して、「十全的（＝相等的）」ではありえない。すなわちそれは、「現前や表象〔再現前化〕の彼方」などではありえない。それゆえにこそ「誠実」は、「〈言われたもの〉なき〈言うこと〉」（Ibid., p. 224）そのものとも言われるのである。

もちろん「〈言われたもの〉なき〈言うこと〉」とは、何も言わずに黙していることではない。それは何を言うのか、その内容や情報には無頓着な、むしろ他者に向かうことそのことなのであって、先ほどの言葉を借りるなら、それは「他者に与えられた合図」（Ibid., p. 232）である。つまり内容を度外視して、他者に合図を与えるということそのことが、すでにして尊いのである。「他者に与えられた合図は、それにしたがって栄光が栄光化されるところの誠実、真実性である」（Ibid., p. 233）。そして他者への立会い、そのような「証言の〈言われたもの〉なき〈言うこと〉」こそが、レヴィナスが好んで用いる表現によれば「〈無限〉の筋立て〔*intrigue*策動〕」(Ibid. p. 231) であり、「〈無限〉は〈言うこと〉のなかで生じる」(AQ. p. 188) のである。そのような「合図」は、「あいさつ」のようなものにも――あるいはむしろそのようなもののうちにこそ――「現前」(DMT. p. 225) するであろう。したがって「他〔人〕に与えられた合図」こそが「〈言うこと〉」であり、「栄光化」(AQ. p. 188) なのである。「このような誠実の意味は、近しさそれ自身のうちで完遂される無限の栄光へと、送り返すのではないか」(DMT. p. 225)。それゆえレヴィナスは、ときとして「他者に言うことの超越」(En. p. 81) というような表現も用いてはいるのだが、もちろんそのような場合でさえ、超越を何か対象内容に相関的な志向的脱自や、表現の伝達と捉えてはならない。厳密に言うなら、むしろ「〈言うこと〉の主観は、合図を与えるのではなく、合図となる (se faire signe)」(AQ. p. 63) のである。

(6) デカルトの「無限」の観念とレヴィナス

それでは次にそのようなレヴィナスの他者論が、デカルトの「無限」の観念とどのように関係するのかを、ここで概観しておくことにしよう。すでに言及した七五 - 六年のソルボンヌ講義「神と有 - 神 - 論」のなかで、レヴィナスは「デカルトによって教えられた無限の観念（われわれのうちに置かれた観念）」は、「受動的主観のうちでの超越」という思想を可能ならしめると述べつつ、一六四一年一月二八日付のメルセンヌ宛書簡のなかのデカルトの次の有名な言葉を引用している。「私は結局、無限にしたがうためにしか、無限について扱わなかった」(DMT. p. 164. Cf. AT III, p. 293 : FA II, p. 313)。

デカルトの「無限」の観念は、「ユダヤ的伝統における〈啓示〉の哲学的類比物」であって、「倫理」が「両者の内容にして実体」(Morgan, p. 376) なのだと、モーガンは述べている。そしてレヴィナス自身、或る百科事典のために執筆した「無限」の項目のなかで、「哲学は無限の概念――有限の概念に相関的な――を、一方では認識の行使についての反省から、他方では宗教的な経験もしくは伝統から借りた」(AT, p. 69) と記載している。しかしながら、レヴィナスにおける「無限」の観念は、デカルトのそれの或る種の解釈と言えるのだろうか、それともそれは、たんなるかこつけにすぎないのだろうか。

本格的な検討に入るまえに、もちろん若干のコメントは交えつつ、レヴィナスにおける「無限」の観念の問題構制を、時代を追って概観しておくことにしたい。先にも見たように、「デカルトの有限の概念は、すでに無限を指示する」(Œ 2, p. 158) という、デカルト解釈としてはごく普通の言葉が、すでに一九五〇年の講演のうちに見出される。けれども五四年か五五年に書かれたとおぼしき或るノートのなかには、次のような言葉が記されているのである。「教えは、われわれのうちなる無限の観念を――或る精神にとって、その精神に由来しうる以上のものを持つ可能性を――想定する。それはデカルトが述べていることである。つまり、神はわれわれのうちに、無限の観念を置いたのである。産婆術に反して」(Œ 1, p. 427)。しかしながら、「生得的」と言明されるデカルトの「神」もしくは「無限」の観念は、「産婆術」に背反するような「教え」なのだろうか。

五〇年代のレヴィナスにおいて、「無限」の観念の問題構制にとって決定的な転回の契機となったのが、五七年の論攷「哲学と〈無限〉の観念」であったかと思われる。そこでは「〈他〉の伝統」を「哲学的」に代表するものとして、プラトンにおける「有の彼方の〈善〉」とならんで、「無限の観念についてのデカルト的分析」が挙げられているのである。デカルトにおいては「思惟する自我が〈無限〉と或る関係を保つ」(DE, p. 171) のだが、しかるに「無限の観念」は、「その *idéatum*〔観念によって思惟されたもの〕がその観念を超出する」という「例外的」な性格を有している。「無限」を思惟することによって、自我は一挙に「それが思惟する以上のものを思惟する」のである。無限とは、「ラディカルに、絶対的に他なるもの」のことなのであって、その「経験」は「外的なものとの、〈他なるもの〉との関係」なのだが、しかしこの「外在性」が「〈同〉に統合」されることなどありえない。そこで問題とされるのが、「諸々の有」を「分離された」（Ibid., p. 172）ままに維持することなのだという。

このような言説には、すでにしてレヴィナス固有のタームが混じり込んでいるのだが、しかしレヴィナスは、ここからまったく独自の思想を「無限」の観念に重ね合わせてゆくようになる。つまり「経験、無限の観念」は「〈他者〉との関係」のうちにあるのであって、「無限の観念」は「社会的関係」（Ibid.）なのだという。そのうえ「無限な有の外在性」は、それがその「公現」によって「私のすべての力能」に対置するところの「絶対的抵抗」のうちで自らを顕現し、そしてその「ロゴス」こそが「汝殺すなかれ」だというのである。「顔の公現」は「言語」であり、「倫理的抵抗」が「無限の現前」（Ibid., p. 173）なのである。かくして「〈他者〉は、〈自我〉よりいっそう神に近い」のでなければならない。またすでにして十分に『全体性と無限』を予感させるこの論文は、さらに「それが思惟する以上のものを思惟する思惟」のことを「〈欲望〉」と呼びつつ、「〈欲望〉が無限の無限性を《測る》」（Ibid., p. 174）と述べてもいるのである。

同じ五七年に行われた「分離」という講演のためのノートのなかでは、「無限の観念」が「最初の思惟、本源的な思惟」（Œ 2, p. 285）と形容されている。また「他としての〈無限〉は、〈他者〉である」（Ibid., p. 274）という、先に引用した言葉が記載されているのも、このノートにおいてなのである。

『全体性と無限』でも、たとえばその「序文」のなかに記されている次のような言葉なら、まだデカルト解釈として特に特異なものとは言えないだろう。「無限との関係――デカルトが呼んでいるような〈無限〉の観念――は、思惟をはみ出す。〔……〕無限の観念において、思惟はつねに外的にとどまるようなものが、思惟されている。〔……〕それはあらゆる客観的真理の条件でもある」（TI, p. XIII. Cf. p. 19, 20-1）。しかるに本文のなかでは、ただちに次のような言葉が語られているのである。「〈異邦人〉の無限の距たりが、無限の観念によって完遂される近しさにもかかわらず〔……〕記述されるのでなければならない。〔……〕〈無限〉の観念によって完遂される有限のうちの無限、より少ないもののうちのより多くのものは、〈欲望〉として産出される」。そして「十全的な観念」を破壊し、はみ出すのが、ほかならぬ「〈他者〉の顔」(Ibid., p. 21)だというのである。

「無限の観念を持つこと」とは、「〈自我〉の力量(capacité)を超えて〈他者〉から受け取ること」であり、つまりは「教わること」(Ibid., p. 22)である。形而上学においては、われわれは comprendre〔包み込むという仕方で理解〕しえないものと関わっており、そのようにして「〈無限〉の観念を持つこと」は、むしろ「倫理的関係として明確になる言説」と「等価」(Ibid., p. 52)なのだという。またデカルトの言うように、「自己自身の不完全性」を知るためには「無限の観念、完全の観念」を持たなければならないのだが、しかるにレヴィナスによれば、「完全の観念」とは「観念」ではなくて「欲望」なのであって、そのうえ「〈他者〉の迎え入れ」や「私の自由を問いに付す道徳的意識の始源」(Ibid., p. 56. Cf. DL, p. 409)でさえある。要するに「無限の観念が生ずる」のは、「社会性において」(TI, p. 171)なのである。

同じく『全体性と無限』によれば、フッサールが「無限の観念それ自身を構成する」のに対し、デカルトにおいては「無限の非構成」が扉を開き、デカルトは「観念論者」や「実在論者」以上に「全面的他性との関係」(Ibid., p. 186)を発見するのだという。けれどもそれは、レヴィナスによれば、「諸々の自由のあいだの或る関係」(Ibid., p. 187)である――しかしながら、それは神の自由と私の自由との関係なのだろうか、それとも他者の自由と私の自由との関係なのだろうか。

六二年の或る論文は、「主観は世界に住みつく以前に、〈無限〉の観念によって住みつかれているのではないか」とデカルト的に問うた直後に、やはりこう続けている。「主観は対話者として、また〈他〉に責任のある者として、唯一的で抽象的なのではないか」[25]。ひとは「〈無限〉の観念からわれわれの責任への移行が存在することを、示すことができる」(DE, p. 184)のである。また同年の或る講演のなかでも、「デカルトは無限の観念のおかげで、内在を炸裂させる」（LC. p. 75 ; L'Herne. p. 104）とか、あるいは「無限の観念のみが、実在論を可能にする」（LC. p. 74 ; L'Herne. p. 104）等と述べられ、あるいはまた「無限の観念を通過することによって、〈コギト〉から〈世界〉へとゆくデカルト的行程」（LC. p. 53 ; L'Herne. p. 98）等々といった比較的穏当な言葉が見られるのとならんで、「われわれは〈自我〉を〈他者〉に結びつける関係を、無限の観念と呼んだ」（LC. p. 70 ; L'Herne. p. 102）とか、さらにはまた「いっそう一般的な仕方で、有の観念や有論に対する無限の観念の優位が肯定される」（LC. p. 53 ; L'Herne. p. 98）といったレヴィナス固有の表現も見出されるのである——しかしながら、デカルトが「無限」の観念によって証明しようとしたのは、神の存在だったのではないだろうか。

　七〇年代になると、「〈無限（l'Infini）〉の *in*」に *non*〔＝無〕と *dans*〔「私のうちの〈無限〉（*Infini en moi*）」のなかの「うちの」〕（DI, p. 106. Cf. DMT, p. 250, etc.）という二つの意味を付与する傾向が、顕著になってくる。「〈無限〉の観念」、すなわち「私のうちの〈無限〉」とは、「受容性には同化しえないような或る受動性」であり、さらに言うなら「そのもとで神の観念がわれわれのうちに置かれたであろうような外傷（traumatisme）の受動性」のごとき、「あらゆる受動性より受動的な或る受動性」（DI, p. 106）なのである。l'infini の *in* はまた任意の *non* ではなく、その「否定」は「志向性の背後にある主観の主観性」、つまりは無限への受動的超越としての主観性なのであって、それゆえ「〈無限〉と有限の差異」は「有限に対する〈無限〉の非‐無頓着」でもあり、そしてそれこそが「主観性の秘密」（Ibid., p. 108）なのだという。あるいはまたやはり七〇年代の或る別のテクストによれば、l'In-fini の «In» は「〈有限〉の否定にして触発」という意味での non と *dans* なのだが、それが「神の探求としての人間的思惟」であり、デカルトにおける「われわれのうちの〈無限〉の観念」（Ibid., p. 150）だと語られている。

　八二年に『観念に到来する神について』を持つ八〇年代のレヴィナスには、やはり「観念に到来」する「〈無限〉」（Cf. AT, p. 135 ; HN, p. 129, etc.）といった表現が目立ってくる。それは「デカルト以来われわれが知っている」

ところの「観念とその *ideatum*〔観念対象〕とのあいだの不釣合い（disproportion）」（HN, p. 129）なのである。なおレヴィナスは、八八年にいたってもまだ「われわれのうちの無限の〈観念〉について」と題された論文を刊行していて、「無限の観念」（En, p. 227, etc.）や「われわれのうちの無限の観念」（Ibid., p. 230）といった言葉が、たしかにそこでは用いられ続けている。

以上のように駆け足で概観しても、はたしてレヴィナスの「無限」の観念が、デカルトのそれをどこまで忠実に踏襲したものであったかについては、単純明快には断定しがたいように思われる。それは純然たる哲学史的な引用でもなければ、しかしまた、たんなるこじつけとも言いがたい。けれどもわれわれには、それが或る哲学者による或る別の哲学者の思想の創造的継承を表しているというふうには、どうしても思えないところがある。レヴィナスにはレヴィナス特有の我有化〔師の教えに聴従するどころか〕の仕方というものがあるのであって、そのことが特に顕著なのが、彼がデカルトの「無限」の観念を摂取するケースにおいてなのではないだろうか――われわれは以下、とりわけ他者の他性と神の他性、理論と実践〔倫理・道徳〕、全体性と無限、有と〈有とは別様に〉といった諸主題において、レヴィナスがいかなる点でデカルトを「はみ出して」いったのかを、検討してゆかなければならない。しかしそのまえに必要なのは、まずデカルトにおける「無限」と「他者」との問題構制を、確認しておくことであろう。

第二節　デカルトと神の存在証明

本章でわれわれがデカルトの「無限の観念」について検討することがあるにしても、それはあくまでレヴィナスとの関連を念頭に置いてのことだということは、あらかじめお断りしておかなければならない。それゆえ留意しなければならないのは、とりわけデカルトにおける「神」の他性と「他者」の他性の問題である。われわれは本節では、本来デカルト的な「無限」の問題として、彼の主著『省察』における「神」の三つの存在証明を中心に、またそれとも関連するであろうと思われる幾つかの諸問題も――「自己原因」、「永遠真理創造説」、「形而上学の有‐神‐論的体制」等――併せて考察し、デカルトにはそもそも言及することの少なかった「他者」問題に関しては、マリオンの解釈などを参照しつつ、次節で取り上げることにしたい。

けれども個々の存在証明の検討に入るまえに、われわれにはまず『省察』における神の三つの存在証明の位置づけに関して、全般的に考察しておく必要がある。

(1) 神の三つの存在証明について

デカルトが『方法序説』の第四部でなされた「神の存在」に関する自らの叙述――「人間の魂」についてのそれとならんで――にけっして満足していなかったことは、同書が出版された一六三七年に書かれた或る宛先不明の書簡のなかの「大きな欠陥（un grand défaut）」（AT I, p. 353 : FA I, p. 537）という言葉からも察せられる。翌三八年二月二二日付のヴァチエ宛書簡のなかでも、彼はこう述べているのである。「〈方法〉についてのこの論攷のなかで私が神の存在について書いたものにおいて、私があまりにも昏（obscur）かったというのは本当です。そしてこれは最も重要な部分であるにもかかわらず、私はそれが著作全体のなかで、最も彫琢されていない（la moins élaborée）部分であることを、告白いたします」（AT I, p. 560 : FA II, p. 26）。

それに対し、デカルトが四一年の『省察』における神の存在証明にはきわめて満足していたということは、すでにその前年に書かれたホイヘンス宛書簡からも窺える。「かくして私は、神の存在と人間の〈魂〉の不死性とを、完全に論証したと考える」（AT III, p. 102-3 : FA II, p. 259）。あるいはまた彼は、『省察』そのものに付されたソルボンヌの博士たち宛の書簡のなかでも、こう述べているのである。「一つには神の存在を、一つには人間の魂の身体からの実在的区別を、あえて疑うような者は、世のなかにはもはや誰もいないであろう」(AT VII, p. 6 : FA II, p. 389)。たしかにあっと言う間に終わってしまう『序説』第四部の神の三つの存在証明に比して、同じく三つで、順序的にも内容的にも本質的には変わりのない『省察』のそれは、いわゆる〈デカルトの因果律〉の呈示など、その周到さから言っても格段の差を示している。ドゥヴィレールは「『方法序説』の形而上学がデカルトによって《昏く》てあまり《彫琢》されていないと判断されているのは、おそらくそれには自己原因(*causa sui*)の概念が欠けているからだ」(Devillairs, p. 45)と述べている。しかしながら、一番目と四番目の「反駁」に対するデカルトの「答弁」のなかにしか登場しない「自己原因」の概念を、『方法序説』の「大きな欠陥」を補修すべく『省察』によって贖われたもののうちの最たるものとみなすのは、少し言いすぎのような気もする。むしろここではマリオンにしたがって、もし三七年にデカルトが「真正の形而上学に到達していない」のだとするなら、それは「まずもって」彼が「因果律の形而上学的高位」を知らず、かくして「無限の観念の原因」や「エゴの原因」や——結果としては——「自己自身の原因」ともなるような「神の存在」を証明することを、「自らに禁じている」(QC I, p. 55-6)からだとでも言っておくほうが、穏当であろう。

「因果律」まで動員した『省察』の存在証明が、たしかに「論証」であり「証明」であるということに間違いはないと思うのだが、しかし、特に「第五省察」における神のいわゆる「有論的」証明を念頭に置いてでもあろうか、その存在証明をマルブランシュのそれに近づけて、「デカルトにおいてすでに、魂と神とは、現前として直接的に知覚される」と述べるアルキエのような解釈者もいる。この点ではマルブランシュは、「デカルト的インスピレーションの忠実な延長」(Alquié, p. 212)のなかに位置づけられるのだという。たしかにデカルトは、たとえば四一年のメルセンヌ宛書簡のなかで、「私は神の存在証明を、最高に完全な〈有〉について私が私のうちに見出す観念から、引き出した。〔……〕神を考えることと神が存在すると考えることとは、ほとんど同じことである」（AT III, p. 396 : FA II, p. 348）と述べてはいる。また『省察』の「第二答弁」のなかに付されている綜合的な文書のなかでも、もし読者が「長いあいだ幾度も、立ち止まって最高に完全な有るものの本性を観想し続ける」なら、このことだけから、また「いかなるdiscursus〔徘徊・走り回ること〕も」なしに、「神が存在することを知るであろう」（AT VII, p. 163 : FA II, p. 590）と言われている。discursusという言葉は『省察』の仏訳ではraisonnement〔推論〕と訳されていて、その訳をそのまま踏襲したラポルトは、デカルトは「因果律」に訴えるが、マルブランシュは因果律なしに済ませていると語っている。ただし、それはほとんど「単純な視向（vue）による」証明ではあっても、それでも一つの「論証（démonstration）」なのであって、マルブランシュは両方を述べているのだという。そしてラポルトは、結局のところアルキエと同様に、やはり「マルブランシスムはデカルト哲学の自然な到達であるように思われる」（Laporte, p. 290-1. Voir aussi Guenancia, p. 174, 189, 196-7）と結論しているのである。

しかしながらデカルトは、たとえば四八年のシオン宛書簡のなかで、「神を自己自身によって、すなわち直観的認識ということによってひとが解しているように、われわれの精神への〈神性〉の直接的な照明（illustration）によって知ることとは、神そのものを利用して、その或る属性から他の属性への帰納を行うこととは、まったく別のことである」（AT V, p. 138 : FA III, p. 848）と述べてもいるのである。それゆえここではわれわれは、たとえばドゥヴィレールとともに、たとえ「証明」は「神的本性をわれわれに直観的に認識させうる」のだとしても、この「直観」は、「観念による媒介を節約」させつつ「神の《見（vision）》と等価」（Devillairs, p. 130）たることなど、できないのだと述べておくべきであろうと考える。つまり「われわれは、神をそれ自身によって見るのではなく、その観念によって、また論証という迂路をとおって、見る」（Ibid., p. 154. Cf. p. 131, 153, 328）のである。ビュルマンとの対話のなかでデカルト自身が述べているように、「神の存在」はむしろ「最高度に論証可能」なのであって、「数学的諸論証以上に堅固に〔……〕論証されうる」(AT V, p. 177 : EB, p. 144) のである。

ところでデカルトは「第一答弁」のなかで、「神が有ることがそれによって証明されるような二つの道だけがある」と述べている。つまり、「結果による」道と「神の本質もしくは本性それ自身による」(AT VII, p. 120 : FA II, p. 539) 道とである。すぐあとでマリオンの解釈においても見ることになるように、このようにして「第三省察」における神のアポステリオリな二つの存在証明を、二つではなく一つとみなすような立場もある。たとえばアルキエなども、アポステリオリな存在証明は一つだとは言わないまでも、「第二答弁」のなかのデカルト自身の或る叙述に基づきつつ、「自我の原因としての神へと高まる証明〔=「第三省察」の第二証明〕は、第一の証明を説明しているのみ」であって、デカルトは「観念の因果性が何でありうるかを考えるのに、その自然な光があまりに弱すぎるような者たちのためにしか、それを付加しなかったと主張している」(Alquié, p.220. Cf. AT VII, p. 136 : FA II, p. 558-9) と述べている。そしてデカルト自身が、「われわれ自身の存在に基づいた私の第二の論証が、第一の論証と異なるものとみなされるのか、それともこの第一の論証の一つの説明とのみみなされるのかは、あまり重要ではない」(AT IV, p. 112 : FA III, p. 69) と語ってもいるのである。「それゆえにこそさらに私は、先のとは異なる理由を呈示するためというよりも、同じ理由そのものをいっそう完全に説明するために、もし神が存在しないなら、私は存在しうるのかどうかを問うた」(AT VII, p. 106 : FA II, p. 524) ——しかしながら、「いっそう完全に (absolutius)」という表現は、無意味ではないだろう。現にデカルトは、「第一答弁」のなかのこの言葉のあとでも、「第二答弁」のうちなる綜合的な文書のなかでは、アポステリオリな二つの証明とアプリオリな証明との順序を入れ替えこそすれ、やはりこれら三つの証明を「第一命題」、「第二命題」、「第三命題」(AT VII, p. 166-8 : FA II, p. 594-5) の項目に分けて呈示しているのである。それゆえわれわれとしては、アポステリオリな二つの証明は相互に密接に関連し、相補的な役割を演じているということは否定しないまでも、ここではやはり両者を、あくまで区別して扱うことにしたい。

問題はむしろ、『方法序説』や『省察』の本文とはちがって、なぜこの「第二答弁」のなかの綜合的な文書や『哲学原理』においては、アプリオリな存在証明が先に来て、アポステリオリな二つの存在証明がそのあとに来るというような逆転現象が起こっているのか、ということであろう。デカルト自身は、たとえばビュルマンとの対話のなかで、もし「アプリオリに」進める「第五省察」の論証が、「結果からの」論証に後続するのだとすれば、それは「著者がかの〔結果による〕二つを、後者〔アプリオリな〕に先立つように発見しているから」(AT V, p. 153 ; FB, p. 40) だと語っている。ベィサードによれば、「二つの道の不相等」は、一方〔=アポステリオリな諸証明〕が「観念が或る実質的実在性を持ち、有限な精神の一様態であること」を考慮に入れているのに対し、他方〔=アプリオリな証明〕は、「観念の客観的〔表現的〕実在性に対応する真の不変な本性」のうちに身を置いて、「観念のなかでわれわれの時間的な精神の様態であるもの」には注意を払わないという点に由来する。そして「発見の順序」もしくは「分析的方法」にしたがうなら「結果による諸証明」が先立つというのは、その観念が「われわれの持続に属しているので、われわれには最も認識しやすく、最も身近なもの」を確定しているからであり、またそこから出発してこそ、「この結果には外的で、その永遠性という独自性において最も身近でないものとみなされるような或る原因」へと、「結論」(Beyssade, p. 279-80) がなされるのだと、ベィサードは考える。あるいはグイエはもっと単純に、「第二反駁への答弁」のなかの幾何学風の論述や『原理』において順序が逆転しているのは、それらが「諸周況がいっそう教育的 (didactique) な形式を求めるように思惟を誘う」(Gouhier, p. 144) ようなケースだからだと述べている。

しかしながらゲルーは、「第四答弁」のなかの或る叙述[26]に基づいて、「神の存在の《主要な、そして言わば唯一の》証明」は、「第三省察が提供する証明」だと言明する。なぜなら「有論的議論」は、あらかじめ「すでに明晰判明な諸観念の客観的価値を証明してしまった」という条件においてしか、「妥当」(Gueroult I, p. 355. Cf. p. 194,

339, 345, 357）ではないからである。このようなゲルーの見解に対しては、たしかにロディス＝レヴィスのように、デカルトは「第二反駁への答弁」や『原理』のなかで、「アポステリオリ」な道と「アプリオリ」な道との順序を逆転することによって、「それらの独立性」を示唆しているではないか、そしてもし「有論的証明」が「それ自体において不十分」だとするなら、どうしてそれが「最初になりうるのか」（R-L (1), p. 317. Cf. p. 536）と、反論するような者もいる。しかしながらわれわれには、ゲルーの見解には相当の説得力があるように思えるし、最近の研究者たちのなかにも、ことさらにゲルーの名を挙げつつ、彼の説にしたがう者も多い（Cf. p. ex. Guenancia, p. 182 ; Gress, p. 187）。それゆえわれわれとしては、「第三省察」の二つの証明だけが「唯一」の証明とは言わないまでも、しかし「第五省察」のアプリオリな道は、「第三省察」のアポステリオリな証明の成果をすでに前提としていなければ、厳密には成り立ちえないのだと考えておくことにしたい[27]。

ちなみに先ほども触れたように、マリオンは「第三省察」の「二つの定式化」をまとめて「アポステリオリな道」と、また「第五省察」の「有論的」論証を「アプリオリと言われる道」と呼び、さらには「第一、第四答弁」のなかで展開されている「自己原因」に関する議論を「（充足）理由律〔根拠律〕の道」と名づけて、結局はこれら「三つの道」（QC II, p. 244）を、デカルトにおける神の、結果としてはやはり「三つ」の存在証明とみなそうとしている。それゆえ「自己原因」が「究極の、そして遅まきの神の存在証明」（Ibid., p. 180-1）を、導入することになるのである。そのうえマリオンは、その各々の道には神のそれぞれ異なった属性が——彼によれば「神の名」が——対応しているのだと考える。すなわちデカルトにおける神の名には、「無限（*infinitum*）」、「権能（*potentia*）」、「最高に完全な有るもの（*ens summe perfectum*）」（PM, p. 256）の三つが区別され、しかも「無限な神」は「否定の道（*via negativa*）」に、「最高に完全な有るものとしての神」は「肯定の道（*via affirmativa*）」に、「権能」は「卓越」の道にというようにして、それぞれが「神秘神学の道の一つ」（Ibid., p. 257）に相当するのだが、そのさい「無限」は「第三省察」における神を、「最高に完全な有るもの」は「第五省察」の神を、「権能」は「第一、第四答弁」の神を、それぞれ「名指している」(Ibid., p. 258. Cf. 285, etc. : QC I, p. 52 : QC II, p. 244-9) というのである。

ドゥヴィレールは、マリオンのように「自己原因」を神の存在証明の第三の道とまで主張しているわけではないのだが、それでもマリオンと同様、神の存在証明のそれぞれに、神の属性を対応させようとしている。たとえば二〇〇四年の彼女の著作では、こう述べられている。「『省察』の形而上学は〔……〕アポステリオリな道とアプリオリな道とのあいだに一つの切れ目を呈示するのみならず、いっそう根本的に、無限という属性(結果による証明の第一の定式化)と完全性という属性(結果による証明の第二の定式化と「第五省察」のアプリオリな証明)を対置する」(Devillairs, p. 28)。また二〇一五年の彼女の論文は、もう少しニュアンスを加えて、「《結果による》第一の証明の神は〔……〕無限(*infini*)であり、第二の証明の神は顕在的かつ無限に完全(*actuellement et infiniment parfait*)、そしてアプリオリな証明の神は最高に完全(*souverainement parfait*)である」(LdD, p. 157) と述べている。

われわれとしては、マリオンのように、「自己原因」を第三の、あるいはまた第四の存在証明とみなすようなことはしない。のちに検討するが、われわれには「第一、第四答弁」におけるその議論は――ごく常識的に――第二証明を補足するためのものでしかないように思われる。しかしながら「自己原因」の問題構制それ自身や、さらにはまた神の属性の問題は、「有-神-論」をめぐるデカルトやレヴィナスの考えとも関連してくると思われるので、以下、われわれとしても留意しつつ取り扱ってゆくことにしたい。

(2) 第一証明

それでは『省察』における神の三つの存在証明を、順に見てゆくことにしよう。まず「第三省察」のなかでデカルトは、「私とは異なる或る事物」が存在して、それが「自らの観念もしくは像」を「私に送り込んでくる」というような考えをとりあえずは否定したのちに、「その観念が私のうちにある」ようなもののなかから、何か或るものが、「私の外に存在する」か否かを探し求めるという「さらにまた別の或る道」が、「私の心に浮かんでくる」と述べている。そのさい「観念」には、或る観念は或る事物を、他の観念は他の事物を「表象する」というような相違があって、たとえば「実体を私に呈示する」諸観念は、「ただ様態ないし偶有性のみを表象するだけの」諸観念より、疑いもなく「より多くの客観的〔表現的〕実在性」(AT VII, p. 40 : FA II, p. 437-8)を、自らのうちに含んでいる。[28]

そしてここでデカルトの呈示するのが、後世一般に「デカルトの因果律」と呼ばれているような、或る一つの原理なのである。「ところでいまや、作出的で全体的な原因のうちには、その原因の結果のうちにあるのと、少なくとも同じだけのものがあるのでなければならないということは、自然の光によって明白である」。[29] ここから帰結するのは、たとえば「無から何かは生じえない」とか、「より完全であるもの、すなわちより多くの実在性を自らのうちに含んでいるものは、より少ない実在性を自らのうちに含んでいるものからは、生じえない」といったことである。そしてデカルトは、このことは「観念についても」(AT VII, p. 40-1 : FA II, p. 438)当てはまるのだと考える。曰く、「ところでこの観念が、他の客観的〔表現的〕実在性よりも、この、もしくはかの客観的〔表現的〕実在性を含んでいるということを、この観念は、この観念それ自身が客観的〔表現的〕実在性を含んでいるのと、少なくとも同じだけの形相的実在性〔それ自体における実在性〕がそのなかにあるような、或る原因からえているのでなければならないということは、確かである」(AT VII, p. 41 : FA II, p. 439-40)。そのさい「或る観念が他の観念から生まれることはありうる」のだとしても、しかしここには「無限進展 (progressus in infinitum)」などというものはありえず、それゆえ「何か或る第一の」観念に達するのでなければならない。つまりその観念の原因は、言わば「原型」のようなものなのであって、そこにおいては「観念においてはただ客観的〔表現的〕にのみあるところのすべての実在性が、形相的に〔それ自体において〕含まれている」のである。つまり「私のうちにある諸観念」は、あたかも「或る映像」のごとくであり、そしてこの映像は、「それがそこから選び出された事物の完全性」に不忠たることは容易なのだとしても、しかし、「何かより大きいもの、もしくはより完全なものを含むこと」（AT VII, p. 42 : FA II, p. 440-1）など、ありえないのである。

これだけの準備を整えたうえで、デカルトは神の存在の第一証明の目標を、以下のように設定する。「もし私の諸観念のうちの或るものの客観的〔表現的〕実在性が、それが形相的（formaliter）にも優勝的（eminenter）にも私のうちにはなく、したがって私自身がその観念の原因ではありえないのだということを、私が確信するほどにも大きいのであれば、そこから、世界のうちには私のみがあるのではなくて、その観念の原因であるところの何か他のものもまた存在するのだということが、必然的に帰結する」（AT VII, p. 42 : FA II, p. 441）。スコラ哲学に由来する専門用語を理解するために、ここで「第二答弁」のなかにある言葉を参照するなら、「同じものは、われわれが知覚するのと同じだけ〔同様に〕それ自身のうちにあるとき、諸観念の諸対象のうちに形相的にあると言われ、なるほど同じだけ〔同様に〕ではないにしても、しかし、そのようなものの欠陥を補完することができるほどにも大きくあるとき、優勝的にあると言われる」（AT VII, p. 161 : FA II, p. 587）。そしてもちろんデカルトは、こう付け加えるのである。「われわれの諸観念の客観的〔表現的〕実在性は、そこにおいて同じ実在性それ自身が、たんに客観的〔表現的〕に含まれるのみならず、形相的もしくは優勝的にも含まれるような、原因を要求する」（AT VII, p. 165 : FA II, p. 592）。

「第三省察」に戻る。デカルトはただちに「神」の観念の原因について検討するのではなくて、そのまえに、「神」も含めて「物体的で無生の諸事物」、「天使たち」、「動物たち」、「私と同類の他人たち」の観念の由来を問うという周到さを示している。まず「他人たち」、「動物たち」、「天使たち」を呈示する諸観念に関して言うなら、たとえ私以外に人間たちも動物たちも天使たちも世のなかに存在しないのだとしても、「それらが私の有している私自身と物体的諸事物と神との諸観念から合成されうるのだということ」(AT VII, p. 43 : FA II, p. 441-2) が、容易に理解されるのだという。次に「物体的諸事物」の諸観念に関しては、「それらのうちには私自身に由来しうるとは思えないほど大きいものは、何一つ生じない」とデカルトは考える。なぜなら物体の観念のうち、「質料的虚偽(falsitas materialis)」とみなされるような「混乱」して「昏蒙的」にしか思惟されない諸観念は無視するとして、「明晰判明」に知覚される諸観念とは、「大きさ」つまり「長さ、幅、奥行きにおける延長」と、「形態」や「位置」や「運動」もしくは「この位置の変化」、さらには「実体」と「持続」と「数」(AT VII, p. 43 : FA II, p. 442-3) といったようなものなのだが、まず私自身が「実体」であり、そして「以前」にも有ったということを覚えていて、かつまた「様々な」思惟を持つということを知っているのだから、「実体」、「持続」、「数」の諸観念は、「私自身の観念から借りることができた」(AT VII, p. 44 : FA II, p. 443-4) ように思われる。次に「延長、形態、位置、運動」に関するかぎり、なるほどそれらは「思惟するもの」でしかない「私」のうちに「形相的に」含まれているわけではないのだが、しかし、それらは「実体の或る諸様態」であり、そして私自身が「実体」であるのだから、それらは「私のうちに優勝的に含まれうる」(AT VII, p. 45 : FA II, p. 444-5) と考えられる。

　とすれば、残るは「神の観念」のみである。「神の名」によってここでデカルトが理解しているのは、「無限な、独立した、最高に知性的な、最高に権能を有した、そしてそれによってあるいは私自身が、あるいはもし何か他のものが存在するなら、何であれ存在する他のすべてが、創造されたところの、或る実体」である。そしてこうしたことすべては、私が入念に注意すればするほど、ますます「私のみに由来しえたとは思えない」のである。かくしてわれわれは、「神は必然的に存在する」と「結論しなければならない」(AT VII, p. 45 : FA II, p. 445) のだということになる。

なぜならまず、私が「実体」であるということから、なるほど「実体」の「観念」は私のうちにあろうとも、だからといって私は「有限」なのだから、もし「真に無限であるような或る実体」から生じたというのでなければ、それは「無限な実体の観念」(Ibid.)[30]ではなかったことになろう。

次に私は、「無限」を「有限の否定」[31]によってのみ知覚するのだと考えてもならない。むしろ「無限な実体」のうちには、「有限な」実体のうちより「いっそう多くの実在性」があるのであって、したがって私のうちでは「無限」の知覚が「有限」の知覚より、つまりは「神」の知覚が「私自身」の知覚より、「先(prior)」[32]なのである。じっさい、もし「それとの比較によって私が私の諸々の欠陥を認める」ような「いっそう完全な有るもの」の観念が、私のうちになかったとするなら、どうして私は「私が疑ったり欲望したりすること」を、つまりは「何かが私には欠けていて、私はまったく完全ではないのだということ」(AT VII. p. 45-6 : FA II. p. 445-6)を、理解するというのだろうか。

また「神の観念」は、「質料的に虚偽的(materialiter falsam)」なのでもない。なぜならデカルトにとって、それは「最高度に明晰かつ判明」であり、そしてこれ以上に「真」であって「虚偽の嫌疑」を免れているものなど、「何もない」からである。

さらにはまた、ひょっとして私は私が理解している以上の何ものかであって、私が神に帰せしめているすべての完全性は、何らかの仕方で「潜在的に(potentia)は」私のうちにすでにあるのだと、想定してもならない。というのも、たしかに私は「私の認識」が「漸次増大すること」を、経験してはいるのだが、しかしまず、「神の観念」のうちでは「何ものもまったく潜在的(potentiale)ではない」のだし、次に「徐々に増大すること」自体が、むしろ「不完全性の証拠」[33]なのである。そのうえ「私の認識」がいかほど増大しようとも、だからといってそれは「さらにこれ以上の増加を能わない」ほどにも「顕在的に(actu)無限」となることなど、考えられない。しかるに神は、「何ものもその完全性に付け加えられることができない」ほどにも「顕在的に無限」なのである。そして最後に、「観念の客観的〔表象的〕有」は、「潜在的有のみから」産出されるのではなくて、ただ「顕在的ないし形相的」な有からのみ「産出されうる」（AT VII, p. 46-7 : FA II, p. 446-8）のだともデカルトは主張する。

「第三省察」における神の存在の第一証明の主要部分に関しては、以上である。デカルトは『省察』の「読者への前置き」のなかで、『方法序説』が扱った「神」と「人間精神」という二つの問いに関して、注目に値する反論は「二つ」しかなかったと述懐している。そしてその二番目が、「私が私より完全な事物の観念を私のうちに持つ」ということから、「その観念自身が私より完全である」ということや、ましてや「その観念によって表象されているものが存在する」ということは、「帰結しない」（AT VII, p. 7-8 : FA II, p. 390-1）ということであったという。それでは第一証明は、このような疑問に対して、十分に答えたのだろうか。

「第一反駁の著者、トマス主義神学者カテルスは、デカルトが諸観念に対して或る原因を求めているということに驚く」（Guenancia, p. 476. Cf. AT VII, p. 92-3 : FA II, p. 508-10）と、グナンシアは述べている。そのうえゲルーによれば、デカルトが「第一証明」で用いた「因果性」性格は、「観念と観念対象（idéat）との対応（correspondance）という原理」（Gueroult I, p. 187）に訴えているのだという。「オリジナルのコピーとしての観念の定義は、それゆえ、因果律が、二つの形相的実在のあいだや二つの客観的〔表現的〕実在のあいだのみならず、或る客観的〔表現的〕実在と或る形相的実在とのあいだ、〔つまり〕観念とその観念が表象する事物とのあいだにも、原因から結果への絆を確立するようにと、因果律の適用を根拠づけるものである」（Ibid., p. 197. Cf. p. 195, 196, 202）――じっさいデカルトの第一証明は、「無限の観念」は「無限」に、「有限の観念」は「有限」に、似ているということを前提としなければ、そこに因果律を適用することもできなかったであろう。しかしそれは、本当に正しかっただろうか。

ゲルー自身はそのことについて、核心においては疑問を呈しているわけではないように思われる。「無限の観念の客観的〔表現的〕実在の完全性が、無限の形相的実在性に対して、どれほど脆弱でありえようとも、それはあらゆる有限な事物の形相的実在の完全性よりは、つねに無限に大きい。なぜなら無限から有限にかけて、不釣合いは絶対的だからである」（Gueroult II, p. 328）。しかしながら「観念」は、たとえそれが「無限」の観念であったとしても、事物の「実在性」を凌駕することなどできるのだろうか。たとえばウィルソンは、こう述べている。「デカルトは、或る観念の原因が、その観念が客観的〔表現的〕実在性を持つのと同じだけの形相的実在性を持たなければならないという決定的な原理を擁護するような、いかなる妥当な道も有してなどいないように思われる。〔……〕或る観念が所有している客観的〔表現的〕実在性の度合いを、何が精確に規定するのかという、すでに述べられた問題がある。〔……〕客観的〔表現的〕存在は、形相的存在よりは、何か劣ったものではないだろうか」（Wilson, p. 137）。

われわれ自身、神の存在が証明される以前に、観念と事物とのあいだの一種の対応説や、因果律そのものが、何の検討もなしに是認されているということに対しては、若干の疑問を感じなくもない。しかしながらこの問題に関しては、第一証明においては、レヴィナスが最も関心を寄せるであろう「無限」という神的属性が、たしかに最も中心的な役割を果たしていたという事実の確認とともに、のちにまた取り上げ直すことにしたい。

(3) 第二証明

第二証明に移行することにしよう。デカルトは、先の第一証明の直後に、私の注意が散漫で、そのうえ諸事物の感性的な像が私のまなざしを盲目にするようなときには、私は「なぜ私より完全な有るものの観念が、真により完全であるような或る有るものから、必然的に進み出てくるのか」を、そう容易には思い出さないのだと述べている。そこで次に問われるのが、「もしこのような有るものがまったく存在しないのであれば、かの観念を有している私自身が有りうるのかどうか」ということなのである。それではそのさい、「私が有る」のは、「私」自身によってだろうか、それとも「両親」によってであろうか、あるいはまた「神より完全ではない任意の他のものたち」(AT VII, p. 47-8 : FA II, p. 448-9) によってなのだろうか。

しかし、もし「私が私によって有る」のだとするなら、私は「疑う」ことも「望む」ことも、「何かが私に欠ける」こともまったくなかったであろう。なぜなら「それについての何らかの観念が私のうちにあるところのすべての諸完全性」が、「私に欠ける」ことはなく、かくして「私自身が神であったであろう」からである。そのさい私は、「私に欠けている諸完全性〔＝認識、欲望対象といった偶有性〕」が、おそらくは「すでに私のうちにある諸完全性〔＝私の有、私の実体〕」よりも「獲得されうるのがいっそう困難」だと考えてはならない。なぜなら反対に、「思惟するものないし実体」たる「私」が「無から出現すること」のほうが、「その実体の偶有性」にすぎない「私の知らない多くの諸事物の認識」を「獲得すること」より、「はるかにいっそう困難」であったことは「明らか」(AT VII, p. 48 : FA II, p. 449) だからである。

他の箇所から、少し補足しておく。「第二答弁」に付された綜合的な文書では、「より大きい、あるいはより困難であるものを引き起こしうるものは、より小さいものをも引き起こしうる」と述べられている。そして「実体を創造ないし保存すること」は、「実体の諸属性や諸特性」を創造ないし保存することよりも、「大きいこと」(AT VII, p. 166 : FA II, p. 593) なのである――「保存」については「第三省察」の直後の箇所で取り扱われることになるのだが、要するにそれは「創造」と同断である――。一六四八年のアルノー宛書簡のなかでも、こう述べられている。「より大きいことを能うものは、より小さいことをも能う。〔……〕自らを保存することも、われわれに欠けているとわれわれが知覚する諸完全性の幾つかを自らに与えることより、いっそう大きいことである」(AT V, p. 193 : FA III, p. 856)。

「第三省察」の直後の箇所では、たとえ「私がいま有るように、おそらく私はつねに有った」と想定してさえ、

「先の論拠の力を私が免れることはない」と続けられている。なぜなら「人生のすべての時間」は「無数の諸部分に区分」されえて、かつ、それら諸部分の個々は、残余の諸部分には「まったく依存しない」のであるからには、「少しまえに私が有った」ということから、「私がいま有らねばならない」ということは、「帰結しない」からである——もし「何らかの原因」が「この瞬間に、私を言わばふたたび創造」する、つまりは「私を保存する」というのでなければ[34]。じっさい「持続する個々の瞬間に任意の事物を保存する」には、「それがまだ存在していなかった場合に新たに同じものを創造する」のに要したのと「まったく同じ力と働きと」が、必要となろう[35]。かくして「保存」は、ただ思考の上でのみ「創造」と異なるにすぎない。そしてもし「私がすでに有るところのものに、少しあとにも有るであろう」ようにさせうるような「何らかの力」を、私自身が有しているのだとするなら、「思惟するもの」たる私は、このような力が私のうちにあることを、「疑いもなく意識」していたことであろう。しかるに私は、そのような力があることをまったく「経験していない」のであるからには、逆に私は、「私が私とは異なる何らかの有るものに依存していること」を、「このうえなく明証的に」(AT VII, p. 48-9 : FA II, p. 450-1) 認知するのである。

ここではまだこの「私とは異なる何らかの有るもの」が「神」だと結論されているわけではないのだが、四一年八月に書かれた宛先不明の或る書簡から、少し補足しておくことにしたい。デカルトは「いかなる事物も神の協力(concursus)なしには存在しえない」と、そしてまた「もし神がその協力を中断するなら、神が創造したすべてが、ただちに無へと消え失せるであろう」と考えてはいる。しかし彼は、「神がその協力を中断することとは別様に、何かを破壊するなどということは、起こりえない」とも述べているのである。なぜならさもなくば、そのものは何か「積極的な働き」によって、「非存在にいたる」ことになってしまうであろうからである。しかるにデカルトによれば、「神の積極的な働きによって生まれるもの」——それらはすべて「おおいに善くあらざるをえない」——

と「積極的な働きの中断から生ずるもの」――すべての「悪」や「罪」のように――と「何らかの有るものの破壊」――もし「存在する何か」がいつか「破壊される」というのであれば――とのあいだには、「大きな差異」(AT III, p. 429-30 : FA II, p. 367-8. Cf. AT VII, p. 14 : FA II, p. 401) があるのだという。

「第三省察」に戻ろう。ひょっとして「かの有るもの」は「神」ではなくて、私は「両親」とか、「神より完全ではない任意の他の諸原因」とかによって、産出されたのかもしれない。しかしながら先にも述べられたように、「原因のうちには、結果のうちにあるのと、少なくとも同じだけのものがあるのでなければならない」ということは、やはり「明らか」なのである。そして私が「思惟し、かつ、神についての或る観念を私のうちに有しているもの」であるからには、結局のところどのような原因が私に指定されることになるのであろうとも、それはやはり「思惟するもの」であり、また「私が神に帰せしめるすべての諸完全性の観念」を有しているのでなければならない。ところでそのものについては、ふたたびそれが「自己によって有るのか、それとも他のものによって有るのか」が、問われうるであろう。そしてもしそれが「自己によって」有るのであれば、上述のことから、それは自ら「神」であることになろう。しかるにもしそれが「他のものによって」有るなら、この「他のもの」についてはふたたび同じ仕方で、それが「自己によって有るのか、それとも他のものによって有るのか」が問われえて、ついには「究極の原因」にたどり着き、それが「神」だということになるだろう。しかもここには「無限進展」などありえない。なぜならここで問題とされているのは、「かつて私を産出した原因」だけではなくて、とりわけ「現在時において私を保存している原因」(AT VII, p. 49-50 : FA II, p. 451-2) でもあるからである。

そしてまた、「おそらくは幾つもの部分的諸原因が私を作出するのに協力した」と考えることもできない。なぜなら「神のうちにあるすべてのものの一性 (unitas) や単純性 (simplicitas) や不可分離性 (inseparabilitas)」が、「神のうちにあると私が理解する主要な諸完全性の一つ」だからである。そしてたしかに「神のすべての諸完全性の、かの一性の観念」が私のうちに置かれえたのは、「そこから私が他の諸完全性の諸観念をもえたのでないようないかなる原因からでもない」（AT VII, p. 50 : FA II, p. 452）はずである。

最後に「両親」に関して言うなら、彼らが私を「保存」しているのでないことは確かだし、「思惟するものであるかぎりでの私」を「彼らが作り出した」わけでもない。彼らがなしたことと言えば、それは「精神」たる「私」がそのなかに「内在」していると私が判断した「物質」のうちに、「或る素質」を置いたことにすぎない。かくして「結論」すべきは、「私が存在し、そして最も完全な有るものの、すなわち神の或る観念が私のうちにあるということだけから、神もまた存在するということが、このうえなく明証的に論証される」（AT VII, p. 50-1 : FA II, p. 452-3）ということなのである。

ちなみにゲルーは、「第一証明」はほとんど神を「神についての私の観念の無限な内容の形相的原因」として立てることにしか到達していないが、第二証明では神が「有限の無限な〈創造者〉」たるかぎりで、神を「私の有の優勝的原因」（Gueroult I, p. 265）として根拠づけることが可能になると述べている。また「神の存在についてのデカルトの三つの証明の各々は、〈永遠なるもの〉の認識への或る通路を開きつつ、時間と永遠性とのあいだに或る特殊的な関係を設ける」（Beyssade, p. 288）ということを自らの解釈の基軸としているベィサードは、「結果による第二証明は、〔第一証明より〕いっそう絶対的でいっそう触診可能な仕方で、有限で時間的な自我の永遠で無限な実体への関係を露呈する」と、またそれゆえに「第二証明のみが明示的に、デカルトの持続説に訴える」（Ibid., p. 295）と語っている。このように、「第二証明」は「第一証明」のたんなる敷衍ではけっしてなくて、そこには新たな要素が、あるいはのちに見るように、或る新たなる火種も隠されているのである。またマリオンやドゥヴィレールが気にかけていたような「神の名」もしくは「神の属性」に関して言うなら、いま見たように「第二証明」で活躍しているのは、「第一証明」におけるような「無限」というよりも、「完全性」であり、もっと正確に言うなら、諸々の完全性の単純不可分な統一性、一言で言うなら「最も完全な有るもの」だということになろう。

しかしその同じベィサードは、「形而上学者〔＝デカルト〕」は「記憶を正当化してしまうことも、先立つ省察の諸結論を拡張してしまうこともなしに、保存や持続について語っている」(Ibid., p. 299) とも述べているのである。じっさい『省察』の読者なら誰しも気づくことであろうが、「記憶」に触れるさいのデカルトの諸言説には、つねに釈然としないところが残る。本書はもはやそのような問題は扱いえないが、しかしそれは「時間」とは何かという問いと併せて、今後も検討されてゆかなければならない課題の一つであろう。

ところでデカルトは、四四年五月二日付のメルセンヌ宛書簡のなかでも、こう語っている。「普遍的で不特定の原因が問われているときには、より大きいことを能うものは、より小さいことをも能う (*quod potest plus, potest etiam minus*) ということや、全体はその部分より大きい (*totum est majus sua parte*) ということは、きわめて明証的な一つの共通概念であるように、私には思える」(AT IV, p. 111 : FA III, p. 68)。一見して分かるように、「第一証明」と同様、「第二証明」もまた神の存在を証明するまえに、そして神の存在を証明するためにこそ、このような「共通概念」もしくは「公理」(AT V, p. 193 : FA III, p. 856) を、前提せざるをえないように思われる。それゆえ「第二証明」もまたやはり、「第一証明」と同じ難点を抱えていると言わなければならないのである。

(4) 第三証明

「第五省察」は「物質的諸事物の本質について」〔表題の一部。AT VII, p. 63 : FA II, p. 469〕扱ったのちに、もし私が「何らかの事物の観念を私の思惟から取り出しうる」ということだけから、「その事物に属することを私が明晰判明に知覚するところのすべて」が「真にその事物に属す」ということが帰結するなら、そこから「それによって神の存在が証明されるところの論拠」(AT VII, p. 65 : FA II, p. 472) もまた獲得されうるのではないか、と問うている。それがアンセルムスに由来し、トマスによって論駁されたことで有名な神の存在証明、つまりカントの言うところの「有論的」ないしは「本体論的」な証明であり、「アプリオリ」な証明なのである。

つまりデカルトによれば、たしかに私は「神」の、つまりは「最高に完全な有るもの」の観念を、どんな「形態」や「数」であれ、それらの観念に劣らず、私のもとに見出す。また私は、「何らかの形態や数について私の論証するものが、その形態や数の本性にも属している」ということに劣らず「明晰判明」に、「神の本性にはつねに存在することが属している」ということも理解するのである。したがって「私のもとでは、神の存在は、これまで数学的真理がそうであったのと少なくとも同じ程度の確実性のうちに、あるのでなければならない」(AT VII. p. 65-6 : FA II. p. 472)[36]ということになろう。

それが「詭弁」に見えるかもしれないのは、「他のすべての諸事物」においては「存在」を「本質」から「区別」するのに慣れてしまっているために、私は「神の本質」から存在が「分かたれうる」のだと、容易に得心してしまうからである。しかしながら「存在」が「神の本質」から分離されえないのは、「三角形の本質」から「二直角に等しいその三つの角の大きさ」が、あるいはまた「山の観念」から「谷の観念」が、分離されえないのと同断なのであって、それゆえ「存在が欠けている(すなわち何らかの完全性が欠けている)神(すなわち最高に完全な有るもの)を考えるのは、谷が欠けている山を考えるのと同様に、矛盾している」(AT VII. p. 66 : FA II. p. 473)[37]のである。

たしかに「谷とともにでなければ、私は山を考えることができない」ということからは、「どこかに山と谷が存在する」ということは帰結せず、ただ「存在していようといなかろうと、山と谷は、互いに分かたれえない」ということが帰結するだけである。けれども「私が存在なしに神を考えることができない」ということからは、「存在が神から不可分離である」ということが、したがって「神が真に存在する」ということが、帰結するのであって、しかもそのさい、「私の思惟」が「このことを引き起こし」たり、「何らかの必然性」を「事物に課し」たりするのではなくて、反対に、「事物それ自身の、すなわち神の存在の必然性が、このように考えるように私を決定する」のだという。なぜなら「あるいは翼のある、あるいは翼のない馬を想像するのが自由であるようには、存在を欠いた神（すなわち最高の完全性を欠いた最高に完全な有るもの）を思惟することは、私の自由にはならない」（AT VII, p. 66-7 : FA II, p. 474）からである。

「第一答弁」は、「可能的存在」と「必然的」存在とを区別する。「なるほど明晰判明に理解されるすべてのものの概念ないし観念のうちには、可能的存在が含まれてはいるのだが、しかし、ただ神の観念においてのみでなければ、どこにも必然的存在は含まれてなどいない」（AT VII, p. 116 : FA II, p. 535）。また「第二答弁」でも、「制限された事物の概念のうちには、可能的ないし偶然的な存在が含まれてはいるのだが、しかし、最高に完全な有るものの概念のうちには、必然的で完全な存在が含まれている」（AT VII, p. 166 : FA II, p. 593）と述べられている。「第五答弁」でも「必然的存在」は「神」においては真に「このうえなく厳格な仕方で取られた特性」であり、「神にのみ適合し、神においてのみ本質の部分をなす」と語られているのだが、ただしそこでは、「必然的存在が神の観念において完全性であるように、可能的存在は、三角形の観念においては完全性である」（AT VII, p. 383 : FA II, p. 830-1）と付言されてもいる。

「第五省察」の後続部分は、「神がすべての完全性を持つ」という「第一の措定（＝想定）」そのものが、じつは「必然的」ではなかったのかもしれないという疑問について検討する。しかるに「第一の、そして最高の有るものについて、好きなだけ考え、そしてその観念を、言わば私の精神の貯蔵庫から取り出す」たびごとに、「私がそれにすべての諸完全性を帰属せしめることは、必然的」なのであって、そして「この必然性」は、のちに私が「存在が完全性であること」に気づくとき、「第一の、そして最高の有るものは存在する」と私が「正しく結論する」のに、「十分」（AT VII, p. 67 : FA II, p. 474-5）なのだという。

それゆえ「神の観念」は、「誤った措定[38]」であるどころか、「真なる観念」のなかでも「最初で主要な」ものでさえある。というのも、多くの仕方で私は、「神の観念」が「私の思惟に依存する何か虚構されたもの」ではなくて、「真なる不変の本性の像」であることを理解するからである。つまり、第一に「ただ神のみを除いて、その本質に存在が属しているようないかなる他の事物も、私によっては案出されえない」からであり、第二に「私は二つもしくは複数の神を、このように理解することができない」からであり、第三に「すでに一人の神が存在するとして、それが永遠の昔から存在したこと、そして永遠に存続するであろうことが、必然たることを、私は明確に見る」からであり、そして最後に「そこから何一つ私によって除去されも変えられもしえない他の多くのものを、私は神のうちに知覚する」（AT VII. p. 68 : FA II. p. 476）からである。それゆえ、もし私が「諸々の先入見」に曇らされてさえいなければ、また「感性的諸事物の像」が私の思惟を完全に専有してさえいなければ、「神より先に、あるいは神より容易に私が認識するようなもの」は、「何も」なかったことだろう。なぜなら「最高の有るものが有ること」、もしくは「その本質にのみ存在が属しているところの神が存在すること」以上に、「自ずから明らか」（AT VII. p. 69 : FA II. p. 476-7）なことがあろうか。

　このような「有論的議論」は、「デカルトの最後の思想」においては、じつは「証明を含んでなどいない」のだとゲルーは主張する。なぜならそれは、すっかり「直観によって直接的に把捉された或る本質のうちに含まれた、或る必然的な関係についての直接的覚知」（Gueroult I. p. 352）のうちに存しているからだという。しかしまさにそのゲルーが、「第五省察」のアプリオリな証明は「第三省察」のアポステリオリな証明を前提すると主張していたことは、すでに見たとおりなのであって、全体として見るなら、デカルトが神の存在の第三証明を「証明」から除外したと考えるのは、やはりゆきすぎであろう。また同じくゲルーによれば、「アポステリオリな証明においては、存在が綜合的に観念に付加される」のに対して、「アプリオリな証明においては、存在が分析的に観念から引き出される」（Ibid., p. 371）というのだが、このような言葉づかいや関心の寄せどころからも、ゲルーのカント的体質がよく分かる。またベィサードが喜びそうな持続の話題に関しても、ゲルーは「有論的証明」の役割は、「神が必然的な仕方で存在することを、したがって神が永遠であることを、確立すること」（Ibid., p. 372）に存しているのだと述べている。

アンセルムスに対してトマスが向けた批判、すなわち「悟性のうちなる《神》の名（nom）の意義から、悟性の外なるその実在へと移行すること」に対するトマスの非難は、デカルトには当たらないのだとロディス＝レヴィスは主張する。なぜならデカルトは「名称（dénomination）」から出発したのではなくて、「本性」ないし「本質」から、もしくは「不変で真なる形相」（R-L (1), p. 324）から出発しているからである。同様の弁護は、たとえばドゥヴィレールが二〇〇四年のその著書のなかで、しつこいくらいに繰り返していることなのであって、たとえばそこでは、『省察』のアプリオリな証明は、神の名（*nomen*）のたんなる意義を巻き込むのではなくて、神の本質についての実在的認識を介入させる」（Devillairs, p. 84）のだとか、あるいはまた「トマス・アクィナスに抗して、デカルトは神を、その本質の統一において認識する可能性を要求する」（Ibid., p. 208. Cf. p. 45, 87, 89, 207）等々と述べられている。(39) そのうえデカルトは、「神の〈名〉の否定神学の諸限界の外で思惟すべき最初の人」（Ibid., p. 332）でさえあるのだという。

ちなみに「第五省察」の存在証明における神の「名」ないし属性は、第二証明のそれとほぼ同様に、「最高に完全な有るもの」だということになろう。しかしながら、「原因」の介入しない第三証明は、神の存在を立証こそすれ、いったいレヴィナスの「無限の観念」に要請されるのと同等の資格で、「外在性」を顕示していることになりうるのだろうか。

しかるに第二証明と第三証明との連関に関しては、多くの研究者たちが指摘している一つの問題がある。たとえばグイエは、「第三」省察と「第五省察」との「二つの証明」は、双方とも「因果律」によって動かされた「作出因による証明」であって、それらは「ポジティヴに自己原因たる神へと導く」(Gouhier, p. 177)と述べているのである。ゲルーもまた「自己原因の概念」は「神の本質」に基づき、そして「神の本質」は「有論的証明」のなかで、「自己自身の権能によって自己自身を因果的に引き起こす(se causer soi-même)」という「神の必然的な特性」(Gueroult I, p. 270)を顕わにしているのだと語っている。あるいはロディス＝レヴィスにしたがうなら、「アプリオリな証明は、事物の《形相因》としての《事物の本質そのもの》について省察しつつ、アポステリオリな第二証明以上に深く、いかにして神が必然的に《自己原因》であるのかを発見する」(R-L (1), p. 326)のだということになる。そしてベィサードにおいても、「『第一、第四反駁と答弁』のなかで展開されて、ポジティヴな自存性もしくは自己原因の概念は、結果による第二証明とアプリオリな証明とへの一つの共通の原動力である」[40]と主張されている。このように、デカルト研究の大家と称されるような人たちが、こぞってアプリオリな証明を「自己原因」の概念と結びつけているのは、興味深いことである。しかしながら「自己原因」は、本当に第三証明の「原動力」たりえているのだろうか。

われわれは以下、デカルトにおける神の存在証明にまつわる幾つかの代表的な問題構制を――それがのちのわれわれのレヴィナス解釈に関わってくるように思われるかぎりで――取り上げてゆきたいと思う。しかるにその第一は、やはり「自己原因」のそれであろう。

(5)「自己原因」の問題構制

デカルトにおいて「自己原因」の概念が登場するのは、主として『省察』の「第一答弁」と「第四答弁」においてなのだが、カテルスの反駁に答えるための「第一答弁」のなかの当該箇所では、奇妙なことにこの話題は、「私は何かが自己自身の作出因（causa efficiens sui ipsius）であることが不可能だと言ったわけではない」という言葉から始まっている——奇妙というのはなぜなら、以下ではデカルトは、つねに「自己自身の作出因」という考えを否定することになるからである。続けてデカルトは、「それについてなぜ存在するのかを追求することが、あるいはその作出因を尋ねることが、もしくはもし作出因を持たないなら、なぜ作出因を必要としないのかを要請する〔尋ねる〕ことが許されないようなものは、何一つ存在しない」（AT VII, p. 108 : FA II, p. 527）と述べてもいるのだが、この言葉はアルノーの反駁に対する「第四答弁」（AT VII, p. 235-6 : FA II, p. 678）のなかでも、ふたたび登場することになろう。

「存在するために何ものの援助もけっして必要としなかったほどにも、またいまでも保存されるために何ものの援助もけっして必要としていないほどにも大きな、そしてそれほどまでにも無尽蔵な権能が、そのなかにあるような何か」がありえて、したがってそれが「何らかの仕方で自己原因（sui causa）であるということ」を、たしかにデカルトは認めている。そしてそのようなものが、「神」なのである。また「自らを真に保存する」のは「それ自身」であるので、正当にもそれは「自己原因」（AT VII, p. 109 : FA II, p. 528）と呼ばれうるように思われる。

神は「自己によって有る」のだが、しかしそれは、もはや「消極的に」ではなく、「可能なかぎり最大限に積極的に」だという。ただしデカルトは、ここでは言葉の論争を避けるために、「それが自己自身の作出因であると言う必要はない」と述べている。けれども「自己によって有るもの」、もしくは「自己とは異なるいかなる原因も持たないもの」は、「無によって」有るのではなく、「その権能（potentia）の実在的な広大無辺さによって」有るのだから、それは「作出因が自らの結果に対してなすのと同じことを、何らかの仕方で自己自身に対して行う」のであり、だからこそまた、それは「積極的に自己自身によって有る」と考えられるのである。「自己の外に置かれた事物を保存するほどの権能がそのなかにあるところの原因は、ましてや自己自身を、自己自身の権能によって、保存する。したがってそれは、自己によって有る」（AT VII, p. 110-1 : FA II, p. 529-30）というのである。

　それゆえ「有るところのすべてのもの」は、「あるいは原因によって有るのか、あるいはあたかも原因によってであるかのように、自己によって有る」のだということになる。そして「なぜ存在しないよりも、むしろ存在するのか」の理由を与えることができないというようにして、つまり「かの自己によって（*a se*）を、傑出した力能（exuperantia potestatis）のゆえに、あたかも原因によってであるかのように、われわれが解釈してはならない」というようにして、「自己によって有る」ようなものなど、われわれは何一つ虚構することができないのだという。そしてそのような「傑出した力能」がありうるのが「ひとり神において」だということは、「このうえなく容易に論証される」（AT VII, p. 112 : FA II, p. 531）であろう。

　「第一答弁」は、神の存在の有論的証明についての話題に移ってからでも、「自力で存在しうるものは、つねに存在する」のだと述べている。「最高に権能を持つ有るもの」の観念のうちには、「必然的存在」が含まれている。なぜなら「このような有るものの真で不変の本性には、存在することが属している」（AT VII, p. 119 : FA II, p. 538）からである。

　「第二答弁」には、直接には自己原因について語っている箇所はないのだが、しかし、そこには「なぜ存在するのかの原因がいったいどのようなものなのかが、それについて問われえないようなものは、何一つ存在しない。なぜならこのことは、神自身についてさえ、問われうるからである」（AT VII, p. 164-5 : FA II, p. 591-2）という有名な言葉が記されている。

　「第四答弁」においても「神は積極的に、そしてあたかも原因によってであるかのように、自己によって有る」と述べられていて、また「存在するために、神がいかなる作出因も必要としないということ」の理由もまた、やはり「積極的なもの」のうちに、つまりは「神の広大無辺さそれ自身」（AT VII, p. 231-2 : FA II, p. 672）のうちに求められている。そして「第一答弁」で「その作出因が尋ねられることが許されないようなものは、何も存在しない」と述べた端緒から、デカルトが「もしくはもし作出因を持たないなら、なぜ作出因を必要としないのかを要請する〔尋ねる〕ことが」と付け加えていたのは、彼が「作出因を必要としない何かが存在する」とみなしていたからだと説明する。「ところで神以外に、何がそのようなものたりうるであろうか」。神が「原因を必要としない」ことの原因ないし理由とは、「神の無尽蔵な権能」ということなのであって、このような「無尽蔵な権能」もしくは「本質の広大無辺さ」が、「可能なかぎり最大に積極的」だからこそ、「神が原因を必要としない理由ないし原因」もまた「積極的」(AT VII, p. 235-6 : FA II, p. 678) なのである。逆にまた、「ひとり神」を除いていかなるものも、「消極的にでなければ、自己によって有るとは理解されえない」(AT VII, p. 237 : FA II, p. 680) のではあるが。

けれどもデカルトは、「原因という名」は避けるべきではないと主張する。むしろ「その名の有用性」は、それが「神の存在を論証するのに奉仕する場合」ほど大きいことはありえないのであって、「作出因についての考察」は、「神の存在を証明するためにわれわれが持つ、唯一とは言わないまでも、第一にして主要な手段」(AT VII, p. 238 : FA II, p. 681) なのだという。

ところで「他のものによって有るものは、あたかも作出因によってであるかのように、そのものによって有る」のだが、「しかるに自己によって有るものは、あたかも形相因によってであるかのように、有る」のだとも、ここでデカルトは述べている。何となれば、それは「作出因を必要としないような本質」を有しているからである。それゆえにこそ「何ものも自己自身の作出因たりえない」とか、それに類した言葉が、繰り返し「第四答弁」のなかには登場することになる。「本来的に言われた作出因」と「無原因（*nulla causa*）」とのあいだには、或る「中間者（intermedium）」というものがあるのであって、それが「事物の積極的な本質」(AT VII, p. 238-9 : FA II, p. 682-3) だというのである。

そしてそのようなものに対しては、「時間において先立つ」ことさえ要求されない。むしろもし「何かが自己自身に存在を与えうるのか」が問われるのであれば、それは「或る事物の本性ないし本質が、存在するために作出因を必要としないようなものであるのか否か」（AT VII, p. 240 : FA II, p. 683-4）が問われているのと、変わりない。またデカルトは、「自己原因」とは言い続けても、「自己結果（*sui effectus*）」（AT VII, p. 242 : FA II, p. 686）とはけっして言わない。そして神が「自己自身の作出因」でないのは、作出因の性質には「自らの結果と異なること」（AT VII, p. 242-3 : FA II, p. 687）が要求されるからだという。

自己原因をめぐる「第四答弁」の議論の主要箇所は、以下の言葉で閉じられている。「しかしこれら二つ〔本質に関しては作出因は問われえないが、存在に関しては作出因が問われうるということ、そして神においては本質が存在から区別されないということ〕が同時に調停されるために、こう述べられなければならない。つまり、なぜ神が存在するのかを問う者に答えるべきは、本来的に言われた作出因によってではけっしてなく、ただ事物の本質ないし形相因それ自身によってのみなのであって、この形相因は、神においては存在が本質から区別されないという、まさにそのことのゆえに、作出因と大きな類比《アナロギア》を有している。ゆえにそれは、準作出因（quasi causa efficiens）と呼ばれうるのである」（AT VII, p. 243 : FA II, p. 688）。

前項の最後に見たのとはちょうど方向を逆にして、とりわけこのアルノーへの答弁の末部での論述に依拠しつつ、「自己原因の概念のおかげで、「第三省察」の証明は、一つのアプリオリな証明になった」と主張する研究者たちがいる。「自己原因の概念から出発したアポステリオリな証明の改革」は、「そこにおいては諸属性の規定を指図するのが神の本質であるようなアプリオリな証明」と、「同一」（Devillairs, p. 42）だからだという。しかしながら、デカルトの因果律がついには自己原因という「準作出因」もしくは「形相因」にたどり着くのが真だとしても、だからといってエゴの有から出発した「アポステリオリな証明」が、ただちに「アプリオリな証明の論証構造」を「採用」（Ibid. p. 83）したなどということにはならない。さもなくば、逆に「自己原因」の概念は、たまたま「第三省察」における神の存在証明に端を発して出来してきたのだとしても、もはや「第三省察」の証明それ自体には無関係だと主張しなければならなくなってしまうだろう。

ところで「自己原因」の概念は、ショーペンハウアーの昔から、「矛盾」[41]していると言われ続けてきたという。現代でも、たとえばゴンティエのように、もし「自己による神（*Dieu a se*）」を「原因によってのように（*ut a causa*）」という「積極的な意味」で取るなら、「私の存在から出発した神の存在の論証」は、なるほど「神学的には前代未聞」ではあっても、「論理的には妥当」となるのだが、反対に、もし公的な神学を尊重しつつ、「自己によって」に「他のものによるのではなく（*non ab alio*）」という「消極的意味」しか与えないなら、今度は「デカルトの証明」それ自身が「崩壊」（Gontier. p. 69）してしまうのだと語る研究者もいる。じっさい、それは本当に、何かを引き起こすという意味での「原因」なのだろうか。もしそうなら、「論理的」にはそれは因果律の適用に鑑みて「妥当」ではあろうとも、自らに有を与え自己自身を産出することなど、とんだ自己矛盾だということとなるだろう。しかしもし逆に、「自己原因」から真の意味での作出性ないしは他動性を削除するなら、たしかにそれは自己矛盾を免れることにはなるのかもしれないが、しかし今度はデカルトの「因果律」そのものが、普遍的な原理としてはその妥当性を脅かされるのだということになってしまおう。

たとえばウィルソンは、こう述べている。「神が神自身を顕在化〔現実化〕する力を有していると述べることは、一つの可能的存在者（entity）とみなされた神の全能が、それ自身の顕在的〔現実的〕存在をもたらすに十分だと述べることである。これはつまり、たんに可能的とみなされただけの何かが、それ自身と同程度の形相的実在性を持った或る顕在的〔現実的〕な結果を持ちうるのだと、述べることである。そしてこれは、各々の結果について、結果と同じだけ多くの実在性を持った或る原因が存在しなければならないというデカルトの原理の、明らかな侵害であるように思われる。〔……〕因果的議論と有論的議論は、双方とも妥当（sound）たることはできない」（Wilson. p. 176）――ウィルソンのこの鋭い指摘は、しかし、「誰も自らに有を与えることなどできない、すでにその有を有している者でなければ。しかるにもしすでに有を有しているのであれば、何のために自らにそれを与えるというのか」（AT VII, p. 210 : FA II, p. 648）という、やはり明敏なアルノーの原型的な反駁の、一つのすぐれたヴァリエーションにすぎないように思われる。

「自己原因」は、「原因」とみなされるかぎりでは、たしかに自己矛盾している。しかしそれは、或る論理を追求してゆけばその同じ論理ではけっして説明されえないものにゆき当たってしまうという、むしろあらゆる論証の究極の真理を言い表しているにすぎないのではないだろうか。

同様のことは――本節最終項でもまた取り上げ直すことになるのだが――デカルトの「自己原因」を、〈論理への超越者の隷属〉という意味での、いわゆる「有-神-論」的解釈の枠組のなかに取り込もうとする研究者たちの動向についても言えるであろう。たとえばゴンティエは、ジルソンにとって明らかなのは――ジルソンが「デカルト思想を《有-神-論的》解釈のうちに巻き込んでいる」と言うのは「言いすぎ」なのではあろうとも――「デカルトは自らの選択をなした、そしてこの選択は、神的例外に反対して因果律の普遍性に賛成すること」（Gontier, p. 18）であったと述べている。そして現にジルソンは、こう語っているのである。「もしすべてが或る原因を持つなら、神は或る原因を持つ。もし神が原因を持たないなら、すべては或る原因を持つと言うことはできず、したがって因果律は存在しない」（Gilson, p. 229-30）。

けれどもゴンティエも指摘するように、現代においてこのような解釈を代表するのは、やはりマリオンであろう。マリオンによれば、「あえて神を自己原因として思惟する以前にさえ〔……〕すでにデカルトは、神を因果性に服従せしめていた」（TB, p. 430）のであって、たとえ「神を自己原因として思惟するのを放棄する代わりに、彼はそこで作出因果性を厳密に思惟するのを放棄する」（Ibid., p. 433）のだとしても、「神的本質」の場合、因果性がそこで「形相的」と言われるのは、「この迂路をとおって、いっそう作出因に導き返すため」でしかないのだという。神の本質が「形相因」と同定される瞬間に、それは「作出因」に対置されるのではなくて、「類比的に《アナロジックマン》」作出因に準拠する。それゆえ「神を或る一義的な概念によって思惟する傾向」は、デカルト自身にさえ見出されるのである。それは「因果的一義性（自己原因たる神）」（Ibid., p. 437）なのであって、「神」でさえ、「原因としての有るものの有」についての発言に「例外をなさない」（PM, p. 113）のだということになる。かくして「決定的に、そして初めて」、神自身を「形而上学の有‐神論的体制」（QC II, p. 171. Cf. p. 248）のなかに含み入れることが、可能となるのである。

しかしながら、このようなマリオンの、すでに周知とも言える解釈に対しても、最近の諸研究のうちには、幾つかの反論が見出されるのである。たとえば先のゴンティエなどは、もしデカルトが神を「自己原因」とみなすのであれば、それはむしろ「何ものも自己自身を因果的に引き起こす（se causer soi-même）ことができない」という一般法則に支配された「有るものの通常の論理」に対して、神が「一つの例外的性格」（Gontier, p. 77）を身にまとっているからだと述べている。「神的なもの」を「理性の命令（*dictat*）」にしたがわせ、「運動の他動性」や「能動者と受動者の区別」といった「あらゆる有るものを統べる規則」に「例外」を設けようとしないのは、ゴンティエに言わせるなら、むしろ「アリストテレス主義」なのであって、「自己原因」に対して「自然の光から引き出された或る規則」によって反論しているのは、かえって「デカルトの敵対者たち」（Ibid., p. 80）なのである。

またグレスによれば、「自己原因」が指し示しているのは、もはや自己の「原因」ではなくて、反対に「あらゆる原因の積極的免除」なのだという。マリオンが「自己原因」から出発して「因果的に引き起こされたものとしての有るもの（*ens ut causatum*）の有‐神‐論」を構築しようとするさいに、アルノーに対する「第四」答弁のテクストではなく、カテルスに対する「第一答弁」のテクストに依拠しているのは、驚くべきことではない。しかるに

「アルノーに向けられた答弁」をしっかりと読むならば、「原因のもとに有論を統合すること」は、「神の場合における作出性（efficience）の喪失」と「自己原因における原因それ自身の喪失」とのゆえに、「二重に不可能」（Gress, p. 278）になってしまおう。そのような「神」が「有-神-論としての形而上学」のなかに入ると主張するのは、「厳密に不可能」（Ibid., p. 284-5）なのである。デカルトが「形相因」という言葉を用いたのですら、グレスの考えるには、「アルノーに親しい語彙」を利用しようというデカルトの気遣いからのことなのであって、けっして「あらゆる代価を払ってでも、神を何らかの一義的な因果過程に服従せしめようという気遣い」（Ibid., p. 286）からではないのだという。

われわれとしても、自己思惟や自己原因をめぐるマリオンの「形而上学の有-神-論的体制」という図式には、いつも何かしら一方的で硬直したものを感じていたので、グレスやゴンティエの批判には、おおいに耳を傾けるに値するものがあると考える。自己原因は、むしろ通常の説明図式を超えたところにこそ、位置しているのではないだろうか。そしてそのさい、それでもデカルトが「原因」という言葉を用い続けたという事実より、「原因」という言葉を用いてさえ、そのように不可解な事態が出来してしまったという事実、そしてそのことをデカルト自身が認めているという事実のほうが、重いのではないだろうか。

しかしレヴィナスとの関係もあるので、先にも述べたように、デカルトにおける「有-神-論」に関しては、本節(7)でまた取り上げ直すことにする。ここでは最後に前項末部でも言及しておいた、神の存在の第三証明を「自己原因」と関係づける解釈について、一言述べておくことにしたい。いま見たグレスにおいても示唆されているように、「第四答弁」のなかで「形相因」という言葉が用いられているのも、むしろ「自己原因」の不可解さ、その謎を言い表すためであるとも考えられ、ましてやそれが「第五省察」のアプリオリな証明と関係すると考えるのは、やはりゆきすぎではないかと思われる。「答弁」のなかの諸発言はともかくとして、ゴンティエも言うように、そもそも「「第五省察」では本質は、本来的には一つの存在原因として考えられているわけではない」(Gontier, p. 96. Voir aussi p. 90-3, 100) からである。

ところでマリオンは、先にも見た因果律の普遍性への神の服従という考えを説明する文脈のなかで、「じじつ問題とされているのは、神に対する原因の先行性による、永遠真理創造の真の反駁である」(TB, p. 430) と語っている。それゆえわれわれとしても、デカルトにおける「有‐神‐論」の問題構制を検討するまえに、彼のいわゆる「永遠真理創造説」について、少しは検討しておくべきであろう――ただしわれわれは、たいへんな影響力を行使したこの巨大な思想のすべてについて、ここで扱うことなどできないし、第一それは、一著作の一章のなかの一節のうちのさらに一項において扱うべき問題でもないだろう。われわれがここで考慮しておきたいのは、ただ「神の権能」に関して、やはり不可解となるような、或る一つの問題のみである。

⑹永遠真理創造説と神の権能の諸限界

ドゥヴィレールによれば、「神の存在の諸証明」は、「一六三〇年に陳述された諸主題」〔＝永遠真理創造説〕を活用している。すなわち「幾何学の論証の明証性に対する形而上学的論証の明証性の優位」、「永遠真理の実在性」、「神の観念の生得性[42]」、「観念への因果律の適用――神は万物の全体的な作出因である」。そのうえ「一六三〇年のテーゼのなかで枚挙されている」のと「神の存在の諸証明のただなかで直観的に認識される」のとは、「〔神の〕同じ諸属性」(Devillairs, p. 185) なのだという。

またゴンティエにしたがうなら、デカルトにおいて「神による永遠真理の自由な創造」と「神の自己産出」という「二つの主張」を指導しているのは、やはり「同じ諸属性」である。つまり「メルセンヌへの一六三〇年の諸書簡」によれば、神は「不可解〔*incompréhensible*〕」で「無限で全能〔tout *puissant*全権能的〕」、また「絶対に単純」なのだが、同様にして、もし神が何らかの仕方で「自己原因」と言明されうるのだとするなら、それは或る「権能」を考慮してのことなのであって、この権能は「第一」答弁と「第四答弁」のなかで、順に「広大無辺」、「不可解」、「傑出した」、「無尽蔵な」（Gontier, p. 43-4）と形容されているのである。

一六三〇年の三通のメルセンヌ宛書簡を皮切りとした永遠真理創造説についてのデカルトの数多くの諸言説を、彼の著作集のどこに特定するのかに関しては、すでに多くの研究がなされているので、ここでは逐一それを確認することはしない[43]。以下、われわれは、やはりこの説を最も代表すると思われるこれら三通の書簡のあらましを紹介したあとで、他の箇所から若干補足することにしたい。

一六三〇年四月一五日付のメルセンヌ宛書簡では、メルセンヌが「永遠」と名づける「数学的諸真理」は、「被造物の残り全体」と同様に「神によって確立され、全面的に神に依存する」と述べられている。じっさい「これらの真理が神から独立している」と言うのは、神について「ジュピター」や「サトゥルヌス」のように語り、神を「ステュクス〔冥府の川〕」や「運命（destinées）」に服従させることでしかないであろう。それゆえ「一人の〈王〉が彼の〈王国〉において法〔律〕を確立する」ようにして、「自然においてこれらの法〔則〕を確立した」のは「神」であると、いたるところで公言するのを恐れてはならない。そして「一人の〈王〉が自らの法〔律〕を、そのすべての臣民たちの心に刻み込む」のと同様に、それらの法〔則〕は、すべて「われわれの精神に生得的（*mentibus nostris ingenitae*）」なのである。なるほどわれわれは、「神の偉大さ」を「認識」こそすれ、それを「理解する〔comprendre 包み込む〕」ことなどできないのかもしれない。けれどもわれわれがそれを「不可解」と判断するまさにそのことが、かえって神の偉大さを「尊重」させるのである。そしてもし「神がこれらの真理を確立していた」のだとするなら、「一人の〈王〉が自らの法〔律〕を作る」ようにして、「神はこれらの真理を変えうる」のだと、ひとは言うかもしれない。それに対しては「然り、もし神の意志が変わりうるのであれば」と答えなければならない。しかるにこれらの真理は「永遠で不変」なのであり、神についてもそうなのである。そしてそれでもやはり「神の意志」は「自由」なのだという――まことに神の「権能（puissance）」は「不可解」なのであって、神は「われわれが理解しうること」はすべて「なしうる」とはいえ、しかし、だからといって「われわれの理解しえないこと」を「神がなしえない」とは、われわれは確証しえないのである。なぜなら「われわれの想像力が神の権能と同じだけの広がりを持つ」などと考えるのは、「無謀」（AT I, p. 145-6 : FA I, p. 259-61）だからである。

次に同年五月六日付の書簡でも、もう一度デカルトは、「永遠真理」は「神がそれらを真ないし可能と認識するから、真ないし可能なだけ」なのであって、反対に「あたかも神から独立して真であるかのように、神によってそれらが真と認識されるのではない」と言明している。「何かについての真理」が「それについて神が持つ認識」に「先行する」などと述べるのは、「冒瀆」である。なぜなら神においては、「意欲すること」と「認識すること」とは「一体」であり、したがって「神が何かを欲するというまさにそのことから、それゆえに神は認識し、またそれゆえにのみ、このようなものが真」となるからである。それゆえ「たとえ神が有らなくても、それでもやはり、それらの真理は真である」などと言ってはならない。なぜなら「神の存在」が「ありうるすべての真理のなかでも第一で最も永遠」だからであり、また、「他のすべての諸真理がそこから生じる唯一の真理」だからである。しかるにたいていの人たちは、神を「無限で不可解で、万物の依存する唯一の〈作者〉たる有」とみなそうとはしない。けれども神は、「その権能が人間的悟性の諸限界を超えるような一つの原因」（AT I, p. 149-50 : FA I, p. 264-5）なのである。

「いかなる類の原因において、神は永遠真理を確立したのか」というメルセンヌの問いを引くかたちで始まる五月二七日付の書簡は、それは「神が万物を創造したのと同じ類の原因において」であると、つまりは「作出的で全体的な原因として」だと答えている。なぜなら神が「被造物の存在と同様、本質の〈作者〉でもある」ということは、「確実」だからである。そしてこの本質こそが「永遠真理」なのであって、デカルトは、それらが「〈太陽〉から光線が流出するようにして、神から流出する」とは「考えない」のだとも述べている。神は「万物の〈作者〉」であり、そしてこれらの「真理」が「〔無ではない〕何か」だからこそ、神はまたこれらの真理の「〈作者〉」でもあるのである。ただしひとは、神が「無限」で「全能（tout-puissant）」だということは知りうるが、神を「〔包み込むという仕方で〕理解（comprendre）」することなどできない。それはわれわれが「或る山」に「手で触れる」ことはできても、われわれの腕の長さを超えない樹木等々を抱き込むようにして、山を「包括（embrasser）」することができないのと、同断なのである。なぜなら「理解すること」とは、「思惟で包括すること」だからである。しかるに「或るものを知る」ためには、「思惟でそれに触れる」だけで「十分」である。ところで神は、「〈世界〉を創造しないこと」と同様に、「〔円の〕中心から円周へと引かれたすべての線が等しいということが真でないようにすること」にも「自由」であった。こうした「諸真理」は、「他の被造物」と同様、「神の本質に必然的に結びついているわけではない」のである。神は「それらが永遠の昔から有ることを欲し、理解したという、まさにそのことによって、それらを創造」もしくは「確立」したのであって、神においては「意欲すること」と「解すること」と「創造すること」とは「同じ一つのこと」であり、「理性的にさえ（*ne quidem ratione*）、一つが他に先行するなどということはない」（AT I, p. 151-3 : FA I, p. 267-8）のだという。

　少しだけ他の箇所から補足しておくなら、「第六答弁」では「神における最高の無差別は、神の全能の最高の論拠である」（AT VII, p. 432 : FA II, p. 873）というふうにして、この問題構制の文脈のなかで、「無差別（indifferentia）」の自由が強調されている。また一六四八年七月二九日付のアルノー宛書簡のなかでは、デカルトは「私は谷のない山があるように、あるいは一足す二が三でないように、神がなしえないとさえ、あえて言わなかった。そうではなくて、私はただ、谷なき山が、あるいは三ではない一と二の和が、私には考えられえないような精神を、神は私に導入した、とだけ言っておく」(AT V, p. 224 : FA III, p. 865)と述べていて、彼の意図がよく分かる。また『ビュルマンとの対話』によれば、「全体的な原因」とは、「有それ自身の原因」(AT V, p. 156 : EB, p. 56)である。[44]

「《永遠真理創造》についてと言われる理論」は、「われわれの《無差別の自由》に類比的な或る自由を、神に帰属せしめるように導く」(Moreau, p. 95)と、モローは語っている。じっさいデカルトによれば、「自由意志(libre arbitre)」は「われわれのうちにありうる最も高貴なもの」であり、それは「何らかの仕方でわれわれを、神に似たものに」(AT V, p. 85 : FA III, p. 747-8)してくれる。しかしながらデカルトがわれわれの「無限な意志」(AT II, p. 628 : FA II, p. 153)について語っているのは、多くの研究者も指摘しているように、「一度だけ」(Cf. p. ex. K-A, p. 120 ; Moreau, p. 91)なのであって、「第六答弁」でも「人間的自由に対しては、神的自由に対してとははるかに別の無差別が、適用される」のだと、またそもそも「いかなる本質も、神と被造物には、一義的に(univoce)は適用されえない」と述べられているのである。そのうえ「無差別は、人間的自由の本質には属さない」(AT VII, p. 433 : FA II, p. 874)とさえ語られている――「無差別」を「最低度の自由」とみなすこのような考えは、よく指摘されるように、一六四五年二月九日付のメラン神父宛書簡のなかでは若干のニュアンスの変更をともなって、人間的無差別にもポジティヴな面が認められるようになる(AT IV, p. 173 : FA III, p. 551-2. Cf. FA II, p. 874, note ; TB, p. 417-8)。それではそのことによって、少なくとも意志に関しては、われわれは神の不可解を免れうるようになったのだろうか。

そのようなことを示唆するものは、デカルトのテクストのなかにもデカルト研究者たちの解釈のなかにも、どこにもない。それどころか神の権能の最大の不可解さは、永遠真理の創造を超えて、もっと奥にあるとさえ言わなければならないのではないだろうか。

たとえばデカルトは、「神は自らの存在を自己から取り去る能力など有していない」(AT V, p. 545-6 : FA II, p.

927 : FA III, p. 62）[45]と述べている。あるいはまた、「神は〔……〕自らの全能を自己から奪い取ることなどできない」（AT III, p. 567 : FA II, p. 934）とも語られている。デカルトならば、「自己から存在〔や全能〕を取り去りうること」こそが、むしろ「神における不完全性」（AT V, p. 546 : FA II, p. 927 : FA III, p. 63）なのだと主張するでもあろう。しかし、それでもやはり、それは神の「権能」の一種の限界なのではないだろうか。

　ゲルーによれば、神にとってさえ「不可能なもの」があって、それは「彼の全能や彼の有を制限するようなもの」（Gueroult II, p. 26）なのだという。それゆえ「言わば神的な自由意志によって創設された諸々の永遠真理の彼方に位置づけた諸々の第一真理」というものもあるのであって、それらは「〈全能者〉の有そのもの」と一体なのだから、それらもまた「有らざるをえない」。つまり、それらが「自由に創造されたなどということは、ありえない」のであって、したがってそれらは「非被造的（*incréées*）」（Ibid., p. 30）なのである。たとえば「思惟するためには有らねばならない[46]」とか、「無は特性を持たない」といった「一挙に形而上学的懐疑を免れる諸概念」は、「因果性」や「神の不変性」と同様、すべてこのような「非被造的な諸真理の次元」に属しているのだという。「神は存在し、欺瞞者ではない」もまた、「一つの絶対的な必然性、一つの非被造的な真理」（Ibid., p. 31）であろう。かくして「二つの次元の矛盾」が存在するのだということになる。一つは「神的全能」に関わり、そして「その定義そのもの」に属している。もう一つは「われわれの悟性の諸力量（capacités）とその諸原理と」に関わり、この悟性とともに、それは「神の自由」から派生する。前者は「有と非有の両立不可能性」を表現し、後者は「幾つかの諸観念や諸有の相互的両立不可能性」を決定する。そして神が「後者の両立不可能性を超えていること」は、「明証的」（Ibid., p. 33. Cf. p. 282）なのである。

　このような主張は、けっしてデカルト研究において特異なものではなくて、たとえばグイエなどもこのような問題構制を「自己原因」のそれと絡めながら、以下のように述べているのである。「被造物ではない永遠真理があって、それは、それによって神が世界を因果的に引き起こす作用に内在的であるのではなくて、それによって神が自らの有である作用に、すなわちデカルト形而上学においては、それによって神が自己原因である作用に、内在的なのである。その永遠性は、神的意志（décret divin）のそれではなくて、神的存在のそれである。〔……〕神は、私が有ると私が思惟するときに、私が有らぬようにすることはできない。神は、より大きいものがより小さいものから出てくるようにすることはできない。神は、被造物がその存在において神に依存的でないようにすることはできない」（Gouhier, p. 291）。またマリオンも、逐一典拠を示しつつ、以下のような「絶対的不可能性のリスト」を呈示している。「神は有らぬことができず（voir AT V, 545, 29-546, 6, et III, 567, 24-25）、欺瞞者たることもできず（それなら一つの無力を顕わにすることになってしまうであろう。AT VII, 53, 24-29, etc.）、神に依存しない被造物を創造することもできず（AT IV, 119, 1-5）、なされたことがなされなかったことにすることもできず（AT V, 273, 12-13, 22-26）、因果律を免れることもできず（AT VII, 40, 21 sq. ; 135, 11-18 ; 165, 7 sq.）、《思惟するためには有らねばならない》という原理を免れることもできない」（TB, p. 297. Cf. p. 301）[47]。あるいはウィルソン（Wilson, p. 123, 129, 132）やゴンティエ（Gontier, p. 60-2）においても、このような話題にこと欠かない。

ところでそのウィルソンは、「神は神に依存する永遠真理の作出因であると言われてはいるが、しかしデカルトは、神が厳密にはそれ自身の作出因であると主張することは、控えているように思われる」（Wilson, p. 124）とも述べている。ちょうど「自己原因」の概念において、究極の作出因たる神の権能が、自己自身に対してはけっして本来の意味での作出因を行使しえなかったのと同様に、「永遠真理創造説」においても、あらゆる真理の作出因たる神にさえ、どうしても作出しえない真理が残ってしまうのである。神の権能には、自ずから、限界というものがある。しかしてその限界こそが、かえって神をして真に神たらしめている当のものなのではないだろうか。

それではわれわれは、因果律や被造真理の知解性を超えて、この意味では不可解なものをこそ、究極のものとして認めなければならないのではないだろうか。けれどもマリオンは、前項でも見たように「じじつ問題とされているのは、神に対する原因の先行性による、永遠真理創造の真の反駁である」と述べていた箇所で、こうも語っているのである。「あえて神を自己原因として思惟する以前にさえ〔……〕すでにデカルトは、神を因果性に服従せしめていた」(TB. p. 430)。あるいはまた彼は、或る別の著作のなかで、こうも述べているのである。「もし一六四一年にあらゆる存在が、或る原因ないし理由 (*causa sive ratio*) を想定するのであれば、問題とされているのは、被造的な永遠真理だろうか。ポジティヴな回答は、困難である」(QC II. p. 179)。しかしながら、もし神が自らの有に関わるような非被造的な真理においてさえ、因果律に服従しているのだとするなら、デカルトの自己原因は、やはりマリオンの言うところの「形而上学の有‐神‐論的体制」に、陥ってしまうのではないだろうか。

それゆえわれわれは、本節の最後に、デカルトと「有‐神‐論」との関係について、もう一度検討し直しておくのでなければならない。

(7)「有‐神‐論」の神と「無限」

「神が形而上学のなかに入ってくるのは、自己原因としてでしかない。そしてこの入場は、不可避的に、神的なものの脱神聖化によって贖われる」(Gontier. p. 21) と、ゴンティエは述べている。彼の引用するハイデッガーの言葉のように、「人はこの神には、祈ることも犠牲を捧げることもできない。人は〈自己原因〉をまえにして、恐れおののき跪くことも、楽器を奏でて歌い踊ることもできない」(Ibid., p. 22)[48] のである。そして先にも引いておいたように、神をさえ因果律に服させようとする言葉は、デカルト自身のなかにもたしかに見出されるのである。「なぜ存在するのかの原因がいったいどのようなものなのかが、それについて問われえないようなものは、何一つ存在しない。なぜならこのことは、神自身についてさえ、問われうるからである」(AT VII. p. 164-5 : FA II. p. 591-2)。じっさいドゥヴィレールの語っているように、「第三省察」における神の存在証明は、「存在するあらゆるものがそのもとに落ちるような因果性の同じ条件を、神の観念に適用」（LdD, p. 156）しようとするものであった。それはベィサードも言うように、私の存在を証明する手順とも、著しい対照をなしている。なぜなら「〈コギト〉の特異的直観」が、「無は特性を持たない」といった類《たぐい》の「その暗黙の大前提の一般規則」の定式化に先立っていたのに対し、「因果律」は、「特殊ケースについてのあらゆる考察以前に」（Beyssade, p. 283）すら、すでに明示化されていたからである。しかしながら、自己原因たる神は、本当に有‐神‐論という形而上学的体制のもとに組み込まれるべきものだったのだろうか。

周知のように、デカルトに関する有‐神‐論的解釈を最も大々的に遂行しているのは、ハイデッガーではなくて、マリオンである。彼はデカルトの『規則論』を主題化した一九七五年の『デカルトの灰色の有論について』のなかで、すでに「有‐神論（onto-théologie）」という言葉を用いている。「デカルトは、『規則論』においてを含めて、明示的にではないにせよ、少なくともトポス的には、現前としての〈有〉の有‐神論としての形而上学のなかに記入される」。『規則論』の有論が「灰色の有論」だというのは、それが「認識論的な言説」のもとに〔有論としての〕自らを包み隠し、それとして自らを「言明」してはいないからなのだが、しかしまたそれは、とりわけ「ウーシア〔ギリシア語の「実体」＝ギリシア人たちが考えたような実体〕」を捨て去って、「知の諸要請に完全に服従した有るもの」としての「対象」という相貌を具えた事物にのみ、関わろうとしているからである。つまり一言で言うなら、「事物から対象へ」（OG, p. 186）。そしてもし「ウーシア」が、もはや「ヒュポケイメノン〔基体〕」という資格での「根拠」の役割を引き受けないのだとするなら、それはデカルトにおいては「エゴ」こそが、「対象の究極の根拠」になったからであり、つまりは「諸々の有るもの〔諸対象〕がそれによってそれらの〈有〉と関わるところのもの」（Ibid., p. 188）になったからである。「灰色の有論。そこでは〈エゴ〉が、諸事物の灰色の影たる諸対象の〈有〉を蔵している。なぜなら〈エゴ〉は——諸対象へと価値低減された——諸事物から、それらのウーシアを奪い取ってしまったからである」（Ibid., p. 190）。

ところで同書の第二版は、一九七六年に書き加えられたその「附論」のなかでも、「対象の有論」（Ibid., p. 192）という言葉を用いながら、「神（原因／自己原因の形而上学）」と「エゴ（コギタトゥム（思惟対象）／コギト（思惟作用）の形而上学）」のいずれかが「神論的（thé(i)ologique）な役割（つまりは根拠の役割）」を果たさなければならないかを問いつつ、デカルトにおける「有‐神論的両価性」（Ibid., p. 208）について語っているのだが、この問いは、「永遠真理創造説」を主題化した一九八一年のマリオンの二冊目のデカルト論『デカルトの白い神学について』によって、継承されてゆくことになる。つまり、ここでもまた「エゴと神という、等しく可能で交互に実在的な二つの根拠の二元性」について語り続けられているのであって、その「根拠」の「未決定」が、確証されるのである。しかもデカルトにおいて、人間と神とのあいだには、中世のようなアナロギア（類比）の関係は、もはや存在しない。それゆえ同書でマリオンが探求しようとするのは、「類比《アナロジー》の喪失」と「根拠の探求」という、「永遠真理創造の二つの含意」（TB, p. 23）なのだという。彼によれば、デカルトが自らの「形而上学」を完成するのは、「灰色の有論」が或る「根拠（原因ないし理由（*causa sive ratio*）／自己原因）の神論」によって「二重化」される瞬間においてでしかない。それゆえにこそ、それは一つの「〈有‐神論〉」[49]なのである。デカルトが「神学」を展開するのは、「灰色の有論」に「根拠」を与えるためなのだが、しかしこの神学は、「白い」神学にとどまる。なぜならそれは「白紙委任状」や「白紙の小切手」のように、「匿名的で不特定」（Ibid., p. 450）だからである。

先にも見たように、同書でマリオンは、神を「因果的一義性（自己原因たる神）」という或る「一義的な概念」によって考えようとする傾向は、デカルト自身においても「確証される」（Ibid., p. 437）と考えてはいる。とはいえ同書は、同時にまだ「神的権能が、合理性を創設するものとして、それゆえ至高に合理的なものとして現れるのは、自らを完全に不可解なものとして顕示することによってでしかない」と述べてもいるのであって、デカルトにおける神の有‐神‐論解釈にも、若干のためらいを示しているようにも思える。「自己原因が〔……〕神的本質を他の諸原因のランクに連れ戻すどころか、それは他の諸々の有るものに対する神的本質のラディカルな異他性を強調する。神の存在が因果的に知解可能となるのは、神の本質が本質内在的に不可解なものとして現れる、という条件においてでしかない」(Ibid., p. 438)。しかしながら、このような逡巡は、一九八六年のマリオンの三冊目のデカルト論『デカルトの形而上学的プリズムについて』では、一掃されてしまうように思われる。

同書も「有るもの有についてのデカルトの最初の発話」は、「対象(思惟されたものとしての有るもの(*ens ut cogitatum*))」と「反省的まなざし(自己思惟(*cogitatio sui*))」とを扱う「コギタチオ〔*cogitatio* 思惟〕の有‐神‐論的体制」だと言明するのだが、しかし、それには「一つの困難」が見出されるのだという。すなわち「神」という「無限」が、つまりは「不可解な権能」が、「コギタチオの有‐神‐論をはみ出して」(PM, p. 111) しまうのである。けれどもここでは「原因」が、「いかなる例外もなしに、あらゆる有るものの存在」について決定してくれる。幾度も見てきたように、「神でさえ」、もしそれが存在し、そして存在することが証明されえて、証明されなければならないのだとするなら、「原因」の管轄に属しているのである。「神は、原因としての有るものの有についての発話に、例外をなさない」(Ibid., p. 113)。そしてここではマリオンは、「原因によるコギタチオの最初で決定的な転覆」を記したのが、「神による永遠真理の創造」を宣言した一六三〇年の三通のメルセンヌ宛書簡なのだと主張する。諸事物の永遠の本質を創造するのは「作出因」であり、「真理」も「思惟」も「コギタチオネス〔諸々の思惟〕」も、「作出因果性」にしたがって創造される。それゆえそのことの「不可避の帰結」として、逆に「原因」は「コギタチオ」を免れるのだということになって、それは「不可解な権能」(Ibid., p. 118) と呼ばれるのである。「原因の有‐神‐論をまえにしたコギタチオの有‐神‐論の後退」(Ibid., p. 124) が、このようにして完遂される――しかしながら、結局のところマリオンが維持するのは、「有‐神‐論的体制」の「二つの形態」が相互に対立し合うのではなくて、むしろ相互に服従し合うような、「二重化（redoublée）」された「有‐神‐論」（Ibid., p. 129）なのである。

ちなみにすでに見たように、同書でマリオンは、「自己原因」を含めても、デカルトにおける神の存在証明を原則三つに区別しつつ、［A］「第三省察」の存在証明には「無限の観念」を、［B］「第五省察」のそれには「最高に完全な有るもの」を、［C］「第一、第四答弁」のそれには「自己原因」を、というようにして、それぞれの存在証明には、それ固有の「神の名」（Ibid., p. 285）を帰属せしめようとする。そして「コギタチオの有‐神‐論」に対応するのは［B］の「最高に完全な有るもの」としての神、「原因の有‐神‐論」に呼応するのが［C］の「自己原因」としての神なのだとすれば、［A］の「無限の観念」は、「有‐神‐論のデカルト的諸形態のいずれにも」安住の地を見出さず、それは「形而上学のデカルト的体制の管轄には属さない」（Ibid., p. 287-8）のだと主張する。「無限の観念から引き出された神の名」は、「神についてのデカルトの思索の非形而上学な陳述」とみなされなければならないのであって、デカルトは、「近世形而上学全体を支配することになる有‐神‐論的諸形態を定めるまさにその瞬間に〔……〕それらの諸限界を記し」（Ibid., p. 291）てもいるのである。そして先の発言からすると若干違和感を覚えないでもないのだが、マリオンは、「無限としての神の規定」と同じ資格で、「永遠真理創造」は「二重化された有‐神‐論の諸形態」のいずれにも統合されないのだと述べている。それは「体制のうちに閉じられた形而上学には属さない」（Ibid., p. 375-6）というのである。それは「不可解な権能」と解された神による永遠真理創造という出来事のうち、「権能」を重視するのか、それとも「不可解」に留意するのかの相違なのだろうか。

いずれにせよマリオンは、二〇一三年公刊の近著『デカルトの受動的思惟について』のなかでも、デカルトの形而上学は「コギタチオの有‐神‐論」と「原因の有‐神‐論」という「二重化された有‐神‐論」（PPD, p. 174）だと述べ続けることになる。そして同書でもマリオンは、或る箇所では心身の「合一」という特異現象は、その「知解不可能性」によって「エゴ・コギトの自己への確実性」を「脅かす」とともに、「なにゆえなし」のその体験によって、「自己原因についてのあらゆる特殊形而上学」を「問いに付す」(Ibid., p. 175) とも述べておきながら、末部近くの或る別の箇所では、能動的に思惟しも受動的に外的原因の影響下にありもする「合一のエゴ」は、「第一の有 - 神 - 論」と「第二の有 - 神 - 論」とを「連接」(Ibid., p. 267) するものと示唆してもいる。

デカルトに戻ろう。デカルトにおける「無限」が、マリオンにおいてさえ「形而上学の有 - 神 - 論的体制」を免れるものとして考えられたのは、それが神以前の何らかの原理によっては理解されえないから、あるいはそのような意味において、「ロゴス」の支配を超越していたからである。デカルトは繰り返し「無限」は「不可解」だと述べている。たとえば「第五答弁」では、こう言われているのである。「もし私が何かを理解し、たとえ私の理解するその何かが無限であっても理解するというのであれば、それは明らかに矛盾している〔……〕。なぜなら無限の観念は、真であるためには、けっして理解されてはならないからである。というのも、その不可解さそれ自身が、無限の形相的理由のうちに含まれているからである。そしてそれにもかかわらず、われわれの有している無限の観念が、無限の何らかの部分しか表象していないのではなくて、人間的観念によって表象されるべき仕方で、真に無限全体を表象しているということは、明らかなのである。〔……〕たとえ神のうちにあるすべてをわれわれが認識しないのだとしても、それにもかかわらず、神のうちにあるとわれわれが認識するすべては、真である」(AT VII, p. 367-8 : FA II, p. 811-2)。あるいは一六四六年一月一二日付のクレルスリエ宛書簡でも、一六三〇年の書簡を想起させるような仕方で、こう述べられている。「理解するという語は、何らかの制限を意味しているので、有限な精神は、無限である神を、理解することができない。しかしこのことは、有限な精神が神を覚知することを、妨げない。ちょうどひとが、山を包括することはできなくても、ちゃんと山に触れうるように」(AT IX-1, p. 210 : FA II, p. 845)。それゆえにこそ、すでに見たように、「いかなる本質も、神と被造物には、一義的に (univoce) は適用されえない」

（AT VII, p. 433 : FA II, p. 874）と述べられたのであり、また「実体」という名も、「神」と「神以外のすべて」とには、「一義的には適用されない」（AT VIII-1, p. 24 : FA III, p. 122）と言われるのである。「われわれがわれわれのうちに知覚するように、そのように、われわれの知性の欠陥ゆえにわれわれが神のうちにも個別的に考察するもののうちの何ものも、神とわれわれとには一義的に適用されないのだということを、われわれは認識する」（AT VII, p. 137 : FA II, p. 560）。

　しかし、そのようにして「有‐神‐論」を免れるのは、「無限」と形容された「第三省察」の神のみであろうか。「第三省察」の証明を前提しなければ成り立たない「第五省察」の神はこのさい措いておくとして、「答弁」のなかに登場し、「第三省察」の証明の連関のなかにあるべきはずの「自己原因」は、やはり「原因の有‐神‐論」のなかに吸収されなければならないのだろうか。すでに見たように、ゴンティエやグレスは、マリオンのこのような解釈には反対していたのだし、われわれとしても、やはりそのような解釈には或る種の図式化の強引さを感じざるをえないということは、すでに述べておいた。グレスによれば、「いわゆるデカルトの有‐神‐論」は、ここでは「原因」、あそこでは「実体」というような中心諸概念の「支持しえない一義性」のもとに、デカルトの諸テクストを「押しつぶすこと」を代価としてしか、「確立」（Gress, p. 279）されえないのだという。そしてゴンティエにしたがうなら、「諸答弁」においては「神的自存性」は、「因果性の公理を中断」することによってしか、「因果性の公理を立証」（Gontier, p. 74）しない。「他動性の観点」からするなら、「神的自己産出」は「非‐原因（non-cause）」（Ibid., p. 82）なのである。

　もし「無限」が有‐神‐論を免れるなら、「自己原因」もまた有‐神‐論には参入しえない。それはもはや本来的な意味での「原因」ではないのだし、結果に対して何かを及ぼしうるというような意味での「権能」でももはやない。しかし、もしそうであるとするなら、同様のことを言うべきは、「永遠真理の創造者」としての神——少なくとも「権能」の行使者とみなされるかぎりでの――についてではなくて、非被造的真理の具現者たる神についてではないだろうか。創造の根源には、創造しえないものがある。権能は、権能たるかぎりでは、自足しえない。それは或る種の無力に支えられてこそ、その力能を行使しうるのではないだろうか――しかしながら、そこまで言うと、われわれはもはやデカルト解釈の厳格な枠をはみ出して、異郷をさまようことになってしまうのかもしれないが。

第三節 デカルトの他者問題

デカルトに他者問題など、そもそも存在するのだろうか。モローはこう述べている。「『省察』が三つの存在判断（私は存在する、神は存在する、諸物体と私の身体は存在する）はくだすが、他人たちの存在については意見を表明していないのは、注目すべきことである。他人たちは、本質的には、「第二省察」の或る有名なパッセージのなかで現れる。そこでは彼らは、《幽霊たちや、ゼンマイでしか動かない偽りの人間たちを、覆いうるような外套と帽子》に還元されてしまう」(Moreau, p. 157)(50)。『省察』のなかで「他人たち」が登場してくるもう一つの有名な箇所は、すでに取り上げた「第三省察」における「神」の存在の第一証明のコンテクストのなかに出てくるものであって、そこでは「神」を含めて「物体的で無生の諸事物」、「天使たち」、「動物たち」、「私と同類の他人たち」の観念の由来が問われている。そして「他人たちや動物たちや天使たちを呈示する諸観念に関しては、たとえ私以外に人間たちも動物たちも天使たちも、世界のうちには存在しないのだとしても、それらが私の有している私自身と物体的諸事物と神との諸観念から合成されうるのだということを、容易に私は理解する」(AT VII, p. 43 : FA II, p. 441-2)――それでは「他人たち」の観念は、いったいどのような仕方で「合成」されるというのだろうか。

「他者」に関してデカルトが残した数少ない諸言説を検討しつつ、「第二省察」における「帽子と衣服」のもとに隠れた人間が持つ意味や、「第三省察」で触れられている「他人たち」の観念の合成の可能性を探ったのが、マリオンの論攷「エゴは他者を他化するか――コギトの孤独と他我の不在[51]」である。そのなかでマリオンは、他者の他性と神の他性との決定的な相違という、レヴィナスについてののちのわれわれの考察にも役立つべき論点を呈示してもいる。それゆえ本節は、(1)まずこの論攷の大筋を紹介し、(2)次項では――モローの言うとおり、デカルトが「他者」問題を本格的に主題化したとは、とてもではないが言いがたいので――多少ともその問題に関連する、「動物」についてのわれわれの経験と「人間」についてのそれとの差異に関するデカルトの諸発言を、押さえておくことにしたい。

(1)他者の他性をめぐるマリオンのデカルト解釈

論攷「エゴは他者を他化するか」は、『省察』においては他者問題がほとんど本格的に扱われていないことを検証したのちに、「私の『省察』においては〔……〕そこではこれまでいかなる人間も私に知られていると、私はまったく想定していないので[52]」という「第二答弁」のなかのデカルトの言葉を取り上げつつ、その言葉はむしろ「あらゆる他性の不可逆的な中断」という「決定的な状況」を記述しているのではないか、と問いかける。そしてこのことを「確証」するために、マリオンはまず『省察』のなかから三つの主要箇所を取り上げて、検討を加えようとするのである。

第一の箇所は、モローも指摘していた「第二省察」のなかの一節である。つまり、もし私がたまたま「街路をとおりゆく人間たち」を「窓から展望」するのであれば、私は「私が蜜蝋を見ると言うのに劣らず習慣的」に、彼らを「見る」と言ってしまうだろう。「しかしながら私は、そのもとに自動機械が隠れうるような帽子と衣服以外の、何を見るというのだろうか。それでも私は、彼らが人間たちであると判断する。かくして私は、私が眼で見ているとみなすようなものを、ただ私の精神のうちにある判断の能力によってのみ、理解しているのである」[53]。けれどもマリオンは、もちろんそこからエゴが「他人たち」の「現前」を、その「まったき他性において」認めることにはならないのだと結論する。第一に、ここでは「人間たちを見ること」は、「蜜蝋を見ること」と、「厳密なパラレル」しか提供していない。つまり「延長と魂を持ったものとのあいだの差異」は、「エゴが無差別的に完遂する見ることという唯一的行為」に、「何ら影響を及ぼさない」（p. 197）のである。そしてとりわけ第二に、ここでは「人間たち」は、「エゴのみがくだし、一面的な決定によって彼らを同定する判断」によってしか現れない。「蜜蝋」がそのように有ると決定するのと同じ手順にしたがって、エゴがそう決定するからこそ、彼らはそのように有るのである。第三に、それは「蝋人形」と同じことではないか。「エゴをして、蜜蝋の衣服がまさしく《人間たち》であると判断することを許しているまさにそのもの」が、「それによってわれわれが蝋人形の仮面を剥ぐところのもの」であり、「人間性」は、結局のところ「理性」や「恣意的判断」の「法廷」において「決定（裁定）」（p. 198）される。要するに人間たちは、その「人間性」が「借り物」のそれでしかないような「対象」となってしまって、その「他性」が「対象性」へと「還元」（p. 199）されてしまうのである。

　それでは「他性」を認めることなしに、エゴが「他者の観念」を「産出」しうるとしたら、どうだろうか。それゆえ先に見た「合成」に関する「第三省察」のなかの当該箇所が、マリオンの検討する「第二のテクスト」（p. 200）だということになる。そこでもまず、「魂」を有していようといまいと、「受肉」していようがいまいが、「有限」であろうと「無限」であろうと、「すべての他性」が「同じ平面」の上に置かれているということには、留意しておかなければならない。「他性」は「普遍的精神（*mens*）のまなざし」に対する「相違性（diversité）」に——「私とは異なるものども（*res a me diversae*）」に——「還元」されてしまうのである。そして「下位（動物たち）」であろうと「同等（他者）」であろうと「上位（天使たち）」であろうと、それらの「諸観念」に関しては、私は「私自身の観念」、「物体的諸事物（無生の）の観念」、「神の観念」が与えるものの「合成」によって、「産出」するのだということになる。

しかしながら、そもそもマリオンは、「私自身の観念」（p. 201）が他の諸観念と合成されることに対して、疑問を呈している。なぜならまず、この観念は一つの「遂行動詞《パフォーマティフ》」[54]として遂行され、そしてこのパフォーマンスの外では、「われわれはわれわれの魂についての明晰な観念を持たない」というマルブランシュのテーゼにしたがって、「何ら考察すべきものを提供しない」からであり、次いで「思惟するエゴ（*ego cogitans*）の観念」は、「思惟されたものども（*cogitata*）の他の諸観念」とは、「同じタイプ」には属さないからである。しかし、それでもデカルトは、このような「合成」を敢行する。けれどもその場合、「エゴ」は一つの「実体」として解釈され、「私自身の観念」が「物体的諸事物の諸観念」との「共通点」を提供するのだということになってしまう。しかしながら、「エゴにとって自由に用いうる他の〔＝「他人」とは異なる〕二つの諸観念にすでに共通の実体性」から「合成」された「他人の観念」は、「私に似た（*mei similis*）」[55]ものにしかならないだろう。

そこでマリオンは、今度は「神」という「第三の合成要素」（p. 202）を活用しようと試みる。なるほど「神の観念」の「諸特性」は、この段階ではまだ「発見」されてはいない。けれどもそれらがここで暗黙のうちに働いていると「仮定」してみることにしよう。その場合、「他〔人〕の観念」は、「エゴの観念」と「物体的諸事物の観念」に共通の「実体の観念」と、おそらくは神の「無限性」と「独立性」の観念とから「合成される」のだということになろう。しかしそうすると、「他〔人〕をそれについてエゴが産出する合成に還元」しようとしていたデカルトの議論が、「エゴへの他〔人〕の服従」にではなく、逆に「無限で独立的な他〔人〕の、エゴへの不服従」（p. 203）に到達するのだということになってしまうであろう。

ではいっそ「他人の他性」が「神の他性」に支えられ、「神に特徴的な無限」が「他のあらゆる他性をカヴァーする」と考えてみてはどうだろうか。しかしマリオンの検討する第三で最後の箇所、つまり「両親」に関する「第三省察」の叙述は、その「反対」を「証明」する。「私が有る」のは、「私」自身によってなのだろうか、それとも「両親」によってなのだろうか、はたまた「神より完全ではない任意の他のものたち」によってなのだろうか。私を産出することは、「思惟するもの」を産出し、またこの「思惟するもの」の思惟する「神の観念」をも産出することを、要請する。したがって「神」のみが、この「原因」(p. 204) なのでなくてはならない。しかるに「両親」は、私を「保存」することも、「思惟するもの」たるかぎりでの私を「作り出す」(p. 204-5) ことも、できないのである。

かくして『省察』は、「他人の承認」を、「概念的に禁じ」てしまうのである。たしかにフッサールとはちがってデカルトは、「コギタチオの第一の有 - 神 - 論」を「原因に認められた第二の有 - 神 - 論」によって「二重化」することによって、「神」においてのみとはいえ、「他性」(p. 205) を認めてはいた。けれども第一に、いま「両親」のところでも見たように、デカルトのいかなるテクストも、「神的な他性」が「有限な他性」の承認を「可能」にしたり、「要請」したりなどということを、想定させない。「他性」の関係のもとにあって、「有限な他」は「一義的」にも「類比的」にも、「神」とは一致しないのである。また「神の他性」が「各々の有限な有るもの」にとっての「超越論的地平」(p. 206) を開くと考えたのだとしても、それは「真に他〔人〕たる一人の他〔人〕」に通ずるわけでもなく、かえって「有限で思惟する私にとっての他〔人〕」でもあるような「他〔人〕」の「他性」は、つねに欠けたままである。かくしてエゴの「孤独」は存続し、「根本的に、エゴ (*ego*) は他我 (*alter ego*) を排除する」(p. 207) という結果に終わってしまうのである。

そこでマリオンは『省察』を離れて、デカルトにおける「愛」(p. 208) について考察しようとする。ところでマリオンによれば、第一に、「愛すること」は「意志によって或る対象に自らを結合させること」に帰着する。しかるに誰が「自らを」結合させ、また「誰にとって」対象があるというのか。当然のことながら、それは「エゴ」（p. 211）である。そして第二に、「野心家」が「栄光」に対して、「吝嗇家」が「金銭」に対して、「酒飲み」が「ワイン」に対して持つ情念等々、それらは相互に異なっているとはいえ、「愛」の性格を帯びているという点では似ている。それゆえデカルトには「愛の形相的一義性」（p. 212）とでも呼びうるようなものが存するのであって、それらすべてのケースにおいて、問題とされているのは「対象と一つの全体をなすこと」である。しかるに「愛の極端な諸形態」をさえ統一するその「統一性」が依拠しているのは、ほかならぬ「エゴの表象的優位」（p. 213）にである。つまりその「対象」がどのようなものであろうと、「あらゆる愛」はその「表象」に依存し、それゆえ「エゴの優位」を「前提」（p. 214）しているのだということになってしまう。かくして「愛」についてのデカルトの学説も、『省察』において「他性」についてなされた状況の吟味がすでにこの問いかけに対してもたらしていた「否定的回答」を、「確証」（p. 215）するだけなのである。

　ただしこの論文の最後に、マリオンはこのような結論に対して、「二つの反論」（p. 217）を提示しようと試みる。第一に、たとえばデカルトは『情念論』第五五節で、「善悪をなしうる自由な原因とみなしうるような他の諸対象を、われわれが尊重ないし軽視するとき、〈尊重〉からは〈尊敬〉が、たんなる〈軽視〉からは〈軽蔑〉が生じてくる」[56]と述べている。しかるにこのようにして他者を「自由な原因」とみなしつつ、「表象された対象」という機能を取り除くことは、デカルト晩年の「道徳全体」や「情念についての学説」を、もはや「コギタチオの有‐神‐論」の観点からのみならず、「因果性の有‐神‐論」の観点から出発して「再解釈」することをも、「含意」しているのではないだろうか。

「因果性の有‐神‐論」の観点から出発して「再解釈」して貰っても、われわれとしてはちっとも嬉しくないのだが、しかし最後にマリオンは、デカルトはヴォエティウスとの論争以来、他者を「自由な原因」とみなすような「このような逆転」を正当化してくれる「一つのモチーフ」を、少なくとも「素描」していたのだと主張する。それが「慈愛」についての彼の理論なのであって、「慈愛」は「われわれが神に、そして神のゆえにすべての人たちに――彼らが神によって愛されているのをわれわれが知っているかぎりで――捧げる神聖な友情」(p. 218)[57]と定義されているのである。「他人たちを愛すること」は、それゆえ、「エゴと彼らとのあいだの直接的関係」から帰結するのではない。というのも、このような関係は、「他〔人〕をたんなる表象された一対象」に還元してしまうような「表象の論理」にしか、したがわないからである。そうではなくて、「他人たちを愛すること」は、「神によって媒介された、エゴと彼らとのあいだの間接的関係」から帰結するのだという。「エゴは神を愛し、神が他人たちを愛することを知っている、ゆえに神をまねびつつ、これらの他人たちを愛する」のである。他人は、エゴがそれを「直接的に表象」することを断念して、「すぐれて対象化不可能なもの」たる神を「迂回〔＝経由〕」することによってのみ、それを視向することを受け入れる場合にしか、愛されえない。かくして「慈愛」は、ついには「他〔人〕」としての他〔人〕」に到達するために、「コギタチオの有‐神論の彼方」にエゴを移行させることを、その務めとしているのだということになるのである。結論――「表象するか、それとも愛するか――選択しなければならない。デカルトは、結局のところ、そのことを垣間見たであろうか」(p. 219)。

以上見てきたように、マリオンの分析は、デカルトのテクストを網羅した精緻かつ周到なものであって、そのような努力に対しては、一定の敬意を払わなくてはならないだろう。しかしながら、一方的で恣意的な理性の「判断」や、すでに私の意のままになる諸観念からの「合成」、あるいはまた私がその一部たるところの「全体」への愛による参与等々が、それらだけでは他者としての他者の真の他性には到達しないということは、他者問題の理論構制としては、言わばすでにあらかじめ分かり切ったことなのであって、問題はむしろ、そこから考察をどう進めるのかということであろう。そしてマリオンが最後に提示していた神の愛による他者と私との媒介も、キリスト教を知る西洋思想にはちっとも珍しいものではなく、それがデカルトが自らの全哲学を賭けて述べたものなのか、それともたんに一西洋人の一般常識の枠内で触れただけにすぎないものなのか、そのことがデカルト形而上学によって、あるいは形而上学の有‐神‐論的体制を超える思索によって、理論的に裏づけられないかぎりは、哲学的にはたいした意味を持ちえないだろう。たとえば神による媒介も、もしそれがレヴィナスの言うような「第三項」でしかないなら、結局は他者問題の真の解決とはなりえないのではないだろうか。つまり、もし神という媒介者によって他者が本当に私に近づけるようになるというなら、かえって神は〈同〉に吸収されてしまうことにはならないのだろうか。また反対に、もしわれわれがあくまで神の超越性を尊重するというなら、神をあいだに挟むということによって、どうして今度はますます他者が私にとっては疎く遠い存在になってしまわないと言えるのだろうか。

他者の他性と神の他性との関係は、第二項や第三項といった関係とは別の関係によって、あらためて考え直されるのでなければならない。いったいレヴィナスは、この問題を、どう捉えていたのだろうか——しかしそのまえに、われわれにはデカルトにおいて、まだ一つ検討しておかなければならないことが残っている。

(2)動物と人間——言語の問題へ

もし或る人が、「人間」以外の「動物」を見たことはないが、「人間」や「馬」や「犬」や「鳥」等々の「形態」を持つ幾つもの「自動機械」を、自ら製作した、もしくは製作するのを助けたというような場所で、一生涯育てられたとする。それらの自動機械は、「歩き、食べ、呼吸」する。そしてそれらが似る当の動物たちの「他のすべての行為」をも可能なかぎり「模倣」して、「情念」を証するような「記号」にもこと欠かない。そのような場合、いかにして彼は「真の人間たちのなかで、その形態しか持たないようなものを、識別する」(AT II, p. 39-40 : FA II,

p. 55）ことができるのだろうか――デカルトの他者問題は、「人間」と「動物」と「自動機械」との比較という、このような文脈のなかにも登場する。

周知のように、この問題構制に関しては、『方法序説』第五部のなかのいわゆる「動物機械論」において、最も詳しく論じられている。それゆえこの箇所を通覧したのちに、他の幾つかの箇所から、若干補足しておくことにしよう。

そこでは、たとえばもし「猿や、理性を持たない他の何らかの動物の、諸器官と外的形態と」を有しているような「機械」があったとするなら、われわれはそれらがあらゆる点で、これらの動物たちと「同じ本性」を持ったものではないのだということを、認める手段を持たないのだが、しかし反対に、たとえ「われわれの身体との類似性を有し、心証上可能なかぎり、われわれの諸行為を模倣する」ような機械があるとしても、だからといってそれらが「真の人間たち」ではないのだということを認めるための、「きわめて確実な二つの手段」を、われわれはつねに持ち合わせているのだとデカルトは述べている。その「第一」は、機械には「諸言葉〔発話〕」や「他の諸記号」を「合成」しつつ利用することが、けっしてできないということである。もちろん機械にも、ワンパターンの言葉を発することくらいはできるのかもしれないが、しかし機械には、言葉を「多様に配列」して、目のまえで言われたあらゆる意味に「答える」ことなどできない。そして「第二」に、機械は「幾つもの事柄」に関してはわれわれと同様に、あるいはわれわれ以上に上手に振舞うかもしれないが、しかし「他の幾つかの」事柄においては必ず「失敗」する。そのことによってわれわれは、機械が「認識」によって働いているのではなくて、ただ「それらの諸器官の配置」によってのみ働いているのだということを「発見」するのである。「理性」は「すべての種類の機会」に奉仕しうるような「普遍的な道具」なのだが、反対に機械の諸器官は、「各々の特殊的行為」について、「何らかの特殊な配置」を必要とする。そして「われわれの理性がわれわれをして行為せしめる」のと同じ仕方で、

「人生のすべての状況において機械を行為せしめる」のに十分なほどに様々な配置が「一箇の機械」のうちにあるなどということは、「不可能」(AT VI. p. 56-7 : FA I. p. 628-9) なのである。

ところで「これら同じ二つの手段」によって、ひとは「人間たちと獣たちとのあいだにある差異」をも「認識」しうるのだという。つまり、どれほど「ぼんやり」していて「愚鈍」であろうと、また「狂人」でさえ例外なしに、人間なら「様々な言葉」を「一緒に配列」して、そこから「彼らの思惟をそれによって解させるような一つの言説」を「合成」することができるのである。しかるに動物たちには、そのようなことができない。それは「諸器官」が欠けているからではなくて――「カササギ」や「オウム」は、われわれと同じような言葉を「発声」することができる――彼らはそのことによって、「彼らが言うところのものを思惟していると証言」するようには、語りえないからである。ところが人間は、たとえ「聾唖」に生まれ、語るための「諸器官」を欠いているのだとしても、「何らかの記号」を「発明」して、彼らの言語を学びうる者たちに、「自らを解させる」ことができる。そしてこのことから分かるのは、獣たちが「人間たちより少ない理性を有している」ということではなくて、むしろ彼らが「まったく理性を有していない」(AT VI. p. 57-8 : FA I. p. 629-30) ということなのである。

ひとはこのような「言葉」を、「諸情念を証し、機械によっても動物たちによっても模倣されうる自然的な諸運動」と、混同してはならない。また幾人かの古代人たちのように、われわれには彼らの言語が解せなくても、「獣たちは語っている」のだと考えてもならない。なぜならもしそれが正しいなら、彼らは「諸器官」を有しているのであるからには、「彼らの同類」に対してと同様、「われわれ」にも「自らを解させうる」はずだからである。またその「行為」の幾つかにおいて、われわれ以上の「巧妙さ」を証する動物たちがいたとしても、彼らは「他の多くの」行為において、そのような巧妙さをまったく証することがない。それゆえ「彼らがわれわれ以上になすこと」も、彼らが「精神」を有していることを、「証明」したりなどしない。むしろ「彼らの諸器官の配置にしたがって、彼らのうちで働いているのは、〈自然〉」なのであって、それは「歯車とゼンマイとからしか合成されていない時計」でも、「そのあらゆる慎重さを具えたわれわれ以上に正確に、時を刻み、時間を測りうる」（AT VI, p. 58-9 : FA I, p. 630-1）のと、同断なのである。

一六四〇年七月三〇日付のメルセンヌ宛書簡のなかでも、「理性なきすべての動物たち」は、「自動機械」（AT III, p. 121 : FA II, p. 249）だと断定されている。デカルトは『省察』の「第五答弁」においても、「私は犬のうちにいかなる精神も認めない」（AT VII, p. 359 : FA II, p. 801）と述べていて、四四年のメラン神父宛書簡のなかでは、「理性なき動物たち」は「自らを決定する積極的な権能を持たないがゆえに、自由ではない」（AT IV, p. 117 : FA III, p. 73）と語られている。そして四六年のニューカッスル侯宛書簡によれば、「獣たち」は「多くのことをわれわれ以上に巧みに行う」が、しかし、やはり「時計のように自然に、ゼンマイによって行為する」にすぎない。たとえば「ツバメが春にやって来るとき、彼らはこの点において、時計のように行為している」（AT IV, p. 575 : FA III, p. 695）だけなのである。

しかしそれは、動物の身体にかぎった話ではないだろう。人間の身体もまた、それだけを取ってみるなら、一箇の機械にすぎないのである。たとえば『ビュルマンとの対話』のなかでは、こう述べられている。「神はわれわれの身体を、機械のように製作した、そしてわれわれの身体が、つねに自らの諸法則にしたがって同じ仕方で働く普遍的な道具として行為することを欲した」（AT V, p. 163 : EB, p. 88）。また『人体の記述』でも、「身体がそのすべての諸器官を何らかの運動へと按配したとき、それはその運動を産出するために、魂を必要とはしない」と述べられている。「われわれの思惟に依存するとわれわれが経験しないすべての運動」は、「魂」にではなく、「諸器官の配置」にのみ帰属せしめられるのでなければならない。そして「われわれがわれわれの意志によって導かれていると経験しない諸運動」を「われわれの身体」のうちに引き起こすのが、「われわれの魂」だと考えるのが無根拠なのは、「時計のなかに一つの魂があって、それが時計に時を示させている」と判断するのが無根拠なのと、「同様」(AT XI, p. 225-6 : FA III, p. 822-3) なのである。

このような人体の機械的運動に関して、一六四六年一一月二三日付のニューカッスル侯宛書簡は、興味深い実例を示している。つまり、「われわれがなしていることをまったく考えることなしに、われわれが歩き、食べることが、しばしばある」というのである。たとえばわれわれは、「理性」を用いるまでもなく、「われわれに害をなす諸事物」を斥けたり、「われわれに加えられる打撃」をかわしたりする。われわれが「倒れる」とき、たとえ「われわれの両手をわれわれの頭のまえに置くまいと、われわれが意図的に欲し」たとしても、われわれには「それを我慢することができない」。そして伝え聞く話では、「眠りながら歩く者たち〔＝夢遊病者たち〕は、目覚めていれば溺れてしまう河を、ときどき泳いで渡る」(AT IV, p. 573 : FA III, p. 693-4) のだという、等々。ロディス＝レヴィスはこのような事実を捉えて、「不可解な裂け目であるどころか、動物と人間に共通の広大な領分が、身体に固有の自然法則の結果である」(R-L (2), p. 164) とコメントしている。

しかしながらデカルトは、本当に動物は「精神」を持たないと主張していたのだろうか。一六四九年二月五日付のニューカッスル侯宛書簡は、この点では他の諸テクストとはちがって、もう少し慎重な態度を示している。「しかし私は、たとえ獣たちのうちに何らかの思惟があることは証明されえないということは、論証されたこととみなすのだとしても、だからといって、いかなる思惟もないということが論証されうるとは、思わない。というのも、人間精神は、彼らのはらわた〔corda 仏訳では「心 (cœur)」となっている〕を貫くことなどないからである」(AT V, p. 276-7 : FA III, p. 885)。

それでもこの問題構制に関するかぎり、デカルトの考えは、基本的には『方法序説』以来一貫していたとみなしてよい。この書簡は少しあとで、こう続けてもいるのである。「言語が、身体のうちに隠れている思惟の、唯一の確かなしるしである。なおまたすべての人々が、可能なかぎり愚鈍で精神を奪われた者たちや、発話と声の諸器官とを欠いている者たちでさえ、言語を利用するのだが、しかし、いかなる獣も言語を利用しない。それゆえ言語を、人間と獣とのあいだの真の差異とみなしてよい」(AT V, p. 278 : FA III, p. 886)。われわれの「外的諸行為」のうちで、「それらを吟味する者たち」に、「われわれの身体がたんに自ずから動く一箇の機械であるだけでなく、そのなかには思惟を持つ一箇の魂もあるのだということ」を確証してくれるのは、「発話」や「他の諸記号」(AT IV, p. 574 : FA III, p. 694) だけなのである。それに対し、「犬が尻尾で合図する」等々に関して言うなら、それらは「情感にともなう運動」にすぎず、「身体のうちに隠れている思惟を唯一論証する言語」からは、「入念に区別しなければならない」(AT V, p. 344-5 : FA III, p. 911) のだという。

それでは「発話」ないし「言語」は、本当に「真の人間たち」を、自動機械や動物たちから区別してくれるのだろうか。われわれが動物の心を貫けないからには、他者の心についても同断なのではないだろうか。デカルトの時代なら、型にはまった画一的な返答しか与ええない自動機械は、人間ではないとたやすく見破られたことでもあろう。しかし近い将来、「外的形態」や「外的諸行為」のみならず、われわれのどんな質問にも言葉を「多様に配列」して「答える」ことのできるような精巧な機械が登場しないと、誰が断言できるだろうか。それに人間の発話のパターンとて、無限ではない。もしわれわれが斬新な表現に驚くことがあるとするなら、取りも直さず、それはわれわれが紋切り型の表現パターンに慣れ親しんできたという証拠である。人間の有限性とロボットの進化とは、デカルトの掲げた規準の不確かさを思惟せしめる。われわれはデカルトとともに、「二〇世紀の古典的他者論」が陥っていたのと同じ困難に、ふたたび遭遇することになってしまうのではないだろうか。

しかし「言語」に関して、われわれは一つのことを省略していた。われわれがここで見たのは、「言われたもの」の多様性や画一性であるにすぎない。けれどもわれわれは、そもそもなぜ他者に対して「言うこと」を試み、あるいは他者が私に「言うこと」を待ち望むのだろうか。それは「言うこと」が、ほんらいあらゆる発話内容以前に、あらゆる発話内容の条件として存する、他者としての他者の、また自己としての自己の、承認行為だったからではないだろうか。つまり、もし私が眼のまえの他者に何も与えるべき情報を有していないのだとしても、それでもとりあえず「あいさつ」をしようとするのは、他者として承認された他者に対しては、一定の敬意を払わずにはおれなかったからではないだろうか。そしてもしわれわれが近い将来、たとえ眼のまえにいるのが人造のアンドロイドだと分かっていたとしても、それでも何らかの敬意を払わざるをえないと感ずることがあるとするなら、それは眼のまえの物体が、逆に「他者」として承認されたということの、紛れもない証《あかし》なのではないだろうか。

それゆえデカルトにおける「言語」の問題を最後に、われわれとしては、ふたたびレヴィナスにおける他者問題に帰ってゆくことにしたい。

第四節　レヴィナスにおける「〈無限〉の観念の現象学」

レヴィナスの「無限」の観念には、積み上げられた論理という意味での「証明」の過程も、「因果律」のような一般原理の適用さえ認められない。そもそも因果性の概念を用いずして、どうして「外在性」判断が成り立つというのか――しかしながら、それこそがレヴィナスの特徴なのであって、彼は思惟の「内在」を突破する「無限」の「超越性」について語りつつ、なおも「現象学」的アプローチを用いることをやめようとはしない。それゆえ本節では、以下、⑴まずレヴィナスがどのようにしてデカルトの「無限」を受け取り、そこに独自の考えを付加していったのかについて、⑵次いで「無限」や「顔」が、いかにしてレヴィナス自身において現象学的な解釈を許容しうるのか、あるいはむしろ現象学的な解釈を要請せざるをえないのかについて、考察してゆくことにしたい。

(1) レヴィナスのデカルト解釈

懐疑とコギトとについてのごく平凡な解釈から始めることにしよう。デカルトにおいてと同様、レヴィナスにおいてももちろん、「懐疑の意識」は「〈完全〉の観念」を想定しているのだが、『全体性と無限』は、かくして「コギトの知」は、「無限ないし〈完全〉の観念」たる「〈師〉との関係」へと送り返すのだと述べている。つまり「デカルトにおいて、コギトは、神であるところの、そして魂のうちに無限の観念を置いたところの、〈他〉の上に支えられている」(TI, p. 58) のである。

ところですでに見たように、レヴィナスは「コギトの瞬間」は「神なき瞬間」、すなわち「無神論の瞬間」であって、それゆえ「有論的な秩序とは異なる時間順的《クロノロジック》な秩序が存在しうるということ」こそが、「分離」(Œ 2, p. 268) なのだと考える。「《論理的》秩序とは異なる時間順的な秩序が存在しうるのだということ、歩みのうちに幾つもの諸契機が存在しうるのだということ、歩みが存在しうるということ」、それが「分離」(TI, p. 25) なのである。「無限の観念」は、「無神論」にいたるまでも、つまりは「無限の観念」それ自身が「忘却」されうるほどにも、深く「分離」(Ibid., p. 156) を要請する。なぜなら「無神論」こそが、「真の神自体《カタウト》との真の関係を、制約」(Ibid., p. 50) するからである——このようにしてレヴィナスは、ふつうのデカルト研究者ならせいぜいのところ「第一省察」の懐疑のうちにのみ「無神論」(Cf. p. ex. Guenancia, p. 184 ; Devillairs, p. 221 ; LdD, p. 125, etc.) を見るところ、「第二省察」の「コギト」にまで「無神論」を求め、しかもそれを「無限の観念」に思いを致すための先行条件とさえみなしているのである。そして「第一省察」の無は、むしろレヴィナス自身が「イリア」と呼んだ「深淵」への「下降」である。それゆえにこそ「デカルトのコギト」は「推論」でも「直観」でもなく、むしろ「〔イリアの〕融即と袂を分かった無神論的主観の働き」たる「無限な否定の働き」なのだという——しかしながら、「無限の観念を所有していること」とは、「すでにして〈他者〉を迎え入れてしまっていること」(TI, p. 66) である。

その「無限の観念についてのデカルトの分析」のなかにも、レヴィナスは「二つの時期」を区別する。第一の時期においては、神は「或るコギタチオのコギタトゥム」であり、ただ「神の観念がある」だけである。しかるに第二の時期においては、神は「すぐれて内包されえ - ないもの（le non-contenable）を意味するもの」であり、「あらゆる力量を超出するもの」（DMT, p. 249）である。ショプランは、「もしレヴィナスがデカルトの遺産を要求するなら、それは〔……〕デカルトが無限な、不可解な実体――神――を主題化しているからではなくて、デカルトが無限を、〈自我〉のはみ出しを包むものとして記述しているからである」（Choplin, p. 84）と述べており、またフェスラーも「レヴィナスは、デカルトにおける神の存在証明に専念していたのではなく、神の観念において、それを思惟する意識そのものの断絶にまでゆくべく強制されている思惟の道程に、専念していた。神はわれ思う（*je pense*）を炸裂せしめつつ、観念にいたる」（L'Herne, p. 413. Cf. Faessler, p. 17, 58）と語っている。すでに見たように、レヴィナスによれば、「デカルトは無限の観念のおかげで、内在を炸裂させる」（LC, p. 75 ; L'Herne, p. 104）のである。

フェスラーの語っているように、「無限の観念」についてのレヴィナスの扱いは、およそ「証明」と呼べるようなしろものではない。「そうしたことすべては《神の存在の新しい証明》とみなされてはならない」（DI, p. 252）と述べているのは、レヴィナス自身なのである。すでに『全体性と無限』でも、このようにして連接されるのは「推論」ではなくて、「顔としての公現」だとはっきり述べられている。そしてこのようにして「無限の観念」は、「すぐれて経験」（TI, p. 170）でさえあるのだという。それゆえ、たいていの現象学者たちと同様に[58]、レヴィナス自身もまた四〇年には「デカルトの最初の二つの省察のみが、現象学にとって価値がある」（DE, p. 45）と明記していたにもかかわらず、八二年の『観念にいたる神について』の「緒言」では、彼は「〈無限〉の観念の現象学[59]」を標榜するにいたるのである。そしてたしかにここでは「それはデカルトの関心を惹かなかった」（DI, p. 11）と述べられてはいるのだが、しかし八三年の或る論文は、デカルトにおける「〈無限〉の観念」に触れつつ、まさに「真の《現象学》」(En, p. 163-4 ; L'Herne, p. 95) について語っているのである。

レヴィナスにおける「〈無限〉の観念」が、いかなる意味において「現象学」的と称されうるのかということについては、次項で詳しく検討することとして、本節ではもう少し、デカルトとの相違を確認しておくことにしよう。「道徳的なものの優位は、もはやデカルト的ではない」(Œ 2, p. 344) と、あるいはまた「デカルトは無限の観念に、倫理的意味を与えていない」(LC, p. 85 ; L'Herne, p. 107) と、レヴィナスは批判している。デカルトにおいて「〈無限〉の観念」は、「一つの理論的観念、一つの観想、一つの知」にとどまるのだが、レヴィナスにとって「〈無限〉への関係」は、「知」ではなくて「〈欲望〉」(EI, p. 97) である。そしてレヴィナスにおいて、そもそも「〈欲望〉」そのものが「倫理的関係」(Œ 2, p. 272) なのである――かくして「無限の観念」は、「責任を免れることの不可能性」(LC, p. 73 ; L'Herne, p. 104. Cf. Œ 2, p. 297) のうちにこそ存するのだと述べられることになる。

そのうえデカルトにおいては神の存在証明のために「無限」の観念が導入されていたにもかかわらず、すでに六二年の諸テクストのなかで、レヴィナスは「無限の観念」のうちに「有を言う言語のそれとはまったく別の次元の意味作用」(Œ 2, p. 341) を見ようとする。以前にも見たように、そこでは「有の観念や有論に対する無限の観念の優位」(LC, p. 53 ; L'Herne, p. 98) が肯定され、「無限の観念」と「〈有〉の観念」とを「区別」すべき旨が強調される。「なるほどデカルトにおける〈無限〉の観念や完全な〈有〉の観念は、〈有〉の観念を包んではいるのだが、しかし、それを超えている。有の観念は、最古のものではない。そして思惟、歴史、人類は、有の理解から始まるのではない」(LC, p. 99 ; L'Herne, p. 111)。しかし、それではデカルト自身の無限や神は、すでにして有の彼方だったのだろうか。

『有とは別様に』も或る註のなかで、こう述べている。「問題全体がまさしく、神が有として思惟されるのか、それとも彼方として思惟されるのかを自問することに、存している。たとえ言語の術策によって、神の神性が陳述されるのだとしても、神性を指し示す有〔有ること〕に、ただちに最高にという副詞を付け加えなければならなくなるだろう。ところで最高のものの最高性が有において思惟されるのは、神から出発してでしかない」（AQ, p. 124）。しかしながら、それはデカルト自身の考えではないだろう。たとえばラポルトによれば、「あらゆる規定以前の端的な有は、まさしく無限である」（Laporte, p. 121）のだという。じっさいデカルト自身が、こう語っているのである。「それが有限か無限かを思惟することなく、私が有や有るところのものを考えるということだけから、私が考えているのは、無限な有である。〔……〕私が或る有限な有を考えうるためには、私は有についてのこの一般的概念から、何かを取り除くのでなければならない。したがってこの一般的概念が、先行するのでなければならない」（AT V, p. 356 : FA III, p. 923）。

同様にしてレヴィナスは、デカルトは「有という言葉が神と〈被造物〉とに適用される多義的《エキボック》な意味」を「肯定している」（Œ 2, p. 285）とか、「コギトの第一次的明証性のなかで、かわるがわる混同されることなく、〈自我〉と神とが肯定される。有は両者について、たんに類比的《アナロジック》な意味においてのみ言われる」（Ibid., p. 267. Cf. p. 236）等々と述べたりもしている。しかしながら、先の節でわれわれが見たように、また『レヴィナス著作集』第二巻の編集者も注記しているように、デカルトが主張していたのは「非‐一義性（*non-univocité*）」（Ibid., p. 394）ということだけなのであって、けっして類比《アナロギア》や多義性ではない。たとえばもしデカルトが有の類比性にとどまっていたのであれば、マリオンがあれほどまでに浩瀚な『白い神学』を著すこともなかったであろう。

そのマリオンが、デカルトにおける他者問題のなかで、「一つの全体」（QC I, p. 209, 211, 213）を形成する〈愛する者〉と〈愛されるもの〉との関係について、批判的に語っているのはすでに見た。もちろんデカルト学者のなかには、たとえばドゥヴィレールのように、「愛についてのデカルトの定義」は「自愛の批判」や「自らの諸々の特殊的利害関心を捨て去る必要性」（Devillairs, p. 318-9）を含んでいるということに着目しつつ、「神の愛」において「無限そのものが欲するものを、もしくは全体を、われわれが欲する」(Ibid., p. 316) ということを、むしろポジティヴに評価する者もいるのだし、おそらくそちらのほうが、デカルト専門家には多いだろう。しかるに「デカルトにとって、有は全体化されえない」(Œ 2, p. 236) という、あるいは「それら〔＝〈自我〉と神〕は一つの全体性をまったく構成しない」(Ibid., p. 267) というのがレヴィナスの主張なのであって、さればこそジャン・ヴァールは、「超越と高さ」についての高名なる六二年のレヴィナスの講演のあとの質疑応答のなかで、「デカルトにおいては全体性の観念がある」(LC, p. 86 ; L'Herne, p. 107) と、ことさらに注意を喚起していたのである。

このようにレヴィナスのデカルト解釈には、多少とも自己自身の哲学を強引にデカルトのうちに読み込もうとする傾向があるのであって、われわれとしても両者の相違とそれが持つ意味とには、十分に注意しておかなければならないだろう。しかしながら、そうした強引さをとおしてやはり浮かび上がってくるのは、「神」や「無限」に対するレヴィナスの、とりわけハイデッガー的なそれからは区別された、彼特有の「現象学的」なアプローチなのである。たしかに「現象学」に対するレヴィナスの態度には、両価的なものが付きまとい続けることになるのが、しかし、われわれとしては、もし現象学的な態度を捨象するなら、結局のところレヴィナスの他者論には、哲学的にはほとんど汲み上げるべきものが残らないとさえ思えるほどなのである。とはいえそもそも「無限」や「神」は、「現象学的」アプローチを許容しうるものなのだろうか。そしていかなる意味で「現象」は「無限」たりうるのだろうか。またそれは「他者」とはいかなる関係に立ちうるのだろうか。そしてデカルトの解釈者たちを悩まし続けていた「有‐神‐論」的体制は、いかにしてレヴィナスによって回避されえたのだろうか——けれどもそうしたことは、次項以降の主題となろう。

なおレヴィナスは、「第三省察」末部でデカルトが「神的荘厳についての観想」やその「讃嘆、崇拝」(AT VII, p. 52 : FA II, p. 454) にしばし立ち止まるべき旨を説いていることに注目しつつ、このページはたんなる「古風な装飾」や「宗教への用心深い讃辞」などではなくて、むしろ「認識によって導かれた無限の観念の、顔として臨まれたMajesté〔荘厳・君主〕への変容」(TI, p. 187. Cf. LC, p. 86 ; L'Herne, p. 107) を表しているとコメントしているのだが、このような仕方でのこの箇所への留意は、デカルト専門家のあいだでも、たとえばドゥヴィレール (Cf. LdD, p. 178) のような人によっても、継承されているところである。

(2) 現象学か非現象学か——「顔」と「無限」のステイタス

それでは「現象学」それ自身に対して、レヴィナスはどのような態度を取っていたのだろうか。初期の彼、たとえばこの期の主著『実存から実存者へ』(Cf. EE, p. 112, 145) や『時間と他』(Cf. TA, p. 34, 67, 87) のなかでは、むしろ現象学の限界を示唆するような、ネガティヴな発言が散見される。しかし五三年の或る論攷では、逆に彼独特のポジティヴな「現象学」理解が見られ、おそらくはすでに中期に属すであろう彼の思想の特徴が、よく分かる。「表現は直観より直接的でないわけではなく、いっそう直接的である。それはすぐれて直接的な関係である。それは表現のうちで完遂されるヌーメン〔叡智体〕についての、真の《現象学》である。〔……〕おそらく人間のみが実体なのであって、そしてそのためにこそ、人間は顔なのである」(LC, p. 43)。

たとえば五〇年代半ばに記されたと目される或るノートのなかでは、レヴィナスは「痕跡の現象学」(Œ 1, p. 264) について語っている。しかしわれわれも本章第一節で見たように、六三年の論攷「他〔人〕の痕跡」のなかでは「痕跡は現象学には属さない」(DE, p. 199. Cf. HA, p. 65) と言明されていて、彼得意の前言撤回なのか否なのか、ともかくも「現象学」理解に関する彼の或る種の逡巡は、ここでも垣間見られる。

『全体性と無限』や『有とは別様に』でも、現象学に対するネガティヴな態度は、依然として存続する。たとえば前者では、「現象学は一つの哲学的方法だが、しかし現象学——明るみに出すこと (la mise en lumière) による理解——は、有それ自身の究極の出来事を構成しない」（TI. p. XVI）と語られているのだし、後者でも「本書は現象学を超えて冒険を試みる」（AQ. p. 231. Cf. p. 59）等々と言明されている。

しかしながら、七五年の或る対談では、はっきりとこう述べられているのである。「私は、それでもやはり、私が行っているのは現象学だと思う。たとえフッサールの要請する諸規則にしたがった還元は、存在しないのだとしても。たとえフッサールの方法論全体が、尊重されているわけではないのだとしても」（DI. p. 139-40）。しかも『有とは別様に』では、「還元」という言葉が——「〈言うこと〉への〈言われたもの〉の還元」（AQ. p. 58）等々——たしかに利用されているのである。これも第一節ですでに引用した言葉なのだが、「〈言うこと〉への遡行は、そこにおいて記述されえないものが記述されるところの、現象学的〈還元〉」（Ibid. p. 69）なのである。

八一年の或る対談では、またもやレヴィナスは、或る種のためらいを示している。「私には、ひとが顔の《現象学》について語りうるのか、分かりません。というのも、現象学は、現れるもの（ce qui apparaît）を記述するからです」（EI. p. 89）。しかしながら八三年の講演には、「他〔人〕の他性についての、超越についての知解性が、たとえそれが現れること（l'apparaître）と知との現象学の破壊なのであれ、もう一つの現象学（une autre phénoménologie）に訴えるのでないかぎりは〔……〕」（TrI. p. 18）という言葉が見られ、八九年にもレヴィナスは、「真の《現象学》」（AT. p. 56）という表現を用いているのである。それは従来の現象学に対する反省と新しい現象学の構築とに向けた、むしろ彼自身の自負を物語る積極的な諸発言なのではないだろうか。

レヴィナスの「現象学」理解には、たんなる戦略的な「前言撤回」だけではなくて、じっさいに紆余曲折というものがあったように思われる。しかしながら、そのような紆余曲折を経てさえ自ずから浮かび上がってくるのは、やはりいままでにはない独自の現象学を実践しつつあるという、彼自身の自覚と決意となのであろう。以下われわれは、「顔」や「無限」についての発言が皆無とは言わないまでも、それほど多いとは言えない彼の初期思想は省略して、中期と後期の彼の思索のなかから、彼独自の現象学的思想とはいかなるものであったのかを確認しつつ、それらの現象学的ステイタスについて検討してゆきたいと思う。

(a)中期レヴィナスの場合

まず中期の彼の考えを示す典型的な言葉を、『全体性と無限』のなかから引いておくことにしよう。「何かを何かとして顕現するところの、そしてそこにおいては開示されたものがその独自性を、その前代未聞の存在を断念するところの、造形的顕現ないし開示（dévoilement）とは反対に――表現においては、顕現（la manifestation）と顕現されたもの（le manifesté）とが一致し、顕現されたものはそれ自身の顕現に立ち会う（assiste）」（TI, p. 272）。このような自己「顕現」は、通常の意味での現象つまりは「造形的顕現」や「開示」以上に、いっそう根源的で独自な現象性を示しているとさえ言えるのではないだろうか。

「無限はまず有って、それから自らを顕示（révéler）する、というのではない。その無限化は、顕示として生ずる」（Ibid., p. XV. Cf. p. 33, 94）のだとも、『全体性と無限』は述べている。「〈他者〉の顔」は「自らを表現する」（Ibid., p. 21）のであり、「自らを意味する」（Ibid., p. 113）のであって、このような「表現」においては、「有」が「自己自身を現前化」（Ibid., p. 174）するのである。中期のレヴィナスは、「無限」とのこのような関係を、「すぐれて経験」（Ibid., p. XIII. Cf. p. 81, 170）とも呼んでいる。しかしそれは、対象化を旨とする通常の「客観的経験」（Ibid., p. XIII）からは断固として区別された「純粋な経験、概念なき経験」（DE, p. 177. Cf. TI, p.74）であり、そこには「質料」と「形相」（TI, p. 113）の関係さえ成り立たないのだという。

「レヴィナスは他者が自らを示す仕方を、現象や顕現ではなく、顕示《オフェンバールング》（révélation）と名づけている」（Krewani (1), S. 121）とクレワニは述べているのだが、この言葉が正確でないことは、自己「顕現」をめぐる先の言葉からも一目瞭然であろう。もちろん「顕現」という語がネガティヴに用いられるケースもないわけではないが（Cf. p. ex. TI, p.174; AQ, p. 120, etc.）、しかし、もしことさらに区別すべき語があるとするなら、レヴィナスの場合、それはむしろ「開示」（Cf. TI, p. 22, 37, 72, 73, 157, 272; AQ, p. 120, 152, 225, 226; HA, p. 62, 65; EI, p. 112, etc.）なのであって、ときとして彼が用いる「有名な開示」（LC, p. 75; L'Herne, p. 104）という言葉からも、それが「ハイデッガーの考え」（TI, p. XVI）を指し示すものであることが分かる――なぜなら前期ハイデッガーにおいてのように、「開示」は「主観的地平から出発して」なされるものでしかなく、したがって、すでにして「ヌーメン〔叡智体・本体〕を打ち損じて」（Ibid., p. 39）いるからである。

　世界という「地平」（DE, p. 229; Œ 2, p. 218）を介さない顕現を言うために、よくレヴィナスは「コンテクストなき意味作用」（TI, p. XII. Cf. AQ, p. 116; DE, p. 194, 207; HA, p. 51; EI, p. 90-1; En, p. 68, etc.）(60)といった類《たぐい》の表現を用いている。ショプランは「コンテクストなき」という表現は「少々不正確」であって、むしろ顔は「コンテクストを突破することによって」（Choplin, p. 125）与えられるのだと主張する。顔はまず「感性界のうちに」現れ、それから「世界、内在、〈同〉の登録簿」を「突破」（Ibid., p. 126）するというのである。たしかにレヴィナスには、「顔の超越は世界の外で演じられるのではない」（TI, p. 147）とか、「他者との関係は世界の外で生じるのではなく、所有された世界を問いに付す」（Ibid., p. 148）といった言葉が見出されはする。顔は「感性的なもののうちで自らを表現」しつつ、「感性的なものを引き裂く」（Ibid., p. 172）のであり、また「何らかの仕方で、それ自身の造形的本質を突破する」（HA, p. 51. Cf. LC, p. 42, 90）のである。逆に言うなら、第一節でも見たように、「顔は或る絶対に異他的な圏域から出発して、われわれの世界のなかに入ってくる」（HA, p. 52）のだということになる――しかしながら、世界というコンテクストを「突破」するということは、このコンテクストを度外視しても現れうるということなのであって、それを「コンテクストなき」と表現することに、格段の問題があるわけではない。われわれとしてはむしろ、ショプランとはまったく別の意味で、はたしてレヴィナスの「顔」や「他者」や「無限」が、本当にいかなる「コンテクスト」をも免れうるものであったのかということを、本章の最後に問い直すことになろう――なおレヴィナスは、「世界」という「具体的なもの」のなかにあって「顔」は「抽象的」で「裸（nu）」（Ibid., p. 51）だと述べてもいるのだが、ときとして誤解されやすい「抽象的」という彼の語は、このように「世界」との対比で考えるべき言葉なのであろう。

いずれにせよ顔においては、「自らを顕現する有」は、「それ自身の顕現に立ち会う」（Œ 2, p. 374. Cf. p. 375 ; Œ 1, p. 394, etc.）という言い方がなされるようになる。「顔においては、表現されたものが表現に立ち会い、その表現そのものを表現する」（DE, p. 173）というふうに。また、さればこそ中期のレヴィナスには、先に見た「顕現と顕現されたもの」の「一致」といった表現が、頻出することにもなるのである。たとえば「顕示するもの（révélateur）と顕示されたもの（révélé）との一致」（TI, p. 38 ; Œ 2, p. 371）とか、また「表現されたものと表現する者との一致」（TI, p. 37 ; Œ 2, p. 370）とか、あるいはまた「師」にあっては「教えと教える者との一致」（TI, p. 41）や「思惟」と「思惟を陳述する師」（Œ 2, p. 219）の一体とか。さらには「ひとが問うもの」と「ひとが問いかける者」との、「答える者」と「答えられたもの」（TI, p. 152）との、「伝えられたもの」と「伝える者」（LC, p. 42）[61]との一致、等々。「顔」とはまさにこのような「自己による自己の例外的な現前化」（TI, p. 177）なのである。

われわれは自己顕現や自己顕示をめぐるレヴィナスのこのような諸表現に接して、自ずからミシェル・アンリの現象学を想起せざるをえない。両者の立場の相違は否定すべくもないとしても、そこには何かしら相通ずるものがある。そしてアンリにおいて、意識の志向性の相関者たる世界のなかの通常の対象が、どこまでも相対的な現象にとどまっていたのに対し、自己顕現するものの顕示には絶対的な現象性もしくは実在性が認められていたのと同様に、レヴィナスにおいても、顔や無限には「物自体」（TI, p. 156, 157 ; DE, p. 197 ; LC, p. 44, etc.）や「即自（en soi）」

（TI, p. 81, 158 ; Œ 1, p. 432 ; Œ 2, p. 219, etc.）[62]が、あるいは「カタウト〔即自・自体〕」（TI, p. 37, 39 ; Œ 1, p. 437 ; Œ 2, p. 372, etc.）や「絶対的なもの」（TI, p. 43, 169, 190 ; Œ 1, p. 394 ; Œ 2, p. 218, etc.）の存在が、認められ続けることになる。そして「自らを表現すること」と等置されたこのような「自体として（en personne）自らを現前化すること」（TI, p. 239）は、「人格的に（personnellement）自らを現前化すること」（Ibid., p. 115）、もしくは「人格的に立ち会う」（Ibid., p. 203）ことでもあるのだから、モーガンの言うように、「レヴィナスは構造的にはカントのよう」（Morgan, p. 176）であり、あるいはまたレヴィナス自身が語っているように、このような「有と現象との差異」（TI, p. 155）のうちには、「カントの実践哲学」（En, p. 22）との近さが指摘されうるであろう――もちろんカントにおける現象と物自体との区別は、レヴィナスにあっては、世界の造形的現象性と他者の顔の倫理的自己顕現との相違に変貌してしまうのではあるが。

けれども「絶対的なもの」の資格を授与されるのは、他者だけではない。「〈他者〉に近づくことによってのみ、私は私自身に立ち会う」のだと、レヴィナス自身が述べている。「私が迎え入れる顔」は、私自身をも「現象から有へ」と移行させてくれるのである。かくして私は「物自体」へと、つまりは「私の究極の実在」（TI, p. 153. Cf. p. 231）へと、連れ戻されるのだということになる。自他関係にあって、関係の「諸項」は、双方とも「絶対的（absolus）」（Ibid., p. 156, 169, 195）なのである――ただし周知のように、そしてわれわれ自身もいずれ――おそらく本格的には次章で――批判的に検討することになろうが、レヴィナスの場合、「〈形而上学者〉〔＝私〕は〈形而上学的なもの〉〔＝他者〕と同じ意味で絶対的なのではない」（Ibid., p. 195）とされている。

いずれにせよ「キルケゴールの考えたように、体系に私を拒絶するのは自我ではなく、〈他〉である」（Ibid., p. 10）という『全体性と無限』のなかの有名な言葉は、正確ではなかったということになる。そしてデリダ（Derrida（1）, p. 162-3）の批判を俟つまでもなく、すでに五〇年代に「自我」は「全体性に吸収されない」（En, p. 25）とか、あるいは「全体性から引き抜かれている」（DE, p. 120）等々と述べているのは、レヴィナス自身なのである。

ところで『全体性と無限』期のレヴィナスは、「他者との関係」は「〈他者〉に世界を言うこと」（TI, p. 148）に存するのだと考えている。あるいは逆に他者のほうからするなら、「他者」もまた「自己についてではなく、世界について語る」ことによって、つまりは「世界を主題化する」（Ibid., p. 69）ことによってこそ、自らを顕現するのだということになる。「顔を見ることは、世界について語ること」（Ibid., p. 149）であり、〈同〉が〈他〉を「迎え入れる」のは、「諸主題を介して」（Ibid., p. 70）なのである。しかしながらレヴィナスの場合、大切なのはもちろん、何が語られるかということではなくて、語られるということそのことである。そのうえ「それへと問いが立てられる者は、一内容たることなしに、すでに自らを現前化した」（Ibid., p. 152）とか、「顔は内容たること[63]のその拒絶において現前している」等々と語られたりもする。「〈他者〉の他性は、何らかの性質には依存しない」（Ibid., p. 168）[64]のである。あるいはむしろ、「表現の第一次的な内容」とは、「この表現そのもの」（Ibid., p. 22）のことなのであって、「他であること」が「超越」の「内容」（Ibid., p. 5）をなし、「他性の他」が「〈他〉の内容そのもの」（Ibid., p. 9）を構成するのである。それゆえ「意味するもの」が「あらゆる記号以前」に、それ自身によって「顔を現前化」し、「自らを現前化」するのでなければならず、「書かれた言語に対する語られた言語の余剰」（Ibid., p. 157）も、この点にこそ存する。かくして「教える者の最初の教え」とは、「教える者としてのその現前そのもの」（Ibid., p. 73）なのであって、「第一次的な教え」が教えるのは、「その外在性に等価な、この高さそのもの」（Ibid., p. 146）なのである。

それゆえわれわれとしては、「自らにフレーズを禁じる師は、何も与えないだろう。彼が持つのは弟子ではなくて、たんに奴隷にすぎないだろう」（Derrida (1), p. 219）というデリダの批判は、まったく当たらないと考える。もちろん『全体性と無限』にも、たとえば「教えは、そこにおいて師が生徒に、生徒がまだ知らないものをもたらしうるような言説である」（TI, p. 155）というような言葉もあって、誤解を招きやすいのだが、しかし、〈言うこと〉

において最も尊重されるべきは、〈言われたもの〉たる「フレーズ」などではなくて、まさしく〈言うこと〉そのことなのであろう。師の高さは、何を教えるのかということに存しているのではなくて、まさに〈言うこと〉をなし〈言うこと〉を招く当事者たることに存するというのが、レヴィナス本来の考えではないだろうか――しかしこのことは、彼の後期思想において、いっそう判明に現れるように思われる。

(b)後期レヴィナスの場合

じっさい八一年の或るテクストのなかで、レヴィナスはこう語っているのである。「たしかに或る〈言われたもの〉の〈言うこと〉でないような〈言うこと〉など、存在しない。しかし、〈言うこと〉は〈言われたもの〉をしか、意味しないのだろうか。〈言うこと〉から出発して、或る〈言われたもの〉の主題化や露呈には〔……〕還元されないような或る意味の筋立て〔intrigue 策動〕を、引き出さなければならないのではないだろうか」(HS, p. 192)。また『有とは別様に』でも、こう述べられている。「たしかに〈言うこと〉に固有の筋立て〔策動〕は、〈言うこと〉を〈言われたもの〉に導いてしまう。〔……〕〈言われたもの〉――現れること――が、〈言うこと〉のなかで起ち上がる。〔……〕しかし、そこにおいて〈言うこと〉が主題化されるところの〈言われたもの〉から出発して、〈言うこと〉を顕現することは、まだ〈言うこと〉の固有の表意作用を包み隠したりなどせず、永久に《偽造》したりなどしない。〈言われたもの〉のうちに吸収される〈言うこと〉の筋立て〔策動〕は、この吸収のうちには、汲み尽くされない」(AQ, p. 59)。七五年の或るテクストによれば、「言うこと」は「或る言われたものを言う以前に、私を他者に開く」(DI, p. 121)のであって、「証言としての〈言うこと〉」は「あらゆる〈言われたもの〉」に先立ち、かくして「或る〈言われたもの〉を陳述する以前の〈言うこと〉」が、すでにして「責任」の「証言」(Ibid., p. 122)なのである。そしてふたたび『有とは別様に』にしたがうなら、われわれは「〈言われたもの〉」のうちにも「〈言うこと〉の反響《エコー》」（AQ. p. 34）を――ひょっとして「まだまったく熱い痕跡」（DE, p. 230）を――看取するのである。

八一年の或る対談のなかで、レヴィナスはこう説いている。「言うこととは、顔をまえにして、私がたんに顔を観想するためにのみそこにとどまるのではなくて、私が顔に答えるということなのです。言うこととは、他者にあいさつをする一つの仕様なのですが、しかし、他者にあいさつをすることは、すでにして他者に責任を持つことなのです。誰かをまえにして黙っているのは、困難なことです。この困難は、その究極の根拠を、言われたものがどのようなものなのであれ、言うことのこの固有の意味作用のうちに有しているのです。何かについて、雨や好天について、語らなければなりません。たいしたことではありませんが、しかし語らなければならず、彼に答え（répondre à lui）、すでにして彼に責任を持つ（répondre de lui）のでなければならないのです」（EI, p. 93）。すでに見たことでもあるのだが、このような「誠実」は、「〈言うこと〉の一属性」などではなくて、むしろ「〈言うこと〉」こそが「誠実を完遂」するのである。逆にいかなる〈言われたもの〉も、〈言うこと〉の誠実には「匹敵」しえないのであるからには、「誠実」とは「〈言われたもの〉なき〈言うこと〉」であり、かつ、それはまた「こんにちは」のように「単純」な、見かけ上は「何も言わないために語ること」（AQ. p. 183. Cf. p. 182, 193 ; DMT, p. 223, 224, 233）でもある。

中期と同様、『有とは別様に』においても、結局のところ「〈言うこと〉」とは「言うことを主題化することなしに、言うことをさらに露呈することによって、言うことそのものを言うこと」であり、つまりは「自らを露呈することに汲み尽くされること」（AQ. p. 182）なのである。七五‐六年のソルボンヌ講義の表現を借りるなら、それは「〈言うこと〉を〈言うこと〉」としての「〈言うこと〉の反復」（DMT, p. 223-4）だということになる。そしてこのような〈言うこと〉の「単純」な「露呈」性ないしは現象性に対応するであろう顔の意味作用の単純なる現象性を述べるために、後期レヴィナスは、「あらゆる特殊的表現以前に」、「そしてあらゆる特殊的表現のもとで」（DI, p. 244 ; En, p. 155 ; EP, p. 95 ; AT, p. 134, 146 ; L'Herne, p. 90, etc.）[65]という表現を、繰り返し用いるようになるのだが、しかし内容自体としては、この考えもやはり中期のそれと同断であろう。

後期レヴィナスにおいて、たとえ「顔の非現象性」について語られることがあるにしても、その「意味」は、『有とは別様に』によれば、やはり「隣人の近しさによって引き起こされた責務は、それが引き渡す諸像《イマージュ》には釣り合わず、それ以前に、もしくは別様に、私に関わる」(AQ. p. 113) ということにすぎない。「顔」は「彼方の表意作用」ではあっても、それはこのような「彼方」の「記号」とか「象徴」(HS. p. 130) とかいったものではない。それは「このような他所への象徴的な送り返し」などではなくて、むしろ「顔はその赤裸において、自らを現前化する」(HA. p. 63) のである。六七年の論攷でも「顔」は「すぐれて自己‐表意作用 (auto-signifiance)」(DE, p. 229) であると言われ、なるほどそれは「無限の現前そのものであるような不在」(Ibid., p. 231)[66] と述べられはするのだが、しかし七五‐六年のソルボンヌ講義では、「無限の不在」は「純然たる不在ではない」(DMT, p. 126 ; L'Herne, p. 71) と確言されている。同年度の別の講義では、「〈無限〉は現れることなく、〈無限〉として自らを示すことなく、自らを顕示する」(DMT, p. 229) とも述べられていて、このような言葉も、中期と同様、造形的な視覚的現象性等々には還元されえない顔の独自な現象性を、際立たせるだけなのであろう。「《私はここにいる！》と言う主観が、〈無限〉について証言するのです。その真理が表象や知覚の真理ではないところのこの証言によってこそ、〈無限〉の顕示が生ずるのです」(EI, p. 113)。じっさい「《顔》を見るためには、認識するためには、すでに他者を脱‐顔化 (dé-visager) するのでなくてはならない」(IH, p. 201) であろう――なおレヴィナスは、八四年の或るテクストのなかで、「他人の顔」の「本源的な公現」は「造形的形式を持ったその可視性のうちに」あるのではなくて、むしろ「《付帯現前化》のうちに」(AT, p. 146. Cf. EN, p. 81) あると述べてはいるのだが、八〇年代になっても「付帯現前化」などというフッサール的な、またどちらかと言うと理論的・主知主義的な響きを漂わせる言葉をレヴィナスが用いているのは、きわめて異例なことと言わなければならない。

ちなみに中期思想において、他者のみならず、自我もまた歴史や世界や全体性からは除外されていたように、後期においてこのような排除を「非‐場所」とも呼ぶレヴィナスは、「〈非‐場所〉から〈非‐場所〉へ与えられた合図」（DE. p. 231）といった表現も用いるようになる。しかしそれはデリダが危惧するような「霊的であると同様に幽霊的な」（Derrida (2). p. 193）存在などではなくて、ただ世界や有のコンテクストとは別様にそれが現れるということを意味しているだけなのだろう。「隣人の他性とは、顔たる隣人が、そこにおいてすでに帰還や復活の約束なしに不在しているところの、非‐場所のくぼみである」（HA. p. 12）と、七二年の或るテクストは語っているのだが、「くぼみ（creux）」がセバの強調するような「〈有〉のなかの《穴（trou）》」（Sebbah (2). p. 95, 195. Cf. p. 157）と同義でないことは、メルロ＝ポンティのサルトル批判以来、われわれのよく知るところである[67]。ましてや「ひとが戸を叩く、そして私が開けるとき、誰もいない」（Ibid. p. 157）などというような表現は、比喩としてならともかく、レヴィナスの根本思想からはまったくかけ離れていると言わざるをえない。

後期レヴィナスは、「自己‐触発」に対するかたちで、よく「異他‐触発（hétéro-affection）」（AQ. p. 155, etc.）という表現を用いるようになる。「〈無限〉は、〈自我〉がそれを支配しうることなく、〈自我〉を触発する」（DL. p. 411）のであり、「最初から、われわれの意に反して、〈他者〉がわれわれを触発している」（AQ. p. 166）[68]のである。「絶対に他なるものによる触発」あるいは「見えないものによる触発」、すなわち後期レヴィナスの考えにしたがうなら、「有と有るものとの彼方にある触発」（DI. p. 183）。「〈無限〉の観念」や「神の観念」は、まさしく「無限による有限の触発（affection）」として生ずる。それはまた「無限による有限の不可逆的な触発」なのであって、つまりは「神の観念」は、完全に「情感性（affectivité）」なのである。そしてこのような触発を、レヴィナスは「神学的触発」（TrI. p. 26. Cf. En. p. 228-9）[69]とも呼んでいる……。

かくしてわれわれは、「〈無限〉の観念」の問題構制のなかで問われているのが、はたして本当は「〈他者〉」なのか、それとも「神」なのかという問題に、ふたたび舞い戻ってしまうことになる。われわれは次節で、本章本来の課題たる〈レヴィナスにおける他者の他性と神の他性との関係〉という問題に、今度こそ本格的に立ち向かってゆかなければならなくなるであろう。

第五節　レヴィナスにおける「他性」の問題――「他者」と「神」

四六年に書かれた手帳のなかの或るページには、こう記されている。「私の哲学は――対‐面の哲学である。仲介なき他者との関係。これこそがユダイスムである。神が語った」(Œ 1. p. 186)。しかし、なぜ「対‐面」において、そして「仲介なき他者との関係」のなかで、「神」が語りうるのだろうか。神は「仲介」者たりえないのだろうか。そしてなぜ「ユダイスム」なのだろうか。

六〇年代半ばの或るタルムード講話では、レヴィナスはこう語っている。「私の註釈において、神という語は稀であろう。それは宗教的には最も明晰な概念を表現してはいるのだが、哲学的には、有るところの最も昏い概念を表現している」(QL. p. 70)。

神の他性と他者の他性との関係について、レヴィナスが最初から「明晰」であったとは言いがたい。むしろそれについては、初期にはほとんど語られることがなく、中期には「哲学的には」まだ曖昧で、かえってタルムード講話等の「ユダイスム」関連のテクストのなかで積極的に語られることになり、そして哲学的諸テクストのなかでも、それが最も明晰に規定されるのは、とりわけ「彼性（illéité）」の着想をえた後期思想を俟ってのことだと思われる。

初期の哲学上の主著のなかでは、先のタルムード講話の言葉ではないが、そもそも「神」について語られること自体が「稀」である。『時間と他』の、おそらく出版年（七九年）に書かれたであろう「序文」では、「時間は有限な有の制限そのものであろうか、それとも有限な有の神への関係であろうか」と問われたあとで、すでに後期の立場から、こう述べられている。「『時間と他』は時間を、有るものの有の有論的地平としてではなく、有の彼方の仕方として、〈他〉への《思惟》の関係として、また――エロティスム、父性、隣人に対する責任といった、他人の顔に面した社会性の様々な諸形態を介して――〈まったく他なるもの〉への、〈超越者〉への、〈無限〉への関係として、予感している」(TA. p. 8)。しかしおそらくそれは、まだ「予感」――しかも三〇年以上経ってようやく回顧的に語られうる類《たぐい》の――でしかない。「序文」はもう少し先で、こう述べているのである。「時間的超越は、一九四八年のわれわれの試論のなかでは、せいぜいのところ準備的なままにとどまる諸着想においてしか、記述されなかった。これらの着想は、ディア‐クロニー〔通‐時〕が意味する超越と、他者の他性の距たりとのあいだの類比《アナロジー》によって、またこの超越のインターヴァルを通過する――あらゆる関係の諸項を結ぶ絆には比較不可能な――絆を強調することによって、導かれている」(Ibid., p. 11)。

他者と神との関係を、初期思想において探ることには、あまり希望が持てそうにない。われわれは本節では、以下、(1)まず――やはり後期思想ほどには明確とは言えない――中期思想において、この問題について考察し、次いで後期思想に関しては、「彼性」の登場から始めて、幾つかの項(2)〜(4)に分けながら、もう少し詳しくこの問題構制について検討してゆくことにしたい。

(1)中期レヴィナスの場合

まず中期に属する「哲学的」な諸テクストから見てゆくことにしよう。本章の「はじめに」でも「じっさいには神のみが語る。他者が私に語りかけるかぎりで――すなわち私が他者に語りかけるかぎりで――〈他者〉は神である」という言葉を引用した五二年のテクストは、続けて「私は他者を神格化するのではなく、反対に、神的なもののカテゴリーこそが――ただし、もしひとが神的なものをカテゴリーとして立てうるのだとして――〈対話〉から派生するのである」と語っている。レヴィナスが「宗教」と呼ぶのは、「顔との関係」なのであって、「一神教的なまさにその神（Le Dieu）」は、「発話」によって自らを顕示するのだという。けれどもレヴィナスは、ただちにこう続けるのである。「師のみが語る。〔……〕道徳的態度は、他者としての他者が師たることとの承認である」（Œ 2, p. 227）。それゆえこのテクストでは、他者と神の相違は、まだきわめて曖昧なままと言わざるをえない。そしてここでは、こうも続けられているのである。「そのときにこそ、他者は何らかの側面によって、神的なものとして私に現れ、他者は私にとって――即自的に――私の殺しえない道徳的な有なのである」（Ibid., p. 228）。

五四年の論攷「〈自我〉と〈全体性〉」では、「真の《汝》」は「他〈人〉たちから離脱した〈愛される者〉」ではなく、また「真の対話」は「愛の対話」とは「別のところ」にあるのであって、われわれは「神とその礼拝との概念」を、「第三者たちを含んだ社会の不可避的な必然性」（En, p. 31）から出発して展開しなければならない旨を伝えている。このような言葉からは、レヴィナスが確実に『全体性と無限』への途上にあることが分かるのだが、そのあと彼は、こう続けているのである。「神は、まず第一にこの対話者でなかったなら、神たりえないことだろう」（Ibid., p. 32）。それでは「真の対話」の「対話者」とは、やはりまずもって「神」なのだろうか。その場合、対話における「真の《汝》」たる「他〈人〉たち」の役割とは、いったいどのようなものになるのだろうか。五九年にはレヴィナスは、「自らを隠す神」が「その包み隠しにおいて、自らを顕示する神」（DE, p. 114）だと述べてはいるのだが、神と他者とに関するレヴィナスの諸発言のこのような曖昧さも、あたかも自らを「包み隠」すことによってしか「自らを顕示」しえない神の一特性のようでさえある。

『全体性と無限』において、われわれは「無限は〔……〕神的に存在する」という言葉を、「はじめに」で引いておいた。ここでは「全体化」からは区別された「神との社会」が、レヴィナスが「宗教」（TI, p. 77）と呼ぶものだとも述べられている。「意志」は、「死の恐れ」が「殺害を犯すことの恐れ」に転ずるときにこそ、「神の裁きのもとにある」(Ibid., p. 222) のだが、逆にまた「〈無限〉が無限として生じうるため」には、「個人的なものや人格的なものが必要」(Ibid., p. 193) なのだという。「顔において、〈他者〉はその卓越性を、他者がそこから降りてくるところの高さと神性との次元を、表現する」(Ibid., p. 240) のである。かくして他者は、「形而上学的で、神との私の関係に不可欠な、真理」の「場所そのもの」だということになるのだが、しかしながらレヴィナスは、他者は「媒介者」の役割を演じるのではないと断言する。他者はまた「神の受肉」でもなくて、むしろ他者は、他者が「脱肉化されている(désincarné)」ところの「顔」によってこそ、「神がそこにおいて自らを顕示するところの高さの顕現」(Ibid., p. 51) なのだという。

他者は私と神のあいだの「媒介者」ではないとはいえ、それでも私にとっては「神的」なものの次元がそこにおいて顕示されるような、「高さの次元」という「場所」である。私が他者に師の高さを認めつつ接近するとき、そこにこそ神が立ち現れる――しかし、「場所」とはそもそも何なのだろうか。そしてもし他者と私と神とのあいだで問題とされているのが媒介の関係ではなくて、場所の関係であるとするなら、まず忌避されるべきは、三者のあいだの諸項関係ではないだろうか。つまり、「神」とはそもそも第一とか第二とか第三とかの「項」ではなくて、私が「他者」に接する或る仕方を表す名なのではないだろうか。

しかし『全体性と無限』は、別のところで、「まだ外在性を測る視覚には非十全的な外在性のはみ出しが、まさしく、高さの次元もしくは外在性の神性を構成する。神性は、諸々の距たりを守る」と語った直後に、こう続けてもいるのである。「〈言説〉は、神との言説であって〔……〕平等な者たちとの言説ではない。形而上学は、神とのこの言語の本質である」(Ibid., p. 273)。先にも見たように、それではわれわれが語るとき、われわれの「対話者」は、本当は神であって、他者ではないということになるのだろうか。それでは「対‐面」や「媒介なき他者との関係」

はどこかに吹き飛んでしまって、他者は神との関係の或る付帯現象ということにでもなってしまうのだろうか。

先にも述べたように、この時期に関しては、ユダイスム関連の諸文書のほうが、少なくともより具体的でより率直な言葉を多く含んでいるように思われる。おそらくは五三年あたりのレヴィナスによれば、「神を愛する人」、「人を愛する神」、「人を愛する人」の「三つの関係」のなかで、ユダイスムが出発すべきは「最後のもの」からである。たとえば「私が神を愛した」のも、「私の隣人の悲惨に対する私の反抗」(Œ 1, p. 352-3) からなのである。また五六年の彼にしたがうなら、「神の見」は「道徳的作用」であり、「この光学」は「一つの倫理」なのであって、「手探り」でしかない神との「直接的接触」は、かえって「警戒」(DL, p. 382) しなければならないのだという。ひとは「いたるところに人間を見出す」がゆえに、「どこにも神の栄誉を讃えない」のだが、しかし、「神的なものについての或る別の感情」というものがあるのであって、それこそが「責任のそれ」(IH, p. 163) なのである。

五七年の論文「大人の宗教」は、ユダイスムが「人間的なもの」を考えるのは、「神の現前を人間との関係を介して感じ取ることによって」だと言明する。ユダイスムにとっては「倫理的関係」が、「例外的関係」(DL, p. 31) ――例外的というのはもちろん、特権的という意味だが――なのである。他者は「私の再現 (*réédition*)」などではなくて、それは他者という資格において「高さ、理想、神的なものの次元」に位置し、それゆえにこそ私は、「他者との私の関係」によって、「神と関係する」ことになる。「道徳的関係」は「自己意識」と「神についての意識」とを統合し、また倫理は「神の見の系 (le corollaire de la vision de Dieu)」ではなくて、「この見そのもの」(Ibid., p. 33) なのだという。かくして「神的なものとの関係が、人間たちとの関係を貫き、社会的正義と一致する」、そしてそれこそが「ユダヤの『聖書』の精神全体」(Ibid., p. 36) だというのである。

けれども「神の見」という表現は、やはり何らかの仕方での神の主題化を思わせて、いまだ不十分であろう。それとは逆に五九年の「いかにしてユダイスムは可能か」は、「道徳的な純粋さ」や「道徳的尊厳」は「神と差し向かいで（en tête à tête）」演じられるのではなくて、むしろ「人間たちのあいだで」演じられるのだと述べていて、この点ではきわめて明晰である。「ユダヤの神」はけっしてこのような「差し向かい」を許さなかったのであって、それはつねに「大勢の人たちの神」（Ibid., p. 345）だったのである。

六〇年の「世俗とイスラエルの思想」でも、「神との関係」は、いかなるときにも「人々との関係の外では」考えられないと述べられている。神が「貧しい人たちの神」であるとか「正義の神」であるとか言うことは、神の「諸属性」についてではなく、神の「本質」について意見を表明することであって、そこから「あらゆる宗教的教団からは独立した相互人間的諸関係」が、何らかの仕方で「儀式的信仰心のすべての表明に対しては自律的な、至高の典礼行為」を構成すると考えられるのである。この意味で「預言者たち」は、「神殿の犠牲」より「正義」を好む。「人と神とのあいだの真の相関関係」は、「人の人への関係」に依存しているのであって、人がその「まったき責任」を引き受けるのは、「あたかも当てにすべき神が存在しないかのよう」（IH, p. 182-3）でさえあるのだという。

なお六一年の「今日のユダヤ思想」でも、「倫理」は「神的なものについての一つの光学」であり、「神とのいかなる関係」も、もはや「直線的」でも「直接的」でもないと述べられている。「〈神的なもの〉は隣人を介してしか自らを顕現しえない」のであって、ユダヤ人にとって「受肉」は、「可能」でも「必要」（DL, p. 223）でもないのだという——しかし、先には他者は「媒介者」ではないと言われていた。それでは「隣人たちを介して」という言葉は、いったい何を意味しているのだろうか。

「神の発話は天国に導く。たんに人間たる人間の発話、人間の扇動は、つねに地獄に導く」（AV, p. 48）。発話は「神が自らを顕示〔啓示〕する真の仕方」なのであって、反対に「受肉」は「顕示〔啓示〕の対蹠地」にある。そして「女たちに語りかけるすべを知っている男たち」がいるように、ユダヤ人は「神に語りかけるすべを知っている人間」(Œ 1. p. 414) なのだという。しかしひとは、直接神に語りかけることなどできるのだろうか。また「神が自らを顕示する真の仕方」とは、いったいどのような仕方なのだろうか。

ユダイスム関連の文書は具体的で率直ではあったが、それだけに「哲学的」にはいまだ不満が残る。もう一度、哲学的発言に立ち返ることにしよう。われわれが「移行期」とみなした六二年には、「超越と高さ」と題された有名な講演があり、そのあとの質疑応答のなかの、ここでもまたとりわけジャン・ヴァールの問いを念頭に置きつつ、レヴィナスは「私の考え全体のなかで、人間たちの外で出会われる神が問われているのではない」と答えている。彼が語ったのは、つねに「人間を介して開かれる高さのパースペクティヴ」(LC, p. 86 ; L'Herne, p. 107) についてなのであって、彼が「神について何かを言わなければならない」ときにも、それはつねに「人間的諸関係から出発して」であり、また「〈他者〉との関係の諸言葉において」(LC, p. 94 ; L'Herne, p. 110) なのだという。たしかに彼が「宗教的状況」と呼ぶのは、「あなたたちがつねに神に面と向かっていて、私的なものがない、この例外的状況」のことだとも言われてはいるのだが、しかし、それでも「神の抽象的観念」は「人間的状況を解明しえない観念」であり、「逆こそが真」(LC, p. 95 ; L'Herne, p. 110) なのだとレヴィナスは考える。

いまのところわれわれは、他者との関係、高さを含んだその関係のうちに神が何らかの仕方で現れ、かくして他者こそが言わば神の顕現の場所だということ以外、まだよく分かっていない。真の対話者とは、神なのだろうか、それとも他者なのだろうか。そしてもし私が真に他者と対‐面するときには、何らかの仕方で神が語りかけるとでもいうのであれば、そのとき神の発話と他者の発話の関係は、どうなっているのだろうか。そもそも神の発話などというものについて、哲学的なコンテクストのなかで、語られうるのだろうか。そしてレヴィナスは、こう続けるのである。「私の出発点は、絶対に非神学的である。〔……〕私が行っているのは神学ではなくて、哲学である」(LC. p. 96 ; L'Herne. p. 110) ……。

（2）「不可逆性の条件」としての「彼性」の登場

後期レヴィナスは、「私に関わってくる」のが「《〈汝〉》の顔」であるにもかかわらず、「〈無限〉」はつねに「三人称」、「〈彼〉」（DL, p. 411）にとどまると、主張し始めるようになる。それゆえ「神」は「三人称」もしくは「〈彼性〉」（DMT, p. 236）なのであって、「〈彼性〉として、神は無‐限」（Ibid., p. 237）なのである。

八二年に公刊されたブーバーに関する或る「ノート」のなかで、レヴィナスは「われわれは他者の他性とは別の〈無限〉や神的超越について語るために、三人称に、われわれが彼性と呼んだものに、訴えるべく導かれた」（HS, p. 64）と述懐している。われわれはすでに本章の「はじめに」において、「神は単純に《最初の他者》や《すぐれて他者》や《絶対的に他者》であるのではなく、他者とは他、別様に他であり、他者の他性に、隣人への倫理的束縛に先立つ他性によって他なのであって、あらゆる隣人と異なり、不在にいたるまで、イリアの大混乱とのその可能的混同にいたるまで、超越的である」（DI, p. 115. Cf. DMT, p. 258）という考えや、「この超越〔＝神への超越〕が他者との〔水平的な？〕関係から出発して生じたということは、他人が神であるということも、神が一人のおおいなる〈他者〉であるということも、意味しない」（En, p. 84）という言葉に触れておいた。またそのさいわれわれは、「おそらくは他人への超越と神への超越とのあいだの区別があまりにも早急になされてはならないような超越」（Ibid., p. 96-7）という、彼の言葉も引いておいた。たしかにそこには、まだ動揺が見られるのかもしれない。しかしこのような言葉が出てきたということ自体、彼が〈他者の他性〉と〈神の他性〉の区別について、以前より明確に意識し始めたということの、揺るがぬ証左なのであろう。しかし、なぜ〈汝〉や「他者」とは区別されなければならないからといって、三人称の「彼性」なのだろうか。ブーバーに関する先のノートは、こう続けている。「私を隣人への奉仕へと、隣人に対する責任へと送り返す神の彼性。神は私と私の隣人たちとのあいだの相互人格的〔＝人称的〕諸関係を引き起こすようなものとして、人格的〔人称的〕なのであろう」（HS, p. 64）。

レヴィナスには六一年、六二年、六三年に講演で語られていて、その最終部が「他〔なるもの〕の痕跡」というタイトルのもとに六三年に公刊され、全体としても六四年に刊行された「意味作用と意味」という論文があり、「彼性」についてはそこでも語られているのだが、該当箇所は六三年に公刊された「他〔なるもの〕の痕跡」とほとんど内容的に重複するので、シュトラッサーが「転回」を見たこの六三年の論文のほうを見ておくことにしよう。そこでは「〈有〉の彼方」にあるのは「一つの三人称」だと、つまりは「そこから顔がやって来るところの彼方」は「三人称」だと言われている。そのさい「人称代名詞〈彼〉（Il）」は、その「表現しえない不可逆性」を「表現」しているのであって、「三人称の彼性」は「不可逆性の条件」なのだという。つまり汝と我の相互的関係ではなくて、私に対する汝の超越性の条件をなしているのが、神という無限の彼性なのである。言わば神が語るからこそ、私は隣人に奉仕せざるをえないのである。

六三年の論文は、こう続けている。「顔のなかであらゆる顕示やあらゆる包み隠しからすでに身を引いてしまったところの、過ぎ去ってしまったところのこの三人称――この彼性――は、顔が浸透する世界に対して《有より劣るもの》なのではなくて、それは有論を免れる並外れ（énormité）全体、尺度逸脱（démesure）全体、絶対に他なるものの〈無限〉全体である。顔の至高の現前は、訪れの卓越性そのものを根拠づけるこの至高で不可逆的な不在とは、不可分である」（DE, p. 199. Cf. HA, p. 65）。この「不在」が普通の意味での「顕示」を免れていたとしても、同時にそれが「あらゆる包み隠し」とも無縁だということは、記憶しておいてよいだろう。同論文はもう少し先で、「彼性は有の他性の根源である」と語ったのちに、いつものようにこう続けているのである。「神のほうへゆくこと、それは一箇の記号ではないこの痕跡をたどることではなくて、痕跡のうちに自らを保っている〈他〔人〕たち〉のほうへゆくことである」（DE, p. 202. Cf. HA, p. 69-70）。

『有とは別様に』でも「彼性」としての〈無限〉は「対話者」（AQ, p. 188）ではないと言明されていて、以前の曖味さがなくなりつつある。神は語るが、しかし「対話者」として語るわけではないのである。つまり「彼性」は「三人称」ではあってとしても、しかしそれは「第三の人間のそれとは異なる《第三者性（tertialité）》にしたがって」、そうだということになる。〈無限〉は「自らを私に露呈することなく」、そして「近しさが縮まるにつれてますます否応なしに」、顔としての「隣人」を私に「命ずる」のであって、私の知らぬ間に私を「触発」する「命令のこの非‐現象性」をこそ、レヴィナスは「彼性」（Ibid., p. 191）と呼ぶのである。

『有とは別様に』は、「彼性」が「顔から出発した迂回」であることは認めている。「*il*〔フランス語の彼〕ないしは*ille*〔ラテン語の彼〕に基づいて形成された新造語」たる「彼性（illéité）」は、「汝」や「対象の主題化」を「排除」しつつ、「私と結合することなく私に関わる或る仕方（une façon）」を指し示しているのである。「有‐の‐彼方」の「彼性」とは、「私のほうへの有‐の‐彼方の到来」が、「私に隣人のほうへの運動を完遂させる一つの出発」だという事実なのであって、この出発の「積極性」をなし、この出発を「否定神学の一ターム」ではないようにしているのが、「他〔人〕たちに対する私の責任」なのだという。そして「この責任の逆説」は、「私は責務へと駆り立てられてはいるのだが、この責務は、私において始まったのではない」（Ibid., p. 15-6）ということに存している[70]――われわれは先の「不可逆性」の意味を、具体的にはこのような言葉のうちに確認することができるであろう。

三人称の「彼」は、「知られ‐ざる神」に関連づけられることもある。「主題を、また君呼ばわり（tutoiement）の純然たる廉直を免れた、知られ‐ざる神（Dieu in-connu）。あたかも〈彼〉が、それらからは放免されたかのように。もしくは〈彼〉の三人称のうちへと、自らを超越したかのように」（En, p. 164 : L'Herne, p. 96）。また当然のことながら、「彼性」は「痕跡」とならべて語られることがある。「痕跡は、私の隣人の顔における神の近しさである。〔……〕無限は、自らを示し、自らを合図し、自らを象徴化し、自らを告知し、自らを回想するすべてのものに対して――自らを現前化し、自らを表象〔再現前化〕し、またそのことによって自らを有限なものや〈同〉と《同時化》するすべてのものに対して——同化しえない他性であり、絶対的な差異である。それは〈彼〉であり、〈彼性〉である」（En, p. 68-9）。けれども「痕跡」が「純然たる不在」ではないということは、すでにわれわれが見たとおりなのであって、レヴィナスの場合、たとえば〈言うこと〉は〈言われたもの〉に対して、まだ熱い痕跡を残し、理論的な不在は倫理的な現前を可能化する。「他者」や「顔」との「関係」においてこそ「神は観念にいたる」のであって、このような「到来」は、「顔による自我‐への‐呼びかけ」を「現れること（*apparaître*）」や「経験」から「区別」するとはいえ、「顔による自我‐への‐呼びかけ」（TrI, p. 38-9）に属している。そしてこのような「観念にいたる神」こそが、「神の生」（Ibid., p. 60. Cf. DI, p. 13）[71]なのだという——しかしながら、「観念」とは一つの現象ではないだろうか。そして「神の生」は、たんなる神の抜け殻たりうるだろうか。

「或る意味では彼性は、規範性、強制性、もしくは責務性を説明するためのものである」（Morgan, p. 194）と、モーガンは述べている。レヴィナス自身の言葉にしたがうなら、「彼性」とは「責任へと私に命ずる」（AQ, p. 214）ものである。もし彼性が神だとするなら、あるいは少なくとも私を責任へと命ずるかぎりでの神だとするなら、私を他者への倫理的奉仕へと導く彼性は、たしかに他者それ自身ではなくて、他者との関係の不可逆性を私に強いてくるような条件そのものなのであろう。ちなみにレヴィナスは或る箇所で、「〈無限〉にとって、あるいは神にとって、その望ましさ（désirabilité）そのもののただなかから、他〔人〕たちの望ましからざる（non désirable）近しさへと送り返すこのような仕方（façon）——われわれはそれを、《彼性》という言葉によって指し示した」（DI, p. 113-4）と述べている。必ずしも私の好まぬ他者に対してさえ課せられる、このような有無を言わせぬ——レヴィナスの場合、文字どおり「有」とも「無」とも言わせぬ——義務意識のうちにも、われわれはカントの実践哲学に対するレヴィナスの近さを指摘することができるであろう。そしてレヴィナスは、タルムードに関する或るテクストのなかで、こう語っているのである。「自由に対する責任のこの先行性を、〈絶対者〉の権威そのものとして理解しなければならない。〈絶対者〉は、現前、顕現、秩序、有といった尺度や有限性にとっては《大きすぎ》、したがってそれは、有でも非有でもなく、それは有と非有の彼方という《排除された第三者》であり、三人称である。われわれはこの三人称を《彼性》と呼んだが、おそらくそれは、神という語も述べているところのものである」（AV. p. 157）。

⑶他者の顔と神の発話——〈私〉〈汝〉〈彼〉

もう少し他者と神との関係を、掘り下げてゆくことにしたい。特に「神」というものを、レヴィナスはどう考えていたのだろうか。

『有とは別様に』のなかで、彼はこう述べている。「初めて神が語に交わりに来るフレーズには、神という語はまだ不在である。そのようなフレーズは、《私は神を信ずる》とはまったく陳述されない」（AQ. p. 190）。とはいえ前項でも見た「彼」に関して、同書はそれが「〈代‐名詞〉」として、「名〔＝名詞〕を担いうるあらゆるものを、自らの刻印で刻す」（Ibid., p. 233）[72]と述べ、また「存在作用（essence）の外、もしくは存在作用の彼方にある〈名〉、〈個体性〉以前の個体」が「神と名づけられる」（Ibid., p. 68）と語ってもいる。しかし、なぜ神はあらゆる名〔名詞〕を自らの刻印で刻したり、存在作用や個体性の彼方に存したりすることができるのだろうか。答えは『実存の発見』の最後の言葉のなかにある。「最初の語は、言うことそれ自身を言う。〔……〕最初の語は、あらゆる有やあらゆる思惟以前に、言うことそれ自身しか言わない。〔……〕この最初の言うことは、たしかに一つの語でしかない。しかしそれは、神である」（DE. p. 236）。われわれは先に、「有」や「有るもの」や「有論的差別」それ自身が、「言われたもの」にその住居を有していることを見た——ハイデッガーならば、それこそが「有の家」だと言うでもあろう。そして「言うこと」がなければ「言われたもの」もないのであるからには、それらが根源的なものでありえないこともまた確かである。それならば、神はむしろ「言うこと」のうちにこそ宿るのではないか。そしてもし神が「言うこと」のうちに住まうのであれば、たしかにあらゆる「言われたもの」は、それが名〔名詞〕なのであれ動詞なのであれ、はたまた「有」なのであれ「有るもの」なのであれ、あるいは「個体性」という名の本質なのであれ、神に依存せずにはおれないことになろう。ちなみにレヴィナスは『固有名詞』のなかで、こうも述べているのである。「超越者の公現は、曖昧ないし謎である。おそらくそれは、一つの語でしかない。／言語とは、一つの語のみがつねに発せられるという事実である。すなわち、神」(NP. p. 141)[73]。

そしてレヴィナスの思想において同様に特徴的なのは、「他者へと導く運動そのものが、神へと導く」(DI. p. 227)[74]という考えである。「顔への接近のうちには、神の観念への接近が、たしかにある」(EI. p. 97)。逆に言うなら、「〈無限〉の栄光」が証せられるのは、「証言の声によって」なのであって、レヴィナスによれば、それが「神は人間たちを必要とする」(DMT. p. 229)ということの唯一の意味なのだという。「ユダイスム《と》キリスト教」と題された八七年の対談において、レヴィナスは表題のまさにその関係について、ユダイスムの側からきわめて率直な思いを披瀝し、述懐しているのだが、そのなかで彼は「真の聖餐は、パンと葡萄酒のなかよりも、むしろ他者との出会いのうちにあり、この出会いのうちにこそ、神の人格的現前が存しているのだと、私は思っていた」(HN. p. 190)とも語っている。また別のテクストによれば、「神の近しさ」とは「他人に対する責任」(II. p. 232)である。「私－のうちの－〈無限〉－の－観念」もしくは「神への私の関係」が私にやって来るのは、「他人への私の関係という具体性において」であり、つまりは「隣人に対する私の責任であるところの社会性において」(DI. p. 11)なのである。

それゆえ私はけっして神と直接に対面するわけではなくて、私はつねに他者をとおって神に接しているのだということになる。六五年の或るテクストは、こう述べている。「或る〈汝〉が〈私〉と絶対的な〈彼〉とのあいだに挿入される。相関関係は破られる。／それゆえ絶対的な〈汝〉を立てるのは虚しい」(DE. p. 216)。同様に六八年の論文でも、こう語られている。「或る〈汝〉が〈私〉と絶対的な〈彼〉とのあいだに挿入される。それは辱められた超越的な或る神の謎めいた中間（l'entre-deux）たる歴史の現在ではなくて、〈他〔人〕〉の顔である」（En. p. 69）[75]。たしかに〈彼〉ないし〈彼性〉の登場は、他者を神的な意味での「絶対的」なものや「無限」と混同することを、確実に阻止するものであった。しかし、それでは具体的には、いったいいかにして〈汝〉もしくは〈他〔人〕〉の顔が、〈私〉と〈彼〉とのあいだに立ちうるのだろうか。

具体的にはそれは、神の発話が他者の顔をとおして聞き取られるということによってである。「神の〈発話〉」は「〈他者の顔〉のなかに、〈他者〉との出会いのうちに、記入されている」（En. p. 118）のであって、つまりは「顔の《公現》」においてこそ、「《前代未聞の命令》もしくは《神の発話》が聞かれる」（AT. p. 136）のである。神は「他者の顔」のうちで「初めて」私に語りかけ、「他人との出会い」においてこそ、神は私の「精神にいたる」、あるいは「知覚される（tomber sous le sens）」（Ibid. p. 177）のだという。しかも「神は〔……〕きわめて早くに語り始めた」（Ibid. p. 182）のである。

レヴィナスのテクストのなかには、「神の〈発話〉」それ自身が「他者の顔」（TrI. p. 53）であるというような発言も見出せないではないのだが、しかし、さすがにそれは言いすぎ、あるいは簡略にすぎる言い方であろう。顔はむしろ「神の発話の場所」（AT. p. 114）であり、つまりはそれをとおって神の言葉が聞き取られるような、特権的な局面にして現場なのである。「隣人の顔は、神が観念にいたるような或る沈黙の声によって、超越がそこにおいて或る権威を呼び求めるような、本源的な場所（lieu originel）ではないだろうか。〈無限〉の本源的な場所」（Ibid. p. 29）――われわれとしては、このような「場所」の捉え方は専一的なものではなくて、もっと根源的な考え方もあると考えてはいるのだが、このことについては、いずれまた検討し直すことにしよう。そのまえに、「神の発話」とはいったいどのようなものなのか、すでにいままでの議論からも十分に明らかなのだが、念のため確認しておくことにしたい。

神の発話はもちろん「倫理的」なものである。「倫理的な脱‐利害介‐在化（dés-intér-essement éthique）──神の発話！」（En, p. 242）──ちなみに intéressement は、ふつう「利益分配」程度の意味しか有していないのだが、レヴィナスは dés-intér-essement のうちに、利害関心（intérêt）や存在（esse）からの脱却（dés）を見ている──。「責任の具体性」は、「他者の顔のうちでの神の〈発話〉によって命じられる」（Ibid., p. 181）のであって、「自我」は「他者の顔のうちでの神の発話に答えつつ、諸責任へと選出」（HN, p. 212）されているのである。「ひとはこの要求、もしくはこの呼びかけ、あるいは責任へのこの指定を、神の発話と呼ばなければならないのではないか。神が観念にいたるのは、思惟しうるものの主題化においてよりはむしろ、〔神との〕対話への何らかの誘いにおいてさえよりむしろ、まさしくこの指定においてではないだろうか」（En, p. 157; L'Herne, p. 91-2; AT, p. 47-8）。神が私の観念にいたるのは、他者の顔から出発して私に意味してくる「命令」（AT, p. 46）によってなのである。

それがどのような命令なのか、われわれはすでに学習済みである。「《汝殺すなかれ》。顔のなかには命令してくる至高の権威があって、私はつねに、それは神の言葉だと言っている」（Ibid., p. 114）。「汝殺すなかれ──それこそが、他者の顔を介して一挙に私に関わり、私を呼び覚ます、〈超越者〉の前代未聞の表意作用たる神の発話の表意作用そのものなのではないだろうか」（HN, p. 129）。「汝殺すなかれ」という「神の命令」は、「謀殺（assassinat）の禁止」であるのみならず、「他者に対する絶えざる責任への呼び求め」（IH, p. 202）でもある。「他者への気遣いは自己への気遣いにまさる」、それこそがレヴィナスが「聖性（sainteté）」と呼んでいるものなのである。そして「創造に対する私の讃嘆」や「宇宙の第一原因についての私の探求」のはるか以前に、このような「自我に対する他人の優位」においてこそ、「神が私の観念にいたる」（Ibid., p. 201）のであって、このような「責務」こそが「神の最初の発話」なのである。レヴィナスにとって、「神学」は──もちろん「神」についての「学」という意味ではなく、「神」についての「学」の始源となるべき神的なものという意味においてであろうが──「隣人の顔のなかで始まる」のであり、かくてこそ「神」は「他〔人〕の《顔》のなかに降りる」（Ibid. p. 202）のである。

「神は責任の作者である」と、モーガンは述べている。彼によれば、「神」とは「われわれが他者に対して感じる重さや負担をわれわれが表現しようとするとき、われわれの唇にのぼる言葉」（Morgan. p. 192）なのである。リンギスによれば、「神は他〔人〕の真の非現象的な形式である」（L'Herne. p. 180）ということになるのだが、しかし、その言わんとするところはともかくとして、「形式」や「形相」、「フォルム」や「形」といった言葉は、レヴィナス解釈としてはあまり好ましくない。レヴィナス自身の言葉では、「他人の顔として表現された或る〈発話〉によって私に関わってくる神」は、「けっして内在にはならない超越」なのであって、「他者の顔」は、その「意味する仕様（manière de signifier）」（AT. p. 172）なのだという。「仕様」、もしくは「神の〈発話〉が鳴り響く仕方（mode）」。八二年の或る対談のなかで、レヴィナスは「他者のうちには神の実在的現前があります。他者への私の関係のうちに、私は神の〈発話〉を聞くのです」と述べたあとで、それは「隠喩」ではなくて、「文字どおり真」なのだと念を押している。「私は他者が神だと言うのではなく、他者の〈顔〉のうちに、私は神の〈発話〉を聞くと言うのです」。そして対談者の問い、つまり「それは神とわれわれとのあいだの一つの媒介者なのでしょうか」という質問に対して、彼はこう答えているのである。「ああ！　いえ、いえ、まったくそうではありません。それは媒介ではありません――それは神の〈発話〉が鳴り響く仕方（le mode selon lequel la Parole de Dieu retentit）なのです」（En. p. 120）。

他者が神と私とのあいだの「媒介者」ではないというのは、レヴィナスの変わらぬ主張である。しかし彼は、「或る〈汝〉が〈私〉と絶対的な〈彼〉とのあいだに挿入される」ということまで、否定しているわけではない。それでは「あいだ」とは、いったいどういう関係なのだろうか。またレヴィナスは、先ほど「隣人の顔」は「神の発話の場所」、「〈無限〉の本源的な場所」であると述べてはいたのだが、しかし、もし他者が「場所」なら、まえに見た「非‐場所」は、私だけになってしまうのだろうか。あるいは神もまた、この種の「非‐場所」なのだろうか。

それとも「場所」については、もっと別の考え方が――おそらくレヴィナス自身においてさえ――存しているのではないだろうか。そして神が「意味する仕様」もしくは「神の〈発話〉が鳴り響く仕方」は、そのような「場所」と、どのような関係にあるのだろうか。

われわれはまだこれらの問いには、ただちには答ええない。それは本来的には、次章の課題となるだろう。そのまえにわれわれとしては、私と神と汝との関係に関する、もう少し具体性を増したレヴィナス自身の考えについて、さらに検討を加えておかなければならない。

(4)「受苦する神」と「〈汝〉の基底にある〈彼〉」

そのためにわれわれは、デカルトの――あるいはむしろデカルトの解釈者たちの――ところでも見た「有‐神‐論」の神について、レヴィナス自身はどう考えていたのかについて、簡単に振り返っておくことにしたい。それは「有‐神‐論」の神ならざる神は、そもそも私や他者にどう関わってくるのか、その点についての考察を準備することにもなろう。

六九年にローマで行われたディスカッションのなかで、レヴィナスはこう発言している。「私は《神は死んだ》と言われるわれらがヨーロッパの具体的な精神状況から出発して、思索している。そして或る神は、たしかに死んだ」(II, p. 230)。そして七五‐六年のソルボンヌ講義「死と時間」のなかでは、こう述べられているのである。「おそらくは死んでしまった有‐神‐論の神が、唯一の神だろうか――神という語の他の諸々の意義は、存在しないのだろうか。〔……〕哲学的努力の全体を有‐神‐論の誤謬(erreur)や迷誤(errance)に還元してしまうことは、哲学の歴史のたんに可能なだけの一読解である」(DMT, p. 69 : L'Herne, p. 46)。

ちなみにこのような「有‐神‐論」の問題構制に関して興味深いのは、同講義のレヴィナスが、哲学の歴史に関するハイデッガー的な読解からの脱却を示すものとして、カントの名を挙げているということである。つまりレヴィナスは、カントの――『論理学』講義「序論」Ⅲ「哲学一般の概念」のなかの――有名な「四つの問い」、すなわち「私は何を知りうるのか」、「私は何をなすべきか」、「私には何を望むことが許されているのか」、「人間とは何であるか」のうち、二番目と三番目は「有の理解には還元されず、人間の義務と救済とに関わる」(DMT, p. 70 ; L'Herne, p. 46) と主張しているのである。それゆえカントは、「有のエポックに還元されることなくその意味を持つ諸々の意義」(DMT, p. 71 ; L'Herne, p. 47) が、思惟のうちには存在するのだということを、証してくれている。かくして「カントの実践哲学」が示しているのは、「ハイデッガー的な還元が強制的ではない」(DMT, p. 72 ; L'Herne, p. 47) ということなのである。

七五‐六年のもう一つのソルボンヌ講義「神と有‐神‐論」のなかでも、「ひとは神を有‐神‐論の外で、有へのその準拠の外で、考えることができるだろうか」(DMT, p. 172) と問われている。そしてこの期のレヴィナスにとっては、神はすでに「有の他」であり、ここでも彼は先にも見た「脱‐利害介‐在化 (dés-inter-essement)」という語を用いつつ、それを「《存在作用化 (essement)》からの脱出 (sortie)」という言葉で説明している。彼にとって、「何か有‐神‐論よりもっと古いもの」とは、当然のことながら「倫理」なのであって、「倫理」こそがむしろ「有‐神‐論」を釈明する。ちなみに彼はこの箇所に、「前‐本源的な、前‐論理的な倫理が、《倫理より古くない》ような、そして忘却にいたるまで倫理を覆い尽くしてしまうような有‐神‐論を、釈明しなければならないのだということ、それが『有とは別様に』の根本的な諸動機の一つである」(Ibid., p. 141) という註記を添えている。そしてじっさい『有とは別様に』の「前置きノート」は、次の言葉で終わっているのである。「有によって汚染されていない神を解することは、形而上学と有‐神論とにおいては神がそこへと落ち込んでしまっているであろうような忘却から有を引き出すことに劣らず重要で不安定な、一つの人間的可能性である」(AQ, p. X)。

レヴィナスが最初から「有‐神‐論」に対して懐疑的であったか否かについては、さだかではない。五〇年代半ばに記されたと思われる或るノートには、「アリストテレス形而上学において、有一般が神に置き換えられているということは、有論に対する形而上学の勝利ではないだろうか」(Œ 1, p. 418) という言葉が残されている。けれども少なくとも後期のレヴィナスが、このような考えを完全に脱却していたということは明々白々なのであって、たとえば先のソルボンヌ講義「神と有‐神‐論」では、「有論と結束している神学をもってしては、神は概念に固定されてしまう」(DMT, p. 237) と述べられているのである。

ところでわれわれが「有‐神‐論」の問題構制という回り道をとおって示したかったことの一つには、レヴィナスにおける「神」は「概念」ではないということがある。それではいったい、それはどのようにして経験されるのだろうか。

われわれは先に、「無限による有限の触発」の問題構制のなかで、レヴィナスが「神の観念」を「情感性」として捉えていることを確認した。そしてそのさいレヴィナスが例として挙げているのが、「神の愛と恐れ」(TrI, p. 26. Cf. En, p. 228-9) なのである。とりわけ八〇年代のレヴィナスにおいて顕著となってくるのは、このように、「神」を「情感性」の経験によって捉えようとする傾向なのである。

たとえば八二年のブーバーに関する先のノートのなかでは、彼は「宗教的なあらゆる情感性は、その具体性においては、他者への或る関係を意味している。神への恐れは、具体的には、隣人のための私の恐れであろう」(HS. p. 64) と述べている。また同じ年の或る対談のなかでも、「神を恐れることがとりわけ意味しているのは、他者のために恐れることだとさえ、私は思う」(En, p. 127) と発言されている。そして八三年には、彼は「他者のための恐れ、隣人の死のための恐れは、私の恐れではあるが、しかし、私のための恐れではまったくない」(Ibid., p. 140 ; L'Herne, p. 118. Cf. En, p. 157) と記すことになろう。

しかしここでもタルムード講話は、公的な哲学文書より、幾らか先んじているように思われる。おそらくは七〇年代前半に語られたであろう或る講話のなかで、レヴィナスはこう述べているのである。「人間性とは、他〔人〕のために受苦することであり、自己自身の受苦にいたるまで、私の受苦が他〔人〕に課す受苦を受苦することである。〔……〕人間的なものは〔……〕神との関係として現れる」（SS. p. 167）。そして八〇年代になると、このような「受苦」は、あからさまに「受苦する神」という思想を身にまとうようになる。八三年のジュネーヴでの対談のなかで、レヴィナスはこう語っているのである。「個人の受苦は、つねに神の受苦なのです。〔……〕自己のための真の祈りの意味とは、或る受苦する神（un Dieu qui souffre）のための一つの祈りなのです。〔……〕私の受苦――私の罪によって私がそれに値したような受苦であろうとも――のなかで受苦している〈者〉とは、神であると言うことができるのです」（TrI. p. 58-9）(76)。また「ユダイスムとケノーシス」と題された八五年のテクストのなかにも、以下のような言葉が見出されるのである。「受苦する自我は、受苦する神の《おおいなる受苦》のために祈り、人間の過ちのためにも人間の贖罪の受苦のためにも受苦する神の受苦のために祈る。そして自我がその祈祷のなかでそれへと向かって高められるところの、自我の受苦を超出する神のこの受苦において、自我の受苦は鎮められる。人間は、神において自我の苦悩を超出するところの或る苦悩、そのような苦悩に比べられた彼自身の苦痛を、もはや感じない」（HN. p. 149）。そして「受苦するこの神のための祈りとしてこそ、人間の祈りは《自己のための祈り》となることができる」（Ibid. p. 151）(77)のだという……。

われわれはいささか話を急ぎすぎてしまったのかもしれない。神の観念を「情感性」として捉えるのはともかくとして、「受苦する神」の諸主題は、あまりに宗教的ないし神学的であって、哲学や、ましてや現象学の厳密かつ堅実な思索を、一挙に飛び越えてしまうのではないだろうか――しかしながら、見方を逆にするなら、「受苦する神」に反発するのは、かえって「神」を一箇の人間的な項として捉えているからかもしれないのである。もしわれわれが理論的には「他者」問題を解決しえず、「他者」を倫理的に、あるいはむしろ情感的にさえ捉えざるをえなくなってくるのだとしたら、それは「他者」と私との関係が、或る理論的ならざる「場所」の上で、初めて成り立つからではないだろうか。

先にレヴィナスは、むしろ「隣人の顔」こそが「神の発話の場所」であると主張していた。しかしながらレヴィナスには、「〈汝〉の基底にある〈彼〉(Il au fond du Tu)」[78]という考えもあるのであって、このような立場からするなら、むしろ神こそが私と汝との関係をその根底から支えるような場所だとも考えられるのである。そしてもし神がこのような情感性の場所だとするなら、われわれは「受苦する神」を、受苦経験がそこにおいて成り立つような場所として、擬人的にではなく、まさしく哲学的に把捉することができるのではないだろうか。

われわれはレヴィナスを、そのような方向で解釈したいと考えている――しかし先にも述べたように、本来的には、それは次章のテーマとなろう。そして次章においても、そこにいたるまでには、本章ではまだ本格的には取り上げてこなかったレヴィナスにおける「倫理的」な問題構制等々を、主題化してゆかなければならなくなってくるであろう。けれども場所や倫理的相互性の問題にゆくまえに、本章にはまだ、不可逆性の最後の砦に迫っておくという課題が残っている。

第六節　時間の無限と不可逆性の問題

われわれが幾度となく参照してきた六三年の論攷「他〔なるもの〕の痕跡」では、「痕跡」とは「その表意作用が過去に疎遠ではないような永遠性」であると言われ、かつまた「永遠性」は「時間の不可逆性そのもの」(DE, p. 198. Cf. HA, p. 64-5) だという特異な主張がなされている――しかしわれわれがここでレヴィナスにおける「時間」

の問題を取り上げるのは、たんに「不可逆性」のテーマを継続し、展開したいからだけではない。先にわれわれは、『時間と他』の、おそらくは七九年に書かれた「序文」のなかの、「『時間と他』は時間を〔……〕〈まったく他なるもの〉への、〈超越者〉への、〈無限〉への関係として、予感している」(TA. p. 8) という言葉を引用しておいたのだが、「時間」の問題はごく初期から、レヴィナスの思想においては、本章の主題たる「無限」の、あるいはまた「神」のそれとの連関のなかで、捉えられ続けているのである。

たとえば初期レヴィナスには、すでに四〇年代前半に書かれた捕虜時代の手帳のなかに、「神〔は〕時間の或る時熟〔である〕(Dieu une certaine temporalisation du temps)」(Œ 1, p. 82) という言葉が見られ、また中期レヴィナスにおいても、この期の主著『全体性と無限』は、その第四部Gに「時間の無限」(TI, p. 257) という表題を持つ。もちろん後期レヴィナスの場合でも、たとえば七五－六年のソルボンヌ講義「死と時間」では、「時間は、けっして無限を内包したり包み込んだりしうることなしに、自らを無限に付託する仕方であろう」(DMT, p. 32; L'Herne, p. 29. Cf. DMT, p. 53; L'Herne, p. 38) とか、「時間は〈無限〉との関係そのものとして考えるべきであろう」(DMT, p. 126; L'Herne, p. 71. Cf. DMT, p. 28; L'Herne, p. 27) 等々といった言葉が見られ、そのうえこのような観点から捉えられた「時間」は、「デカルトが〈無限〉の観念と呼んでいたもの」(DMT, p. 132; L'Herne, p. 73) とも関連づけられている。ちなみに『有とは別様に』のなかではレヴィナスは、いっそう後期に特徴的なタームで、「ディアクロニーは〔……〕全体化しえ－ないものであり、この正確な意味において、〈無限〉である」(AQ, p. 14) と語ってもいるのである。

本項はこのような問題意識から、レヴィナスにおける「時間」の問題構制を、他者問題や無限のそれとの関連において検討してゆく。そして立場の変化こそあれ、時間性の問題は、初期から後期にいたるまで一貫して彼の思索の中心に位置し続けていたので、われわれとしても以下、三つの項に分けて、その初期・中期・後期のそれぞれにおけるレヴィナスの時間論を、追跡してゆくことにしたい。

⑴初期レヴィナスの時間論

すでにその捕虜時代にレヴィナスは、四三年の手帳には「イリア＝有の夜」(Œ 1, p. 103) という表現を、また翌四四年の手帳には「同時に有でも有るものでもあるのは、瞬間である。瞬間――イリアが実詞化となるところ――実詞化という瞬間」(Ibid., p. 140) という言葉を、あるいはまた「実詞化――それによって私が主観性の概念を置き換えうるところの術語」(Ibid., p. 146) という文言を残している。そして初期レヴィナスの二つの主著のなかでは、『実存から実存者へ』は「有一般は、或る反転によって、〔つまり〕現在がそうであるところの、そして本書の主たるテーマを構成するところの出来事によって、或る《有るもの》の有になるのではないか」(EE, p. 18) と述べることによって、また『時間と他』は「これらの諸講演の目的は、時間は一箇の孤立した単独の主観のなせるわざではなくて、それは他者との主観の関係そのものであるということを、示す点に存する」(TA, p. 17) と語ることによって、それぞれ著作の企図を明示している。

「イリア」から始まり「実詞化」や「ポジシオン〔措定・位置取り〕」[79]による「主観」や「有るもの」の、そして同時に「有るものの有」の成立、またそこから「努力」や「労働」、「怠惰」や「疲労」を経て「苦痛」や「死」に向かい、「女性的なもの」や「豊饒性」に到達するという初期レヴィナスの壮大な有論もしくは時間論の構想に関しては、そのすべてを詳細に扱うことはできない――特に「イリア」に関しては、次章でまた、とりわけ「空間」の問題構制との関連で、取り上げ直すことになろう。ここではわれわれは、あくまで「時間論」への関心から、(a)まず「イリア」から「実詞化」まで、あるいは「努力」や「疲労」にいたるまでは、これらの問題に詳しい『実存から実存者へ』を中心に、しかしまた『時間と他』等々も参照しながら紹介し、(b)次いで「苦痛」や「死」を経て

「エロス」や「豊饒性」にいたるまでの問題構制に関しては、『時間と他』を核として、とはいえやはりこの期の他の諸テクスト も参照しつつ、検証してゆくことにしよう。

(a)「イリア」から「実詞化」へ

『実存から実存者へ』における「イリア」の説明から始めることにしたい。万物が「無」に帰したと想像してみる。何かが生ずるのだが、この「何かが生じる」の「不確定性」は、「実詞」には関わらず、それが指し示すのは、「動詞の非人称形式における三人称代名詞」のように「匿名的」な、「行為〔action 動詞で表されるもの〕」(EE, p. 93) それ自身の性格なのだという。そして「無それ自身の基底においてざわめく」このような「非人称的な、匿名的な《焼尽 (consumation)》」のことを、レヴィナスは「イリア」(Ibid., p. 93-4) と呼ぶのである。それは「人称形式を取ることの拒絶」において「有一般」であり、レヴィナスは「夜」が——匿名的・非人称的だというのに——「イリアの経験そのもの」(Ibid., p. 94) であると述べ、さらには「夜の恐怖」(Ibid., p. 102) についてまで語っている。

「実存の不可避的で匿名的なざわめき」は、特に「不眠 (*insomnie*)」において顕わになるという。ひとは「不眠監視 (veiller) すべきものがもはや何もない」にもかかわらず、「不眠監視」している。「あらゆる対象、あらゆる内容」が離脱していて、ただ「現前がある」(Ibid., p. 109) だけなのである。自我は「有の宿命 (fatalité de l'être)」によって運び去られてしまっているがゆえに、もはやここには「外」も「内」もなく、「不眠警戒 (vigilance)」[80]は絶対に「対象」を欠いている。それは「夜それ自身と同じほど匿名的」であり、「主観を持たない」(Ibid., p. 110) のである。

「不在のうちへの現前のこのような回帰」は、「判明な諸瞬間」において行われるのではない。「イリア」には「リズム」(Ibid., p. 111) というものが欠けている——『時間と他』から少し補足するなら、「不眠」は「これはけっして終わらないだろう」という「意識[81]」から成り立っていて、それは「いかなる目的もない不眠警戒」であり、ひとはその「出発点」と「到着点」とについてのあらゆる概念を失ってしまっている。「過去に溶接された現在」は、すっかり「この過去の遺産」なのであって、それは何も「更新」しない。そこでは「持続するのはつねに同じ現在、もしくは同じ過去」(TA. p. 27) というだけなのである。

　そして「逆説」的にも、「意識」とは「眠る力能」(Ibid., p. 30) のことだという。「意識」が「イリア」と対照をなして際立ってくるのは、「その眠る可能性」(EE, p. 115) によってなのである。そもそも「眠る」ためには「場所」が要る。「寝ること」とはまさしく、実存を「場所」、「ポジシオン」(Ibid., p. 119) に限定することである。そしてこのような「ポジシオン〔措定・位置取り〕」こそが、レヴィナスによれば「現在としての瞬間の出来事そのもの」(Ibid., p. 124) なのである。何となれば、「それ自身から出発して有ること」という有り方が「現在で有ること」だからであり、したがってまた「現在」は、たんに「有一般」があるのみならず、「或る一つの有〔るもの〕」が、すなわち「一箇の主観 (sujet)」(Ibid., p. 125) があるというような状況だからである。そして「有るところの何か」の出現が、「匿名的な有」のただなかで、「一つの真の反転」を構成する。つまり、そのような有るものが、「実存すること〔＝有〕」を「属性〔＝属詞〕」として担い、「主語 (sujet) が属詞の主人」であるようにして、「この実存することの主人 (maître)」(TA. p. 31) となるのである。

　「瞬間」における「実存者〔＝有るもの〕と実存〔＝有〕との関係」のなかで決定的なのは、このような「実存に対する実存者の支配 (maîtrise)」だけでなく、同時にまた「実存者に対する実存の重さ (poids)」(EE, p. 132)[82] でもあるのであって、「瞬間 (l'instant) において本質的なもの」とは、その「立っていること (*stance*)」(Ibid., p. 133) なのだという。つまり実存者は「自己に専念」するのだが、レヴィナスによれば、このような専念の仕方が「主観の物質性」(TA. p. 36) なのである。「私 (le *je*)」はすでに「自己に釘付け」されており、それゆえ私の自由は、「恩寵のように軽い」わけではない。すでにしてそれは「重力（pesanteur）」であり、「自我は容赦なく自己である」（Ibid., p. 37）。そして「自己自身に釘付けされている私」という「決定的なこと」が、自我の「孤独」を構成する。物質の束縛を破ること、それは瞬間を脱することであり、つまりは「時間のなかにあること」であろう。[83] 要するに「孤独」とは「時間の不在」（Ibid., p. 38）のことなのであって、「孤独」と「物質性」とは「同行」（Ibid., p. 39）するのである。

ところでこの「非人称的な実存（＝イリア）」のただなかでの一つの「実存者」ないし「実詞」の出現のことを、レヴィナスは「実詞化」（EE, p. 140）と呼んでいる。それは「或る動詞によって表現された作用が、一つの実詞によって指し示された一つの有（るもの）になるような出来事」を指し示す。「実詞化」、「実詞の出現」は、「匿名的なイリアの中断」を、同時にまた「或る私的な領分の、或る名詞の出現」をも意味している。つまり「イリアを基底として一箇の有るものが出現する」のであって、「有という動詞の主語」たる「有るもの」が、「その属詞となった有の宿命に、或る支配を行使する」（Ibid., p. 141）のである。[84]

ではいかにして「意識」が「イリアの匿名的な不眠警戒の決裂」であって、「一箇の実存者がその実存することと関係するような状況」が生まれうるというのだろうか。しかしここではレヴィナスは、「なぜ」を「説明」することなどできないのだと断っている。「形而上学のうちに物理学は存在しない。われわれはただ、実詞化の意義がいかなるものかを示しうるだけである」（TA, p. 31）――いかなる思想家に問うても同じ結果になろうとは思うのだが、フランクの言うように、「意識の自己構成」とは「解決不可能な問題」（Franck (1), p. 146）なのである。[85]

ところで初期レヴィナスにとっても、一箇の有るものとして成立した意識の「瞬間」とは、「有らんとする努力（un effort d'être）」（EE, p. 135）である。しかるに「持続」には無頓着たりうる「魔法の杖」とはちがって、「人間的な労働や努力」には、なすべき行為を「一歩一歩」（Ibid., p. 46）にしか行いえないということが属している。「努力の持続」は「諸々の停止」(Ibid., p. 48) から成っているのであって、努力は必然的に「疲労」(Ibid., p. 44) をともなうのである。その意味で、「努力」とは「現在に対する或る遅れのなかでの現在の努力」(Ibid., p. 45) であり、「疲労」とは「実存者によって実存することに対してもたらされた或る遅れのようなもの」である。そしてこの「遅れ」が「現在を構成」して、「実存」が「一箇の実存者と実存それ自身との関係」(Ibid., p. 51) へと転ずるのだという。

レヴィナスによれば、「怠惰」もまた「実存することの怠惰」(Ibid., p. 37) であり、そこにおいても「実存」は、「実存との関係」(Ibid., p. 39) として現れる。そして怠惰は「疲労の現在」として、「一箇の主観のみには将来が、一つの純潔な瞬間が、不可能だということをおそらくは告知している」(Ibid., p. 40) のだという……。

「努力」それ自身に戻ることにしよう。「現在瞬間の自己指示」は、「場所から出発した立ち(stance)」によって可能となる。レヴィナスに言わせるなら、メーヌ・ド・ビランは「世界に向けられた努力」(Ibid., p. 137) しか見ていなかった。つまり、それは「自己超越」する作用でしかないのである。しかるに「主観のポジシオンにおいて踏まれた場所」が「努力」を支えるのは、「抵抗」としてだけではなく、「努力の条件」たる「基盤」としてでもあるのだという。そしてそのような観点からするなら、「ポジシオンの作用」は「自己超越しない[86]」のである。かくしてレヴィナスは、「現代思想の脱自主義」に抗して「実体」概念を再興しつつ、「第一シラブル」にアクセントの置かれた「実存〔existence つまり *ek*-sistance 脱-存〕」の概念に、「その到来そのものが自己のうちへの或る折返し(un repli en soi)であるような一つの有〔るもの〕」(Ibid., p. 138) の概念を、対置するのである。

つまり、「努力によって瞬間を引き受けること」は、まだ「自我と世界とのあいだの関係を根拠づけること」ではない。最も顕著な差異は、「世界」においては、今度はわれわれは「諸対象に関わる」(Ibid., p. 55) という点にある。しかしながら「与えられた諸対象」は、「私自身とは別のもの」ではあっても、まだ「私のもの」でしかない。

「理解された宇宙」においても、私はまだ「たった一人」であり、「決定的に一なる実存」のうちに閉じ込められたままである。つまり「世界」や「〔理性の〕光」は、「孤独」（Ibid., p. 144）なのである。たとえば「理性」は、理性たるかぎりでは、けっして「語りかけるべき他の理性」を見出すことはない。「独我論」は「理性の構造そのもの」（TA, p. 48）なのである。

時間論的に言うなら、初期レヴィナスにとって、それは「現在」には「将来」が欠けているということを意味している。ところで「将来」とは、「現在の復活」である。しかるに「《私》の復活」の条件、「新たなる誕生」の条件とは、私の「死」（EE, p. 157）である。けれども「私」は自分だけでは、このような「他性」を自らに与えることができない。「弁証法的に時間を構成することの不可能性」とは、「自己自身によって自らを救済し、たった一人で自らを救済することの不可能性」（Ibid., p. 159）[87]でもある。「主観」はそれだけでは、「自らを否定」することも「無を持つ」こともできない。それゆえ「他性」は私には、「他者」からしかやって来ない。つまり「社会性」が「時間それ自身」なのであって、「時間に必要な無」は、「社会的関係」（Ibid., p. 160）にこそ由来するのである。

(b)「エロス」と「豊饒性」

「光を特徴づける諸関係のうちのいかなるものの助けを借りても、自我という決定的なものを破るべき他者の他性を、捉えることなどできない」と、『実存から実存者へ』は述べている。「エロスの次元が、それを垣間見させてくれる。〔……〕すぐれて他なるもの、それは女性的なものである」（Ibid., p. 144-5）——しかし先にも述べたように、この問題構制に関しては、『実存から実存者へ』より『時間と他』のほうが圧倒的に詳しい。それゆえ以下、主として後者にしたがいつつ、この問題を追ってゆくことにしたい。

少し話を戻す。「労働」には「肉体的受苦（souffrance physique）」というものがともなうのだが、レヴィナスによれば、それは「実存の瞬間から自らを離脱させることの不可能性」(TA, p. 55) でもある。けれども「受苦」のうちには「死の近しさ」(Ibid., p. 56) というものがあるのであって、しかも「あらゆる光の外で死が受苦のうちで自らを告知する仕方」は、一つの「受動性の経験」である。つまり、「死」は「主観がその主人ではないような一つの出来事」を、あるいはまた「それに対して主観がもはや主観〔主体〕ではないような一つの出来事」(Ibid., p. 57) を、告知しているのである。

　レヴィナスによれば、死は「永遠の将来」なのであって、けっして「現在」ではない。死はまた「把捉しえない」ものでもあり、それは「主観の雄々しさ (virilité) や英雄性 (héroïsme) の終焉」を記してもいる。そしてもし「いま」が「私が主人、可能的なものの主人、可能的なものを把捉する主人であること」を意味するのだとするなら、死はけっして「いま」(Ibid., p. 59) ではない。死は「けっして引き受けられず、到来する」(Ibid., p. 61) だけなのである。したがってこのような「死のアプローチ」は、われわれが「絶対的に他である何か」と、つまりは「他性を担う何か」、それどころか「その実存そのものが他性から成っている何か」と関わっていることを、示しているのだということになる。それゆえ「私の孤独」は「死によって確証される」のではなく、むしろ「死によって破られる」のだとレヴィナスは主張する。だとすれば、「実存」は「多元論的」(Ibid., p. 63) なのである。

　このように、「いかなる仕方でも把捉されないもの」とは、初期レヴィナスにとっては「将来」である。「将来の外在性」は、「将来は絶対に不意打ちする (surprenant)」という点で、「空間的外在性」とは全面的に異なっている。それゆえベルクソンやサルトルが推奨するような「将来の予料 (anticipation)」や「将来の投影 (projection)」といった考えが示すのは、「将来の現在〔＝将来についての現在〕」でしかなく、「真正の将来」ではない。将来とは「他なるもの」なのだから、「一箇の主観のみにおいて時間について語ること」は、「不可能」(Ibid., p. 64)[88] なのである。

　しかし「死が与える将来」は、まだ「時間」ではない。なぜなら「誰にも属さないこの将来、人間が引き受けることのできないこの将来」は、「時間の一要素」となるためには、「それでも現在との関係のうちに入らなければならない」（Ibid., p. 68）からである。そして「出来事」が「それを引き受けず、それに対して何一つ能いえないような主観」に到着しつつも、それでも「主観が何らかの仕方でそれに面と向かっている」ような状況、それは「他者との関係、他者との対‐面、或る顔との出会い」である。「《引き受けられた》他」とは、「他者」（Ibid., p. 67）なのである。「将来との関係」、「現在における将来の現前」は、かくして「他者との対‐面」のなかで完遂され、したがって「対‐面の状況」こそが、「時間の完遂そのもの」だということになる。「将来への現在の浸食」は「一主観だけのなせるわざ」ではなくて、「相互主観的関係」（Ibid., p. 68-9）なのである。

それでは「他なるものの他性がその純粋性のうちで現れるような状況」が、存在するのだろうか。初期レヴィナスにとって、それは「女性的なもの」（Ibid., p. 77）である。「他性は女性的なもののうちで完遂される」（Ibid., p. 81）[89]のである。

われわれは先に、レヴィナスが「性的二元性」を「融合」とみなすような考えを斥けるのを見た。「愛の悲壮」は、「諸々の有〔るもの〕の乗り越えがたい二元性」のうちに存し、「関係」は「他性」を保存する。「性的快楽（volupté）の悲壮」は、「二で有ること」（Ibid., p. 78）[90]のうちにこそ存するのである。

ところでレヴィナスによれば、「愛撫」とは「主観の一つの有り方」なのだが、しかし、そこでは「或る他〔人〕と接触している主観」は、「この接触の彼方にゆく」のだという。けれども愛撫は「愛撫が求めているもの」を「知らない」。愛撫は「内容なきこの純粋将来の期待」（Ibid., p. 82）である。

レヴィナスの「父性」は、このような文脈のうちにこそ登場する。「父性」とは、彼によれば「他者でありつつも私であるような或る異邦人との関係」であり、「私には〔……〕異他的であるような私自身との私の関係」である。じっさい「息子」は、たんに「私の作品」とか「私の所有物」（Ibid., p. 85）とかいうのではない。「豊饒性」において、私は私の子を「持つ」のではなく、私は――「エレアやプラトンの意義とは異なる或る意義」において――「何らかの仕様で、私の子で有る」のである。「実存する」という動詞のうちには、このような「数多性（multiplicité）」や「超越」というものがある。しかるに「最も大胆な実存主義的諸分析」においてさえ、このような「超越」は「欠けている」（Ibid., p. 86）のだという。けれども「父性」は、たんに「息子のうちでの父の更新」であったり、「息子との父の混同（confusion）」であったりするわけではない。それは「息子に対する父の外在性」でもあり、「或る多元論的な実存すること（un exister pluraliste）」（Ibid., p. 87）[91]なのである。

かくして「性」、「父性」、「死」は、「実存」のうちに「各々の主観の実存することそのことに関わる或る二元性」を導入する。「実存することそれ自身」が「二重」となって、「有についてのエレア派の概念」は「超出」（Ibid., p. 88）される――フランクの、フランクならではの表現にしたがうのであれば、「父性とは、親殺し」（Franck (1), p. 161）なのである。

初期レヴィナスにおいて「時間」が「他者とのわれわれの関係という出来事そのもの」として現れ、われわれをして「現在の一元論的実詞化を超出する多元論的実存」（TA, p. 34）に到達せしめるということの意味は、以上である。そして初期レヴィナスに特有の「不意打ち」する「将来」という考えについては、われわれは他所でも幾度か批判してきたことでもあるし[92]、前章でも、それは「将来」ではなくて「現在」であるという考えは呈示してきた。それゆえここでは「不可逆性」のそれとも関わるこの問題構制に関して、もはや反復はしない。次にわれわれは、レヴィナスの中期思想における時間論――内実においては初期との共通点も多いが、しかし全体構想のなかではさすがに異なるところの少なくない――を、検討してゆくことにしたい。

(2) 中期レヴィナスの時間論

時間の問題が主として「エロス」や「豊饒性」という問題構制の大枠のなかで取り上げられているという点で、中期思想は初期思想から変わらない。しかし、たとえば「顔」への問いの本格化ということと相携えて、そこでは「女性的なもの」のステイタスの正確化が図られていて、「愛される女」についての有名な差別発言(?)がなされたりする。また「無限な有は時間として産出される、すなわち父を息子から分離する死せる時間を介した幾つもの時間において産出される。ハイデッガーの考えるように、時間の本質をなしているのは有の有限性ではなくて、有の無限である」(TI, p. 260) 等々と述べられたりして、エロスや豊饒性の問題連関が、はっきりと「無限時間」(Ibid., p. 225, etc.) の問題構制と結びつけて語られるようにもなる。そして「赦し」や「裁き」の問題が本格化するのも——「赦し」については初期思想でも触れられてはいたのだが——中期時間論の大きな特徴の一つであろう。

『全体性と無限』も、一方では「意識すること (avoir conscience)、それはまさしく時間を持つことである。〔それは〕将来を予料する企投 (projet) において現在時をはみ出すことではなくて、現在それ自身に対して或る距たりを持つことである」(Ibid., p. 140) と、そして他方では、すでに見たように、「絶対に新しいものとは、〈他者〉である」(Ibid., p. 194) と述べたりしていて、「遅れ」がまだ真の「時間」を形成していなかった初期思想への或る種の対応〔「企投」もまだ真の時間を形成しない〕を示している、等々の指摘を行うこともできよう。しかしここではわれわれは、あくまで「時間の無限」との関連において、つまりは「エロス」と「豊饒性」の問題連関のなかで、中期の彼の時間論を見てゆくことにしたい。したがって本項が取り上げるのは、主として『全体性と無限』の第四部「顔の彼方」であって、われわれは、(a) まず初期でも見た「エロス」と「豊饒性」の問題構制を中期においても確認し、(b) 次いで「時間の無限」が含むであろう問題点について検討してゆきたいと思う。

(a)「顔の彼方」としての「エロス」と「豊饒性」

第四部はAからGまでの七つの章から成っていて、そのA「〈愛〉の両義性」は、「超越という形而上学的な出来事――〈他者〉の迎え入れ、歓待性（hospitalité）――〈欲望〉と言語――は、愛として完遂されるのではない」という言葉から始まっている。しかしながら、それでも「言説の超越」は「愛」に結びついていて、ここではレヴィナスは、「いかにして愛によって、超越が、同時に言語より遠く（plus loin）、かつ、言語より近く（moins loin）ゆくのか」を示すのだとも述べている。つまり、なるほど愛は「他者との関係」にとどまりつつも、「欲求（besoin）」へと方向転換し、そしてこの欲求は、まだ「愛される者」の「超越的な全面的外在性」を前提してはいるのだが、しかし、愛は「愛される者の彼方」にまでゆく。かくして「顔」を介して、「まだ有らぬもの」に由来する「昏い光」（Ibid., p. 232）が、漏れ出てくるというのである。「〈他者〉がその他性を保ちつつも、或る欲求の対象として現れる可能性」、もしくは「〈他者〉を享受し、同時に言説の手前と彼方とに位置する可能性」、つまりはこの「欲求と欲望、欲情（concupiscence）と超越の同時性」が、「すぐれて曖昧なもの」たる「エロス的なもの」の「独自性」（Ibid., p. 233）を構成しているのである。

続くB「〈エロス〉の現象学」は、同じ問題意識を受けて、「エロス的な赤裸は言いえないものを言うが、しかし言いえないものは、この言うことから分離されない」と述べつつ、すでに後期の用語法を予感させるような仕方で、「《言うこと》――言われたものだけではなく――は曖昧である」（Ibid., p. 237）と語っている。いずれにせよ「女性的なもの」は、「顔の彼方にゆく或る顔」（Ibid., p. 238）を提供しているのである。それゆえ「顔の表意作用そのもの」たる「汝殺害を犯すなかれ」の原理は、「〈エロス〉が冒瀆し、優しきものの女性性（féminité du tendre）において告知されているところの神秘」の、対極にあるように思われる。そして「女性性の弱さ」は、「ふしだらさのうちに自らを露出し、露出にもかかわらず自らを発見させせない、すなわち自らを冒瀆する不敬」へと誘うのだが、しかるに「不敬」も「顔を想定」している。つまり「赤裸」が「扇情的なものという非‐表意作用」を獲得しうるためには、あらかじめ「顔」が覚知されていたのでなければならない。そして「女性的な顔」は、この「明晰さ」とこの「影」とを「統合」(Ibid., p. 240) しているのだという。

それゆえ「エロス的な赤裸」は「逆向きの意味作用」のようなもの、つまりは「自らを表現することをやめる表現」のようなものなのであって、それは「或る意味を言うのではなく、露出を言う発話」なのである。「愛される女」は「真の発話を言わない無責任な動物性」のようなものであり、かくして「責任なき幼児期のランク」に戻ってしまった「愛される女」は、その「人格のステイタス」を捨て去ってしまったのだという。顔は「鈍化(s'émousse)」され、「動物性」へと伸長する。「ひとは若い動物と戯れるようにして、他者と戯れる」のである。なるほど「扇情的なものの非‐表意作用」といえども、物質の無頓着ではないのだから、それは「顔」に送り返しはするのだが、しかし、その「意味作用」を失ってしまう。それゆえにこそ「曖昧なものが女性的なものの公現を構成する」(Ibid., p. 241)[93] と言われるのである。

「〈エロス〉」は「顔の彼方」にゆく。そして「愛」は「〈汝〉」のほうへ導くだけでなく、それとは「別の方向」(Ibid., p. 242) にも導かれる。「私の性的快楽」は「〈他者〉の性的快楽」をも楽しむのであって、そしてこの「重なり合い」のなか、この「実体‐変化」のなかで、〈同〉と〈他〉は、「混同」されるのではなくて、「子」を産む。「子との関係」、つまり「子の切望」は、すでにして「性的快楽」のうちに「素描」されているのである。

C「豊饒性」では、「冒瀆」は「子を発見する」と述べられた直後に——初期思想を想起させるような仕方で——「実体‐変化」という「全面的な超越」によって、「自我」は「子」のうちで「一箇の他〔人〕」であると語られている。「父性」は「自己の同一化」にとどまるが、しかし「同一化のなかの区別」(Ibid., p. 244) でもあるのだという。

つまり父は息子の「身振り」のなかのみならず、息子の「実体」や「唯一性」のうちにもふたたび自らを見出しはするのだが、しかし、「わが子」は「一人の異邦人」であり、「自己には異他的な自我」でもある。そして「可能的なもの」の彼方、「諸企投」の彼方の「子の将来」が生ずるためには、「女性的なものとしての〈他者〉との出会い」が必要なのである。「私の将来」は「私自身の可能性」であるとともに、「〈他〔人〕〉の、〈愛される女〉の可能性」でもあるのだから、同時に「私のもの」でも「私のものでは‐ないもの」でもあるこのような将来は、「可能的なものの論理的本質」には帰さない。そして「諸々の可能的なものへの力能には還元不可能な、このような将来との関係」をこそ、レヴィナスは「豊饒性」と呼ぶのである。かくして豊饒性は、「〈同一的なもの〉の二元性」を含んでいて、それは「〈同〉の将来ではない私の将来」(Ibid. p. 245) を指し示しているのだということになる。

C「豊饒性」の後続部分やD「〈エロス〉のなかの主観性」については、(b)でまた若干立ち返ることとして、E「超越と豊饒性」のなかから、少しだけ補足しておくことにしたい。「性的快楽」においては「女性的なもの」という「他者」は、「その神秘のうちに引きこもる」と言われている。他者との関係は、このようにして「その不在との関係」として規定されるのだが、しかしレヴィナスは、それは「認識の次元では不在で、知られざるもの」ではあっても、「性的快楽においては現前 (présence)」(Ibid. p. 254) だと付け加えてもいる――それはわれわれが彼の「痕跡」概念でも見たような、理論的には「不在」ではあっても、倫理的には「現前」していると言わざるをえないような状況と、構造的には同断なのであろう。もちろんわれわれとしては、レヴィナスの「性的快楽」や「倫理」の広汎さは讃ええても、逆に彼の「認識」や「理論」の狭さに疑問を呈しておくことは、可能ではあるのだが。

そのあとレヴィナスは、「私は私の子を持つのではなく、私は私の子で有る」と述べていて、このような主張に関しては、中期レヴィナスの考えは、初期のそれとまったく異ならないと言うべきであろう。彼はこう続けてもいるのである。「父性は他者で有りつつも〔……〕私で有る一人の異邦人との関係である。〔……〕この《私は有る》において、有はもはやエレア的一性ではない。実存することそれ自身のうちに、或る数多性と或る超越とがある。自我が自らを持ち運ぶことのない超越。というのも、息子は私ではないからである。それでもしかし、私は私の息子で有る。自我の豊饒性、それは自我の超越そのものである」（Ibid.）。

（b）「時間の無限」

少しだけCの「豊饒性」に戻ることにしたい。そこではレヴィナスは、「無限な有、すなわちつねに再開する有——そして主観性なしに済ますことのできない有。なぜならそれは、主観性なしには再開しえないからだが——は、豊饒性というかたちで産出される」と述べている。つまり「子との関係」が関わらせるのは、「絶対的な将来」もしくは「無限時間」なのである。

豊饒性において、「自我」は「他であり若い」のだが、しかしこの「自己放棄（renoncement à soi）」のなかで、「有にその意味とその方向とを与えていた自己性」が、失われることはない。豊饒性は、「老い（vieillesse）」を産出することなく、「歴史」を継続するというのである。つまり「無限時間」は、「老いつつある一主観」に「永遠の生」をもたらすのではなくて、逆に「諸世代の非連続性を介して」のほうが、つまりは「子の汲み尽くしえない諸々の若さによって区切られて」のほうが、「よりよい」（Ibid. p. 246）のだという。

D「〈エロス〉のなかの主観性」からは、「〈自我〉というかたちで、有は無限に再開するものとして、すなわち本来的に語って無限として、産出されうる」（Ibid. p. 250）という言葉だけ拾っておくことにしたい。またF「息子性（filialité）と兄弟性（fraternité）」には、むしろ倫理的と言うべき諸問題が扱われているのだが、倫理の諸問題については次章で集中的に扱うこととして、ここでも「それなくしては善良さが主観性にして狂気であるような、勝利の無限時間」（Ibid. p. 257）というFの最後の言葉だけ書き留めておく。

「無限時間」について本格的に論じているのは、第四部の最終章G「時間の無限」であり、そこでも「無限に有ること（*l'être à l'infini*）がそこにおいて産出されるところの時間は、可能的なものの彼方にゆく」と述べられている。もし「数多性」や「非連続性」がなければ、つまり「豊饒性」がなければ、〈自我〉は「あらゆる冒険が或る命運（destin）の冒険に転じてしまうような一箇の主観」にとどまることであろう。「自らの命運とは別の或る命運を容れうる有」とは、「豊饒な有」なのである。「不可避的な死」という「決定的なもの」を介して〈自我〉が〈他〉へと伸長してゆくような「父性」において、「時間」はその「非連続性」によって、「老い」や「命運」に打ち勝つのだという。父性とは「自己自身でありつつも他である仕方」なのであって、強調しなければならないのは、このような「非連続性」（Ibid., p. 258）なのである。

「豊饒性の非連続的時間」は、「或る絶対的な若さと或る再開と」を可能にしつつ、「過去への或る自由な――記憶の自由とは別の或る自由によって自由な――回帰」のなかで、そして「自由な解釈と自由な選択」にあっては「完全に赦されたものとしての実存」のなかで、「再開」に「再開された過去との或る関係」を託すのだという。「瞬間のこの再開、死すべき老いつつある有の生成に対する豊饒性の時間のこの勝利」をこそ、レヴィナスは「赦し」と呼ぶのであって、赦しは「時間の働きそのもの」（Ibid., p. 259）なのだという――レヴィナスの言い回しはここでは特に難解なのだが、要するに子による時間の再開は、父の過去に対して、「記憶」とは別の自由で或る新しい関係を構築しつつ、父の過去を赦免し、自らの時間の「勝利」を記すのであろう。

「過ちの赦し」という「逆説」――レヴィナスは「逆説」と考える――も、「時間それ自身を構成するものとしての赦し（＝豊饒的非連続性）」に、「送り返す」のだという。「諸々の瞬間」は、「互いに無頓着に隣接する」のではなくて、「〈他者〉から〈自我〉へ広がる」（Ibid., p. 259-60）のである。つまり「将来」は、「絶対的に他なる〈他者〉」のみがその「他岸」を画しうるような「絶対的なインターヴァル」を介して、私にやって来る。本項冒頭でも見たように、そのようにして「無限な有」が「時間」として、つまりは「父を息子から分離する死せる時間を介した幾つもの時間」において、「産出」される。「時間の本質」をなしているのは、「有の無限」なのである。けれども「死の停止」が、「知られざる女」のようにして近づいてくる。「有を命運の制限から解放するインターヴァル」の構成が、「死」を呼び求めるのである。「インターヴァルの無」が――「死せる時間」が――「無限の産出」である。このように、「時間の主たる出来事」を構成するのは「復活」なのであって、先にも述べられたように、時間とは「非連続」(Ibid., p. 260)なのである。

かくして「死と復活」が、「時間」を構成する。「非連続的時間における再開」が、「若さ」と「時間の無限化」とをもたらすのである。そして「時間が無限に実存すること」が、「今日の善良さがぶつかっている失敗」の背後で、「真理の条件たる裁きの状況」を保証してくれる。私は「豊饒性」によって、「真理」が言われるために必要な「無限時間」を所持するのである。

しかしながら「無限時間」は、「それが約束する真理をふたたび問いに付すこと」でもあるのだとレヴィナスは考える。真理が「無限時間」と同時に要請するのは、「完成された時間(un temps achevé)」なのである。そして「時間の完成」とは「死」ではなくて、そこにおいて「不断のもの(le perpétuel)」が「永遠なもの」に転換されるような「メシア的時間」なのだという。「メシア的勝利」こそが「純粋な勝利」(Ibid., p. 261)なのである。

けれどもレヴィナスの言う「無限時間」とは、いったいどのようなものなのだろうか。またそれ以上に、「無限時間」と同時に要請される「完成された時間」とは、そもそもいかなるものなのだろうか。われわれはそれらのステイタスを、神話的・宗教的な物言いを超えて、あくまで哲学的な概念で精確に捉えることなどできるのだろうか。

まず「無限時間」に関しては、『全体性と無限』の「結論」から、若干補足しておくことにしたい。そこでもレヴィナスは、「豊饒性は無限で非連続的な時間を開く。それは事実性が想定しはするが、超出しないところの可能的なものの彼方に主観を置くことによって、主観をその事実性から解放する」(Ibid., p. 277) と述べている。彼はカントのように、「平和」が考えられるのは、「道徳性と実在〔＝現実〕とのあいだの収斂」が、すなわち「無限時間」が保証された「自我」から出発してのことだとも主張しはするのだが、ただし「無限時間」が「自我の時間」であるのは、魂の不死を要請するカントとはちがって、「豊饒性を介して」のことである。そして「このようにして自我が、その豊饒性の無限時間のなかにその主観的道徳性を置くことによって、自らを真理のまえに立てるような状況」が「具体化」されるのが、「家族の驚異」においてなのだという。このような状況は、たとえ〈国家〉がそれに枠を割り当てるのだとしても、〈国家〉の外で「同定」(Ibid., p. 283) されるのだという。かくして『全体性と無限』の最終段落は、その冒頭で、「豊饒性の無限時間のなかで生きている主観の対蹠地に位置づけられるのは、〈国家〉がその雄々しい力 (vertus) によって産出する、孤立した英雄的な有である」(Ibid., p. 284) と、力強く宣言するのである。

しかしこのようにして「具体化」されるなら、レヴィナスが『全体性と無限』のなかで「無限時間」ということによって考えているのが、一種の家系図――あるいはひょっとして民族の――ユダヤの民の――系統図――でしかないことが分かる。しかしそのような時間は、本当に「無限」なのだろうか。せいぜいのところ、それは「無際限」――それさえずいぶんと怪しい――でしかないのではないだろうか。第一そのような時間、つまり父から子へ、子から孫へと非連続的に継承されてゆくことになるであろうこのような時間が、倫理的なのであれ理論的なのであれ、そのもとにわれわれが――ユダヤ人であろうとなかろうと――生きている普通の自然的で具体的な時間の根底に、置かれうるのだろうか。

そこで中期レヴィナスのなかから、時間に関するもう少し別のアプローチを、探ってみることにしよう。たとえば同じ『全体性と無限』のなかでも、第三部には「死の不可避的な暴力」に対置される「延期〔ajournement 日延べ〕

そのもの」としての「時間」という考えがある。それによると「時間」とは、「死すべき有の実存全体」が「暴力」に提供されてはいても、ハイデッガー的な「死への有〔死に向かっている有、死の間際にある有〕」ではなく、むしろ「まだない（pas encore）」ということなのであって、このような「まだない」は「死に抗う一つの有り方」であり、「容赦なき死の接近のまっただなかでの、死に対する或る後退」なのだという。「死すべきだが、しかし時間的な有」は、「暴力」に曝されてはいても、しかしまた暴力に「自らを対置」（Ibid., p. 199）してもいるのである。もちろんレヴィナスは、そのような時間をも、他者との関係のなかで捉え続けようとする。「一箇の死すべき意志における死の延期――時間――は、〈他者〉との関係のうちに入った、或る分離された有の実存仕方であり、実在である。それを――時間のこの空間を――出発点とみなさなければならない」（Ibid., p. 208）。レヴィナスがこのような時間を、豊饒性をその条件とする「無限時間」の「出発点」とさえみなしていたのか否かに関しては、これだけではさだかでない。おそらくそうであろうと考えるのはわれわれ自身の想定にすぎないのだが、しかしわれわれとしては、「死の延期」とここでみなされている「時間」は、必ずしも〈他者〉の暴力を前提としてはいないのではないかという疑問も、呈しておきたいと思う――人は一生涯平和に暮らせたとしても、だからといって「死」を免れることなどできないのだし、「死の延期」を図るために、それに対して抗うべき他者の暴力に訴えなければないということもない。それともここで言われている〈他者〉とは、〈死〉そのもののことだとでもいうのだろうか。(94)

それとも関連するのだが、中期のレヴィナスにも、すでに「老化」の問題は見出される。たとえば五九年の或るテクストでは、こう述べられているのである。「老化（vieillissement）は、時間のなかで積み重なる、決定的なものである。有の決定的なものをふたたび問いに付し、不可避のものを延期するこの時間は――不可逆性そのものである」（Œ 2, p. 309）。ここでは「時間」の「不可逆性」が、他者の暴力からは独立して、ごく自然な「老化」として考えられている。「記憶」（Ibid.）の積み重なりは、自ずから老いを形成しよう。しかるにそれは、暴力への倫理的抵抗よりは自然な、あるいはむしろ暴力による死の脅威の経験さえ含んだ、いっそう根源的な時間経験ではないだろうか。

けれどもわれわれは、時間の「不可逆性そのもの」に対しても、ここで若干の疑問を呈しておくことにしたい。『全体性と無限』の第三部の末部は、第四部への橋渡しとして、「意識の裁き」は「歴史の停止の彼方にある実在」に関わらなければならないと述べつつ、「無限時間」について語っている。「それによって自我が生き延びるところの主観性の豊饒性」が、「神の裁きの秘密の次元」たるかぎりでの「主観性の真理」を、「条件づける」(TI, p. 225) というのである。しかしながら、第四部の末部では、「無限時間」とともに「完成された時間」について言及されていた。両者の関係は、いったいどうなっているのだろうか。

この点で興味深いのは、『全体性と無限』がその「序文」のなかで、「終末論は全体性もしくは歴史を超えて有と関わるのであって、過去や現在を超えて有と関わるわけではない」と述べていることである。もう少し正確に言うなら、「重要なのは最後の審判ではなくて、生きている者たちが裁かれる時間における、すべての諸瞬間の審判〔裁き〕である」(Ibid., p. XI)。レヴィナスはまた他の諸テクストでも、「各々の瞬間が最後の瞬間たりうるということが、まさしく各々の瞬間を永遠にする」(Cf. DL, p. 272 ; HS, p. 79) というローゼンツヴァイクの言葉を、重ねて引用してもいるのである。しかるにもし各々の「瞬間」のなかに「永遠」を見ることが可能なら、われわれは「無限時間」と「完成された時間」とを、矛盾なく両立させることもできるだろう。しかしその場合には、「無限時間」を子から孫への「豊饒性」によって考えることは、必ずしも必要でなくなるかもしれない。それだけではなくて、「瞬間」のうちに「永遠」を見るためには、おそらく「老い」や「若さ」についての反省的意識や、やはり反省的な出自を持つと思われる「不可逆性」の意識さえ、とっくに忘却されてしまわなければならないだろう——けれどもそのように述べることによっては、われわれはもはや正規のレヴィナス解釈からは遠く離れて、ずっと向こうの

「対蹠地」や「他岸」に住まうことになってしまうのかもしれないが。

(3)後期レヴィナスの時間論

「レヴィナスの後期思想においては、子による無限化が、人質という、他者に関する無限責任へと移行する」(Freyer, S. 92)と、エスターバウアーは述べている。しかしながら無限責任は無限責任で、やはり後期特有の「ディアクロニー」の問題構制と密接に連接しつつ、ふたたび「不可逆性」の問題とも絡んでくる。われわれはここで、(a)まず特殊「倫理的」な時間性に問いを限定し、(b)次いでもう少し一般的な観点から、ともに後期レヴィナスにおける時間論を、とりわけ「不可逆性」の問題に留意しながら検討してみることにしたい。

(a)倫理の時間性と時間の不可逆性

後期の主著『有とは別様に』では、時間の不可逆性あるいはディアクロニーの問題は、まだもっぱら「過去」に関してのみ主題化されているように思われる。すでに見たように、このような過去性・不可逆性は、「最初から、われわれの意に反して、〈他者〉がわれわれを触発している」(AQ, p. 166)という言葉によって約言されえよう。そもそも他者に対する私の「責任」において、「他者への私の露呈」は「私の側からの《決断》なしに」(Ibid., p. 227)なされるのであって、「人質という条件」でさえ、ことさらに、あるいは自発的に、「選択されたわけではない(non choisie)」(Ibid., p. 173)のである。「人質として自らを選出(élu)したのではなく、おそらくは、選出された者によって引き受けられるのではないような、非意志的な選出(élection)でもって〈善〉によって選出された〔……〕人質の犠牲」(Ibid., p. 19)。つまり、それは「選択よりもつねにもっと古い善良さ」であり、「〈善〉はつねにすでに唯一的な者〔＝私〕を選出し、要求してしまっている」(Ibid., p. 73)のである。

他者によるこのような「付きまとい」は、後期のこの主著によれば、「非相互性そのもの」であり、「時間のディアクロニーとしての、不可逆的な一方通行の触発」(Ibid., p. 106) そのものである。だからこそ、「〈他者〉に接近しつつ、私はつねに《ランデヴー》の時刻に遅れている」(Ibid., p. 192) と言われるのである。「接近において、私は一挙に隣人の下僕《しもべ》であり、すでに遅れ、遅れの責めを負っている」(Ibid., p. 110)。あるいはまた「回収しえない遅れ。〔……〕私は遅れたことで、告発されている」(Ibid., p. 112)。言うなれば、それは「借りに先立つ負債」という「アナクロニズム〔時代錯誤・時間の逆転〕」(Ibid., p. 143) なのである。

七五年の或る対談のなかで、レヴィナスはこう語っている。「私は将来というテーマを、太古の記憶〔*passé immémorial* 記憶の彼方の過去〕のそれほど、十分に展開してきませんでした。おそらくそれは、ひとが将来の哲学に期待する慰めのゆえです。それに対して慰めは、宗教の使命なのです」(DI, p. 152)[95]。けれどもそれ以後の、とりわけ八〇年代のレヴィナスは、「過去のディアクロニー」とならんで、「未来のディアクロニー」についても語り始めることになる。

たとえば八二年の或る対談のなかでは、「他者への倫理的関係から出発して、私は過去と未来の諸次元が固有の意義を有しているような或る時間性を、垣間見る」と述べられている。「他者に対する私の責任」において、まずは「けっして私の現在ではなかった他者の過去」が「私を見つめて」いるのであって、それは私にとっては「表-象〔=再-現前化〕」でさえないのだという。そして「将来」は、レヴィナスによれば「預-言の時間」であり、それはまた「或るインスピレーションのメッセージたる一つの命法、一つの道徳的命令」(En, p. 125) でもある。また八三年の或る論攷では、一方では「人類の歴史への、私を見つめる他〔人〕たちの過去への、私の非-志向的な参与」(Ibid. p. 161 : L'Herne. p. 93)[96] という言葉が用いられているのだが、イタリックによる強調や括弧の使用や読点の用い方のみ異なるほぼ同様の表現が、八五年の或る論文のなかでも使われていて、そこではこう続けられている。

「他者に対する私の責任のそれたる時間の具体性の基底には、表象には集摂されない或る過去のディアクロニー(diachronie d'un passé)〔がある〕」(En. p. 177)。そして他方では先の八三年の論攷は、「未来のディアクロニー」についても、こう語っているのである。「服従という従い(assujettissement de l'obéissance)は、顔のこの近しさにおいては、命令の理解に先立つ。〔……〕それはむしろ、知の主知主義をまさに破り、絶対的命令への服従において未来のディアクロニーそのもの(diachronie même du futur)を素描する、インスピレーションの逆説的な様態の記述ではないだろうか」(En. p. 162 : L'Herne. p. 94)。あるいはもう少し先では、こうも述べられている。「他者に対する責任を命ずる或る命令へのこのような従いの倫理と、知へと反転することのない〔……〕不可逆的なこの従いにおける未来のディアクロニー(*diachronie* du futur)とのあいだの統一性を、強調しなければならない。〔……〕われわれは預言的インスピレーションから出発して、未来のディアクロニーを示唆したいと思う」(En. p. 163 : L'Herne. p. 95)。

レヴィナスはこのような発言とともに、「形式の脱形式化(déformalisation de la forme)としての時間」(En. p. 183)という考えの呈示を図ったのだという。「私の本質的探求のテーマは、時間概念の脱形式化のそれである」(Ibid., p. 244)。そしてこのような考えの背後には、幾度となく彼が示唆しているように、フランツ・ローゼンツヴァイクからの影響がある。「彼〔ローゼンツヴァイク〕は過去を創造という宗教的な観念と意識とから出発して、現在を啓示の聴従と迎え入れとから出発して、将来を贖罪の希望から出発して、考えることになろう。〔……〕ローゼンツヴァイクの哲学的な大胆さはまさしく、過去を創造に帰せしめるのであって、創造を過去に帰せしめるのではなく、現在を〈啓示〉に帰せしめるのであって、〈啓示〉を現在に帰せしめるのではなく、未来を〈贖罪〉に帰せしめるのであって、〈贖罪〉を未来に帰せしめるのではない、という点に存している」(Ibid., p. 245. Cf. p. 129 : DL. p. 265-8 : HN. p. 177-8)。しかしながら、たんなる形式主義を棄て去ろうとして、そこに何らかの内実を盛り込もうとするとき、あるいはまた実質的内容のほうから形式を考え直そうとするとき、もともと形式には本質的には帰属していなかった内容を無理矢理に形式に帰属せしめる結果となってしまって、形式主義からの脱却とみなされていたものが、かえって倍化された形式主義に陥るという危険も、ないわけではないだろう。

たとえば『有とは別様に』では、「隣人はあらゆるアプリオリの外で――しかしおそらくはあらゆるアプリオリ以前に、アプリオリよりいっそう古く――私に関わる」（AQ, p. 109）と言われている。「近しさの関係」は「あらゆるアンガジュマンに時代錯誤的に先立つ責務」であり、そしてその先在性は、「アプリオリより《いっそう古い》先在性」（Ibid., p. 127）なのだという。「自由に対する責任のこの先在性。〔……〕表象可能なあらゆる先在性に先立つ先在性、太古の〔＝記憶の彼方の〕。有以前の〈善〉。ディアクロニー」（Ibid., p. 157）――このような言葉から、また『有とは別様に』の時代ではまだ未来のディアクロニーについては語られてはいなかったという事実からも、この「ディアクロニー」が「過去」に関わるものであるということは、察するにかたくない。

しかし七五－六年のソルボンヌ講義「死と時間」では、「私の死との関係」に関して、「死による触発」は「あらゆるアプリオリよりいっそう古いアポステリオリ、経験に連れ戻されえない太古の〔＝記憶の彼方の〕ディアクロニー」（DMT, p. 23-4 ; L'Herne, p. 25）と述べられてもいるのである。けれども「私の死との関係」は、そもそも「太古」の過去の問題だろうか。あるいはもし私の死すべきことが、太古の昔から定まっていると言いたいのであれば、それはそれとして、少なくとも「私の死」は、太古の過去だけの問題であろうか。あるいは「他〔人〕の死」に関しても、もちろん私は「他〔人〕が死すべきものたるかぎりで、他〔人〕に責任がある」（DMT, p. 53 ; L'Herne, p. 38）のだが、しかし「他者に対する私の責任（その誇張においては、他者の死に対する私の責任、生き延びる者としての私の責任）」においては、「時間は将来への投影（projection）とは異なる或る解釈を呼び求めるのではないか」（DMT, p. 69 ; L'Herne, p. 46）と問われているのである。たしかにそれは「将来」への「投影」や「企投」ではないのかもしれないが、だからといって、それは「過去」への責任というわけではないだろう。

レヴィナスは、よく「けっして現在ではなかった過去」（p. ex. AQ. p. 197）という言い方を用いる。しかしそれならば、それはむしろ「過去」ではなく、「不変」や「永遠」に近いものではないだろうか。たしかに或る箇所でレヴィナスは、「時間は、《現在》の或る激化であるような、現在の或る理想化であるような永遠性より、いっそうよい」（En. p. 126）と述べてはいる。しかし先にも見たように、別の或る箇所では、彼は「痕跡」とは「その表意作用が過去に疎遠ではないような永遠性」であると、また「永遠性」とは「時間の不可逆性そのもの」（DE. p. 198. Cf. HA. p. 64-5）だと、述べてもいたのである。けれども逆に言うなら、われわれは「過去」の「痕跡」を、何らかの仕方で「永遠性」のほうから思惟することもできるということではないだろうか。レヴィナスはまた「根源に代わる太古のもの〔＝記憶の彼方のもの〕のように、時間の目的論たるのは、無限である」（DMT. p. 127 : L'Herne. p. 71）と述べてもいる。しかしながら、なぜ「太古のもの」が「目的論」と直結するのだろうか。そしてなぜそれが「無限」なのだろうか。

かくして後期レヴィナスには、過去のディアクロニーと未来のディアクロニーを併置してしまうような表現が、随所に現れるのだということになってしまう。たとえば「取り返せない過去」と「想像しえない将来」（AQ. p. 113）とか、「私にとって太古の過去」と「預言の未来」（AT. p. 56）とか。あるいは「〈他者〉をまえにした〈自我〉は、無限に責任がある」（LC. p. 69）等々と言われた場合、われわれはこのような無限責任を、いったい過去に帰すべきなのだろうか、それとも未来に課すべきなのだろうか。

もちろんそれは、両方にである。なぜならそれは、私は〈他者〉をまえにして絶対に責任があるという、レヴィナスにとっては「無限」で「永遠」の真実を、過去と未来とに振り分けて述べたものにすぎないからである。だからこそレヴィナスの表現には、過去とまったく同様に将来にも当てはまるような表現が多々登場するのであり、また、だからこそわれわれは、レヴィナスの「脱形式化」は、形式を超脱する或る内容を、無理矢理に形式に帰せしめてしまって、内容に関する倍化された形式化を行っているのではないか、という疑問を呈してもおいたのである。このようなわれわれの主張も、一方的にすぎるのだろうか――しかしもしわれわれの解釈に幾らかなりとも汲むべきところがあるとするなら、レヴィナスにおける倫理的時間の「不可逆性」にも、再考の余地はあるのだということになろう。

(b)「原印象」、「老化」、「ディアクロニー」

初期・中期・後期の時代区分を問わず、レヴィナスの時間論に関して取り上げられることをつねとするものに、六五年の高名なる論攷「志向性と感覚」がある。そこではフッサールの――レヴィナスが«sentance»(DE, p. 157)と訳したことで有名な、『イデーン』第二巻の*Empfindnisse*(97)とならんで――「原印象」にも「志向性」とは異なる特異なステイタスが与えられ、あたかもレヴィナス自身が「超越」や「距たり」とは別の立場を採用したかのように受け取られることがある。たしかにこの論文のなかでは、たとえば「原印象」においては「知覚されたもの」と「知覚する者」とが「同時的」で、そこには「対象と知覚との非区別」が見られる、そして「知覚と知覚されたもののとのあいだのあらゆる区別――理念化するあらゆる志向――が、時間に、〔すなわち〕視向(la *visée*)と視向されたもの(le *visé*)とのあいだの位相差に、依拠している」のに対し、「原印象のみがあらゆる理念性を免れている」(Ibid., p. 155)等々と述べられてはいる。またそこには「構造論的な共時性よりいっそう強力なディアクロニー」(Ibid., p. 160)という言葉も見られ、後期レヴィナスの時間論を思わせるような要素もすでに見出されはする。

しかしながら、そこにはまた「意識は老衰(sénescence)であり、失われた時の求めである」(Ibid., p. 156)という言葉も見られるのである――「老衰」はたしかに後期レヴィナスを特徴づけうる術語の一つではあるが、しかし「失われた時の求め」は、ほんらいレヴィナス的な立場からの主張ではない。そのうえ同論攷には、「一つの根源が存在する——それが彼〔＝フッサール〕の第一次的な確信である。／この根源〔……〕それは原印象である」（Ibid., p. 162）というような言葉が呈示されてもいるのだが、しかしレヴィナスのつねの立場とは、むしろこのような「根源」など認めない——「私は私自身にとって私の根源ではない、私は私のうちに私の根源を持たない」（DMT, p. 201）——というものである。また七六年の或るテクストでは、「コギト・スムの生ける現在」に関して、それは「内在の〈同〉との決裂」（En, p. 94）だと言明されてもいるのである。セバも言うように、ミシェル・アンリがフッサールの「原印象」を「純然たる内在」として捉えようとしたのだとすれば、レヴィナスはそれを「自己への最初の隔たり（écart）」と、つまりは「超越」（Sebbah (1), p. 104-5）とみなそうとしているのである。それゆえ六五年の論攷における「原印象」についての解釈は、それ自身きわめて興味深い解釈であるとはいえ、あくまでフッサール解釈の枠内での言葉として捉えるべきなのであって、レヴィナス固有の時間論を検討するさいに、あまりに重きを置きすぎないほうが賢明ではないかと思われる。

ちなみに『有とは別様に』におけるレヴィナスのフッサール解釈がどうなっているのかも、確認しておくことにしよう。同書第二部では、「瞬間の位相差」や「時間の時間性」といえども、それはまだ「そこにおいては何ものも失われることのない或る回収」（AQ, p. 36）を可能にするようなものにとどまっているのだと述べられている。つまり「フッサールにおける感性の時間」は、まだ「回収可能なものの時間」でしかないのであって、そのうえ「原印象の非‐志向性が意識の喪失ではないということ」が、「還元不可能なディアクロニー」を「時間」から「排除」してしまうのだという。そこではなるほど時間は「変様」しはするが、しかし「その同一性を変化〔他化〕」させることはない。「時間的変様」、それは後期レヴィナスにしたがうなら、まだ「有という動詞」（Ibid., p. 43）でしかない。そこでは時間が「過去把持、記憶」等々のなかで「回収可能」なのであって、そのような「時熟」が「動詞の動詞性」であり、とりわけ「有という動詞」（Ibid., p. 44）なのである。

ドイツ語では動詞のことをZeitwortと言うが、Zeitwortとは字義どおりには「時間の語」である。レヴィナスがここで「時熟」や「時間的変様」のことを「有という動詞」と呼んでいるのは、もちろんドイツ語のニュアンスを念頭に置いてのこともあろうが、当然のことながら、そこにはハイデッガーの『有と時』の考えへの示唆、つまりレヴィナスに言わせるなら、〈同〉の支配でしかなく〈同〉を脱することのできない「有」や「時」への示唆や、さらにはそれに対する自らの考えを呈示するための準備という意味も、含まれているだろう。

『有とは別様に』の第二部に戻るなら、「史料編纂（historiographie）」を記すような時間、つまり「回収可能な時間」は、「ふたたび見出すことのできる時間」でしかなく、もしくは「自らをふたたび見出させるような、失われた時〔間〕」(Ibid., p. 46) でしかない。そして「同定によるこのような再見出し（retrouvailles）」は、レヴィナスによれば、必然的に「すでに言われたもの」(Ibid., p. 47) のなかで行われるのだということになる。「時間の光のなかで同一的なものとして現れる有るものは、すでに言われたもののなかでのその本質で有る」。そこから「現象それ自身が現象学である」という、有名な言葉が発せられることにもなるのである。

けれども「人間における言う力能」は、「〈言われたもの〉と厳密に相関的なその機能」がどのようなものであろうとも、もちろん「有に仕える」だけではない。レヴィナスにとっては「時間の経過（laps de temps）」そのものが、すでにして「回収不可能なもの」であり、「現在の同時性には抗うもの、表象不可能なもの、太古の〔＝記憶の彼方の〕もの、前‐歴史的なもの」なのである。そしてカントのいわゆる「把捉（appréhension）や再認の綜合」以前に完遂されるのが、「老化」という「絶対に受動的な《綜合》」(Ibid., p. 48) なのだという。

「謎と現象」と題された六五年の論文では、「〈有〉に対する〈動詞〉の不可逆的な——原理的な——先在性」の、逆に言うなら「〈言うこと〉に対する〈言われたもの〉の取り返しえ‐ない遅れ」の「痕跡」を、「意味作用」は、ただちに「異議を申し立てて消去する」というかたちで「担う」(DE, p. 212) のだと主張されている。そして『有とは別様に』では、もしこのようにして「時間」が「有と有とは別様にとの両義性」を示さなければならないのだとするなら、時間の「時熟」は、むしろ「〈言うこと〉」(AQ, p. 11)として思惟すべきだとも述べられている。「可能なかぎり本来的に言われた主観」は——「可能なかぎり」というのはなぜなら、「〈言うこと〉の基底は本来的にはけっして言われない」からだが——「時間のなかに」あるのではなく、それ自身が「ディアクロニーそのもの」(Ibid., p. 73)なのである。

ちなみに『有とは別様に』は、「志向性の心理現象」でさえ、「〈言われたもの〉と〈言うこと〉との相関関係」を超えて、「〈言うこと〉の表意作用」に、つまりは「ディアクロニー」(Ibid., p. 87)に由来するのだと考える。要するに「志向性の超越」のうちにも、「ディアクロニーが反映されている」(Ibid., p. 84)というのである。

ところで、以前の彼においてもすでに同じような考えが示唆されていたように、後期レヴィナスもまた「最も受動的な受動性たる〈言うこと〉」は、「忍耐(patience)」や「愁い(dolence)」から分離されず、〈言うこと〉は「忍耐や苦痛の意味」(Ibid., p. 64)であると主張する。「生」を「その生きることそのもの」において記しているのは、「自己の意に反して(*malgré soi*)」ということなのであって、「生」とは「生の意に反した生、つまりはその忍耐とその老化とによる生」(Ibid., p. 65)なのである。

七六年のレヴィナスには「時間の《受動的綜合》、すなわち老化」(DI, p. 87)というようにして、「受動的綜合」と「老化」とを完全に同一視するかのような表現も見出されないわけではないのだが、『第一哲学としての倫理』と題された有名な八二年の講演では、もう少し抑えて、「おそらく受動的綜合のモデルそのものたる老化」(EP, p. 86)というような言い方がなされるようになる。しかし、いずれにせよ後期レヴィナスにおいて、「受動的綜合」が「老化」や「忍耐」と密接に関係することは否定されえないのであって、『有とは別様に』では「忍耐の固有の受動性」は、「その時間性の《受動的》綜合」のなかで「意味する」(AQ, p. 66)とも述べられている。つまり「死-

への有」もまた「忍耐」なのであって、それは「服従の様態としての、自己の意に反した持続」であり、「服従としての時間の時間性」(Ibid., p. 67-8)である。そしてここでも「時間の経過」こそが、「時間の時熟において回収しえない」(Ibid., p. 66)ものなのである。「時は過ぎ去る。忍耐強く行われる――深遠にも受動的と呼ばれた――この綜合が、老化である。それは年月の重みのもとで炸裂し、現在から、すなわち表 - 象〔= 再 - 現前化〕から、不可逆的に奪い取られる。自己意識のうちにあるのは、もはや自己の自己への現前ではなくて、老衰である。時間が――永久に〔sans retour 回帰することなく〕失われた時間が――ディアクロニーであり、また私に関わるのは、記憶の回収の彼方にある老衰としてなのである」。かくして「老化における主観性」こそが「唯一的で、取り替え不可能で、他〔人〕ではなく私」なのであり、そしてそれは「主観性の意に反して或る服従のうちに有る」(Ibid., p. 67)のだという――もう少し先でレヴィナスは、「意に反して(malgré)」は「生、生の老化、忌避しえない責任――〈言うこと〉」(Ibid., p. 70)だとも述べているが、その含意するところは、もはや明らかであろう。

七五年の或る対談で、レヴィナスは「傷つきやすさ」とは「この世にさようならを言う力能」だと述べている。そしてひとがこの世に「さようなら」を言うのは、やはり「老いることによって」なのだという。「時間は、このようなさようなら(adieu)と神のお恵みがありますように(l'à-Dieu)として、持続する」(DL, p. 134. Cf. p. 169)のである。また八二年の対談でも、こう述べられている。「時間は――そのディア - クロニー〔通 - 時〕そのものにおいて――〈善〉の永遠性や秩序そのものよりよいのではないかと、私は自問する。/ディア - クロニー――あらゆる永遠の現在のサン - クロニー〔共 - 時〕を超えて――は、隣人への私の不可逆的な〔もしくは脱 - 利害介 - 在的な〕関係の節点なのではないか。このような関係は、まさしく私から他〔人〕へと、同時に、不可能な共時〔= 共時の不可能性〕でもあり、しかしながら、非 - 無 - 頓着でもあるのであって、神のお恵みがありますように(un à-Dieu)として、すでに愛なのである」(AT, p. 176)。

しかしながら、この世にさようならを言うことは、他者たちとも別れることであろう。けれども「私の死」とならんで、あるいはそれ以上に「他〔人〕の死」(98)について考察していた後期レヴィナスが、なぜここでは「他人の老化」については語らないのだろうか。われわれは先に、「老い」や「若さ」についての意識は、「反省」においてしか成立しないのではないかと述べておいた。しかし仮に反省のレヴェルに立つとして、たしかに「老化」の時間の「不可逆性」は各自に認められるのだとしても、だからといってその問題は、「自他の不可逆性」の主張に直結するだろうか。そのような不可逆性は、かえって隣人も私同様に老い、他者もまた私のようにいつか死ぬのだという相互性の意識を前提としなければ、成り立たないのではないだろうか。

八三年の或る対談のなかで、レヴィナスはこう語っている。「私は時間に関係という言葉を適用することに、異議を申し立てます。なぜなら関係は、なおまだ諸項の絶対的な理念的同時性を、想定しているからです。諸項は関係のなかで、一緒にあります。それゆえにこそ私は、時間をディアクロニーとして言おうとしているのです」(Trl. p. 54)。「関係」は「諸項」の措定を前提するがゆえに「時間」を考察するさいにはふさわしくないというレヴィナスのこの言葉は、いささかベルクソン的でもあり、それなりの説得力を持つ。しかしながらレヴィナス自身は隣人や他者に対しては「関係」という言葉を用い続け、「理念的同時性」ではないにしても、「諸項」の絶対的な「分離」を否定することはなかったのではないだろうか。それに前章でヘルトの分析においても見たように、他者は「同時的」だからこそ自己時間の前後的存在からは絶対に区別されなければならないという考えも、たしかに存立しえたはずではなかったか。

他者問題に時間論とのパラレルを求めるには、それなりの困難と限界とが見出されよう。われわれとしては、時間現象の或る層には持続の沈殿という「老い」の面だけではなく、瞬間ごとの新しさという「若さ」の面も認めるべきだとは思うのだが、少なくともここでは時間の「ディアクロニー」やそれの含意する「不可逆性」が、そのまま他者問題の鍵やモデルとなったり、ましてや他者問題そのものになったりするわけではけっしてないのだということは、はっきりと主張しておきたいと思う。

第七節　総括と課題——倫理における「相互性」と「場所」の問題

八一年の対談『倫理と無限』のなかで、対談者フィリップ・ネーモーの問い「しかしもしひとが他者のために恐れ、自己自身のために恐れるのでないとするなら、ひとはただ生きるということだけでもできるのでしょうか」に対して、レヴィナスはこう答えている。「じっさいそれは、究極的に立てなければならない問いなのです」(EI, p. 129)。

思想家シリーズ『レルヌ』の九一年に公刊されたレヴィナス特集号のなかには、レヴィナス自身の多くの論攷とならんで、あまたの論者たちによるレヴィナス論が収録されているのだが、そのなかでもひときわ目を引くのは、ジャン＝ルイ・クレティアンとミシェル・アールによる辛口の論評であろう。彼らの批判は、レヴィナスの倫理学が「非対称的な倫理学」(L'Herne, p. 273)でしかないということに集中している。たとえばクレティアンは、こう述べている。「いかなる意味において、何も自分のせいではないとみなしているような無責任で屈託のない人間が、自らの犠牲という代価を払ってでも他〔人〕たちのために、そして他〔人〕たちに代わって、他〔人〕たちに責任を持ちたいと欲するような者より、いっそう《傲慢》だというのだろうか。一挙に私のいる《絶対対格》は〔……〕私を一つの絶対的なものに、もしくは絶対者それ自身にしてしまうのではないだろうか」(Ibid., p. 270)。またアールによれば、「有」が「戦争の原理」で「〈他〔人〕〉」が「平和の原理」であるようなときには、「有に対する論争」は「マニ教〔＝善悪二元論〕」(Ibid., p. 445-6)に陥ってしまうのだという。しかし、そもそもいかにして「真の倫理的関係」が、「純然たる受動性、純然たる受苦、一面性、非相互性に根拠づけられうる」（Ibid., p. 447）というのだろうか。もし主観が「欠けることなく免れえない至高の受動性のなかで、取り替ええないものとして指定され、挑発され、かくして唯一的なものとして告発されている」ような、可能的選択なき「〈他〔人〕〉の人質」だというのであれば、このような「受動的責任」は「完全な逆説」であり、哲学の眼には「狂気」（Ibid., p. 450-1）であろう。そうではなくて、むしろ「〈他〔人〕〉の文字どおり耐えがたい過剰に対して、《絶対に〈他なるもの〉》の《並外れ（énormité）全体》と《尺度逸脱（démesure）全体》に対して、〈同〉を復権させなければならないのではないだろうか。少なくとも部分的には、規範と尺度〔節度〕、〈我〉と〈汝〉を復権させなければならないのではないだろうか。さもなくば、今度は〈他〔人〕〉が、〈同〉によって創設されたあらゆる全体性より、いっそうテロリスト的で、いっそう全体主義的で、いっそう帝国主義的なことだろう」（Ibid., p. 452）……。

　けれどもこのような反論は、レヴィナスを読む者ならむしろ誰しもが心に抱く類《たぐい》のものなのであって、最近でも或る研究者は、レヴィナスにおける「ほとんど偶像崇拝の境界に位置するまでの〈他〔人〕〉の過度の理想化」（N-Esomba, p. 121）や、「〈他者〉と〈自我〉とのあいだに非対称的な関係を設ける〈他〔人〕〉のレヴィナス的神格化」を疑問視しつつ、このような「非対称性」は「人々のあいだの平等と正義との理想を、また博愛的な一つの人類という構想を、危うくする」（Ibid., p. 23）のだと述べている。そして「いま確立するのが肝要」なのは、むしろ「まさにレヴィナス的利他主義において忌避されている道徳義務のこの相互性の必要性」（Ibid., p. 136）なのだという——「利他主義」という言葉の是非や、いずれ次章で取り上げざるをえなくなる「第三者」の登場による「正義」の確立の問題等々に関しては、いまは措く。ともかくもレヴィナスの他者論の出発点であるように思えるこのような「非対称性」の倫理学を、われわれとしてはどのように捉えたらよいのだろうか。そしてそもそもそれは本当に、彼の哲学の原理たりえていたのだろうか。

少なくとも公的にはレヴィナスが「非対称性」や「非相互性」を主張し続けたということは、数々のテクストのなかでの彼の発言からも明らかなのであって、たとえば初期の『実存から実存者へ』でも、すでに「相互主観的関係の非対称性」（EE, p. 163）という言葉が用いられ、「非対称的な相互主観性は、或る超越の場所である」（Ibid., p. 165）と述べられてもいる。『全体性と無限』にも、「関係の不可逆性」（TI, p. 10）や「自我と他〔人〕との道徳的非対称性」（Ibid., p. 273）といった言葉にはこと欠かない。同書はまたブーバーにおける「我‐汝関係」という「相互的関係」（Ibid., p. 40）を批判してもいるのだが、レヴィナスは六三年三月一一日付のブーバー宛書簡のなかでも、「〔……〕〈関係〉が本質的に非対称的だということ、それが《私の異論》を導いていたポジティヴな観念です」（NP, p. 58）と記している。「私のテーゼは、〈有〉のうちに非対称性を肯定することに存している」（Œ 1, p. 251）。『有とは別様に』でも、たとえば「コミュニケーションの非対称性」（AQ, p. 152）という言葉が用いられ、七五年の或る対談では、「相互人格的関係の非対称性」（DI, p. 135, 145）という言葉が――「関係」がrapportと言われるかrelationと言われるかは別にして――繰り返されている。八〇年代になっても、強調されるのは「相互性」の批判と「非対称性」の、そのうえ「不平等」（Ibid., p. 230）さえの擁護であり、あるいはまた「他〔人〕の差異もしくは他性に対する非‐無‐頓着〔非‐無‐差別〕」としての「不可逆性」（En, p. 200）や、「一から他への関係の非対称性」（Ibid., p. 112）といった主張なのである。「われわれがまだ語っていなかった『全体性と無限』の基本テーマの一つは、相互主観的関係は一つの非対称的な関係だということなのです。〔……〕相互的なもの、それは彼の〔＝他者の〕問題（affaire）です。他者と私とのあいだで関係が相互的ではないという、まさにそのかぎりにおいてこそ、私は他者への隷属（sujétion）であり、そして私は本質的にこの意味において、《主観（sujet）》なのです」（EI, p. 105）。あるいはやはり八〇年代のレヴィナスは、こうも語っているのである。「〈顔〉への関係において、肯定されるのは非対称性なのです。他者が私に対して何であるのかは、最初は私には、あまり重要ではありません。それは彼の問題（son affaire à lui）なのです。私にとって、彼はとりわけ私が責任のある者です。〔……〕私の中心的観念とは、私が《相互主観性の非対称性》と呼んでいたものなのです」（En, p. 115）。

それゆえ一見すると、私と他者とのあいだに強調されるのは、何ら共通する内容を持たない絶対的な差異であるかのように思われるかもしれない。「超越は、〈他者〉が初次的には同類や隣人であるのではなくて、きわめて遠い者であるとき、〈他なるもの〉であるとき、初次的には私が何一つ共通なものを持たないような者であるとき、それが一つの抽象であるときにしか、可能ではない」（LC, p. 89-90 ; L'Herne, p. 108）。隣人が私に関わるのは、「私と同じ類に属している」ような者としてではなく、まさしく「他」（AQ, p. 109）としてなのであって、「道徳性の根本直観」は、おそらく「私が他者の平等者ではない」ということに気づくことに存するのである。「相互性」は「本源的不平等に基づく一構造」（DL, p. 39）であり、「言語」でさえ「関係諸項のあいだに共通性が欠けているところ」で、つまりは「共通次元が欠けていて、ただ共通次元が構成されなければならないだけのところ」で「語られる」（TI, p. 45）のだという。

しかしながら、「他のための一――共通内容の仲介なき他に面と向かっている一」（Œ 2, p. 94）と記しているその同じテクストが、「エロス的関係はそれ自身、他が人間的である場合にしか――すなわち他者の全面的他性のうちに私が私の同類（mon semblable）を認める場合にしか――可能ではない」と語ってもいるのである。「性のそれというラディカルな差異と、同類の同一性との、維持」（Ibid., p. 98）――けれどもそれは、誰しもが考える、むしろ当然のことではないだろうか。

われわれは先に、『全体性と無限』で「対話者たち」たる「諸項」が、両者とも「絶対的（absolus）」（TI, p. 169）と言われているのを見た。たしかに両者は「同じ意味で絶対的なのではない」（Ibid., p. 195）と付け加えられてはいるのだが、しかし「絶対的」――即自的――ということは、それでも自他共通の一内容ではないだろうか。また一見すると逆の主張のように思えるかもしれないが、ソルボンヌ講義「死と時間」のなかでは、「〈無限〉との関係は、或る死すべき者に対する或る死すべき者の責任である」(DMT, p. 133 ; L'Herne, p. 74) と述べられている。これもまたしごく当然の主張なのであって、お互いに「死すべき者」であるという共通理解がなくて、そもそもレヴィナス的倫理は成り立つだろうか。さらにはまた五五年の或る放送番組で行われた談話のなかで、レヴィナスは「何という力強い弁証法において、神と人との不釣合いのまっただなかで、神と人とのあいだの平等が確立されることか」(DL, p. 205) という言葉を発してもいるのである。しかしながら、もしそうだとするなら、ましてや私と他者とのあいだで、その不均衡を超えて、どうして或る種の平等や相互性が確立されないことがあろうか。

　周知のように「暴力と形而上学」のなかで、デリダは「他〔人〕」は「石」や「発話なき有〔るもの〕」ではなく、まさしく「他者」なのであって、それゆえ「私のような《エゴ》」であると言わしめるような「他〔人〕のエゴ性」を認めないのは、まさに「暴力」ではないかと、レヴィナスを批判している。そしていかなる「非対称性」もこのような「対称性」(Derrida (1), p. 184) がなければ不可能なのであるからには、結局のところデリダは「二つの経験的非対称性の超越論的対称性」(Ibid., p. 185) を要求するにいたるのである。われわれとしては、それに続いてデリダが主張している「同は他の他で有る」(Ibid., p. 186) という考えや、あるいはむしろその「ヘーゲル的観点」(L'Herne, p. 330) にまでは同調しえないのだが、しかしデリダの言うように、同と他のあいだに何らかの「対称性」を――それが「超越論的」であるか否かに関しては、「超越論的」という言葉の意味をどう取るかによる――認めることなしに、そもそも「倫理〔学〕」なるものが――レヴィナス的であろうとなかろうと――成り立ちうるのだろうか。

　また先にも触れたことなのだが、ショプランは、顔が世界や内在やコンテクストを「突破」すると言われたさいの「突破」という語が、「〈顔〉」にも「主観性」(Chopin, p. 135) にも、あるいは「〈自己〉」(Ibid., p.

145）にも用いられているということに着目する。少し注意深いレヴィナスの読者なら誰しも気づくことであろうが、レヴィナスが「有とは別様に」とか「主観性」とか「対話者」とか「語ること」とか、それに類した言葉を用いるとき、われわれはそれが他者について言われているのか、それとも私という主観性について言われているのか、にわかに判別しがたいときがある。けれどもそのような曖昧さは、ひょっとしてレヴィナス自身のテクストのなかに、他者と自己との共通性ないし「相互性」を示すものが大量に含まれているということを、かえって示唆しているのではないだろうか。

そしてもしそのような相互性が成り立つとするなら、それはそこにおいて諸項が存立しうるような、或る共通の「場所」ないし「空間」というものが、前提されているからではないだろうか。

先ほどわれわれは、「非対称的な相互主観性は、或る超越の場所である」（EE, p. 165）という『実存から実存者へ』のなかの言葉を見た。もちろん「非‐場所」という言葉の多用でも分かるように、一見するとレヴィナスは、「空間」や「場所」に対しては、否定的であるようにも思えるかもしれない。たとえばソルボンヌ講義「神と有‐神‐論」では、わざわざ「非空間的な外（un dehors non spatial）」（DMT, p. 218）という言葉さえ用いられているほどであって、それゆえにこそセバは、「或る意味では『有とは別様に』は、空間性としての空間性を、〈有〉の決定的特徴にする」（Sebbah (2), p. 41）と述べるのである。「戦争としての〈有〉は、レヴィナスにおいて、まずもって空間性であって、時間性ではない。〔……〕時間は、レヴィナスにおいては、真に〈有〉から解放してくれる」（Ibid., p. 66. Cf. p. 60, 90）。

しかしながら、まさにその『有とは別様に』において、他方ではレヴィナスは、「透明性」や「有論」には汲み尽くされないような「空間の意味」（AQ, p. 226）について、語ってもいるのである。「空間のいたるところ（le partout）は、正義に提供されるように思われる無差別〔無頓着〕にもかかわらず私に関わり、私を問いに付す諸々の顔の、いたるところ‐から（le de-partout）である。〔……〕宇宙の空間は、他〔人〕たちの住居として、自らを顕わにするであろう。私を見つめる他〔人〕たちによって住まわれているものとして、空間の前‐幾何学的なエイドスが記述される」（Ibid., p. 152）。空間の「開け」が意味しているのは、かくして「そこにおいては何ものも何一つ覆い隠すことのないような外（le *dehors*）」であり、そしてそのような意味での「無‐防備」（Ibid., p. 226）なのである。それゆえ「主観」は、たとえ「世界‐の内に‐有ら‐ない（n'est-pas-au-monde）」のだとしても、それでも「空間のうちへと自らを開く」（Ibid., p. 227）のでなければならないのだという。

それではそのような「前‐幾何学的」な空間とは、具体的にはどのようなものなのだろうか。八九年の「哲学と超越」では、「〈無限〉についてのこの観念とその超越との本源的な場所の探求は、おそらくは哲学の主要問題の一つである」（AT, p. 28）と述べられている。もちろん先にも見たように、この論攷は「隣人の顔」を「〈無限〉の本源的な場所」（Ibid., p. 29）とみなしてはいるのだが、しかしいま見たように、「空間」や「場所」に関しては、もっと別の考えも見出されるのではないだろうか。

つまりレヴィナスは、あらゆるコンテクストを他者の顔には拒絶したように思えるにもかかわらず、たとえば「私は私が〈他者〉とともに保つ社会から出発して、〈他者〉の他性に接近する」（TI, p. 94）等々と述べてもいるのである。しかしながら「社会」とは、一種の環境であり、コンテクストではないだろうか。たとえば他者であれ何であれ、そこにおいてはすべてが幾何学的にしか把捉されえないような場所や環境もあるのだとするなら、他者が初めて他者として露呈されるようなコンテクストというものも、やはり存在するのではないだろうか。

たとえば「ひとが他者に語りかけるような〔……〕状況」は、レヴィナス自身によって「宗教」（LC, p. 48）と呼ばれている。「あなたたちがつねに〈他者〉に面と向かっていて、私的なものがない、この例外的状況」が、「宗教的状況」（Ibid., p. 95 : L'Herne, p. 110）であったのだし、「他者と対面の関係にあること」は、レヴィナス特有の考えにしたがって、「言説の状況」(En. p. 21) とも呼ばれるのである。あるいはまた「他者に対する責任の倫理的諸周況、(*circonstances*)」(HS. p. 130) というものがある。それは「神という語の意味そのものが観念にいたるような周況」(DL. p. 252) であるのかもしれない――しかしながら、このような「状況」や「周況」は、そこにおいて私が他者と出会うような空間であり、場所なのではないだろうか。

「〈無限〉は正確には一つの項ではない」(EE. p. 12) とレヴィナスは語っている。われわれは本章では、デカルトの「無限」の観念との比較対照ということも含めて、レヴィナスの他者論を「無限の観念」についての彼の考えを中心にして検討してきた。結局のところわれわれは、「無限」とはデカルトにおいてと同様に、レヴィナスにおいてもけっして「他者」のことではなくて、他者との出会いを性格づける一つの仕方なのだと言わなければならないという結論に達した。そしてもしそのような「無限」が一つの「項」でさえないとするなら、それは他者との出会いがそこにおいて初めて成り立つような根拠ないし「基底」として、最も奥底にある一つの場所、あるいはあらゆる場所がそこにおいて成立するような場所のなかの場所なのではないだろうか。そしてそのような場所の上に立って初めて私は私であり、他者もまた他者であるという意味において、自他の非対称性の根底には、もっと根源的な意味での対称性ないしは相互性が、すでに存立しているのなければならないのではないだろうか。

われわれは次章ではそのことを、主としてレヴィナスにおける「倫理的関係」や「第三者」、あるいはまた「イリア」といった問題群との関連で、示してゆきたいと思う。

第三章　他性の場所

——レヴィナス倫理学と相互性の問題——

はじめに——相互性と空間との復権という課題

「しかし戦争の根底に－横たわっている関係、〔つまり〕無限なものとして時間を開き、主観性を超越し、主観性に君臨する〈他〔人〕〉との非対称的な関係（relation asymétrique）〈自我は、〈他〔人〕〉が〈自我〉に対して超越的であるのと同じ意味で、〈他〔人〕〉に対して超越的であるわけではない〉は、或る対称的な関係（une relation symétrique）の様相を呈しうる」（TI, p. 201）[1]。

前章ではわれわれは、レヴィナスにおける倫理的な諸問題に関しては、まだ本格的な検討に入ってはいなかった。しかしわれわれは、レヴィナス倫理学が基本的には「非対称性」の倫理学であることについては、すでに触れておいた。たとえば『実存から実存者へ』の一九七八年の「第二版への序文」のなかでは、レヴィナスはこう語っている。「或る非対称性（une dissymétrie）として構造化された、他者の近しさ〔……〕。隣人に対する私の関係は、けっして隣人から私に向かう関係の逆ではない。なぜなら私は他〔人〕に対して、けっして借りを返して（quitte）いないからである。関係は不可逆的である。それこそが、ついには善という語の倫理的意義を垣間見させてくれるような、有の脱‐中立化である。〔また〕それこそが、《他者に‐面と‐向かって（en-face-d'autrui）》ということと根源的な社会性と時間性とのあいだの或る対照を示唆するような、一つの不可逆性なのである」（EE, p. 11-2）。

ところでこのような「非対称性」や「不可逆性」、もしくは非相互性や不平等といった考えは、初期・中期・後期を通じて、一貫してレヴィナスが遵守してきた立場でもある。前章で引用したのと重複する箇所も多々あろうが、順に簡単に確認してゆくなら、たとえば初期では先の『実存から実存者へ』の本文のなかでも、「文明の特徴をなす諸関係の相互性のなかでは、相互主観的関係の非対称性は、忘却されている」（Ibid., p. 163）と述べられており、また『時間と他』でも、ブーバーの「相互性（réciprocité）」（TA, p. 89）の考えを批判しつつ、「しかしすでにして、われわれの社会生活を特徴づけている他〔人〕との関係のただなかで、他性が非相互的な関係（relation non réciproque）として現れる」（Ibid., p. 75）と語られている。

「一九四七年にはレヴィナスが粗描しかしていなかった問題――人と他人とのあいだの或る非対称的な関係の可能性――は、一九五一年から出発して、中心的な位置を占める」（LC, p. 9-10）とピエール・ヘヤは述べているが、一九五一年とはわれわれが前章でレヴィナスの中期思想の出発点とみなした年である。そして「非対称的な関係」が「中心的な位置」を占めるのは、とりわけレヴィナスの倫理的な問題意識においてのことなのであって、それゆえにこそ中期の主著『全体性と無限』は、「自我と他〔人〕との道徳的非対称性」（TI, p. 273）という言葉を用いたり、「私が私自身に要請することを自らに許すものは、私が〈他者〉に要請する権利のあるものには、匹敵しない。かくも平凡なこのような道徳的経験が、一つの形而上学的な非対称性を示している」（Ibid., p. 24）等々と語るのである。つまり「形而上学者〔＝私〕と〈他〔人〕〉と」は「可逆的であるような任意の或る相関関係を構成しない」（Ibid., p. 5）

のであって、このような「関係の不可逆性」（Ibid., p. 10）は、「諸項の不平等」とさえ言明されている。「〈自我〉と〈他〔人〕〉とのあいだの関係は、相互に超越的な諸項の不平等のなかで始まる」（Ibid., p. 229）のである。

　そしてこのような考えは、当然のことながら後期思想にも引き継がれてゆくことになる。あるいはむしろ「身代わり」概念を前面に押し出そうとした彼の後期思想にあっては、このような「交流の非対称性」の称揚と「二重方向の道の可逆性」（AQ, p. 152）の批判とは、いっそうその重みを増していったとさえ言うべきなのかもしれない。七五年の或る対談のなかで、レヴィナスはこう語っているのである。「身代わりの観念は、私は他者の身代わりにはなるが、しかし誰も自我たるかぎりでの私の身代わりになることなどできないということを意味しています。〔……〕相互人格的関係の非対称性について語りつつ、私がこの概念を利用したのは、きわめて早くのことです」（DI, p. 135）。あるいはまた彼は、こうも述べている。「つねに他者が優先されます。それは私がギリシア語で、相互人格的関係の非対称性と呼んだものなのです」（Ibid., p. 145）。そしてレヴィナスは、八〇年代になっても「〈関係〉における或る不平等——或る非対称性」（Ibid., p. 230）や「相互主観性の非対称性」（En, p. 115）について語り続けることになる。「他律が隷属状態しか意味しないわけではないことができるかぎりで、私は他律の或る復権を試みる」（TrI, p. 44）、等々。

　われわれは前章では、特にレヴィナス他者論における「無限」の観念の位置づけに、デカルトのそれとの関連のなかで着目してきたわけなのだが、デカルトの「無限」の観念が明らかに「神」の存在証明のために重用されていたのに対し、レヴィナスの場合、それはむしろ——もちろん神を介してだが——他者の超越性や高さ、つまりは自我に対する「非対称性」や「不可逆性」を言わんがためのものであったと言うことができるだろう。『時間と他』の、おそらくは七九年に書かれたであろう「序文」では、「絶対的に他〔なるもの〕」の〈無限〉への——その〔＝認識の〕不 - 相当（in-adéquation）」（TA, p. 10）について語られている。またレヴィナスがその初期思想から後期思想にいたるまで、「空間」より「時間」に他者問題における優位を主張し続けたのも、やはりレヴィナス固有の時間観におけるその「不可逆性」や「無限性」の称揚ゆえなのである。たとえば『時間と他』の本文では「空間的外在性と諸瞬間の外在性とのあいだの或るラディカルな差異」(Ibid., p. 53)が主張され、とりわけ同書独自の考えに基づいて、「将来の外在性」と「空間的外在性」(Ibid., p. 64)との区別や「女性的なもの」と「空間的な超越」(Ibid., p. 79)との相違が強調されることになる。そして後期の「ディアクロニー〔通時〕」に関しても、たとえば『有とは別様に』では、「共時化されえないディア‐クロニー」(AQ, p. 119)が「不可逆的なディアクロニー」(Ibid., p. 114)として、ことさらに強調されているのである。

しかしながら、「相互性」に対する「非対称性」のこのような優先、「空間性」に対する「時間性」の優位は、レヴィナス倫理学において、あるいはまたレヴィナス哲学一般においてさえ、本当に正しかったのだろうか。たとえば捕虜時代のレヴィナスは、或る手帳のなかに次のような言葉を書き記しているのである。「音は――ふたたび現れるためには、再生されるのでなければならない。赤は同じ赤だが――しかしド〔の音〕はつねに新しい」(Œ 1, p. 167)。けれども「赤」は本当につねに「同じ赤」なのだろうか。赤はその周りの色の変化に応じて、むしろつねに「新しい」赤なのではないだろうか。それでももしわれわれの意識は「赤」一般というものを引き出すという抽象能力を有しているのだと主張するなら、同じことは当然のことながら「ド」という音にも当てはまると言わなければならない――そもそもそうでなければ、「ド」という語を用いることさえできなかったはずである。問題は、時間と空間とをめぐるレヴィナスの主張が、あまりに一方的にすぎるのではないかということなのである。

逆に彼の哲学的著作のなかには、「時間の場所そのもの」や「時間の空間」を認めるような発言も見出されるのである。つまり、たとえば『時間と他』においては「世界に対する主観の力能」、この「力能の力能」とは別様に考えられる「人格的関係」のうちには、「時間の場所そのもの(le lieu même du temps)」(TA, p. 73)が存していると述べられているのだし、また『全体性と無限』のなかでは、「死すべき一箇の意志における死の延期（ajournement 日延べ）」は、「時間の空間（espace du temps）」（TI, p. 208）とみなされている——けれどもそれは、レヴィナスの思索のうちには、たんにハイデッガー的な意味での「時」のみならず、ほんらいレヴィナス的な意味での「時間」や「ディアクロニー」をさえ包括しうるような、いっそう根源的な意味での「空間」や「場所」が存在しうるということなのではないだろうか。そしてそのような観点からするなら、レヴィナス自身のうちに「相互性」の場所を認め、「対称性」の倫理学を確立することも、可能となってくるのではないだろうか。

しかしながら、われわれが冒頭で引用した「非対称的な関係（relation asymétrique）は〔……〕或る対称的な関係（une relation symétrique）の様相を呈しうる」という『全体性と無限』のなかの言葉の少しあとに、レヴィナスはこう続けているのである。「したがって、自我の独立性と絶対的に他なるものに対する彼の立場とは、一つの歴史や一つの政治のなかで現れうる。分離は或る秩序で包まれているのだが、その秩序においては〔……〕非対称性が消失し、自我と他〔人〕とが取引のなかで交換可能となって、歴史のなかで現れる人間という類の個体化としての特殊的人間が、自我や他〔人〕に取って代わる」（TI, p. 201）。けれどもそのようにして獲得された「対称的な関係」とは、私や他者のような一人ひとりの個人の特異性や唯一性を捨象して、かくして「歴史」や「政治」の「取引」のうちで「交換可能」となってしまった「類の個体化」という、かくも味気ない産物でしかないのだろうか。そしてそもそも「相互性」や「対称性」は、「非対称性」のこの種の頽落の結果として、「非対称性」のあとにようやく出現する類《たぐい》のものでしかないのだろうか。

本章がその課題とするのは、レヴィナスの思索それ自身のうちで〈非対称性以後の相互性〉と〈非対称性以前の相互性〉とを区別し、また後者の根源性を確立することによって、「相互性」ないし「対称性」と「空間」もしくは「場所」の思想の復権を図ることなのである。そのためにわれわれは、まずレヴィナス倫理学が一見したところ専一的に標榜しているかのように思われるかもしれない〈相互性以前の非対称性〉という主張を検討し、その様々な問題点について考察する〔第一節〕。次いでわれわれは、むしろそのようなレヴィナス倫理学でさえ前提せざるをえないように思われる〈非対称性以前の相互性〉という考えを、レヴィナス倫理学それ自身のうちから析出し、まずは根源的な「対称性」もしくは「相互性」の復権を試みる〔第二節〕。それから本章は、そのような「相互性」がそこにおいて成り立つような「空間」ないし「場所」の思想を、やはりレヴィナス哲学そのもののなかから取り出して、基底もしくは根底としてのそれらの根本性を証示し〔第三節〕、最後にわれわれは、そのような「場所」の考えとも関連し、おそらくは「対称性」の根底にも「非対称性」の基底にも存しうるようなものとして、レヴィナスの「イリア」の思想に関して、われわれ自身の立場から、多少とも極端にすぎると思われるかもしれない或る一つの解釈を断行する〔第四節〕――そしてそのことは、おそらくはわれわれ自身が追い求めてきた「自然の現象学」との連関を、指し示す結果ともなるであろう。

われわれは「時間」に対する「空間」の優位を主張しようなどと考えているわけではない。むしろわれわれが考えている「場所」とは、両者を包括するようなものである。本章がことさらに「空間」を強調するのは、一つにはレヴィナスが表面的にはあまりにも空間性を貶めすぎたからであり、一つには現在瞬間としての「時」を「場所」とみなす考えについては、われわれはもはや他所で述べておいたからである。

そして「場所の自己 - 触発」という言葉をわれわれが用いるとき、われわれは、たとえば流体が結晶して諸個体を生み出すというような自己生成の過程を思い描いているわけではまったくない。われわれが考えているのは、ただ「場所」というものが、けっして無意識や物自体のようなものではなく、それは根源的に現れているのだということ、そしてこのような根源的な現象が、他の諸々の現象の根底にあり、基底としてあるのだということ、ただそれだけなのである。〈場所〉においてあるものから〈場所〉を考えるのではなくて、〈場所〉を〈場所〉として考えること――われわれにとってそのような思索の根拠となるのが、「場所の自己‐触発」という考えなのである。それゆえ本章は、〈おいてあるもの〉なしに〈場所〉を思索しようとする試み――おそらくは次著の試みの一つ――の、先導役くらいは務めうることになろう。少なくともわれわれは、そう期待している。

第一節　レヴィナス倫理学の諸問題――相互性以前の非対称性

レヴィナス倫理学は、まずもって「非対称性」の倫理学ではあるが、しかし、最後まで非対称性の倫理学であるわけではない。そこでは「平等」や「相互性」の、あるいはそのような意味での「正義」の成立というものも、不可避的に考察されるようになる。そしてそれは、主として初期や中期に見られる――しかし後期にもなお存続する――「兄弟性〔fraternité 博愛〕」〔「類」や「人類」といった考えとは対蹠的な関係に立つ〕の問題や、後期を中心とした――とはいえその萌芽はやはり中期にも見られる――「第三者」の問題構制を通じて、主題化されるのである。そのうえこのような「対称性」や「相互性」の問題は、第二者と第三者のみならず、〈他者の他者〉として一つの「顔」を持つべき私自身をも含んだ問題にまで複雑に絡んできて、様々な困難を引き起こすことになろう。

それゆえ本節は、以下のように分節される。(1)非対称性の倫理学から対称性の倫理学へ。(2)「類」と「兄弟性〔博愛〕」の問題構制。(3)「第三者」と「正義」の問題。(4)私の顔――〈他者の他者〉としての私の成立。(5)レヴィナス倫理学の問題点。

(1)非対称性の倫理学から対称性の倫理学へ

レヴィナスの〈非対称性の倫理学〉に関しては、もはや本書第二章の論述からも、極端なまでのその主張が十分に把捉されていることだろう。たとえば『有とは別様に』では「不可逆性」や「非－相互性」のうちに「告知」されているのが、「いかなる形式のもとでもその出発点に帰ることのない一方通行の関係としての他－のための－一（*l'un-pour-l'autre*）」であり、そしてそれこそが「他〔人〕の直接性」もしくは「近しさの直接性」（AQ, p. 106）なのだと述べられている。一方通行とは、たとえば彼の他のテクストによれば、「その諸権利を守るべき人間」とはまずもって「他人」であり、またこのような「ヒューマニズム」の根底にあるのは「他者」（SS, p. 17）だということである。それどころか、もし「他〔人〕が何かをなす」のであれば、「責任がある」のは「私」であり、私は「他者の過ちに責任がある者」（AT, p. 115）でさえある。或るタルムード講話によれば、「私は私が犯していないものに対して責任がありうるのだし、私の悲惨ではない或る悲惨を引き受けることができる」（QL, p. 181）のでもある。また同じタルムード講話では、「哲学者たちの有名な有限な自由」とは、「私が犯していないものに対する責任」であり、また「ひと〔＝自分〕が犯していない諸々の過ちに対する責任、他〔人〕たちに対する責任」（Ibid., p. 182. Cf. p. 107）なのだと述べられてもいる。極端な話、それは「私を迫害する者たちに対する責任」でさえあるのであって、それゆえにこそ、それは「人質の責任」（II, p. 222）とも呼ばれるのである。

　ところでこのような非－相互性の成立根拠については、中期思想と後期思想では、いささか趣を異にしているようにも思われる。たとえば前章でも見たように、『全体性と無限』では、それは「〈同〉と〈他〉の相関関係の外に身を置いて、この往路がこの復路に対応しているのか、それとも対応していないのかを確認することが、不可能であること」（TI, p. 6）に求められている。つまり「不平等性」は「外的観点のこのような不可能性」（Ibid., p. 229）のうちにこそ存しているのであって、それゆえ「形而上学的非対称性」とは「自らを外から見て自己と他〔人〕たちとについて同じ意味で語ることのラディカルな不可能性」のことであり、したがって、要するにそれは「全体化の不可能性」（Ibid., p. 24）のことである。

それゆえ「他性」もしくは「〈他〉のラディカルな異質性」は、「出発点にとどまること、関係において入口として奉仕すること、相対的にではなく絶対的に〈同〉であること」をその「本質」とするような「或る項」に対して、つまりは「〈自我〉」に対して「〈他〉」が「他」であるのでなければ、「可能」(Ibid., p. 6) ではない。つまり、簡単に言って「他性は自我から出発してでしか可能ではない」(Ibid., p. 10) のであって、私が「他〔人〕のラディカルな他性」に立ち向かうのは、「私のエゴイズムから出発して」(Ibid., p. 94) でさえあるのだという。

したがって中期思想の場合、「個体の同一性」は、基本的には「外から同定されること」にではなく、「自己自身で有ること」に、すなわち「内から自らを同定すること」(Ibid., p. 265) に存しているのだということになる。「自我で有ること、それは、或る指示体系からうることのできるあらゆる個体化を超えて、同一性を内容として持つことである。自我とは、つねに同じものにとどまる一つの有〔るもの〕なのではなくて、その実存が自らを同定することに、それに生ずるすべてを介して自らの同一性をふたたび見出すことに、存しているような有〔るもの〕である。それはすぐれて同一性であり、同定の本源的な働きなのである」(Ibid., p. 6)。

「基本的には」とわれわれは述べた。つまり『全体性と無限』には、「覚醒は〈他者〉からやって来る。〔……〕正当化は〈他者〉からやって来る」(Ibid., p. 58) といった言葉も見られるのであって、「そこにおいて自我が自我として完遂されるところの選出 (élection)」(Ibid., p. 223) というような考えも、目立たぬとはいえ、やはり含まれているのである。そしてこのような考えは、むしろレヴィナスの後期思想においてこそ、前面に躍り出てくることになる。たとえば『有とは別様に』では、「私 (je)」の「唯一性」は「逃れ、取り替えられることの不可能性」を意味している。それは「選出された者 (l'élu) の唯一性」であり、「〔自分勝手には〕引き受けられず、包‐摂されず、外傷的な唯一性」である——つまりその選出は、「迫害における選出」(AQ, p. 73) なのである。

六八年の或るテクストでは、「〈自我〉とは、あらゆる決意以前に、〈世界〉の責任全体を担うために選出されている者である」(En, p. 71) と述べられている。また八二年にもレヴィナスは、「私はあらゆる人間の身代わりとなるが、誰も私の身代わりとはなりえない。そしてこの意味において、私は選出されている」と語っている。「選出」は「特権」などではなくて、「道徳的に責任あるかぎりでの人間的人格の基本的特徴」(Ibid., p. 118) なのだという。「〈自我〉の唯一性」とは「誰も〈自我〉に代わって答えることができない」ということであり、「〈他〉によって〈自我〉が問いに付されていること」こそが「選出」(LC, p. 67 ; L'Herne, p. 102. Cf. HA, p. 54) なのである。

あるいはレヴィナスは、「指定 (assignation)」という言葉も多用している。つまり『有とは別様に』によれば、「他者による私の指定」とは「われわれが知ってさえいない人々に対する一つの責任」であり、「近しさの関係」とは「アナクロニズム的〔時代錯誤的・時系列逆行的〕にあらゆる参加《アンガジュマン》に先立つ責務」という仕方での「極度に緊急的な指定」(AQ, p. 127) のことなのである。「私は取り替え不可能なものとして、責任へと指定されている」(Ibid., p. 146)。そしてこのような「誰も私に取って代わることができないような一つの責務」においてこそ、「私は唯一的」なのであって、レヴィナスにとって「他〔人〕との平和」とは、「とりわけ私の問題 (affaire)」である。「指定」は「対格で〔à l'accusatif 告発的に〕」(Ibid., p. 177) 行われるのである。

ところで『有とは別様に』は、「自己自身の同一性」は「指定された者の唯一性」(Ibid., p. 133) のうちにあると述べ、また七五 - 六年のソルボンヌ講義でも、「指定された者の同一性」とは「責任があり、取り替えられることのできない者」(DMT, p. 183) の同一性のことだと主張されている。このように、中期レヴィナスにおいては私の同定、自己自身の同定が内からなされ、そしてそれこそが他者の他性の根拠ともなっていたのとは明らかにちがって、後期レヴィナスにおいては、「自己性」の「同定」さえもが「外から」なされるのだということになる。「自己性は、抽象的な一点ではなくて〔……〕いまからすでに外から同定された一点である」(AQ, p. 135) ——しかしながら、自我の自己同定から出発して初めて他者の絶対的他性が確証されうるのか、それとも他者への私の責任によって初めて私が同定されうるのかは、安易に調停できるような問題ではないはずである。「外から同定」されるという、その根拠はいったい何なのか。そして他者自身の自己同定は、そもそもいかにしてなされるのか。結局のところ後期思想は、中期のような理由づけを一切放棄して、たんなる一主張、たんなる言いっ放しに堕してしまったのだろうか。それとも後期思想は中期思想に潜む問題意識の、いっそう鮮明な顕在化だとでもいうのだろうか。あるいはむしろ、そもそもレヴィナスの思想は、中期・後期の別を問わずして、自己から他者への一方通行をも他者から自己への同じく一方的な通告をも認めえないような、何らかの根源的な相互性というものを、初めから孕んでいたのではないだろうか。

そのことについては次節以降に検討し直すこととして、レヴィナス自身の表立った思想に立ち返ることにしよう。ともかくも後期の彼は、「私は他〔人〕たちによって《即自的に》有る」(Ibid. p. 143)と述べ続けることになる。「個体化の原理」でさえ「責任」なのである。「《人間は、質料によって個体化されるのか、〔それとも〕形相によって個体化されるのか》という有名な問題について、私は他者に対する責任による個体化を主張する」(En. p. 118)と彼は言う。私が私の「唯一性」を獲得するのも、「責任として、そして責任において」のことでしかない。それゆえにこそ、それは「人質の唯一性」(DMT. p. 183)とも述べられるのである――もっとも八〇年代後半のレヴィナスには、「唯一的な者の唯一性」を「愛される者の唯一性」(En. p. 200)とみなすような思想も登場してくるのだが、前章でも見たように、このような発言の背景には、マリオンへの気遣いのようなものもあったのかもしれない。

いずれにせよ、このような非対称性の倫理学が、いつか対称性の倫理学の方向へと踏み出さなければならないということは、いわば自明の理なのであって、レヴィナス自身にもそのような素地がなかったとは言えない。しかしながら「はじめに」でも見たように、「非対称的な関係」が「或る対称的な関係の様相を呈しうる」のだとしても、それがそこにおいては「自我と他〔人〕とが交換可能となる」ような「歴史」や「政治」や「取引」(TI. p. 201)のようなものでしかないのだとするなら、それはおよそ「倫理的」なものとは言いがたいであろう。ちなみに「史料編纂官たちの歴史」においては、「史料編纂」は「征服者たちによって、すなわち生き延びた者たちによって完遂された簒奪」(Ibid., p. 204) にしか、依拠しえないのだという。

ところで『全体性と無限』は、「宗教」とは「平等な者たちの或る社会における可能的な過剰〔平等を可能的にはみ出すもの〕」すなわち「栄光ある謙虚さと責任と犠牲との過剰」であって、それは「平等それ自身の条件」(Ibid., p. 35) なのだと述べている。また前章でも見たように、五七年の或るテクストでは「相互性は、或る本源的な不平等に基づく一構造である」(DL, p. 39) と語られてもいる。このように、少なくとも表面的にはレヴィナスは、「平等」や「相互性」は「本源的不平等」を「条件」として、つまりはそれに「基づく」ことによって、そのあとに初めて成り立つようなものだと考えているのである。それゆえわれわれは、次項以下、このような〈非対称性のあとに初めて成立する対称性〉の関係について、考察してゆかなければならないだろう――われわれがまず検討しておきたいのは、主として初期や中期で中心的な役割を果たし、「第三者」の登場ののちに後期思想においてもなお存続していた、「兄弟性〔fraternité 博愛〕」という考えである。

(2) 「類」と「兄弟性〔博愛〕」の問題構制

「人類《ユマニテ》は、動物性のような一つの類ではない」(HA, p. 12) とレヴィナスは述べている。つまり「人類やその一性の観念」は、「動物性」のように「ただたんに類的」(En, p. 161) というわけではなくて、私にせよ他者にせよ、「人類〔genre humain〕のどんなものでもよい個体」(Ibid., p. 10) だけでは済まされないのである。個人は人間という概念の交換可能なサンプルや標本などではなくて、一人ひとりが個性的で別様である。それゆえにこそレヴィナスは、「共通類」(AT, p. 144) という観念や「類の論理」(TA, p. 89) そのものに疑問を呈し、「類の諸個体」(En, p. 241. Cf. p.

200）という考えを斥けつつ、「あらゆる類に外的で、あらゆる類を超越する唯一的な者」（Ibid., p. 200）という思想のほうを称揚するのである。「〈他者〉に接近するのは、或る類の個体化としての個体ではなく、その類において唯一的な特異性である」（DE, p. 232）。八四年の或るテクストでは、「たんなる一個体——或る類の、或るクラスの、或る人種の個体——として他者を認識することにおいてこそ、他者との平和が憎悪へと反転する」（AT, p. 145）とさえ述べられている。

ところでレヴィナスによれば、「類」は「兄弟性〔博愛〕」（DE, p. 233）にこそ基づいている。それゆえ「人類《ユマニテ》の前提条件としての兄弟性」（HS, p. 28）というものが、存在するのである。ユダイスム関連の六〇年の或るテクストのなかで、彼は「ユダヤ人の貢献の新しさ」は「人間社会の地球規模的な諸次元を肯定していること」に存しているのだが、それは「兄弟性」によって、すなわち「ノアの、アダムの、そして結局のところ神の父性」によって獲得された「人々のあいだの或る可能的調和の観念」なのだという。「ユダヤ的一神教は、たんに類似した諸個体から成る一つの人類《ユマニテ》のみならず、一つの兄弟的〔博愛的〕な人類（une humanité fraternelle）を発見することによって〔……〕或る永遠の道徳を発見する」（IH, p. 185）。また六二年の講演「超越と高さ」のあとの質疑応答のなかでも、「人間という概念は、内包を持たない唯一の概念です。というのも、各々の人間は、他の人間とは絶対に異なっているからです」と述べたあとで、レヴィナスは「人間という概念は、ただ外延のみを持っています。そしてそれは、人間的兄弟性なのです」（LC, p. 91 ; L'Herne, p. 109）[2]と語っている。七八年の或る論攷によれば、「他者の他性によって関わられていること」が「兄弟性〔博愛〕」（AT, p. 105）なのであり、また八四年の或るテクストにしたがうなら、「平和」とは「他者の或る近しさの兄弟的〔博愛的〕な仕方」（Ibid., p. 144）[3]なのである。

ところで前章でも本章の「はじめに」でも部分的に引用したように、『実存から実存者へ』では「相互性」と「非対称性」との関係に関して、以下のようなことが述べられている。「文明の特徴をなす諸関係の相互性のなかでは、相互主観的関係の非対称性は、忘却されている。文明の相互性は〔……〕兄弟性の観念の或る平坦化なのであって、この観念は一つの出発点ではなくて、一つの到達点であり、エロスのすべての諸含意へと送り返す。じっさい、自らを兄弟性のうちに立てるためには〔……〕父の仲介が必要であり――そして父を要請するためには――父はたんに一箇の原因や一箇の類であるわけではない――自我と他者との異質性が必要である」（EE, p. 163-4）。このように、初期レヴィナスにおいては、明らかに「兄弟性」が「非対称性」から「相互性」へ赴く途上で捉えられている。そして初期の彼においては、どちらかと言うと、それは「相互性」の近辺に位置づけられているように思われる。というのも、「自我と他者との異質性」が「父」を介して「兄弟性」へと移行し、そしてその「兄弟性」が「平坦化」されることによって、「文明の相互性」が成り立つというわけなのだから。また五〇年の或るテクストでも、「選出されつつ――私は私のように選出された兄弟たちを持つ」（CE 2, p. 194）と述べられている。「ひとは通常、社会の問題は、すべての人々が兄弟であるときに解決されるのだと、勝手に思い込んでいる。じっさいのところ、このときにおいてこそ、本当に社会の問題が始まるのである。〔……〕兄弟性はそれゆえ、一つのライヴァル関係を含んでいる」（Ibid., p. 196）――しかしながら「ライヴァル関係」は、いつものレヴィナスの隷属や服従の関係とはちがって、対称性や相互性の関係を指し示しているのではないだろうか。

　中期のレヴィナスにも、「兄弟性（博愛）」の問題構制への言及は見出される。たとえば『全体性と無限』の第四部では、「平等」の観念との関係において、次のように語られている。つまり「父の各々の息子」は「唯一の息子、選出された息子」なのだが、この「唯一の子」は「選出された者」として、同時に「唯一的」でも「非‐唯一的」でもあるのだという。なぜなら「生出された自我」は、同時に「世界において唯一的な者」としても「兄弟たちのなかの兄弟」としても存在するからであり、そして私が「選出される」のも、「選出された他〔人〕たちのあいだで、平等な者たちのあいだで」でしかないからである。「兄弟性とは、そこにおいて私の選出と平等とが同時に完遂されるところの、顔との関係そのものである」(TI. p. 256. Cf. p. 189-90)。そのうえ「すべての人々が兄弟であるということ」がまさに人間の「自己性」を構成し、かつまた「そこにおいて他者が今度はすべての他〔人〕たちと連帯している者として現れるところの、兄弟性における顔との関係」が、「社会的秩序を構成する」(Ibid. p. 257)[4]のだという――これらの言葉は、「兄弟性」がやはり「平等」という「社会的秩序」との関わりのなかで考察されているのだということを、示唆しているのではないだろうか。

しかしながら『全体性と無限』の第三部Bによれば、「平等が産出される」のは「〈他〉が〈同〉に指図し、責任において自らを〈同〉に顕示するところ」においてである。つまり「兄弟性という本源的事実」を構成するのは、「絶対的に異他的なものとして私を見つめている或る顔に面と向かっている私の責任」(Ibid. p. 189)だというのである。それでは「兄弟性」は平等に近いのだろうか、それともそれは、不平等という源泉の近傍に位置しているのだろうか。レヴィナスはこう続ける。「自らに全体化を禁ずるが、しかし兄弟性や言説として描かれる有における数多性は、本質的に非対称的な或る《空間》のうちに位置づけられる」(Ibid. p. 191)――それゆえ中期レヴィナスにおける「兄弟性〔博愛〕」は、対称性と非対称性とのあいだにあって、結局のところどちら側により近いのかさえ、よく分からないのである。そしてそのような観点から彼の初期思想を顧みるなら、そこでも同様の事態を指摘することができるだろう。

後期思想、たとえば『有とは別様に』においては、「隣人は兄弟である」と語られている。「近しさ」は「解除不可能な兄弟性、忌避しえない指定」(AQ. p. 109-10)なのであって、そのうえ「他者」は「一挙にすべての他人たちの兄弟である」(Ibid. p. 201)とさえ述べられている。「他〔人〕たちは一挙に私に関わってくる。ここでは兄弟性〔博愛〕が、類の共同性に先立つ。隣人としての他者との私の関係が、すべての他〔人〕たちとの私の諸関係に、意味を与える。人間的なものとしてのすべての人間的な諸関係は、脱利害介在化から生ずる。近しさという他‐のための－一（l'un-pour-l'autre）は、一つの歪曲的な抽象なのではない。そのうちでは一挙に〔……〕正義が示される」（Ibid., p. 202）。しかしながら、後期思想における「正義」とは、次節でも見るように、第三者の登場を俟って初めて成り立つものである。それゆえ一方の「隣人」や「他者」と他方の「すべての他人たちの兄弟」や「兄弟性」は、あるいはまた一方の「近しさ」や「他－のための－一」や「脱利害介在化」と他方の「正義」は、かくも「一挙に」同定ないし関連化されうるとは言えないはずではないか。

八五年の論攷「人間の〈諸権利〉と他者の〈諸権利〉」では、「アダムの一性が、諸個体を比較しえない唯一性でしるし、そこでは共通類が消滅して、諸個体はまさしく硬貨のように交換可能であることをやめる」（HS, p. 161）と語られている。「他－のための－一（l'un-pour-l'autre）の責任」が肯定されるのは、やはり「兄弟性」（Ibid., p. 169）においてであると述べられ、「人間的博愛〔兄弟性〕」は「汲めども尽きぬ責任」と併置されている。「なぜならひとは、他者に対して借りを返している（quitte）ことができないからである」（Ibid., p. 170）――しかしながら、もし「兄弟性」や「人間的博愛〔兄弟性〕」が「他－のための－一」や「責任」と等置されるのなら、それはむしろ非対称性の側に位置づけられるべきものになってしまうであろう。

「兄弟たち」や「兄弟性」といった言葉は、当然のことながら、「非対称性」や「不平等」よりも「対称性」、「平等」、「相互性」といった諸観念を想起させる。しかしながら初期・中期・後期を通じて見出されたレヴィナスの「兄弟性〔博愛〕」の観念は、前者から後者への移行の途上にあるということは示されこそすれ、そのいずれにいっそう近しく関連づけられるのかということさえ、それほど明確とは言いがたいのである。レヴィナス自身、この概念に関しては、それほどの厳密さを意識的に求めてなどいなかったのではないだろうか――それゆえわれわれとしては、次項では、とりわけ「正義」の成立をめぐる後期思想のなかで本格的に主題化されることの多かった「第三者」の問題構制の検討へと、考察の歩みを移してゆくことにしたい。

(3)「第三者」と「正義」の問題

『有とは別様に』のなかでレヴィナスは、「第三者」と「近しさの非対称性」との関係について、次のように述べている。「近しさにおいて、他〔人〕は意味作用の、他のための一の、絶対的な非対称性にしたがって、私に付きまとう。すなわち、私は彼の身代わりになるが、誰も私に取って代わることなどできず、一が他の身代わりになることは、他が一の身代わりになることを意味しない。第三者との関係は、近しさの非対称性の或る絶え間ない修正である」(AQ. p. 201)。けれどもなぜ「第三者との関係」が「非対称性」の「絶え間ない修正」を惹起しうるのだろうか。

七五年の対談「問いと回答」のなかでは、「正義の源泉」としての「第三者」について、レヴィナスはこう説明している。「もし私に面と向かって〔一人の〕他者しかいないなら、最後まで私はこう言うでしょう。私は彼にすべてを負っている、と。私は彼のためにいます。そしてこのことは、彼が私になす悪をさえ支持します。つまり、私は彼と平等な者ではなくて、私は永久に彼にしたがうのです。私の抵抗は、彼が私になす悪が、やはり私の一隣人である一人の第三者に対してなされるときに始まります。正義の源泉であり、またそのことによって正当化された抑圧の源泉であるのは、第三者なのです。ひとが他〔人〕の暴力を暴力によって止めることを正当化するのは、第三者によって被られた暴力なのです」(DI. p. 134)。また八二年の対談でも、「比較」と「優先」とに関して、こう述べられている。「もし彼〔=最初の到来者〕が私の唯一の対話者なら、私は責務しか持たなかったことでしょう！しかし私は、唯一の《最初の到来者》しかいないような世界に生きているわけではありません。世界のなかにはつねに一人の第三者がいるのです。彼もまた私の他〔人〕、私の隣人なのです。それゆえ私にとって大切なのは、両者のうちの誰が優先されるのかを知ることなのです。つまり、一方は他方の迫害者ではないでしょうか。人々は、比較しえない者たちは、比較されなければならないのではないでしょうか。他〔人〕の命運に責任を持つこと(la prise sur soi du destin de l'autre）よりここで先立つのは、それゆえ、正義なのです」（En. p. 113-4）。あるいは八四年の論文では、「問いの誕生」が説かれている。「第三者は隣人の他〔人〕だが、他の一隣人でもあり、他〔人〕の一隣人でもあるのであって、たんに彼の同類であるだけではない。私は何をなすべきなのか。彼らはすでに、互いに何をなしたのだろうか。私の責任において、どちらが他に優先されるのだろうか。それゆえ彼ら、他〔人〕と第三者は、互いに対して何であるのだろうか。問いの誕生。／相互‐人間的なものにおける最初の問いとは、正義の問いなのである」（AT. p. 148-9. Cf. AQ. p. 200）。

　このように、とりわけレヴィナスの後期思想においては、問答無用の一方的な〈非対称性の倫理〉は、第三者の登場による「正義」の成立によって、「修正」を余儀なくされるのだということになる。もちろん「正義」の問題は、彼の初期思想においても見られないわけではない。たとえば『時間と他』でも、こう述べられてはいる。「慈愛と正義とのあいだで、本質的な差異は、正義の観点からはいかなる選り好みももはや可能ではないのでさえあるというのに、慈愛は他〔人〕を選り好みする、ということに由来するのではないか」（TA. p. 76）。ちなみにこのような「正義」と「慈愛」の関係は、レヴィナスの後期思想においてさえ妥当する考えでもある。しかしながら、「正義」や「第三者」の問題が前面に出てくるのは、特に彼の中期思想以降のことであり、とりわけ両者の関係が強調されるのは、彼の後期思想においてのことである。

　ところでレヴィナスの「正義」に関して、フランクはこう述べている。「『全体性と無限』によれば、《正義は他者のうちに私の師を認めることに存し》、正義は《対‐面の廉直》であるというのに、『有とは別様に、もしくは存在作用の彼方』では、それは第三者と不可分である。それゆえ同じ語は、ここあそこでは、異なる諸関係を指し示している」（Franck (2), p. 233）。[5] それゆえ本項ではわれわれは、(a)まず『全体性と無限』と『有とは別様に』における「正義」の捉え方の相違について考察することから始め、とりわけ後期思想における「第三者」の役割について解明し、(b)それから「第三者」がいつ、どこに出現するのかという問いに関して、問題となるであろう重要箇所を中期・後期の彼の思想のなかから析出しつつ、検討を加えてゆくことにしたい。

(a)第三者の役割

たとえば五二年の論攷「〈倫理〉と〈精神〉」では、「一つの顔を見ることとは、すでにして《汝殺すなかれ》を聞くことである。そして《汝殺すなかれ》を聞くこととは、《社会的〈正義〉》を聞くことである」(DL. p. 21)と述べられていて、ここでは第三者の登場を俟つまでもなく、すでにして最初の到来者との出会いにおいて、「〈正義〉」の成立が認められているのである。また五四年の論文「〈自我〉と〈全体性〉」でも、たしかに「正義を支える絶対的なものは、対話者の絶対的なものである」(En. p. 32)と語られてはいる――しかしながら、「支える」という表現は、むしろ「対話者」と「正義」との先後関係を述べるものだという可能性も、そこからは排除されないのである。そして五四年のこの論攷は、「人の人への関係」を構成するのが「正義」なのではなくて、むしろ後者を可能にするのが前者なのだと主張する。そのうえ「正義は〈全体性〉に屈服」(Ibid. p. 46)し、それどころか「全体性は不正によってしか構成されえない」のでさえあって、そのような「全体性」が構成されるのは、「第三者としての他者のおかげ」(Ibid. p. 38)なのだという。「全体性は、暴力と腐敗とによって構成される。〔……〕正義は経済的平等以外の対象を持ちえない」。かくして五四年のレヴィナスは、結局のところ第三者にも正義にも、たいした地位を与えてはいなかったのだということになる。それゆえにこそ「命じられた人間」は――もちろん第二者としての他者によって命じられた人間であろうが――「正義と不正との外にある」(Ibid. p. 46)とも言われるのである。

フランクも指摘していたように、『全体性と無限』は――むしろ五二年の論文の主張に戻りつつ――すでに第二者としての他者との出会いのうちに、肯定的な意味での「正義」の生起を見ることになる。「或る真の言説において、面と向かって他者に近づくこと」(TI, p. 42) について語りつつ、レヴィナスは「われわれは言説におけるこのような面と向かっての近づきを、正義と呼ぶ」(Ibid., p. 43) と述べている。「正義は他者のうちに私の師を認めることに存している」という、先にフランクによって引用されていた言葉が見出されるのと同じページにも、「正義」は「他者から始まる」(Ibid., p. 44) と明記されている。そしてやはりフランクの引用した「対 - 面の廉直」という言葉が用いられているのは、「正義のはたらき」(Ibid., p. 51) という語の言い換えとしてなのであって、「アレルギーなしに他者と出会うこと」とはすなわち、「正義のうちで」(Ibid., p. 280. Cf. p. 54, 272-3, 278, etc.) 他者と出会うことなのである。

それに対し『全体性と無限』のなかで「第三者」に認められているステイタスには、やや曖昧なところがある。たとえば或る文脈では、「性的快楽において愛する者たちのあいだに確立される関係」は「社会的関係とは正反対のもの」であって、それは「第三者を排除する」(Ibid., p. 242. Cf. En, p. 31) と述べられている。それゆえ「第三者へのあらゆる対話の準拠」によってこそ、「〈われわれ〉というもの (le *Nous*)」が、「エロス的なものを一つの社会生活に通じさせる」(TI, p. 257) のである。「〈他者〉の顔がわれわれを第三者との関係のうちに置くかぎりで、〈自我〉の〈他者〉への形而上学的な関係が、〈われわれ〉という形式に適応し、一つの〈国家〉を、諸制度を、普遍性の源泉たる諸々の法を、渇望する」(Ibid., p. 276)。しかるに「普遍的なものの暴政」(Ibid., p. 219) というものもあるのであって、たとえば「歴史の判決〔判断〕」はつねに「欠席で」言い渡されることになる。そして「このような判決への意志の不在」はまさしく、それが「そこでは第三の人物にしか呈示されない」(Ibid., p. 220) という点に存するのである。

それとも関連するのだが、先にも見たように、『全体性と無限』の「第三者」には、〈同〉と〈他〉とを俯瞰するような外的な観点という役割が担わされることもある。それゆえ他者と私との根源的な非対称性は、「第三者には現れない不平等」なのであって、このような不平等が意味するのはまさしく、「自我と〈他〔人〕〉とを包括〔embrasser〕しうる或る第三者の不在」(Ibid., p. 229)ということなのである――けれども同書の「第三者」には、このような比較的ネガティヴな意味だけでなく、他者の眼のうちから私を見つめているというような、もっとポジティヴな役割というものも認められているのであって、そのことについては本項(b)において、また確認することになろう。

またこれも前章で部分的に引用しておいたことなのだが、『全体性と無限』には「他者を認めることとは、或る飢えを認めることである。〈他者〉を認めることとは――与えることである」(Ibid., p. 48)という言葉がある。しかるにフランクによれば、「第三者をまえにして、そして私自身からは独立に」するなら、私は「私のパンを、一方と他方とのあいだで、分配しなければならない」のだということになる。そしてこのような「分配」は、「比較しえない者たちの比較を、同時性〔simultanéité〕と集摂〔rassemblement〕を、すなわち有を要求する正義の一原理」(Franck (2), p. 66) なしにはゆかない。かくして――むしろ後期思想に特有の――「第三者」の登場とともに確立されるべき「正義」の観念というものが、必要となってくるのである。

「第三者」や「正義」とともに成立するものに関しては、フランクの挙げている「比較」や「同時性」、「集摂」や「有」だけではなくて、後期レヴィナスは様々な事象をいたるところに列挙しているので、『有とは別様に』を中心に、その主だったものをあらかじめ押さえておくことにしたい。まず同書第一部では、「第三者」の問題構制のなかで「比較しえない者たちのあいだに一つの正義が必要である」と述べられたあとに、「それゆえ比較しえない者たちのあいだの一つの比較と、一つの共観〔synopsis〕が、一緒に置くこと〔mise ensemble〕と同時性〔contemporanéité〕が必要であり、主題化、思惟、歴史、エクリチュール〔書くこと〕が必要である」(AQ, p. 20) と記されている。また同書第二部で「〈言われたもの〉」(Ibid., p. 58) や「判断」(Ibid., p. 64) が付け加えられたあとに、第三部では「正義」が「絶対的なものへの有論の諸要求の根源〔起源〕に、また有の理解としての人間の定義の根源〔起源〕に」（Ibid., p. 84）置かれ、そして「正義」とならんで「比較、尺度、知、諸法、諸制度」（Ibid., p. 116）が枚挙されている。第四部では「正義の諸々の必然性とともに尺度、主題化、現れ（l'apparaître）、正義を導入する」[6]のが「第三者の近しさ」（Ibid., p. 152）だと言われ、また「第三者」の事実とともに「思惟の、意識と正義の、そして哲学の誕生」（Ibid., p. 165）が説かれている。そして第五部では最も詳しく、もちろん「第三者」との関連で、以下のように語られているのである。「必要なのは正義であり、すなわち比較、共存（coexistence）、同時性、集摂、秩序、主題化、諸々の顔の可視性が、またそのことによって志向性と知性（l'intellect）が、そして志向性と知性のうちでは体系の知解性（l'intelligibilité）が、またそのことによって或る法廷をまえにしてのような或る同等の共現前（coprésence）が、必要である。共時としての本質〔存在作用〕、つまり一つの－場所－のなかでの－集合（*ensemble-dans-un-lieu*）。近しさは、隣接の空間のなかで、或る新しい意味を受け取る」（Ibid., p. 200）——ちなみに七五年の或る対談では、「現象学」も「第三者から出発して」（DI, p. 132）回収されると述べられており、また八六年の対談では「ギリシア的な知恵」（AT, p. 112）が名指されている。

ところで『有とは別様に』では、本項冒頭でも引用した「第三者との関係は、近しさの非対称性の或る絶え間ない修正である」という言葉のなかの「或る絶え間ない修正」のあとに、「そこにおいては顔が脱－顔化される（se dé-visage）」（AQ, p. 201）という関係節が添えられている。そしてその次のページでも、レヴィナスは「正義は表象の同時性を要請する。かくして隣人が見えるようになり、脱－顔化される（dé-visagé）ようになる」（Ibid., p. 202）と語っている。ちなみに「脱－顔化」という言葉は、八四年の論文（AT, p. 149）や八五年の対談（Ibid., p. 173）、あるいはまた八七年の対談（IH, p. 201）でも用いられていて、さらには八七年の対談では、以下のようにも述べられているのである。「諸々の有〔るもの〕が比較されるのは、諸々の顔としてではなく、すでにして市民たちとして、諸個体として、一つの類における数多性としてなのであって、諸々の《唯一性》としてではありません」(En. p. 224)——しかしながら、それでは第三者の出現とともに、第二者も第三者も自らの「顔」を失ってしまうのだろうか。そしてそのような記述は、「正義」の説明として、本当に妥当なのだろうか。

「第三者」の問題は、様々な困難を孕んでいるように思われる。そしてまずもって、それは第二者と第三者との関係の問題として現れてくる。第三者は、第二者との関係のなかで、いったいいつ、どこで、そしていかなる仕方で出現してくるのだろうか。そしてこの問題について、はたしてレヴィナスの中期思想や後期思想は、そもそも首尾一貫した仕方で説明しえていたのだろうか。

(b) 第三者の出現

たとえば『全体性と無限』の或る箇所で、レヴィナスは「私を見つめる眼のなかで、普遍性が人類《ユマニテ》の現前として君臨している。〔……〕このまなざしが、私の責任に訴える」(TI. p. 183-4) と述べている。先に述べたように、中期レヴィナスの「第三者」にも、全体性にしか奉仕しないようなたんにネガティヴな意味だけでなく、他者の尊厳に関わるような或るポジティヴな面が認められることがある。そして以下の有名な言葉は、はっきりとそのことを示していると言えよう。「他者の眼のなかで、第三者が私を見つめている——言語は正義である。〔……〕貧しき者、異邦人は、平等な者として呈示される。この本質的な貧しさにおける彼の平等は、このようにして出会いに現前している第三者に準拠することに存している〔……〕。顔の現前は——〈他〔人〕〉の無限は——貧窮であり、第三者の(すなわちわれわれを見つめる人類《ユマニテ》全体の)現前である〔……〕。私を見つめる眼のなかでの第三者の、人類《ユマニテ》全体の現前を確証するかぎりでの、顔の公現」(Ibid. p. 188)——しかし、もし初めから「第三者」が第二者の眼のなかで「私」ないし「われわれ」を見つめているとするなら、非対称性の倫理など、ただの不必要で無意味な空論に堕してしまうことにはならないのだろうか。

『全体性と無限』には「顔のなかで不可避的な第三者の顕示は、顔を介してしか生じない」(Ibid., p. 282)という言葉も見られるのだが、これも先の箇所と同趣である。またおそらくは五〇年代に書かれたであろう或るテクストのなかには、こうも記されている。「顔は――他人たちのただなかで即自である。顔は、そこにおいて私‐汝のかたわらに――彼が実存するところの社会である。それゆえにこそ顔は発話であり――それは第三の人間について語る」(Œ 1, p. 432)。

しかしながら、エロス的関係について本項(a)でも見たように、当然のことながら『全体性と無限』でも、第三者が第二者の眼や顔のなかにではなく、第二者の文字どおり「かたわら」に、しかも第二者のあとにようやく現れるというような状況も、記述されているのである。たとえば「表現」は「一人の第三者に見える配列的な〔＝造形的な?〕諸結果」には、はっきりと「先立つ」(TI, p. 176)と述べられている箇所がある。そしてすでに五七年の或るテクストも、「愛それ自身が正義を要求し、隣人との私の関係は、この隣人が第三者たちと保つ諸関係に、外的なままにはとどまりえない」と語っているのだが、そのような観点からは、「第三者もまた私の隣人」(DL, p. 34)なのである。

ところで中期のレヴィナスにおいて鮮烈な印象を与えていたのが、第二者の眼のなかから私を見つめる第三者のほうだとするなら、後期レヴィナスにおいて目立つのは、先の「正義」の成立を説明する文脈のなかにもあったように、むしろ隣人のかたわらに立つ隣人、つまり第二の隣人としての第三者のほうである。たとえば『有とは別様に』の第一部では、「意識化(prise de conscience)は、接近された隣人のかたわらの第三者の現前によって、動機づけられている」と述べられている。「第三者もまた接近される」のであって、「隣人と第三者とのあいだの関係」は、当然のことながら「接近する私に無頓着ではありえない」(AQ, p. 20)のだということになる。また同書第二部によれば、「近しさ」は「一挙に正義の判断」であるわけではなく、まずもってそれは「他者に対する責任」なのであって、「第三者の入場」とともにようやく「判断へと変わる」(Ibid., p. 64) のだという。そして第三部にしたがうなら「社会」が「始まる」のは「第三の人間の入場以来」(Ibid., p. 116) であり、第五部によれば「正義が始まる」のも「第三の人間から」、すなわち「他人の迎え入れの対面を遮る――隣人の近しさないし接近を遮る――第三者から」(Ibid., p. 191) なのである。

同じ第五部は、われわれが本項冒頭で見た諸テクストのように、「もし近しさが私に、ただ一人の他者しか命じないのであれば、《問題はなかったろう》」とも語っている。そのときにはまだ「問い」も「意識」も「自己意識」さえ生まれてなどいない。「他〔人〕に対する責任」は「問いに先立つ或る直接性」なのであって、それが「妨げられて問題となる」のは「第三者の入場以来」(Ibid., p. 200) のことだという。「第三者の入場、それは意識の事実そのもの」(Ibid., p. 201) なのである。

ちなみに前章でも見たように、『有とは別様に』は「隣人」に関しても、それは「あらゆるアプリオリの外で――しかしおそらくはあらゆるアプリオリ以前に、アプリオリよりいっそう古く――私に関わる」と考えている。「隣人、最初の到来者」は、たとえそれが「古い知人、旧友、昔からの恋人」なのであろうとも、「アプリオリを排除する或る偶然性」において、「初めて私に関わる」(Ibid., p. 109) のである。「おそらくひとは、偶然性のなかで他者に接近する。しかし、以後ひとは、他者から遠ざかるのに自由ではない」(Ibid., p. 164) ――けれども「初めて」や「以後」は、「最初の到来者」や「偶然性」の概念とともに、時間のなかでの一生起としての他者との出会いについて、物語っているように思われる。そしてもし他者との出会いが偶然的なら、ましてや第三者との出会いは偶発的で、そのうえ後発的となるのではないだろうか。

しかしながら、先ほど「第三者の入場、それは意識の事実そのものである」と述べられているのを見た『有とは別様に』のまさにその同じページが、「第三者の入場が一つの経験的事実だというわけではない」と続けてもいるのである。つまり「他〔人〕の近しさ」においては「他〔人〕とは別のすべての者たちが私に付きまとっている」のであり、そして「すでにして付きまといが正義を叫び、尺度と知とを要求し、意識である」というのである。それゆえにこそ、本節(2)でも見たように、「他者は一挙にすべての他人たちの兄弟」(Ibid., p. 201) と言われるのである。

『有とは別様に』はもう少し先で、「意識は第三者の現前として誕生する」(Ibid., p. 203) と語ってもいる。それは「対 - 面の内密性のうちへの第三者の入場——永続的な入場 (entrée permanente)」(Ibid., p. 204) だというのである。それは最初に「対 - 面の内密性」を前提したうえでの「第三者の入場」なのだろうか。また先の箇所でも「すべての他人たちの兄弟」という言葉の直後に、レヴィナスは、何度か引用したように、「第三者との関係は、近しさの非対称性の或る絶え間ない修正である」(Ibid., p. 201) と述べてもいたのである。けれども「絶え間ない修正」の絶え間なさや「永続的な入場」の永続性については、まだ考察の余地があろう。そのうえ「永続的な入場」の箇所では、続けてこうも語られているのである。「第三者が経験的に近しさを乱しにやって来るのではなく、顔は同時に隣人でも諸顔の顔でも——顔でも見えるものでも——あるからこそ、有と近しさとの秩序のあいだで、絆が忌避しえないのである。秩序、現れ (apparoir)、現象性、有は、意味作用のなかで——第三者から出発した近しさのなかで——生ずる。第三者の出現は、現れの根源〔起源〕そのもの、すなわち根源〔起源〕の根源〔起源〕そのものである」(Ibid., p. 204)。

第三者がいつ、どこで、そしてどのような仕方で出会われるのかという問いに関するレヴィナスの回答の曖昧さは、『有とは別様に』以外の後期の諸テクストにおいても確認される。たとえば七六年のソルボンヌ講義では、「対面の状況においては、一方から他方にかけて生ずるものを主題化する第三者は、存在しない」(DMT, p. 188) と言明されていて、八一年の対談でも、本項冒頭で見たのと同様に、「もし私が他〔人〕とのみいるなら、私は彼にすべてを負っています。しかし第三者がいます」（EI. p. 94）と語られている――ちなみに七五年の或る対談では、「第三者たち」がいて自我が「一人ではない」のは、「幸福なことに」（DI. p. 135）だという。また先に「問いの誕生」（AT. p. 148）について語っていた八四年の論文は、「以後〔私は〕知らなければならず、一箇の意識とならなければならない」（Ibid., p. 149）と述べているのだし、八六年の論攷も「あらゆる判断」等々に「先立つ責任」や「隣人に対する先決的な責任」（En. p. 201）について語りつつ、「正義の時」に関しても、「しかし正義それ自身が権利の根源を、また人間的なものの特殊性と一般性とが以後覆い隠してしまうような他者の唯一性を、忘れさせることなどできない」（Ibid., p. 202）と付言してもいる。そして八七年の対談で述べられているのは、「判断と正義とが必要」になるのは「第三者が現れるや否や」（Ibid., p. 221）なのである。

しかるに他方では、たとえば七五年の先の対談のなかでも、レヴィナスは「いまからすでに、他者のうちで、第三者が表象されています。他者の出現そのものにおいて、すでに第三者が私を見つめているのです」（DI. p. 133）と語ってもいるのである。八二年の対談でも、「第三者は偶然にそこにいるわけではありません。或る意味ではすべての他〔人〕たちが、他者の顔のなかに現前しているのです」（En. p. 116）と述べられているのだし、また同じ対談のもう少し先では、レヴィナスはこうも発言しているのである。「他者に対する私の責任において、けっして私の現在ではなかった他者の過去が、《私を見つめている》のです。それは私にとって、一箇の表－象〔re-présentation 再－現前化〕ではありません。他者の過去と、何らかの仕方で、けっして私が参与していなかった、けっして私が現前していなかった人類の歴史とが、私の過去なのです」（Ibid., p. 125）。

この種の揺れ、この類《たぐい》の曖昧さをまえにして、デリダやフランクなど多くの優れた論客たちは、当然のことながら黙ってとおりすぎることなどできなかった。フランクについてはのちに述べることとして、デリダは「第三者は待ってなどいない。それは対－面における顔の《最初の》公現以来、そこにある」（Derrida (2), p. 63）と語っている。

なぜなら「第三者の不在」は――もちろん正義の欠如ゆえに――「唯一的な者との対‐面の絶対的直接性における倫理の純粋さ」を、「暴力で脅かす」ことになってしまうからである。しかしながら他方では、第三者は「唯一的な者に捧げられた倫理的欲望の純粋さ」を――レヴィナス倫理学をかくも特徴あるものにしていた献身と従属との廉直や謙虚さを――「今度は少なくとも潜在的には侵害する」(Ibid., p. 66) ことになってしまうであろう。それではわれわれとしては、対称性と非対称性とをめぐるレヴィナス倫理学における第二者と第三者とのこのような関係を、いったいどのように理解すればよいのだろうか。

レヴィナス倫理学が抱えるであろう幾つかの代表的な諸困難に関しては、本節(5)であらためて検討し直すことにする。しかしそのまえに、対称性・非対称性にまつわるもう一つの問題点を、われわれはあらかじめ検討しておかなければならないだろう。

(4) 私の顔――〈他者の他者〉としての私の成立

つまりレヴィナスは、八二年の対談「哲学者と死」のなかで、こう語っているのである。「私はしばしば、直線の――二点間のこの最短距離の――観念は、もともとそれにしたがって私の出会う顔が死に曝されるところの線ではないかと、自問してまいりました。それはおそらく私の死が私を見つめ、私をめざす仕様ではあっても、しかし私は私自身の顔を見ないのです」(AT, p. 167)。ここでは「私は私自身の顔を見ない」という言葉は、たんに散文的な意味で述べられているにすぎないのではないか、あるいはまた、そもそも「顔」というものは視覚の対象ではありえないのではないか、等々の疑問が呈されうることでもあろう。しかし、われわれがここで問題にしたいのは、そのようなことではない。われわれがいま問いたいのは、はたして「私」自身はいつ「顔」をえて、他者にとっての他者となりうるのか、ということなのである。

先にわれわれは、「正義の源泉であり、またそのことによって正当化された抑圧の源泉であるのは、第三者なのです。ひとが他〔人〕の暴力を暴力によって止めることを正当化するのは、第三者によって被られた暴力なのです」(DI, p. 134) というレヴィナスの言葉を引いておいた。ここでは第三者の役割は、第二者の絶対性を相対化することにあるわけなのだが、しかし、まだ私と第二者との平等が唱えられているわけではない。またもう少しあとに出てきて、やはりわれわれがすでに部分的に引用した次の言葉についても、同断である。「自我は迫害され、彼は原理上、彼が被る迫害に責任がありますす。しかし《幸福なことに》、彼は一人ではありません。第三者たちがいて、ひとはひとが第三者たちを迫害するのを認めることなどできないのです!」(Ibid., p. 135)。あるいはまた八一年の有名な対談『倫理と無限』のなかでは、レヴィナスははっきりと、こう語っているのである。「私は私が被る諸々の迫害に責任があります。しかし、私だけです! 私の《近親者たち》や《私の民族》は、すでに他〔人〕たちであり、そして彼らのために、私は正義を要求するのです」(EI, p. 106) ――ここでは「正義」が要求されるのは「彼らのために」であって、「私」のためにでも、またわれわれ〔=「私」と「他〔人〕」〕のためにでもない。

『有とは別様に』においても、或る箇所では明確に、こう述べられている。「正義が正義にとどまるのは、次のような社会においてでしかない。つまり、そこにおいては近親者たちと遠い人たちとのあいだの区別は存在しないが、しかし、最も近い者のかたわらをとおりすぎることの不可能性もまた存続し、全員の平等が私の不平等によって、私の諸権利に対する私の諸義務の過剰によって、担われているような社会である。自己忘却が、正義を動かす」(AQ, p. 203)。しかしながら『有とは別様に』は、或る別の箇所では、こう語ってもいるのである。「しかし正義が確立されうるのは、つねに〈自我〉の概念から脱走した、つねに解任され、そして有から解任された、つねに〈他〔人〕〉との非 - 相互化可能的な関係のうちにあり、つねに〈他者〉- のためにある〈自我〉――私――が、他〔人〕たちのような他〔人〕となりうる場合のみである」(Ibid., p. 204-5)。レヴィナスの表現は、ここでは――ここでも――

いささか晦渋だが、簡単に言うなら、要するに彼は、「正義」は私が「他〔人〕たちのような他〔人〕」とならなければ成り立たないと主張しているのである。

八六年の対談ではいっそう明晰に、「正義のうちには比較があり、他〔人〕は私に対して特権を持たない」(AT, p. 112) と言明されている。それゆえにこそフランクも、「第三者が還元しにくる」のは「他者への不平等」と同時に「自己への」(Franck (2), p. 226) 不平等でもあると述べるのである。しかしながら、「第三者」によってもたらされる「正義」は、本当に「私」を平等な「他〔人〕たちのような他〔人〕」にしてくれるのだろうか。それともむしろ、「全員」に対する「私の不平等」こそが、逆に「正義」をもたらすのだろうか。

『全体性と無限』には、他人が私に自由を「備給」しうるのは、「私自身が結局、自らを〈他〔人〕〉の〈他〔人〕〉(l'Autre de l'Autre) として感じうる」からだと語っている箇所があるのだが、しかし、それは「おおいに複雑な諸構造を介してしか獲得されない」(TI, p. 56) のだという。すでに見たように、『全体性と無限』は「兄弟性」のコンテクストのなかで、「〈われわれ〉」(Ibid., p. 257. Cf. p. 276) ――「彼ら」ではなく――について語っている箇所がある。あるいはまた「父性」、「父の共同性」や「兄弟性という本源的事実」との連関で、「顔のこのような迎え入れにおいて〔……〕平等性が創設される」(Ibid., p. 189) と述べられている箇所もある。すでに引用済みだが、「兄弟性とは、そこにおいて私の選出と平等とが同時に完遂されるところの、顔との関係そのもの」(Ibid., p. 256) なのである。とはいえわれわれは、同時に「自らに全体化を禁ずるが、しかし兄弟性や言説として描かれる有における数多性は、本質的に非対称的な或る《空間》のうちに位置づけられる」(Ibid., p. 191) という言葉も引いておいた。つまり中期のレヴィナスにおいては、たとえ「〈他〔人〕〉の〈他〔人〕〉」といった類《たぐい》の言葉が用いられることがあったとしても、まだ「私自身」を含めた平等性が明確に確立されているとまでは言いがたいのである。

これも前章で見たことなのだが、中期の、しかも五〇年代のレヴィナスには、「自我」は「全体性に吸収されない」(En. p. 25) とか、「現象学的自我」は「全体性から引き抜かれている」(DE. p. 120) といった考えが見出される。そして『有とは別様に』も「哲学の歴史」は「幾つかの輝かしき瞬間」に「存在作用 (essence)」と袂を分かつような「主観性」を認めてきたと述べつつ、このような「有からの形而上学的な引き抜き」の一例として、「フッサールの純粋〈自我〉」(AQ. p. 10) を挙げているのである。しかるにもし「自我」が「全体性」や「有」を免れるというのであれば、その点では自我は第三者と同じステイタスを享受しうるのではないだろうか。しかしながら七〇年の或る論攷は、「人質という条件もしくは無条件」という考えに触れつつ、「すべての他〔人〕たち」は「私と同じ類には属していない」(HA. p. 111) と語っていて、曖昧さはやはり残る。つまりレヴィナスは、たとえ形而上学的ないし有論的には、あるいはむしろ「有とは別様に」的には私と第三者のステイタスの一致について語ることがあったとしても、倫理的には不平等と非対称性とを説き続けているのである。

　ところで『有とは別様に』には、「神のおかげでのみ、〈他者〉とは比較しえない主観たる私は、他〔人〕たちのような他〔人〕として近づかれる」という有名な言葉がある。「《神のおかげで》、私は他〔人〕たちにとっての他者」(AQ. p. 201) なのである。そして「このような助けとこのようなおかげ (grâce) に言及することによってとは別様には、それについて私が語りえないところの神の《立ち寄り (passage)》」がまさしく、「比較しえない主観が社会の成員へと一変すること」(Ibid., p. 202) なのだという。このような考えからするなら、私が他者たちとの平等と対称性とを獲得しうるのは、究極的には「第三者」によってなのではなくて、むしろ「神の《立ち寄り》」によってなのだということになろう。先に引用した「正義が確立されうるのは〔……〕私が他〔人〕たちのような他〔人〕となりうる場合のみである」(Ibid., p. 204-5) という文の直前にも、じつは次の言葉が置かれていたのである。「共時化は、表象と〈言われたもの〉とによって、《神の助けを借りて》自我と他〔人〕たちとに共通の土地たる正義の本源的な場所を創設する意識作用なのだが、そのような場所においては、私は彼ら〔＝他〔人〕たち〕のうちに数え入れられる

〔……〕」(Ibid., p. 204) ……。

それゆえ先には他者への不平等と同時に自己への不平等をも還元しにくるのは「第三者」だと述べていたフランクも、ふたたび「第三者との関係は、近しさの絶対的非対称性の《或る絶え間ない修正》である」と述べた直後に、「しかし、そのおかげで私が他〔人〕たちにとっての他者であるところの絶対者もしくは神のみが、或る絶対的な対称性によって、一つの絶対的な非対称性を絶対的に修正しうる」(Franck (2), p. 227) と付け加えることによって、先の発言を正確化するのである。私が他者のような「顔」を獲得するのだとすれば、それは神のおかげなのである。「もし神のおかげで、私が他者にとって顔であるなら、そこから顔の謎がやって来るところの有の彼方の彼性は、たんに隣人や第三者に責任があるように彼らのほうに私を運んでゆくのみならず、それは私に責任を持つように他者や第三者を仕向けもする」(Ibid., p. 245)。

しかしながら、もしそうだとするなら、ここでもやはり一つ問題が生じてくる。それはフランクのように、第三者と彼性との二つの「第三者性」(Ibid.) のあいだの関係を気にかけることではない。われわれは前章で、たとえばレヴィナスが「他者のうちには神の実在的現前があります。他者への私の関係のうちに、私は神の〈発話〉を聞くのです」(En, p. 120) 等々と述べているのを見た。私が他者を他者にふさわしく迎え入れるときには、すでに私はそこに神の声を聞き、神の現前を感じ取っているというのが、レヴィナスの基本的なスタンスなのである。私は神を介してしか、真に他者たるかぎりでの他者には出会うことがない——しかし、もし事情がかくのごとくであるとするなら、私はそのときすでに神の立ち寄りによって〈他者の他者〉となり、第二者や第三者によって責任を持たれる存在になっているはずではないだろうか。けれどもそれではレヴィナス他者論の基軸であった非対称性の倫理ないしは倫理学など、そもそも初めから原理的に存立しえないのだという理屈になってしまうのではないだろうか。

先にも述べたように、われわれはレヴィナス的倫理〔学〕には、多くの原理的な諸困難が見出されるであろうと考えている。そのすべてを列挙することは、いまはできないが、しかし幾つかの代表的な問題については、たとえ概括的にではあっても、次項で検討しておくことにしたい。

(5) レヴィナス倫理学の問題点

レヴィナス的倫理〔学〕の固有性は、あくまで「第二者」と「私」とのあいだに認められるその「非対称性」のうちにこそ存すると言うべきではないだろうか。しかしながら、「非対称性」が「非対称性」にとどまるかぎり、そこには本来的な意味での「正義」も「不正」も成立しえない——けれどもそのような「倫理学」が、本当に「万人」にとっての真の「倫理学」たりうるのだろうか。あるいは逆に、もし「万人」のための「倫理学」が成り立つというのであれば、それはむしろ個々人の具体性やその出会いの状況の特異性を、抹殺することになってしまうのではないだろうか。

それゆえわれわれは、以下、(a)まず「第二者」との関係が「第三者」の入場によって初めて被るとされる変化が孕むであろう幾つかの諸問題について、(b)次に「他者」の「個別性」ないしはその「具体性」の問いについて、(c)それから「顔」の複数性という問題の困難について、(d)最後に「悪」と「正義」の問題構制について、順に批判的に検討してゆくことにしたい。言い換えるなら、(a)は「非対称性」と「対称性」の問題構制に直接関わり、(b)が主題化するのは言うならば「理論」と「実践」の関係であり、(c)によって取り扱われるのは「二元性」と「多元性」——「三元性」というよりもむしろ「万人性」としての——の関連であり、(d)が論じたいのは「善」と「悪」とに関するレヴィナス的問題構制についてである。

(a)第二者と第三者

シュトラッサーは、もし問題とされているのが「あまりにも粗暴な良心を所有するような人々」や「冷笑的なエゴイストたち」、さらにはまた「冷酷な殺人者たち」であったとするなら、彼らはレヴィナス倫理学が要求するような「神的判断」(Strasser (1), S. 379)を引き受けえないのではないか、と危惧している。けれどもいっそう深刻な問題は、むしろ一人だけで私に対峙する他者がそのような者である場合、たとえばいまにも私が他者によって殺されようとしているような場面でも、私はこのような〈冷酷な殺人者〉に対する恭順と奉仕との態度をくつがえすことができないのか、ということであろう。

したがってレヴィナスは、第二者の入場が倫理に抵触しないためには、第二者の眼のうちへの第三者の現前を、同時に認めざるをえなくなってくる。しかしながら、フランクならずとも、もし「正義が他者のうちに現前している第三者と連帯」しているのであれば、逆にレヴィナス倫理学の出発点であった「一人の‐他‐のための‐一(l'un-pour-un-autre)」が「一つの抽象」(Franck (2), p. 231)でしかなかったことになってしまうのではないかというような疑問は、誰しもが抱く類《たぐい》のものなのである。そこでフランクは、「隣人との関係が第三者との関係に先立つ」ということが、つまりはデリダ的に語るなら、「第三者はつねに待たなければならない」ということが「可能なのか、とりわけ倫理的に可能なのか」と問うてみる。しかるにそれは「明らかに否」(Ibid., p. 235)なのである。「レヴィナスが正義を近しさから導き出し、その場合、近しさの先行性が想定されているのだとしても、彼が両者の同時性を肯定することが、そのうえ優先順序を反転させることが、等しく起こる」(Ibid., p. 239)のだという。しかしながら、フランクによれば、両者の「共時性」はむしろ「正義の優位」を含意してしまうであろう。なぜなら「同時性としての同時性」を意味しているのは、「正義」(Ibid., p. 240)のほうだからである。

けれども第二者と第三者の関係をめぐる諸困難は、それだけにとどまらず、テクスト上でも指摘されるべき問題が、多々見受けられるように思われる。たとえばレヴィナスは、私と隣人しかいない場合には、「比較の可能性」を「排除」(AQ. p. 163) する。ブーバーの「〈我〉‐〈汝〉関係」に対する彼の批判は、もっぱら両者の「相互的関係」もしくは「相互性」を「本源的」とみなす点に存していたのだが、そのようなブーバーの立場は、「人間を人間に結合するのと同じくらい、人間を諸事物に結合」(TI. p. 40) してしまうことになるだろう。ところでレヴィナスの立場からは、「事物」は「即自」ではないからこそ「交換」されえ、したがって「比較され、量化され」、また「金銭に反映される」(Ibid., p. 136) ことができるのだという。しかしながら、もし「比較」が人間を「事物」なみに扱うことに存するというのであれば、第三者の到来とともに「比較」を要求するレヴィナス的「正義」は、むしろ「暴力」そのもの、「不正」そのものだという結論に陥ってしまうのではないだろうか。

　また五七年の或るテクストは、「自由が〈他者〉によって自らが問いに付されていることに気づき、正当化されていないということを自らに顕示するのは、自由が自らを不正と知るときのみである」(DE. p. 168-9) と語っているのだが、はたして順序はこれでよかったのだろうか。それでは自らが正しいと信ずる者には、他者の顔は何も語らないということになってしまうのではないだろうか。またそもそも私は第三者の入来以前に、それどころか第二者の登場以前にさえ、自らの正不正を知りうるとでもいうのだろうか。あるいはまた同じく中期に属する『全体性と無限』では、「〈他〔人〕〉としての〈他〔人〕〉」に関して、「その正当化された〔justifiée 正義と認められた〕実存が、第一次的な事実である」(TI. p. 56) と述べられている。たしかに第三者を俟たずとも、すでに第二者の段階で「正義」の成立を認めていた中期レヴィナスにとっては、このような発言も是認されうるのかもしれない。しかし六二年になっても、レヴィナスは「私が正しく〔juste 正義で〕あればあるほど、ますます私は罪がある」(LC. p. 74 : L'Herne. p. 104) と語り、そして後期の主著『有とは別様に』においても、「私が正しくあればあるほど——ますます私は罪がある」(AQ. p. 143) と、ほぼ同様の言葉が繰り返されているのである。しかしながら、「正義」は「第三者」の入場によって、初めて成り立つのではなかったか。そして「第三者」の成立によって「相互性」や「対称性」が、すなわちまさしく「正義」と「平等」とが確立されたときに、なぜ依然として私だけが「罪がある」と言われ続けなければならないのだろう。あるいはむしろ、それは第三者の入来以前にも或る種の「正義」が存在しうるのだということを、暗に示しているのではないだろうか。また同様に八六年のレヴィナスは、例の「汝殺すなかれ」に関して、「あたかも意識がここでは他者意識に対して、その対称性を失ってしまったかのようだ！」（En, p. 199）と語っているのである。しかし、そもそも「意識」は、「第三者」の登場によって初めて生ずるものではなかったか。そしてそのときにはすでに「対称性」が獲得されているのではなかったか。あるいはむしろ、第三者レヴェルの「意識」とは明らかにその意味を異にするような「意識」というものが、それでもやはり認められねばならないということが、ここでもまた示唆されているのではないだろうか。

　八一年の対談『倫理と無限』のなかで、「しかし他者もまた私に対して責任があるのではないですか」という対談者ネーモーの問いに対して、「おそらくは〔そうです〕。しかしそれは、彼の問題（*son* affaire）です」（EI, p. 105）とレヴィナスは答えている。われわれはすでに、「他者が私に対して何であるのか」は「彼の問題」（En, p. 115）であり、「他〔人〕との平和」はとりわけ「私の問題」（AQ, p. 177）とされているのを見た。七五年の対談によれば、「他〔人〕が私のために何をなしうるか」も「彼の問題」で、「私の問題」とは「私の責任と私の身代わり」（DI, p. 148）だけである。けれども『倫理と無限』は、先の言葉の直後に、「相互的なもの、それは彼の〔＝他者の〕問題です」（EI, p. 105）と付け加えてもいるのである。しかるに「相互的なもの」は、第三者の登場以降の問題ではなかったのか。そしてそもそも「相互的なもの」を気遣ってくれるのが第二者だということを私が期待してよいとするなら、結局のところ、他者に甘えているのは私のほうだということになってしまうのではないだろうか。

　けれどもレヴィナス流の非対称性の倫理学にとって最も危険なのは、おそらくはそれが語られたとたんに、つまりは〈言われたもの〉に堕してしまった瞬間に、それが一般化された発言にしかならないということであろう。それはレヴィナス以外の他者たち一人ひとりに対しても、まずもって恭順と服従とを強要するという結果を招いてしまうのではないだろうか。たとえばレヴィナスは、「人間的世界が——正義、サンヘドリン〔古代パレスチナの最高審議議決機関〕が——可能であるためには、他〔人〕たちに対して責任がありうるような誰かが、あらゆる瞬間にいるのでなければならない」(QL. p. 182)とか、「すべての他〔人〕たちの人質たる人間が、人々には必要である」(Ibid., p. 186)(7)等々と述べてはいるのだが、しかし、そのような「誰か」や「人間」は、いったい誰のことを指しているのだろうか。あるいは「迫害されている者のみが、全員の、自分の迫害者についてさえ、責任を持つ」(SS. p. 46)という言明がもし真であるとするなら、私は迫害を受けている者を目の当たりにしたときには、いったいどのように振舞えばよいというのだろうか。あるいはまたレヴィナスは、「すべての人々はすべての他〔人〕たちに責任がある」(AV. p. 13)とさえ語っている。こうした発言は、むしろ他者に——つまりこの場合、レヴィナスの忠実な読者に、つまりはレヴィナス主義者に——公然として犠牲を求めるという結果しかもたらさないであろう。そしてレヴィナスは言う。「他〔人〕の死はあなたの死に対して、またあなたの生に対して、優位を持ちます」(AT. p. 168)——つまり、ここで犠牲や献身を求められているのは、何と私ではなく対話者たる「あなた」であり、そして「優位」を保っているのは、ここでは「他〔人〕」と呼ばれている第三者、つまりはレヴィナス倫理学における相互性の使者なのである。

それゆえわれわれとしては、第三者が到来して初めて成り立つ「正義」や「相互性」と、第三者が入来する以前にも存立していたとみなされるべきそれらとを、区別すべきだと考える。われわれは神の他性と他者の他性とについて主題化した前章で、「神は単純に《最初の他者》や《すぐれて他者》や《絶対的に他者》であるのではなく、他者とは他、別様に他であり、他者の他性に、隣人への倫理的束縛に先立つ他性によって他なのであって、あらゆる隣人と異なり、不在にいたるまで、イリアの大混乱とのその可能的混同にいたるまで、超越的である」(DL. p. 115. Cf. DMT. p. 258) というレヴィナスの言葉を引いておいた。彼は「起源において利他主義的な諸本能があるとひとが言うとき、すでにして神が語ったということを、ひとは認めたのです」(AT. p. 182) とも語っている。「利他主義的」という言葉に問題があることについては前章でも触れたが、しかしレヴィナスにとって神の他性は「他者の他性」に「先立つ」他性であり、それゆえもし本章で見たように、「神のおかげ」で私が「他〔人〕たちのような他〔人〕」となり、「他〔人〕たちにとっての他者」とみなされうるのだとするなら、私は最初の他者に出会うとき、すでに神の言葉を聞き、すでに私と他者との何らかの根源的な平等性を獲得しているのでなければならないのだということになる。私は私自身の顔を「見る」ことはなくても、すでにして「顔」を有しているのである。

それゆえレヴィナスがよく対比する「慈愛」と「正義」〔もしくは「法」〕との関係も、少しく見直さなければならなくなるだろう。われわれはすでに本項の(3)で、「慈愛と正義とのあいだで、本質的な差異は、正義の観点からはいかなる選り好みももはや可能ではないのでさえあるというのに、慈愛は他〔人〕を選り好みする、ということに由来するのではないか」(TA. p. 76) という『時間と他』のなかの言葉を見た。五二年の或る論文によれば、「それが一箇の被造物でしかないがゆえに被造物を愛するのか、それとも被造物のなかで人間が被造物を超越しているがゆえに人間を愛するのか」が「慈愛と正義の二者択一」(DL. p. 199) であり、したがって五四年の論攷にしたがうなら、「法が慈愛にまさる」のだということになる。「人間」は、この意味でも「政治的動物」(En. p. 33) なのである。しかしながら後期のレヴィナスは、たとえば八二年の対談のなかで、「慈愛は正義なしには不可能であり、正義は慈愛なしには歪められる」(Ibid., p. 131) という有名な言葉を述べるようになる――レヴィナスがこの言葉を発したとき、彼が考えていたのは、おそらくは「慈愛」と「正義」の共存的ないしは補完的な関係でしかなかったのかもしれない。けれどもわれわれとしては、「正義は慈愛とは異なる」(IH. p. 205) というレヴィナス自身の言には反して、むしろ「慈愛」と「正義」とが分かたれる以前の両者一体のものを、つまりは相互性をけっして排除しない慈愛というものを、両者の区別以前に考えておきたいと思う。他者としての他者の他性以前に神が語るというのは、そういうことではないだろうか。

(b)他者の具体性

「非人称的な一つの適法性という意味での理性は、言説について釈明させない。なぜなら理性は、対話者たちの多元性を吸収してしまうからである。理性は、唯一的な理性は、もう一つの理性に語りかけることなどできない」(TI. p. 182)と、『全体性と無限』のなかでレヴィナスは語っている。しかしこのような言葉がその意義を有するのは、「対話者」たる他者が一般的に扱われるのではなくて、具体的・個別的な者として受け入れられるような場合のみであろう。「他律が隷属状態しか意味しないわけではないことができるかぎりで、私は他律の或る復権を試みる」という、先に引いた言葉のあとに、レヴィナスはこう付け加えているのである。「問題とされているのは、まず、誰が他律の他であるのかを知ることである」(TrI. p. 44)。

しかしながら前章でも見たように、マリオンは「他者に対する無条件の責任」というレヴィナスの考えは、「しかじかの他者」には「まさしく接近させてくれない」(Œ 1. p. IV)と批判する。じじつレヴィナスは、先ほども見たように、「他者が私に対して何であるのか」は「彼の問題」であって、「私にはあまり重要ではない」と言明する。「私にとって、彼はとりわけ、私に責任のある者なのです」(En. p. 115)。しかし相手が「他者」でありさえすれば、それがどのような者なのであれ、ともかくも私はその人に対しては、絶対に「責任」を取らなければならないのだろうか。そしてそれ以外のことは、どのようなことであれ、とりあえずはむしろどうでもよいことになってしまうのだろうか。

『時間と他』のなかで、すでにレヴィナスは、「他〔人〕との関係は、一つの〈神秘〉との関係である」と語っていた。つまり「その有全体を構成する」のは、「その他性」(TA. p. 63) でしかないのである。あるいは『全体性と無限』でも、「〈他者〉の他性は、何らかの性質には依存しない」(TI, p. 168) と述べられていた。「超越」の「内容」をなすのは「他で有ること」(Ibid., p. 5) のみであり、〈他〔人〕〉の「同一性」を「構成する」のは、「〈他〔人〕〉の他性」(Ibid., p. 229) なのである。そして『有とは別様に』も、「他者が課せられる」のは「実在的なものの実在性」とは「まったく別様に」だと語っている。「他者が課せられるのは、他者が他だからであり、この他性が、赤貧と弱さとの或る負荷全体で、私に降りかかるからである」(AQ, p. 22)。しかしながら、「他者」に関してはその「他性」しか顧慮しないという頑なで形式主義的な態度は、むしろ他者の特殊事情にはまったく無関心でいられるというような、つまりデリカシーや繊細さや思いやりさえも不必要としてしまうような、無頓着 (indifférent) で一般公式的な態度の典型ではないだろうか。

あるいはまた初期や中期のレヴィナスが「幼児期」に「無責任」(TA, p. 60. Cf. TI, p. 241) しか認めないというのは、或る程度理解できる話なのだが、しかし『全体性と無限』によれば、「愛される女」もまた「無責任な動物性」のようなものであって、「顔が鈍化」(TI, p. 241) されてしまうのだという。「女性的なもの」とは「社会に抗う〈他〔人〕〉」であり、あるいはせいぜいのところ「言語なき社会」の「成員」(Ibid., p. 242) でしかない。けれどもこのような類型的な他者理解は、レヴィナスの側からの一方的な押しつけでしかないのではないだろうか――ちなみにレヴィナスの基本的な考えからするなら、私が責任を負わなければならないのは「顔」に対してであって、仮に「愛される女」が無責任状態に陥ってしまったとしても、だからといって私が彼女に無責任であってよいという理屈にはならない[8]。それゆえレヴィナスは、もし「愛される女」の顔が「鈍化」されるなら、〈愛する男〉たる私が「無責任」な態度を取っても構わないと述べるか、あるいは逆に、たとえ「愛される女」が「無責任な動物性」のような者であったとしても、それでももし私が彼女に「顔」を認めるのなら、少なくともこの私は彼女に対して責任を持ち続けなければならないと言うべきなのではなかったか。

ところで前々段でわれわれは、『有とは別様に』が「他性」の「赤貧と弱さ」について語っているのを見た。しかるにこのような形容は、レヴィナスの初期思想以来見られるものなのであって、たとえば前章でもわれわれは、『実存から実存者へ』では私は「強き者」であるのに、他者は「貧しき者」、「寡婦にして孤児」(EE, p. 162)と言われ、また『時間と他』でも他者は「弱き者、貧しき者、《寡婦にして孤児》」であって、私が「富める者、あるいは権能者」(TA, p. 75)であると述べられているのを確認している。そして五〇年代後半のレヴィナスも、「他者は私にとって――他我(l'alter ego)ではなく――貧しき者である」(Œ 1, p. 387)とノートに記し、また『全体性と無限』でも、いかにも中期の彼らしい言葉で、こう述べられているのである。「他者としての他者は、高さと低下――栄光ある低下――の或る次元のうちに位置づけられている。彼は貧しき者、異邦人、寡婦、孤児の顔を、そして同時に私の自由に備給し、私の自由を正当化すべく呼び求められている師の顔を、有している」(TI, p. 229)。そしてこれも前章で見たように、『有とは別様に』では、こうも語られていた。「隣人の顔は、このような悲惨によって、私に付きまとう。《彼は私を見つめる》。彼のうちなるすべてが私を見つめ、何ものも私には無頓着ではない」(AQ, p. 118)。なるほど「何ものも私には無頓着ではない」のであれば、私は他者のうちなる「すべて」に思いを致し、彼の「すべて」を気遣わなければならないだろう。しかし、それではなぜ彼はつねに「悲惨」で、私は「富める者」にして「権能者」なのだろうか――私のそのような謙虚さが、道徳的な態度のなかで無意味だと言うつもりはない。しかし、それでも「悲惨」云々の言葉は、レヴィナスの場合、本当に他者を形容する言葉なのだろうか。それはむしろ私が持つべき態度に関するものであり、つまりは自己定位的な言葉なのであって、ひょっとして現実の他者からすれば、それははた迷惑な決めつけでしかないかもしれないではないか。そして五〇年代後半の或る別のノートには、こう記されているのである。「関係の核心は――関係が可逆的ではないということではないか――それは或る別のタイプの関係である。つまり他者は、弱き者、寡婦にして孤児である――もしくは他者は、強き者、権能者、人助けの好きな者（le secourable）である」（Œ 1. p. 283）。

ごく稀にだが、レヴィナスが固有名詞を例に出すことがある。たとえば「ひとは多くのドイツ人たちを赦すことができるが、しかし、赦すのが困難なドイツ人たちがいる。ハイデッガーを赦すのは困難である」（QL. p. 56）。あるいはまた「ヒトラーでないすべての者たちに対して責任がある」（Ibid., p. 186）ようなラビがいる。「ずっと昔から、ヒトラーとヒトラー主義者たちのために、一つの席を予見しておかなければならず、熱く保っておかなければならなかった。悪に対して地獄がなければ、世界の何ものも、もはや意味を持たないことになろう」（Ibid., p. 185）。それに対し「大人の宗教」と題された五七年の論攷によれば、「無神論」を超出し、包含するような「一神教」は、「懐疑と孤独と反抗との年齢に達していないような者には不可能」（DL. p. 31）とされ、六九年のタルムード講話では、「イスラエル」が意味するのは「その諸責任とその自己意識との充実に到達した或る人類」である。「アブラハムとイサクとヤコブの後裔たちは、もはや幼稚ではない人類である。自己意識し、もはや教育される必要のない或る人類をまえにして、われわれの諸義務はかぎりない」（SS. p. 18）。しかし、なぜレヴィナスは、ハイデッガーのような特定個人やヒトラーのような文字どおり現実の迫害者に対しては「責任」を取ろうとはせずに、「アブラハムとイサクとヤコブの後裔たち」という一般化された人々には――「或る人類」とレヴィナスは述べている――全面的に「義務」を負おうとするのだろうか。

われわれは、レヴィナス倫理学における具体性の欠如は、あまりにも性急に理論と実践を区別してしまったということにも、あるいはまた理論的と言われる認識や知覚をあまりにも狭い意味でしか捉えていなかったということにも、その一因を有しているのではないかと考えている。たとえば『全体性と無限』第三部Aの冒頭は、「顔は視覚には与えられないのだろうか」(TI, p. 161) という問いの言葉で始まっている。レヴィナスの回答はもちろん否であって、「顔」は「見られも触れられもしない」のだという。なぜなら「視覚的もしくは触覚的な感覚においては、まさしく内容となる対象の他性を、自我の同一性が包んで」(Ibid., p. 168) しまうから、つまりは〈他〉が〈同〉に同化・吸収されてしまうからである。それゆえ「発話は視覚に対して自らを拒む。なぜなら語る者は、自己から諸イマージュしか引き渡さないわけではなく、自らの発話のうちに人格的に現前していて、彼が残すようなあらゆるイマージュには、絶対に外的だからである」(Ibid., p. 273)。

八一年の対談『倫理と無限』のなかで、レヴィナスはこう語っている。「私はむしろ、顔への接近は一挙に倫理的だと思います。あなたが鼻、両眼、額、顎を見、それらを記述しうるときにこそ、あなたは一箇の対象のようにして、他者のほうを振り向いているのです。他者に出会う最良の仕様とは、彼の両眼の色にさえ気づかないことなのです！　ひとが両眼の色を観察するとき、ひとは他者と社会的な関係のうちにあるのではありません。顔との関係は、たしかに知覚によって支配されえますが、しかし特殊的に顔であるところのものとは、それには還元されないものなのです」(EI, p. 89-90)。それに続いてレヴィナスが「顔は《見られ》ない」(Ibid., p. 91) と述べるには、そのような理由がある。しかしながら、他者の顔の造形的特徴とは言わないまでも、他者の顔色や表情にさえ気づかないで、ともかくも他者は悲惨なのだと一方的に断定することが、本当に倫理的な態度なのだろうか。あるいは他者が血相を変えて私に襲いかかってきたとしても、他者に対する私の身代わり的にして人質的な態度に、何の変化もあってはならないのだろうか。

「レヴィナスにとって、責任は感性である」(Morgan, p. 253) とモーガンは述べる。それはそのとおりだとわれわれも思うのだが、しかしレヴィナスの「責任」には、具体的な個々の状況や、その状況のなかで出会われる他者の特殊事情などには一切無頓着というような、或る種の無神経さや無責任が、つねに垣間見られるのも事実なのである。それゆえわれわれが再考しなければならないのは、具体的な知覚や感覚、感情や情感性、その場の空気や雰囲気等々も含めた、いっそう広い意味での「感性」であり、そのような意味での理論と実践との新たなる関係なのであろう。

(c) 顔の複数性

次にわれわれは、第三者以降の他者の複数性にまつわる諸困難について、検討してゆきたいと思う。まず初期・中期のレヴィナスの「豊饒性」の問題構制に関して、ハッベルはこう指摘している。「彼の議論はもちろん、ここでは少し性急に経過する。つまり子が父と母の二元性をこじ開けることによって、それゆえ第三者が生まれたことによって、同時にすべての他者たちも実存するというのである」(Habbel. S. 91-2)。そして彼はこの文章に、こう註記してもいるのである。「同等の議論の原型を、レヴィナスは社会的に第三の者〔＝社会的な第三者〕との彼の対質のなかでも用いている。つまり、二元性が第三者によって強行突破されるや否や、ただちにレヴィナスは、国家、社会、すべての他人たちを、ともに考えている」(Ibid. S. 91)。つまりハッベルによれば、レヴィナスは「第三者」が現れるや否や、もはや「差異化」は行わずに、「正義」はただちに「或る《多性の倫理》と同定される」(Ibid. S. 131)というのである。

同様にフランクは、もし「第三者の、すべての第三者たちの眼」が「他者の眼のなかでつねに私を見つめている」というのであれば、そこに見出されるべきはたんなる「対 - 面 (face-à-face)」や「他 - のための - 一 (l'un-pour-l'autre)」ではなくて、「対 - 諸面 (face-à-faces)」であり、「全員 - のための - 一 (l'un-pour-tous)」(Franck (2), p. 228) であろうと述べている。「もし第三者の現前に基づいて、顔が《同時に》、共時的に、唯一の顔かつ共通の顔であるとするなら、一人の - 他 - のための - 一 (l'un-pour-un-autre) は、それ自身においてつねに、すべての - 他たち‐のための‐一（un un-pour-tous-les-autres）なのである」（Ibid., p. 224）。

しかしながらハッベルによれば、「顔はつねに特異的（singulär 単数的）」でしかない。なぜならそれは「第三者の現出」とともに、「脱‐顔化」（Habbel, S. 128）されてしまうからである。それゆえ「複数化された他者」は、「もはや顔を持たない」（Ibid., S. 118）ということになってしまおう。そして同じことは、当然のことながら、自我の側にも当てはまるだろう。「自我の複数化も他者の複数化も、レヴィナスのアプローチからは、支持されえない〔……〕。顔も自我も、それらの還元不可能性と唯一性とによって際立たされ、これらの還元不可能性と唯一性とは、直接的に二人以上の人格に移送されることは、ましてや社会的集団に移送されることは、不可能である」（Ibid., S. 119）。

しかし、それでもレヴィナスは、「諸々の顔」について語り続ける。「われわれにとって『聖書』の世界は、諸々の形態（figures）の世界ではなくて、諸々の顔（visages）の世界である」（DL, p. 199）。五二年のテクストに書かれたこの言葉は、ただ『聖書』について語っているだけと思われるかもしれない。しかしその一年前、われわれがレヴィナス中期思想の出発点とみなした五一年の論攷「有論は基礎的か」のなかで、すでに彼は「〈有論的〉理解には還元不可能な人々との関係は、まさにそのことによって力能の行使からは遠ざかるが、しかし諸々の人間的な顔（visages humains）においては〈無限〉に合流する」（En, p. 19）と述べてもいたのである。

あるいはレヴィナスは、「諸々の自我たち（moi's）」についても語っている。たとえば「諸々の自我たちは、全体性を形成しない」（TI, p. 270）とか、「諸々の自我たちの数多性は、偶然ではなく、被造物の構造である」（En, p. 39. Cf. p. 38 ; AQ, p. 153）[9]とか。『有とは別様に』には「〈精神〉は諸個体の数多性である」（AQ, p. 161）という言葉もある——けれどもこのような複数化は、いったいいかにして可能となるのだろうか。

そうした疑問には一切無頓着であるかのように、具体的な局面においてもレヴィナスは、相変わらず「他〔人〕たち」や「われわれ」といった表現を用い続ける。たとえば前者に関しては、「他〔人〕たちに対する私の責任」

（AQ, p. 15. Cf. p. 134, 146 ; II, p. 222 ; QL, p. 182）や「他〔人〕たちの責任」（QL, p. 181）とか、あるいは「他〔人〕たちに対する私の身代わり」（AQ, p. 146. Cf. p. 149）や「他〔人〕たちの人質」（QL, p. 181）といった表現が。またすでに引いたように、レヴィナスは「私は他〔人〕たちによって《即自的に》有る」（AQ, p. 143）とか、「神のほうへゆくこと」は「〈他〔人〕たち〉のほうへゆくこと」（DE, p. 202 ; HA, p. 69-70）であると述べたりもしている。それゆえハッベルの指摘していたように、レヴィナスはこのような複数性の成立に関しては、何の問題も感じていなかったようなのである。「言語、接触は、他〔人〕たちによって《まとい付かれた（assiégé）》一人の〈自我〉の付きまとい（obsession）である」（DE, p. 233）。あるいは「ユダヤ的信仰は寛容である、なぜなら一挙にそれは、他人たち（*autres hommes*）の重み全体を支えているからである」（DL, p. 243）、等々。

それどころかこのような複数性は、万人という意味での「全員」にまで一挙に拡大されてしまうことになる。たとえば前章でも見たように、「誰も全員の身代わりになる私の、身代わりとなることなどできない」（AQ, p. 162. Cf. HA, p. 91）のだし、「全員に対する私の責任」（AQ, p. 165. Cf. 142 ; SS, p. 46）や「全員の人質」（HA, p. 91, 110）、「すべての他〔人〕たちの人質」（HA, p. 91, 111 ; NP, p. 132 ; QL, p. 186）といった表現も多々用いられている。先にも見たように、「全員の平等」を担っているのが、「私の不平等」（AQ, p. 203）だったのである。

そしてこのような全員性、万人性は、われわれ主観の側にもやはり適用されてしまう。「われわれ全員が全体と全員とに罪がある」（En, p. 115）、もしくは「すべての人々がすべての他〔人〕たちに責任がある」（AV, p. 13）、等々。本項(b)でも見たように、『全体性と無限』は「第三者の（すなわちわれわれを見つめる人類全体《ユマニテ》の）現前」（TI, p. 188）という表現を用いているのだが、ここでは「第三者」が一挙に「人類全体」と同定されているのと同時に、見つめられているのは私だけではなく、「われわれ」なのである——しかし、もし私と第二者しかいないなら、両者は分離と超越という非対称性によってしか関係づけられえないのであるからには、両者はけっして「われわれ」を形成しえないはずである。そしてたとえ「第三者」が登場したとしても、そのときにはすでに「正義」と「相互性」が確立されているはずなのだから、そのような「われわれ全員」や、ましてや「すべての人々」が、「罪がある」とか「責任がある」とか決めつけるのは、ずいぶん勝手な主張ではないだろうか。

それゆえレヴィナスが、とりわけ初期や中期において唱え続けた「多元論」（TA, p. 20 ; TI, p. 29, 93, 94, 184, 195, 196, 267, 282 ; Œ 1, p. 430, 441 ; Œ 2, p. 149, etc.）や「多元論的な実存」（TA, p. 34. Cf. p. 63, 87 ; Œ 2, p. 192）といった考え、あるいは「〈同〉と〈他〉の多元性」（TI, p. 178）や「対話者たちの多元性」（Ibid., p. 182）、「多元論的な関係」（Ibid., p. 278）やこれに類した表現で言い表されている諸主張は、厳密な意味では、十分に根拠づけられてはいないのではないかと考えられる。たとえば『時間と他』では、「われわれが歩みを進めたいのは〔……〕一性に融合することのない或る多元論のほうである。そしてもしこのことが敢行されうるなら、パルメニデスと袂を分かつことである」（TA, p. 20）と述べられている。しかし前章でも部分的に引用したように、その同じ『時間と他』は、或る別の箇所で「性と父性と死は、実存のうちに、各々の主観の実存することとそのことに関わる或る二元性を導入する。実存することとそれ自身が、二重になる。有についてのエレア的概念は、超出される」（Ibid., p. 88）と述べてもいるのである。そしてもし通俗的な一般論に陥ることなく、レヴィナス倫理学の基本原理に立ち返るとするなら、彼が主張しうるのは、せいぜいのところ「二元性」までであって、「多元論」や「多元性」にたどり着くまでには、様々な障壁が立ちはだかっていると言わなければならないのではないだろうか。

たとえばもし「他〔人〕たち」のなかに具体的な一個人としての「第三者」がすでに含まれているのだとするなら、そのような「第三者」がもたらすであろう「正義」や「平等」の原理によって、私は「他〔人〕たち」の「人質」になったり、彼らの「身代わり」を務めたりなどしなければならないいわれなど、まったくないということになろう。しかしもし逆に「他〔人〕たち」という表現が一般的な総称としてしか用いられていないというのであれば、そのような類に――ひょっとして匿名的な集団に――私が隷属しなければならないいわれなど、さらにないということになってしまうのではないだろうか。

第二者が非対称性の関係をもたらし、第三者がそれを「修正」しにやってきて、初めて対称性の関係をもたらすというレヴィナス倫理学の構図には、いろいろな意味で無理がある。おそらくわれわれに必要なのは、やはりレヴィナス的な「第三者」がもたらす類《たぐい》の公平性や平等性とは異なる意味のもっと根源的な相互性を、それぞれの他者たちと私とのあいだに見出しておくことなのではないかとわれわれには思われる。

(d)悪と正義

「正義」との関連で取り上げておきたい問題の一つとして、「善悪」の問題がある。ところでセバは――部分的にはフランクにしたがいつつ――次のように述べている。「或る意味ではレヴィナスの著作全体が、《〈有〉は悪である》もしくは《〈有〉は戦争である》という解釈に依拠している」(Sebbah (2), p. 75)。

じじつレヴィナスは、その初期から後期の思索にいたるまで、そのような発言を行い続けている。たとえば『実存から実存者へ』は、「悪とは欠陥である」という観念を問いに付しつつ、「有はその積極性そのものにおいて、何らかの根本的な悪を有しているのではないか」(EE, p. 20) と問いかける。そして「有の問い以上の存在しうるもの」とは、「真理」ではなくて「善」(Ibid., p. 28) なのである。あるいは『時間と他』では、「有は悪である (L'être est le mal)」と端的に言明されてもいる。そしてそれは、有が「有限」だからではなくて、有が「かぎりない (sans limites)」(TA, p. 29) からだという。

中期や後期には、レヴィナスは「有」を「戦争」と同定することが多くなる。たとえば『全体性と無限』の「序文」は、ヘラクレイトスにも言及しつつ、「哲学的思索には、有は戦争として顕示される」(TI, p. IX) と語っている。

そして「戦争において自らを示す有の面」の定住するのが、「西洋哲学を支配している全体性の概念」(Ibid., p. X)においてなのである。あるいは『有とは別様に』では、以下のように述べられている。「存在(*esse*)は利害介在(*interesse*)である。存在作用(essence)は利害介在化(intéressement)である。〔……〕積極的には、利害介在化は諸々の有るもののコーナートゥス〔努力〕として確証される。そして積極性は、このコーナートゥスでなければ、他の何を意味しえようか」(AQ. p. 4)。それゆえ「戦争」が「存在作用の利害介在化の所作ないしドラマ」なのであって、かくして「存在作用」が「戦争の極端な共時性」(Ibid., p. 5)なのだという――もちろん後期レヴィナスも「悪」という言葉を「有」に適用し続け、たとえば八二年の対談では、彼は「悪とは端的に有の次元である(Le mal, c'est l'ordre de l'être tout court)」という有名な言葉を発している。反対に「他〔人〕のほうへゆくこと」が「有のなかでの人間的なものの突破」であり、「《有とは別様に》」(En. p. 124)(10)なのである。

ところでいまわれわれは、「コーナートゥス」という言葉が『有とは別様に』で用いられているのを見た。『実存から実存者へ』は七八年の「第二版への序文」のなかで「生ける者たちの――実存者たちの――コーナートゥス・エッセンディ〔存在努力〕」(EE. p. 11)という言葉を用い、そして四七年の本文のなかでも「有らんとする努力(un effort d'être)」(Ibid., p. 135)についてはすでに触れられている。レヴィナスにとって、それは戦争という悪の元凶そのものなのであろう。

「スピノザのコーナートゥス・エッセンディ」(En. p. 10)――「各々の有は、その有のうちに有るかぎり、その有のうちに拘執(persévérer)するために、そのすべての努力を行う」(11)――は、ときとして「この実存にとって、この実存そのものが肝要であるような仕様で、実存する」(12)ところの実存についての「ハイデッガーの定式」(NP. p. 108)に結びつけられて、たとえばこの二つの文章を引用している或る研究者(Elisabeth de Fontenay)は、スピノザはおそらく「それについてハイデッガーが省察しなかった」稀なる伝統的哲学者の一人であるにもかかわらず、「有とは別様にという観点からは、ハイデッガーはスピノザと異ならない」(L'Herne, p. 221) と註釈している。そしてハイデッガーのこの定式が「コーナートゥスを意味していた」(DMT, p. 34 ; L'Herne, p. 30) と言明しているのは、レヴィナス自身なのである。

けれども「至高の一〈自我〉の自然的なコーナートゥス・エッセンディ」は、「他者の顔」をまえにして「問いに付される」(AT, p. 52) のだという。それは「自然に反した、自然の自然性そのものに反した問い」なのかもしれない。「しかし」、とレヴィナスは続ける、「自然的で正当化を欠く要請、生命空間の要請たる、有に分析的に、動物的に内属する、有のうちへの拘執、それは正義だろうか」(AV, p. 78)。彼によれば、「人間的なものにおける生」が意味を持つのは「その生物学的実在のエゴイズムを超えて」のみなのであって、一挙にそれは「すでにその実存しようとする拘執を超えて、コーナートゥス・エッセンディの《どんな代価を払ってでも》を超えて、他〔人〕たちとともにある生」(NL, p. 61)[13] なのである。

ところでレヴィナスは、一方では「平和」が「戦争」に先立つのだと考える。「戦争は平和を、〈他者〉の先行的で非 - アレルギー的な現前を、想定している。戦争は出会いの最初の出来事をしるさない」(TI, p. 174. Cf. Œ 2, p. 373)。なぜなら「戦争」といえども「顔」や「顔のなかで現れる有の超越」を「前提」(TI, p. 197) し、つまりは「敵対者の超越」を「想定」(Ibid., p. 198) しているからである。「戦争は、平和と同様、一つの全体性の諸部分としてとは別様に構造化された諸々の有〔るもの〕を想定している」(Ibid., p. 197)――それは一と他とによって「構造化」された諸々の有〔るもの〕、つまりは〈他 - のための - 一〉の関係そのものではないだろうか。この意味で、「〈善〉と〈悪〉とは同じ平面上にはない」(DMT, p. 207) と言われるのである。

しかしながら、他方ではレヴィナスは、たとえば『実存から実存者へ』のなかで、「有と有を記述する諸カテゴリーとからの一つの脱出」としての「〈善〉のほうへと一つの実存者を導く運動」のことを「脱 - 昇 (ex-cendance)」と名づけつつ、「脱‐昇と〈幸福〉とは、必然的に有のうちに足を入れ、そしてそれゆえにこそ、有ることは有らぬことにまさる」（EE, p. 9）と述べてもいるのである。けれどもそのような観点からするなら、他のテクストでも言われているように、「〈善〉は悪なしには不可能」（Œ 3, p. 203）ということになるだろう。それゆえにこそ、たとえばフランクもまたこう述べるのである。「善は脱昇（excendance）の到達点（*terminus ad quem*）である、なぜなら有は悪だからである。〔……〕それゆえ時間が他者への関係として思惟されえ、思惟されなければならないのは、ただ悪への有の同定から出発してのみである」（Franck (1), p. 99）――しかし、それでは今度は「善」に対して先行するのが「悪」だということになってしまおう。つまり、もし「有」が「悪」であり「戦争」であるとするなら、それに先立つ「平和」とそれに後続する「善」とは、「有」の壁に阻まれることによって、けっして一致しないということになってしまうだろう。それでは「平和」とは、「善」でも「悪」でもない一種の中立状態だとでもいうのだろうか。

同様の困難は、「哲学」という営みそのものの位置づけという問題に関しても、認められうるように思われる。つまり『有とは別様に』では「生じてしまった光」が「存在作用の彼方を存在作用のうちに凝固させてしまわないため」には、「〈言うこと〉が哲学に訴えるのでもなければならない」（AQ, p. 56）と述べられてはいるのだが、しかしその同じ『有とは別様に』は、「すべてがそこにおいて自らを示すところの〈言われたもの〉」が、「哲学の根源〔*l'origine* 起源〕にして究極〔*l'ultime* 最後のもの〕」（Ibid., p. 108）だと述べてもいるのである。つまりそのような観点からするなら、「哲学」それ自身は一つの「内在」（DMT, p. 244）でしかないのだという。それゆえ、たとえば「第一哲学は一つの倫理〔学〕である」（EI, p. 81）などと言われるときには、「倫理〔学〕を第一哲学と同定すること」は「有論的差別の支配を強化すること」（Franck (2), p. 127）ではないのかという――もちろん前章でも見たように、「有」や「有論的差別」の生誕の地が〈言われたもの〉だからなのだが――フランクのような批判も生まれてくるわけである。そのような「哲学」が、どうして「存在作用の彼方」すなわち〈善〉を、「存在作用」すなわち〈悪〉にして〈戦争〉たるものに「凝固」させないために、〈言うこと〉によって「訴え」られうるというのだろうか。

　けれどもレヴィナスは、他方では「〈他者〉の顔が哲学の始源そのものであろう」（DE, p. 178）と述べてもいるのである。もちろんそれは、対話者がいて初めて〈言うこと〉も〈言われたもの〉も可能になるからなのかもしれない。しかし、それではなぜここではことさらに「哲学」の名が挙げられているのだろうか。それは哲学が、やはり「顔」に近しい関係にあることを、示唆しているのではないだろうか――ちなみに同様のことは、「歴史」に対するレヴィナスの評価からも窺えるであろう。たとえば『全体性と無限』では「歴史の判決〔判断・裁き〕は見えるもののなかで陳述される」と述べられているのだが、しかるに「見えるもの」は「一つの全体性を形成する、もしくは一つの全体性に向かう」（TI, p. 220）のだという。したがって「歴史が主観性にとって必然的に不正で、不可避的に残忍な、最後の言葉へのその権利を失うためには、見えないものが、自らを顕現するのでなければならない」（Ibid., p. 221）と言われることにもなるのである。けれどもすでに中期に属する五三年に書かれたとおぼしき或るノートには、「書かれたもの《エクリ》によって、歴史はたんなる一記憶とは異なる。つまり人間は、彼が一度も現在として体験したことがない一つの過去に、関わりうる」（Œ 1, p. 293）とか、「書かれたもの《エクリ》は、われわれを、われわれの現在ではなかった一つの過去に関係づける」（Ibid., p. 300）等々と記されてもいるのである。これらはむしろ後期レヴィナスに特徴的な「過去のディアクロニー」を想起させる言葉ではないだろうか。

　「哲学」に戻るなら、若きレヴィナスは「思弁する以前に、私は実存する」（II, p. 88）と述べ、八〇年代になっても彼は「あらゆる哲学的思惟は、哲学‐以前的な諸経験に依拠している」（EI, p. 19）と語り続けることになる。けれどもこの後者の言葉の真意を問おうとする或る対談者に対して、八五年には、彼はこう答えているのである。

「私は暗々裏の哲学的内容（l'implicite philosophique）と哲学‐以前的な諸経験（les expériences pré-philosophiques）との

あいだに、ラディカルな差異を設けないでしょう」（HN, p. 205）。それゆえにこそ、たとえばフェスラーは「倫理学以前の或る倫理（une éthique *avant* l'éthique）」について語り、われわれの課題は「構成されたあらゆる倫理学に先立つ或る《思惟されないもの》を、思惟へと導くこと」（Faessler, p. 87）だと述べるのである。そしてモーガンによれば、レヴィナスが認めているのは「体系をともなった倫理学《エシックス》」と「体系なき倫理《エシックス》」との両方なのだが、後者が「基礎的で決定的」だからこそ、前者もまた「避けうるわけでも、つねに堕落していて非十全的であるわけでもない」のだということになる。それゆえレヴィナス哲学とは、「その主たる関心事」が「その相互人格的な出会い、諸制度等のすべてをともなったわれわれの通常の社会生活の或る次元を同定し、明晰化すること」にあるような、「日常の哲学（a philosophy of the everyday）」（Morgan, p. 232. Cf. p. 296-7）なのだという。[14]

　ところが八五年に行われた先の対談のなかで、レヴィナスは「或るラディカルかつ本源的な仕方で、他‐のために〔le pour-l'autre 対他〕を第一哲学として解すること」（HN, p. 209）を推奨してもいるのである。しかるにもし「他‐のために」が「第一哲学」でありうるなら、そのような「第一哲学」は〈言われたもの〉でも〈構成された体系的な倫理学〉でもないことになってしまおう。そしてそのような「哲学」に基づいてこそ、学としての倫理学も「第一哲学」たりうることになるのだろう。しかしもしそうなら、レヴィナスにおける「哲学」は、〈善〉か〈悪〉か、〈言うこと〉か〈言われたもの〉か、あるいは〈有〉か〈有とは別様に〉かというようなマニ教的二元論を、初めから免れているということになるのではないだろうか。

　もう少し、善と悪とについてのこの話題を続けることにしよう。われわれは前章で、初期や中期のレヴィナスが「赦し」（Cf. EE, p. 161 ; TI, p. 259）について語っているのを見た。五八年の或るラジオ番組のなかで、彼はこう発言している。「人間に対して犯された罪は、それを受苦した人間によってしか赦されえない。神はそれを能わない。〔……〕神は無力である」（DL, p. 83-4）。けれども人間による人間のこのような赦しは、或る種の事実的な困難をともなう。なぜなら六四年のタルムード講話によれば、「赦し」には「侮辱された者の善良な意欲」と「侮辱者の十分な意識」という「二つの条件」が必要となるのだが、しかるに侮辱者は「無意識」であるのがつねなのであって、むしろ「侮辱者の攻撃性」は、おそらくは「その無意識そのもの」のうちにこそ存しているのだという。かくして「攻撃はすぐれて不注意」なのであるからには、「赦しは本質的に不可能」(QL, p. 55. Cf. Morgan, p. 36, 460) だということになってしまうのである。

　そして同様のことは、「〈他者〉に由来する」とされた「正当化」(TI, p. 58) についても当てはまるのではないだろうか。そのうえ「正当化 (justification)」には、先にも見たように、〈正しい (juste) ことを認める〉ということに関する諸々の困難が、さらに付加される。第二者と第三者との関係という先に指摘した問題を度外視したとしても、たとえばレヴィナスは、「すぐれて問い、もしくは最初の問い」とは「なぜ何もないよりもむしろ、有があるのか」ではなくて、「私は有ることへの権利を有しているのか」(DI, p. 257) なのだと述べている。後者の問いへの前者の問いの従属、フランクによればそれこそが、「レヴィナスの著作全体が、もしくはそのほとんどが、確立しようとしている従属」(Franck (1), p. 80) なのである。それゆえ「有るか有らぬか」は、もはや「すぐれて問い」(En, p. 142 ; L'Herne, p. 119) ではありえない。むしろ「私は有る権利を有しているのか」という問いこそが、「他者に対するその気遣い」において、とりわけ「人間的なもの」(AT, p. 180) を表現しているのである。

　ところでレヴィナスは、「すぐれて問い、もしくは哲学の問い」とは「なぜ何もないよりむしろ有か」ではなくて、「いかにして有は正当化されるか (comment l'être se justifie)」(EP, p. 109) だとも述べている。「有ることは正しいのか (Est-il juste d'être ?)」(HS, p. 128) ――しかしながら、「有ること」とは、もともと「悪」なのではなかったか。そしてレヴィナスは、なぜここでは「有とは別様に」と言わずに、「有」と述べているのだろうか。日本語では「有りがたい」と言って、有ることをただちに善からぬこととみなすような伝統は存在しない。そしてとりわけ後期のレヴィナス自身においてさえ、そもそも「有」はつねに「戦争」にして「悪」だったのだろうか。

　フランクの有名な論駁によれば、もし「有るものは有る」と陳述することによって、私が「属詞たる有に対する主語たる有るものの支配」を肯定するのであれば、「有は悪である」と陳述しつつ、私は「悪に対する有の支配」を肯定しているのだということになる。「有」は「主語の位置」に置かれることによって、必然的に「悪とは別のもの」となるのであって、ゆえに「有は悪である」は「悪は有である」とは、等価ではないということになってしまおう。それゆえ「有は悪である」や「悪とは端的に有の次元である」といった主張の「論証」が「可能か」という問いに対しては、「これ以上不確かなものは何もない」（Franck (1). p. 90. Cf. Sebbah (2). p. 74-5）と答えるよりないのである。

　それだけではない。レヴィナスの後期思想によれば、「正義」が誕生するのは「第三者」の出現とともにであって、「有」や「有論」もまたそのときに生まれるのだとされている。それゆえにこそ『有とは別様に』は、「有としての有は、正義の関数である」（AQ. p. 207）とも述べるのである。けれども繰り返すが、レヴィナスのもともとの主張によれば、「有」は「悪」なのではなかったか。「有」が「正義の関数」であって、かつ「悪」だとするなら、それでは「悪」は「正義の関数」ということなのだろうか――そのような主張は、内容から言っても、またそもそもレヴィナスの唱える順序関係から言っても、ずいぶん奇妙なものになってしまうだろう。

　高名な「暴力と形而上学」のなかで、デリダは「〔ハイデッガーの〕有の思索」は「唯一、他〔人〕たちをそれらの真理のうちに有るようにさせる（*laisser*）ことを許す」ものとして、「可能なかぎり非暴力に近い」（Derrida (1). p. 217-8）と語りつつ、「有の思索」を擁護している。そして七六年の或るテクストのなかで「コーナートゥス・エッセンディから解放」されることと「有とは別様に」（DL. p. 412）とを等置していたレヴィナスは、七五‐六年のソルボンヌ講義のなかでは「人間存在（*esse humain*）は、本元的にはコーナートゥスではなくて、人質、他者の人質である」（DMT, p. 30; L'Herne, p. 28）と述べてもいたのである。それゆえレヴィナスにおいてさえ、「存在（esse）」は必ずしもつねに「悪」というわけではない。われわれに必要なのは、むしろ「有」はいついかなるときに「悪」となり、しかしどのような場合には逆に「善」であるのかということも含めて、もう一度「有」の意味をあらためて問い直すことではないだろうか――しかしもしそうなら、われわれは「有の問い」を一挙に飛び越えて、ただちに「有とは別様に」に飛び移ってしまうようなことは、むしろ慎んだほうがよいということになるのではないだろうか。

第二節　レヴィナス倫理学の前提条件――非対称性以前の相互性

前節ではわれわれは、レヴィナスの「非対称性」の倫理学に潜むであろう幾つかの問題点について、多少とも批判的に検討してきた。本節はむしろ、そのような倫理学はかえって或る種の対称性ないし相互性をあらかじめ前提していなければ成り立たないのではないか、というわれわれ自身の主張を展開する。たとえばレヴィナスは、『全体性と無限』のなかで、「《対－顔（vis-à-vis 顔－を－合わせて）》は《……の－かたわら－に（à-côté-de ...）》の一変様ではない。〔……〕対－面（face-à-face）が究極の状況のままにとどまる」（TI, p. 53）等々と述べているのだが、「対－顔」や「対－面」のフランス語原語に見られる vis-à-vis や face-à-face という表現は、私と他者との関係が「顔（vis）」と「顔（vis）」との、もしくは「面（face）」と「面（face）」との相互的かつ対称的な関係であるということを、つまりは両者のあいだにはすでに或る種の対等な関係が存立するのだということを、はからずも示しているのではないだろうか。[15]

それゆえ本節は、(1)まずレヴィナスにおいて他者との本来的な出会いをしるすとされる「対－面」の関係の根底に、そのような相互性を探り、(2)次いで何がこのような根源的対称性を形成しているのかを、主としてレヴィナスにおける「対‐話」の構造のなかに見出そうと試みる。(3)それからわれわれは、レヴィナス倫理学が他者と私とのあいだにどのような共通性もしくは共同性を認めているのかを具体的に検証し、(4)最後に彼がときおり用いる「前言撤回(dédire)」という表現に関して、なぜそれが必要になってくるのかを、やはり自他関係の相互性ないし交互性という観点から考察してゆきたいと思う。

(1)「対‐面」の関係——他者との出会い

「関係の還元しえない究極の経験」は「人間たち(humains)の対面(face à face)」(EI. p. 81)のうちに存するのだと、『倫理と無限』のなかでレヴィナスは語っている。前章でも見たように、彼にとって「対‐面」とは「仲介なき、媒介なき一つの関係」(EE. p. 162. Cf. TA. p. 89 ; Œ 1. p. 186)であり、その意味で「対‐面」こそが「直接的なもの」(TI. p. 23)である。『有とは別様に』で見られた「対‐面の内密性」(AQ. p. 204)という言葉も——他者は迫害者でもありうるからには——このような直接性を意味するものなのだろう。

『全体性と無限』では、「対‐面より直接的なものは何もなく、対‐面は廉直そのものである」と言われている。そしてこのような「対‐面の廉直(droiture)」(TI. p. 51. Cf. p. 158, 174)に関しては、七八年の或るテクストでは、先にも見た「直線」の譬えとも関連して、以下のように述べられている。「《汝》と言うこと、それは〈言うこと〉の第一次的な事実である。あらゆる〈言うこと〉は、じっさい、直接的な言説であり、もしくは或る直接的な言説の部分である。〈言うこと〉は私から汝へのこの真っ直ぐさであり、出会いのすぐれて廉直たる対‐面のこの廉直なのであって、おそらく幾何学者たちの直線は、この廉直の視覚的な一比喩でしかない。対‐面の廉直、すでにして対‐談、すでにして対‐話であり、かくして距たりであって接触の正反対たる、一つの《われわれの‐あいだで》〔……〕」(AT, p. 105)――しかしながら、「対-談(entre-tien)」や「対-話(dia-logue)」、あるいは「われわれの-あいだで(entre-nous)」のentreやdiaは、すでにして「私」と「汝」のあいだの或る種の相互性を指し示しているのではないだろうか。

そしてたしかに七八年のこのテクストでは、「接触」は「対-面」の「正反対」のようにも言われていたが、しかし、たとえば六七年の有名な論攷「言語と近しさ」のなかでは、もともと「語ること」が「接触」(DE, p. 224)と同定され、「接触の直接態」は「空間的隣接」ではなくて、「接触」はむしろ「優しさにして責任」(Ibid., p. 225)とみなされていたのである。「私が隣人に接近するさいの接触は、顕現でも知でもなくて、交流という倫理的な出来事である〔……〕。私から隣人への超越的な接触〔……〕」(Ibid., p. 236)。そしてこのような「接触」という考えは、七二年や八四年のテクストでは、「握手」というかたちで復活する。すなわち、前者では「握手」は「他〔人〕に対してなされた合図」や「言われたものなき言うこと」(NP, p. 65)と併置され、また後者ではそれは「自らを他〔人〕に認与すること(un *s'accorder* à l'autre)」や「自らを他〔人〕に与えること(un se donner à lui)」と言い換えられて、「握手」は「平和」という「法-外な出来事そのもの」(HS, p. 152)だとも述べられている。けれどもこのような「接触(contact)」という考えも、やはり「共に(co[n])」「触れ〔合う〕こと(tact)」という意味での相互性を、つまりは「握手」のような交互性を、含んでいるのではないだろうか。

「対-面は理論ではない」(Morgan, p. 228)とモーガンは述べ、「対-面は共存の一様態でも、或る項が他の項について持ちうる(それ自身パノラマ的な)認識の一様態でさえもない」(TI, p. 281-2)と『全体性と無限』のレヴィナス自身も語っている。先にも見たように、「自我」は「主題化や対象化の力能」とみなされた「理性」と同一視されてしまうと、「その自己性そのもの」を失ってしまう。「理性は複数を持たない」(Ibid., p. 92)のである。しかしながら、その同じ『全体性と無限』には「言語の本源的な対-面」(Ibid., p. 181)もしくは「言説の対-面」(Ibid., p.

272）という考えもあるのであって、このような観点から見直すなら、「理性」にもまた別の光が当てられることになる。つまり、「もし対面が言語を基づけるのであれば、もし顔が最初の意味作用をもたらして、意味作用そのものを有のうちに創設するのであれば——言語はたんに理性に奉仕するのみならず、言語は理性である」（Ibid., p. 182）。そしてもし「理性が言語のなかで生き、対面という対置のなかで第一次的な合理性が輝く」というのであれば、「社会の多元論」は「理性への上昇」のなかで「消失する」どころか、むしろそれは「理性への上昇」の「条件」（Ibid., p. 183-4）だということになる。かくして確証されるのが「対話者たちの多元性」（Ibid., p. 182）であり、「数多性」（Ibid., p. 271）なのである——しかしながら、このような「対 - 面」の状況において見出される「多元性」もしくは「数多性」の「多元論」が意味しているのは、「顔」と「顔」との相互性でなくて何であろうか。

「諸々の顔」（DL, p. 199, etc.）については、本章でもすでに触れた。これは前章でも部分的に引用した言葉なのだが、五九年の論攷「いかにしてユダイスムは可能か」は、「道徳的な純粋さや道徳的尊厳は、神と差し向かいで（en tête à tête）演じられるのではなくて、人間たちのあいだで演じられる」と述べている。「ユダヤの神はけっしてこれらの差し向かいを許さなかった」のであって、「それはつねに大勢の人たちの神であった」（Ibid., p. 345）。けれども七七年の論文「ユダヤ的伝統における〈啓示〉」のなかでは、レヴィナスは「モーセは《対面》と呼ばれる最も直接的な関係を神と保つが（『出エジプト記』XXXIII, 11）、しかし神的な顔の視覚は、彼には拒絶されている」（AV, p. 174）と語ってもいるのである。もちろんレヴィナス自身の理論においてさえ、もともと「顔」は「視覚」のためのものではないのだと言わなければならない。それでも「視覚」には拒まれていてさえ成り立つ「対面」という考えは、自分自身の顔を見ることはできなくても成立しうる「顔」と「顔」との関係という観念を、あらためて喚起しうるであろう。そして神学的文脈を離れたとしても、レヴィナスはエロス的対人関係の優位を修正すべき後期の——前章でも或る註のなかで引いた——或るテクストのなかで、こう述べていたのである。「〈エロス〉以前に

〈顔〉があった。〈エロス〉それ自身が、〈諸々の顔〉のあいだでしか可能ではない」（En, p. 123）。しかしながら、〈エロス〉的状況においてさえ記述されうるこのような複数形の〈顔〉は、私自身にも——もちろん愛される女にもだが[16]——〈顔〉を認めなければ、そもそも意味をなさないだろう。

このような相互性は、「対‐面という状況」において用いられる「相互主観的関係」、すなわち「人間たち（humains）のあいだの関係」（TA, p. 69）という言葉や、「人間から人間への関係」（En, p. 46）という表現からも確認される。たとえば「相互人格的（interpersonnel）」という言葉は前章でも本章でもすでに見てきたが、レヴィナスは「相互人間的（interhumain）」（p. ex. TI, p. 51 ; NP, p. 41, etc.）、あるいはハイフンを入れて「相互‐人間的（inter-humain）」（En, p. 103）といった表現も用いていて、このようなinter〔相互、間〕という接頭語も、関係の相互性をよく示している。彼が援用する「宗教」という考えも、要するに「すべては諸人格間の関係に帰する」という主張であり、「人間たち（hommes）のあいだの関係は、一箇の全体性のうちには吸収されえない」（Œ 2, p. 253）という考えなのである。

『全体性と無限』では、「本源的数多性を構成する対‐面のなかで、本源的数多性が確証される。それは多数の特異性にとって生ずるのであって、この数には外的で、多数の者たちを観想しているような或る有〔るもの〕にとって生じるのではない」（TI, p. 229）と述べられている。それゆえ「対‐面」の「数多性」は、第三者を俟つまでもなく、すでに「対‐面」の当事者同士のあいだで存立しているのである。そして繰り返すが、そのような「数多性」は、「面《フェイス》」と「面《フェイス》」の相互的数多性でなくて何であろうか。同書ではこうもまた述べられている。「対‐面——究極の、そして還元しえない関係〔……〕——は、社会の多元論を可能にする」（Ibid., p. 267）。ところでわれわれは、「対‐面」の「多元論」や「多元性」は、むしろ「二元性」ではないかと指摘しておいた。そして『全体性と無限』のなかで、レヴィナスはこうも語っているのである。「自己に対する無限の要請のなかで、対‐面の二元性が生ずる」（Ibid., p. 281）。

「対 - 面」において「顔」の「二元性」が生じ、少なくとも私は、顔と顔、面と面の相互性のことを、考慮に入れておかなければならない――本項ではしかし、われわれはまだレヴィナスの言語表現にこだわりすぎていたのかもしれない。レヴィナス自身の思索によれば、非対称性を通過しなければ成立しえないような相互性というものも、明らかに存在する。われわれは以下、もしそのような非対称性の以前に或る対称的な関係が認められなければならないとするなら、実質的にはそれがどのようなものであるのかを、もう少し具体的に探求してゆくことにしたい。

(2)「対 - 話」の関係――誰が言い、誰が語る？

正確には時代はよく分からないが、或る手帳のなかに、「誰かに語ることは――すなわち彼に語り、彼を聞くことは――行為や認識には還元不可能である」（Œ 1, p. 473）とレヴィナスは記している。「語ること」は、当然のことながら「聞くこと（entendre）」を要求する。先の項で、すでに「対 - 面」は「対 - 話」や「対 - 談」であると言われていた。しかるに「対 - 話」や「対 - 談」とは、他者と私が互いに語り合うという、最も基本的な相互関係のことではないだろうか。

初期レヴィナス、たとえば『実存から実存者へ』においても、「対話」（EE, p. 160-1）については触れられている。そして四八年の或るテクストでは、「現代の哲学や文学においては、沈黙の或る高揚が存在する」とか、あるいは「沈黙のうちに自足する孤独な天才という或るロマンティスムが存在する」とか述べられている文脈のなかで、レヴィナスは「ひとは沈黙の世界の非人間性を忘却している」（Œ 2, p. 69）という批判の言葉を残している。反対に、「教え」とは「聞くこと」（Ibid., p. 83）であり、「被造物の〈栄光〉」は「〈他〔人〕〉からしか私に来ない」のであって、たしかにそれは「聞かれる」（Ibid., p. 96）――かくしてレヴィナスの提唱するのが「音の現象学」（Ibid., p. 91）なのである。

けれども全体的に見るかぎり、その初期思想において、レヴィナスが「対話」の話題を豊富に提供していたとは言いがたい。それゆえわれわれは、以下、『全体性と無限』を中心とする中期思想と『有とは別様に』等に見られる後期思想において、発話や言が問題とされるとき、いったい誰が言い（dire）、そして誰が語る（parler）のかを検討しつつ、根源的な相互性もしくは対称性という問題に迫ってゆくことにしたい。

たとえば前章でも見たように、『全体性と無限』でも「顔は語る」と述べられている。「顔の顕現が、すでにして言説」（TI, p. 37）なのであり、「すぐれて表現たる顔」は「最初の発話を定式化する」（Ibid., p. 152. Cf. p. 167, 172, 273, etc.）のである。それゆえこのような場合、「言語」がやって来るのは「他者から」（Ibid., p. 179）であり、「語りうる」のは「他者」（Ibid., p. 194. Cf. p. 74, etc.）だということになる。そしてこれも前章で見たことなのだが、「対話者」は「〈汝〉」ではなくて「〈あなた〉」（Ibid., p. 75）だと言われるようなとき、「他岸からやって来るこの声」の教えるのが「超越それ自身」（Ibid., p. 146）なのである。しかも「他者、意味する者は——自己についてではなく、世界について語ることによって、発話において自らを顕現する」（Ibid., p. 69）のでもあった。

しかしながらその同じ『全体性と無限』は、私の側についても同様に、「他者との関係、超越は、〈他者〉に世界を言うことに存する」（Ibid., p. 148）と述べてもいるのである。つまり「顔を見ること」とは「世界について語ること」（Ibid., p. 149）なのである。それゆえ『全体性と無限』が批判するような「その内面性のうちに閉じ込められた主観性」と「歴史のなかで悪しく解された主観性」とのあいだには、「語る主観性の立会い」（Ibid., p. 158）というものがある。「他〔人〕から分離された一箇の有〔るもの〕」は、「彼のうちに沈む」のではなくて、「彼に語る」（Ibid., p. 33. Cf. p. 185, 208, etc.）のである。

そしてそのような「語ること」は、〔ハイデッガーにおいてのように？〕他者を「有らしめる」のではなくて、むしろ「他者に促す」のだという。何を促すのかと言えば、もちろんそれは「語ること」をであって、それゆえにこそ「発話」は「対話者」としての「他者に言われる」(Ibid., p. 169. Cf. p. 18) のである。「対話者たちの多元性」(Ibid., p. 182) という言葉は、すでに本章でも幾度も引いてきたのだが、このようにして「言語は対話者たちを、或る多元性を、想定する」(Ibid., p. 45. Cf. p. 169, 189, 230, etc.) のだということになる。

「顔としての公現が開く言説を、私は沈黙によって逃れることなどできない」(Ibid., p. 175) とレヴィナスは語っている。かくして「対話者に訴えること」とは「彼の返答と彼の問いとに身を曝すこと」(Ibid., p. 174) であり、そもそもレヴィナスにとって「或る意味を有すること」とは、「教えたり教えられたりすること、語ったり言われえたりすること」(Ibid., p. 70) なのだという——このような言葉も、『全体性と無限』のなかでは発話や言説が私と他者との両方の側にともに要請されているのだということを、明示しているのではないだろうか。

そのような相互性は、当然のことながら、中期に属する他の諸テクストにおいても確認される。たとえばわれわれが中期思想の出発点とみなした五一年の論文「有論は基礎的か」のなかでは、「他者」は「まず理解の対象であって、それから対話者」だというわけではなく、「二つの関係は一体」なのだが、そのようにして「一箇の人格を理解すること」は、「すでにして彼に語りかけること」(En, p. 17) だと言われている。「顔の視覚」は「視覚」というよりもむしろ「聴くこと (audition) にして発話」(Ibid., p. 22) なのである。[17] そして前章でもわれわれは——二度も——引用したのだが、翌五二年には「じっさいには神のみが語る。他者が私に語りかけるかぎりで——すなわち私が他者に語りかけるかぎりで——〈他者〉は神である」(Œ 2, p. 227) という言葉も用いられている。レヴィナスの場合、私と他者とのあいだにそもそも真の関係が成り立つためには、そこに何らかの仕方で「神」が介在しなければならないのだということは、われわれも前章で示したとおりなのだが、それは同時に「他者が私に語りかける」関係でも、「私が他者に語りかける」関係でもある——ちなみに五九年にも、「一神教は、〈一者〉たる神の発話は、まさしく、ひとが聴か（écouter）ざるをえない、〔また〕それに対してひとが答えざるをえない発話である。それは言説のなかに入ってゆくことを強いる発話である」（DL, p. 250）という言葉が見出されて、レヴィナスの場合、そこにはやはり他者との対話的相互関係のうちに現前する神というものが、想定されているのであろう。

〈言うこと〉が前面に出てくるレヴィナスの後期思想においては、むしろ主観サイドに適用される〈言うこと〉のほうが――「言われたものなき私の〈言うこと〉」とか、「私の前根源的な言うこと」（AQ, p. 193）とか――目立ってくる。たとえば『有とは別様に』では、まさしく「主観」を「〈言うこと〉として思惟」（Ibid., p. 21）すべきことが推奨されている。「〈言うこと〉が〈他〔人〕〉に接近する」のであり、「〈言うこと〉における主観が隣人に接近する」（Ibid., p. 62）のである。かくして「〈言われたもの〉なき〈言うこと〉」とは「〈他者〉に対して私がなす合図」（Ibid., p. 183）であり、「他〔人〕に与えられた合図」（Ibid., p. 188）なのである。

「〈言うこと〉」が「他－のための－一」（Ibid., p. 101）と併置されるとき、「或る責任が語る」（Ibid., p. 150）というような言い方もなされることになる。「責任の言うことにおいて〔……〕私は唯一的」（Ibid., p. 177. Cf. p. 7, 57, 60, etc.）なのである。そして「《言うことという》作用」が「まさしく他〔人〕の自由なイニシアティヴに対する責任がそれであるところの、〈他者〉への露呈の至高の受動性」（Ibid., p. 61）と同定されるとき、強調されることになるのは、やはり「〈言うこと〉における主観の受動性」（Ibid., p. 70. Cf. p. 78, 182, etc.）でもある――このような「責任」や「受動性」も、レヴィナスにおいては明らかに、まずもって、そしてとりわけ、主観の側に指摘さるるべき言葉なのである。

しかしながら『有とは別様に』においても、それほど目立たぬとはいえ、やはり他者の側に発話行為を認めるような言葉も、たしかに見出されはする。たとえば「或る声が他岸からやって来る」のであり、「或る声がすでに言われたものの言うことを遮る」（Ibid., p. 230）のである。「あたかも隣人が語る以前に私が隣人を聞いたかのように、隣人は私を打つ以前に私を打つ」（Ibid., p. 112）。そして私のなす「究極の言説」を「聴く」者とは、やはり「対話者」（Ibid., p. 216-7）なのである。

『有とは別様に』以外の後期の諸テクストを顧みるなら、そこでは他者や他者の顔にも一種の発言を認める定番の諸表現が、相変わらず用いられ続けていることが分かる。たとえば六三年の論攷「他（なるもの）の痕跡」では「顔は語る。顔の顕現は最初の言説である」（DE, p. 194. Cf. HA, p. 51）と述べられているのであって、ちなみに「顔は語る」（EI, p. 92）という表現は、たとえば八一年の対談『倫理と無限』のなかでもまだ利用されている。八〇年のレヴィナスによれば、「顔の表意作用そのもの」とは、「その（＝顔の）根源的な語ること」（HS, p. 129）なのである。また八二年の或るテクストでは、「汝殺すなかれ――それこそが、他者の顔を介して、神の発話の表意作用そのものではないか」（HN, p. 129）と問われているのだが、「汝殺すなかれ」が――もちろん「神」の現前に基づいた――「他者の顔」の本源的な発話であるということは、言うまでもないことだろう。八九年にも述べられているように、「《汝殺人を犯すなかれ》の極点」をなすのが、まさに「他者の他性」（AT, p. 50）なのである。

「黙っていてはなりません」と、七五年の或る対談のなかでも、レヴィナスは語り続けている。「われわれは、一箇の言えない神秘のまえにいるのではありません。そして眠る水ほど悪い水はないのです」（DI, p. 157）。また同時期のソルボンヌ講義でも、「他者に〈言うこと〉」が「他‐のための‐一（l'un-*pour*-l'autre）」（DMT, p. 180）と言い換えられている。そして七五年の先の対談では、たしかに「相互的なこんにちは（un *bonjour réciproque*）たる呼格」に対しては、懐疑的な発言も残されてはいる。「呼格、それは十分ではありません！」（DI, p. 156）。しかしながら前章でも引用したように、晩年のレヴィナスは、ますます「あいさつ」の重要性を、つまりは「相互的なこんにちは」の相互性を、強調するようになってゆくのである。「言うこととは、顔をまえにして、私がたんに顔を観想するためにのみそこにとどまるのではなくて、私が顔に答えるということなのです。言うこととは、他者にあいさつをする一つの仕様なのですが、しかし、他者にあいさつをすることは、すでにして他者に責任を持つことなのです。誰かをまえにして黙っているのは、困難なことです。この困難は、その究極の根拠を、言われたものがどのようなものなのであれ、言うことのこの固有の意味作用のうちに有しているのです。何かについて、雨や好天について、語らなければなりません。たいしたことではありませんが、しかし語らなければならず、彼に答え（répondre à lui）、すでにして彼に責任を持つ（répondre de lui）のでなければならないのです」（EI, p. 93. Cf. En, p. 172 ; AT, p. 109, etc.）。

八六年の或る対談のなかで、レヴィナスは「対話哲学」と自らの哲学との関係について、研究者たちにも注目されることの多い次の言葉を語っている。「私が第一哲学について語るとき、私が関わっているのは、一箇の倫理学たらざるをえない一つの対話哲学なのです」（AT, p. 108. Cf. II, p. 18 ; Morgan, p. 50 ; Franck（2）, p. 126）。もちろん周知のように、後期のレヴィナスには、とりわけ七〇年代において、「対話」に対する否定的な発言も多々見られはする（Cf. AQ, p. 32, 142, 153 ; DI, p. 123 ; DMT, p. 221 ; SS, p. 133, etc.）。しかしながら先の言葉のように、七〇年代の最後のほうや八〇年代になると、レヴィナスの態度にも変化が見られる。本章でも見た「対 - 話（dia-logue）」（AT, p. 105）という言葉は、すでに七八年に用いられていたものであり、またちょうど八〇年の、その名も「対話（Le dialogue）」という論攷のなかでは、彼は「まさに〈汝〉が〈私〉とは絶対的に他であるからこそ、一から他へ対話が存在する」（DI, p. 223）と語ってもいるのである。つまり「対話」とは「超越」であり、そのうえ「対話の言うこと」は、「超越の可能的諸形式の一つ」であるどころか、「その本源的な仕方」でさえあるのであって、超越は「〈汝〉と言う〈私〉」によってしか意味を持たないのだという。要するに超越とは、「対話の対（le *dia* du dialogue）」（Ibid., p. 225）なのである――このような「対 - 話」ないし「対話哲学」の強調は、ひとたび否定を経ただけに、ますます強固なものとして感じられるのではないだろうか。

レヴィナス倫理学における自他関係は、中期においても後期においても、自他双方の側からの「言うこと」や

「語ること」がなければ、つまりは答えてくれるということを要請するような語りかけという所作がなければ、成立しえない。それゆえレヴィナス倫理学は、自他のどちらが高いかというような非対称性の検討に入る以前に、すでに両者相互間の発話と返答との相互性や対称性を、すなわち対話者同士の対話のメンバーとしてのよりいっそう根源的で本質的な平等性や対等性を、前提としなければ成り立ちえなかったのではないだろうか。

(3) 共同性という前提

これまで引用してきたレヴィナスの数々の言葉からも十分に予測できたことでもあろうが、レヴィナスにおいてはたんに〈語り、答える〉という対話の相互関係が私と他者とのあいだに存立するのみならず、両者のあいだには多くの共通性ないし共同性というものが、やはり前提されている。たとえば初期思想において「すぐれて他〔なるもの〕」（EE. p. 145）あるいは「絶対に対立的な対立するもの」と言われているのは「女性的なもの」（TA. p. 77）であり、中期にも「愛される女」や「女性的なものの公現」（TI. p. 241）について語られ、「女性的なもの」は「社会に抗う〈他〔人〕〉」（Ibid. p. 242）だと述べられてもいる。しかしながら、われわれは前章で、「エロス的関係はそれ自身、他が人間的（humain）である場合にしか――すなわち他者の全面的他性のうちに私が私の同類（mon semblable）を認める場合にしか――可能ではない」とレヴィナス自身が述べ、「性のそれというラディカルな差異と、同類の同一性（l'identité du semblable）との、維持」（Œ 2, p. 98）について語っているのを見た。それゆえレヴィナスの場合、最も典型的に「他」とされるものこそが、かえって人間性という共通の土台を有していると言わなければならないのではないだろうか。

初期思想や中期思想で他者の具体例としてよく挙がるのは、「女性的なもの」を別とすれば、「弱き者、貧しき者、《寡婦にして孤児》」（TA, p. 75. Cf. EE, p. 162 ; Œ 1, p. 283, etc.）であった。中期思想では「異邦人」を加えて、よく

「貧しき者、異邦人、寡婦、孤児」(TI, p. 223, 229. Cf. p. 49, 190) と列記されたりもする。また後期思想では「隣人、最初の到来者」の例として、「古い知人、旧友、昔からの恋人」が名指されていた。そしてここでもレヴィナスは、「隣人」や「最初の到来者」に対して「あらゆる生物学の外にある、《あらゆる論理に反した》親縁性(parenté)の関係」というものを認める。「隣人は兄弟」(AQ, p. 109) なのである。

七〇年代前半とおぼしき或るタルムード講話のなかで、レヴィナスは「女性的なものの意味は〔……〕人間的本質から出発して解明されるであろう」(SS, p. 132) と語っている。「女性的なものの特殊性」は「副次的なもの」にすぎず、「女性としての女性との関係」は「人間的なものの本元的次元」には属さない。「前景」に立つのは「人間的な有としての男性と人間的な有としての女性とが完遂する諸課題」(Ibid., p. 135) なのだという――そしてこのような「人間的本質(l'essence humaine)」もしくは「人間的な有〔être humain 人間〕」の共有性は、レヴィナスが呈示する「他者」や「隣人」のあらゆる具体例にも当てはまるのではないだろうか。

そのことは、前章でも見た「誰(*qui*)の誰‐性(*quis-nité*)」と「何(*quoi*)の有論的何性(quiddité)」(AQ, p. 31. Cf. p. 60, 63; TI, p. 152) との区別や、本章で引いた「人間たち(humains)のあいだの関係」としての「相互主観的関係」(TA, p. 69) とか、「人間から人間への関係」(En, p. 46) といった言葉からも窺い知ることができるであろう。そこに見出されるのは「或る人間から他の人間へと向かう一つの超越という表意作用」(HS, p. 193) なのである。

「私に絶対的に異他的たりうるものとしては、人間しか存在しない」とレヴィナスは述べている。そして『全体性と無限』のこの同じページは、数行先で「諸々の自由な有〔るもの〕だけが、相互に異他的たりうる」(TI, p. 46) と付け加えてもいる――「自由」もまた自他共通の一特性なのである。同書はまた「すぐれて有るものとは人間である」(Ibid., p. 92) と語ってもいるのだが、しかるにやはり「有るものとは人間である」と言明していた五一年の論攷「有論は基礎的か」によれば、そのような「人間」が「接近可能」なのは「隣人として」であり、「顔として」（En. p. 20）である――かくして「近しさというターム」の「絶対的で固有の意味」も「《人間性（humanité）》を想定」（AQ. p. 102）しているのだということになる。五九年の或るユダヤ関連の文書によれば、「一神教」とは「各人が継続する諸々の歴史的伝統の多様性のもとに、人間が絶対的に人間に似ているのを見る、おそらくは超自然的な賜物」（DL. p. 249）なのだという。「道徳的な純粋さ」や「道徳的尊厳」は「人間たちのあいだ」（Ibid., p. 345）でこそ演じられる。そして本章でもすでに見たように、「私は有る権利を有しているのか」という問いがとりわけ表現しているのが、「他者に対するその気遣いにおける人間的なもの」（AT. p. 180）なのである。

前章でも見たように、デリダは「他〔人〕」のうちに「一つのエゴ」を見ないのは「暴力」そのものだと述べることによって、レヴィナスを批判している。「もし他〔人〕がエゴとして認められないなら、彼の他性全体が崩壊してしまうことだろう」。デリダにとって、「他〔人〕のエゴ性」こそがまさしく「他〔人〕」をして「私のような《エゴ》」と言わしめている当のものなのであって、だからこそ「他〔人〕」は「他者」であり、「一箇の石や発話なき一箇の有〔るもの〕ではない」（Derrida (1). p. 184）のである。そしてじっさい本章でも見たように、五〇年代後半のレヴィナスには「他者は私にとって――他我（l'alter ego）ではなく――それは貧しき者である」（CE 1. p. 387）という表現があり、初期著作の『実存から実存者へ』（Cf. EE. p. 145. etc.）や『時間と他』（Cf. TA. p. 86. etc.）のなかにも、「他我《アルテル・エゴ》」に対する批判的なコメントは散見される。しかしながらよく見ると、その同じ『実存から実存者へ』と『時間と他』のなかで、「他者としての他者は、たんに他我《アルテル・エゴ》であるのみではない。それは私がそれでないところのものである」（EE. p. 162 : TA. p. 75）という、コンマやセミコロンの付け方等が異なるだけのほとんど同一の表現が繰り返されていることが分かる。つまり他者はけっして他我《アルテル・エゴ》でないわけではなく、ただそれはたんに私と同様のもう一つの自我にとどまるにすぎないわけではないというだけなのであって、それゆえにこそ、たとえば中期の『全体性と無限』でも「諸々の自我たち（moi's）は、全体性を形成しない」（TI. p. 270）等々のことが述べられえたのである。

またこれも前章の最終節で見たことなのだが、レヴィナスは自他のあいだに、さらに「絶対的」とか「死すべき者」といった共通点を見出そうとする。まず絶対性に関して言うなら、とりわけ『全体性と無限』においては、「〈自我〉と〈他者〉のあいだの関係」の「諸項」は「それらの位置する関係にもかかわらず、絶対的なままにとどまる」(Ibid., p. 156) ことが強調されている。「諸項は、対話者たちは、関係から赦免される (s'absolvent)、もしくは関係のなかで絶対的 (absolus) なままにとどまる」(Ibid., p. 169)。つまり「絶対的な諸項」のあいだには「分離」が穿《うが》たれるのだが、それでも諸項は「関係のうちに」(Ibid., p. 195. Cf. p. 82, 190 ; DE, p. 232 ; En, p. 191 ; NP, p. 41) あるのだという——ちなみに六〇年の或る論攷は、「もし女性が男性を補完するのだとするなら、女性は一つの全体のなかで一部分が他の一部分を補完するようにして男性を補完するのではなく、こう言えるなら、二つの全体性が互いに補完し合うようにして補完する」(DL, p. 58) のだと述べているのだが、これも同じような考えからだろう。

次にこのような絶対性もしくは即自性〔自体性〕にもかかわらず、レヴィナスは自他双方に「死すべき者」のステイタスを授け続けることになる。たとえば前章でも引用した「他〔人〕の死、それこそが第一次的な死である」という文言の直前にあるのは、「私が他〔人〕に責任があるのは、彼が死すべき者であるかぎりにおいてである」(DMT, p. 53 ; L'Herne, p. 38) という言葉である。それゆえ問題とされるのは、「他者における可死性 (mortalité)」(EP, p. 95) であり、「隣人の可死性としての、また彼をその孤独に放置することの不可能性としての、顔との関係」(AT, p. 167) なのである。もちろん私自身も死すべき人間だからこそ、「一人の死すべき者に対する一人の死すべき者の責任」(DMT, p. 133 ; L'Herne, p. 74) について、あるいはまた「私自身の死を超えて他人の死に向かう或る思索」(AT, p. 165. Voir aussi p. 163) について、語られることにもなるわけである。

『全体性と無限』は、或る箇所では「《私》と発言すること——還元しえない特異性を肯定すること」(TI, p. 223)

と記し、またすぐ近くの別の或る箇所では「多数の諸特異性」（Ibid., p. 229）や「諸特異性としての対話者たち」（Ibid., p. 230）についても言及している。それゆえ「特異性（singularité）」もまた私と他者に共通の一性格なのであって、だからこそ、たとえば六七年の論攷「言語と近しさ」は、「特異性への特異性の合意」について語りつつ、「絶対的な諸特異性」（DE, p. 232）という表現を用いているのである――ちなみにこのテクストには、前章でも引いた「〈非‐場所〉から〈非‐場所〉へ与えられた合図」（Ibid., p. 231）という言葉も見出されるのだが、もしここで述べられている〈非‐場所〉のうちの〈場所〉が、中期なら〈全体性〉を、後期なら〈有〉を意味しているのだとするなら、私と他者は〈全体性〉や〈有〉を免れるという点でも共通点を見出すことになろう。

ところで本章でも見たように、レヴィナスは六二年の講演「超越と高さ」においては「〈自我〉の唯一性とは、誰も〈自我〉に代わって答えることができないということである」（LC, p. 67 : L'Herne, p. 102）と述べ、六四年の論攷「〈意味作用〉と〈意味〉」のなかでも「〈自我〉の唯一性とは、誰も私に代わって答えることができないということである」（HA, p. 54）という、ほとんど同一の表現を繰り返していた。『有とは別様に』においても、「唯一性」が意味していたのは「逃れ、取り替えられることの不可能性」であり、つまりは「選出された者の唯一性」（AQ, p. 73. Cf. p. 63, 149, 177）である。そして七六年のソルボンヌ講義はこう述べる。「身代わりということによって肯定されているのは、自我の特異性ではなくて、その唯一性である」（DMT, p. 213）――それではレヴィナスは、或る時期から「自我」には「唯一性（unicité）」のみ認め、「特異性」という言葉は他者のためにのみ用いるようになってしまったのだろうか。

しかしながら八四年の或る論攷は「全体性を破る唯一者に対する責任」（HS, p. 155. Cf. p. 161）について、つまりは唯一性によって特徴づけられるべき他者への責任について言及し、また八六年の論攷はもっと直截に、「他者の唯一性」（En, p. 202）について語っているのである。それゆえ「特異性」という言葉を用いようと「唯一性」に訴えようと、レヴィナスが自他のあいだに区別を設けていたと考えるべき理由はない。そこに見出されるのも、やはり両者の共通性であり、或る種の対称性なのである。

七〇年の或る論文は「すべての他〔人〕たちの人質」という主題に関して、「彼らの責任についてさえ、結局のところ、そしてまずもって、私に責任がある」(HA, p. 111) と述べ、八一年の対談『倫理と無限』のなかでもレヴィナスは、「私は他者の責任についてさえ責任がある」(EI, p. 106) と語っている。いかにもレヴィナスらしいこれらの言葉は、一見すると彼の倫理学に特有の〈非対称性〉を強調しているように見えるかもしれない。けれども程度の差こそあれ、まずもって私も他者も「責任」を負いうる存在であるという共通性が前提されなければ、これらの言葉は意味をなさなくなってしまうのではないだろうか。それゆえにこそレヴィナスは、「すべての人々はすべての他〔人〕たちに責任がある」(AV, p. 13) と語ってもいたのである。またとりわけ後期のレヴィナスは、ドストエフスキーの『カラマーゾフの兄弟』に触発されて、「われわれの各々は、全員をまえにして、全員に対して、また全体に対して罪があるのだが、他〔人〕たちよりいっそう私に罪がある」(DI, p. 134-5) とか、「われわれ全員が全体について、また全員について罪があるのだが、すべての他〔人〕たちよりいっそう私に罪がある」(En, p. 115)(18) といった表現を頻繁に用いるようになる——もちろんこうした言葉も、まずもって私も他者たちも基本的にはともに「罪ある(coupable)」存在だという前提が共有されなければ、発せられえなかったことだろう。

自己と他者との共同性に関しては、たとえばともに身体を有するとか、ともに食べる存在であり、飢えて苦しむがゆえに食べなければならない存在であるとか、ほかにもレヴィナスの哲学そのもののなかで指摘されうべきことも多々あろうが、そのなかの幾つかに関しては、本章の後半部でまた取り上げ直すことになろう。本節では、〈言うこと〉というほんらいレヴィナス的なテーマに関して、検討しておかなければならないことがまだ残っている。

(4)「前言撤回(dédire)」の構造

レヴィナスにおける「言うこと」と「言われたもの」との宿命的な関係について、フランクは次のように語っている。「なるほど言うことは、言うことと言われたものとのあいだの相関関係には還元されないが、もし言うことと言われたものとのあいだに一つの相関関係があるとするなら、いかにして言うことそのものたる倫理の言うことは、〔つまり〕いかにして言うことの言うことは、言われたもののうちに吸収されるあらゆる危険を免れるというのだろうか。換言すれば、言うことがそれによって或る言われたもののうちで陳述されるところの言語の濫用を、防止することは可能だろうか」(Franck (2), p. 128)。もちろん「言うこと」は、「言われたもの」のうちには尽くされえない。それでも「言われたもの」のうちで「言うこと」を指し示すためには、「言われたもの」が「言われたもの」だけで自己完結しているわけではないのだということを、ことさらに喚起しておくのでなければならない。そしてそのような手段の一つを指し示していると考えられるのが、とりわけ後期レヴィナスにおいて頻出する「前言撤回(dédire)」という言葉なのである。

たとえば七五 - 六年のソルボンヌ講義では、こう述べられている。「〈言うこと〉は〈言われたもの〉に吸収され、〈言われたもの〉をまえにしてしばしば譲位するのだが、意味のあらゆる露呈は或る〈言われたもの〉の外では不可能だという、その不可能性は認めつつも、ひとは、或る意味の理解ないし呈示において、〈言われたもの〉の形式とこの意味それ自身とのあいだに或る隔たりが存続しているのではないかと――〈前言撤回されたもの〉の呼び求めが〈言われたもの〉に内的ではないかと――自問することができる」(DMT, p. 149)。そしてこのような「前言撤回」は、たとえば『他人のヒューマニズム』のような一冊の書物の、「つねに著作のあとに書かれる」と言われる「緒言」にまで適用されて、「緒言」は「最初の前言撤回されたものでもあるところの――最初の――そして緊急の――註釈、最初の《すなわち(c'est-à-dire)》」(HA, p. 7)を表現しうるのだと述べられることになる。レヴィナスによれば、「まだ有に相関的で、デリダがロゴス中心的《ロゴサントリック》と呼ぶ或る言語のうちに表現される、極度の明澄さとしての哲学」は「すでに前言撤回されている」(DL p. 58)のであり、「ひとは『聖書』をギリシア語に翻訳しなければならないのだが、しかし、おそらくはギリシア語においてもそれを翻訳しなければならない！」(HN. p. 63)と述べられるようなさいの「翻訳」の作業にも、このような前言撤回と類似の役割が委ねられているのではないかと考えられる。いずれにせよ「〈前言撤回〉へと強いる」のは、とりあえずはセバの言うように、「〈言われたもの〉と〈言うこと〉とのあいだの或る緊張」(Sebbah (2), p. 139)なのである。

　このような「前言撤回」に関して、『有とは別様に』において顕著なのは、〈言われたもの〉と〈言うこと〉との関係が、同書の強調する〈有〉と〈有とは別様に〉との関係に置き換えられているということである。「有とは別様に(*L'autrement qu'être*)は、或る言うことのなかで陳述されるのだが、この言うことは、前言撤回されなければならなくもある。それはこのようにして、そこにおいては有とは別様に(*l'autrement qu'être*)がすでに或る一つの別様に有ること(*un être autrement*)しか意味しないようなことをし始めるところの言われたものから、有とは別様に(*l'autrement qu'être*)を奪い取るためである」(AQ. p. 8)。

　また『有とは別様に』は、「言うこと」と「前言撤回」とのあいだに生ずる「ディアクロニー」の関係についても、強調し始めるようになる。「この言うこととこの自らを前言撤回することとは、集摂され(se rassembler)うるだろうか。〔つまり〕それらは同時にありうるだろうか。じつはこのような同時性を要請することは、すでにして有とは別のもの(*l'autre* de l'être)を、有ることと有らぬことへと連れ戻してしまうことである。われわれは或るディアクロニー的な思惟という、極端な状況にとどまるのでなければならない。〔……〕意味作用は共時を超えて、存在作用(essence)を超えて、意味する」(Ibid. p. 8-9)。つまり同書のいささか晦渋な表現によるなら、「〈言われたもの〉の共時のなかで自らを主題的に示すもの」は、「〈言われたもの〉から〈前言撤回されたもの〉へと――ディアークロニー的に――ゆく差異の挙示それ自身」を「他‐のための‐一」として意味するような「集めえないもの(l'inassemblable)」からの差異として、「前言撤回」(Ibid., p. 197-8) されるのだという。

そのうえ〈言うこと〉と〈言われたもの〉との解消しえない差異ということを考えるなら、〈前言撤回されたもの〉さえもがさらに〈前言撤回〉されなければならず、そしてこのような作業は、果てしなく続くのだということにもなろう。それが「そこにおいては言われたものが前言撤回されなければならず、前言撤回されたものがふたたび前言撤回されなければならないところの、真理のディア‐クロニーという観念」(DI, p. 102. Cf. DMT, p. 245) であり、また「言われたものから前言撤回されたものへの、そして前言撤回されたものから前言撤回されたものへの、交替のリズム」(DI, p. 127) なのである。「〈言うこと〉は、ただちに或る前言撤回されたものをともなわなければならず、前言撤回されたものは、それなりの仕様で、ふたたび前言撤回されるのでなければならない。そしてそこに停止はなく、決定的な定式化など存在しない」(Ibid., p. 141)。

ところでレヴィナスは、「前言撤回」との関連で、「還元」という言葉も用いている。「哲学にとって有論的命題は、或る還元に開かれたままであり、前言撤回されて自らがまったく別様に言われんと欲する用意のあるままである」(Ibid., p. 270)。そして当然のことながら、それは〈言われたもの〉から〈言うこと〉への還元なのであろう。「そこにおいてはすべてが主題化されるところの――そこにおいてはすべてが主題のなかで自らを示すところの――〈言われたもの〉を、〈言うこと〉と〈言われたもの〉とのあいだに設けられるたんなる相関関係を超えて、〈言うこと〉というその意味作用に還元すべきである。つねにふたたび還元すべき哲学的な〈言われたもの〉にそれを委ねつつも、〈言われたもの〉を〈言うこと〉という意味作用に還元すべきである」(AQ, p. 231)。じっさいわれわれは前章で、レヴィナスにとって大切なのは〈言われたもの〉の内容ではなくて、むしろ〈言うこと〉そのこと――「〈言われたもの〉なき〈言うこと〉」としての「〈言うこと〉を〈言うこと〉」(DMT, p. 224, etc.)――だということを見てきた。それゆえ〈言われたもの〉は、その二義性・副次性のゆえにこそ、前言撤回され、還元されるのでなければならない。「言われたものは、言われることによって、前言撤回される」(SS. p. 92) のであり、「この言われたものは、前言撤回されなければならず、その言語的変質を失うために前言撤回されなければならない」(DI. p. 126) のである。

しかしながら、先ほどレヴィナスは、「〈言うこと〉は、ただちに或る前言撤回されたものをともなわなければ」(Ibid. p. 141) ならない、云々と述べていた。彼はまた「或る前言撤回を呼び求める言うこと (le *dire* appelant un *dédire*)」(DMT. p. 146) という、もっと直截な表現さえ用いているのである。けれども真に「前言撤回」されるべきは、〈言うこと〉ではなくて、〈言われたもの〉なのではなかったか。そしてもしそれ自体としては何ら重要性を帯びずに、〈言うこと〉へと「還元」されることこそが肝要なのが〈言われたもの〉だとするなら、〈言うこと〉を前言撤回するという行為それ自身は、意味をなさないことになってしまうのではないだろうか。

それゆえわれわれとしては、あらためて、〈前言撤回〉の構造そのものを考え直さなければならなくなるであろう。『有とは別様に』の第五部は、「〈言われたもの〉の有論的形式が、この〈言われたもの〉のなかで自らを示す有の彼方の意味作用を変質させえないということ――このことは、この意味作用の異議申し立てそのものから生ずる」(AQ. p. 198) と述べたあとで、いささか長い引用にはなるのだが、こう続けているのである。「有の彼方――明らかに、それは有らない――の意味作用が危険に曝すべき矛盾は、第二の時がなければ、〔つまり〕この意味作用を陳述する陳述の条件についての反省がなければ、無効である。この反省において――すなわち事後的にのみ――矛盾が現れる。つまり矛盾は、二つの同時的な陳述のあいだで炸裂するのではなくて、陳述とその諸条件とのあいだで炸裂するのである。あたかもそれらが同時にあるかのように。有の彼方の――神の名の――陳述は、その陳述化の諸条件のうちには閉じ込められない。それは或る両義性もしくは或る謎の恩恵に浴していて、この両義性ないし謎は、或る不注意の、思惟の或る弛緩の事柄ではなくて、そこにおいて〔……〕〈無限〉が起こるところの、隣人の或る極度の近しさの事柄なのである。〈無限〉の超越——有のあらゆる外在性よりいっそう外的で、いっそう他なる外在性——は、それを告白する、もしくはそれに異議を申し立てる主観によってしか起こらない。秩序の反転。つまり啓示は、それを受け取る者によって、〔つまり〕そのインスピレーションが——同のうちの他性が——主観性もしくは主観の心理現象であるところの、インスピレーションを与えられた主観によって、生じるのである」(Ibid., p. 198-9)。

直観的に分かりやすい文章とは言いがたいので、幾つかのポイントを整理しておくことにしたい。まず前言撤回には、〈言われたもの〉たる「陳述」とその「諸条件」とについての「反省」が必要となる。それは〈言われたもの〉の条件をなす〈言うこと〉と、その〈言うこと〉に比して考察された〈言われたもの〉たる陳述とについての「事後的」な「反省」、つまりは主題化的な反省であろう。しかしながら〈言うこと〉がすでにして自らが言っているということを知っているのでなければ、このような主題化的反省も、不可能になってしまうだろう。その意味で、「陳述」の「諸条件」には、ただ〈言うこと〉のみならず、〈言うこと〉についての或る直接知——ビランなら覚知や感情と、現象学者なら前反省的で非措定的もしくは非定立的な自己(の)意識とでも呼ぶであろうような——がなければならないだろう。

しかし、それだけではない。〈言うこと〉には他者が——「隣人の或る極度の近しさ」が——前提されているのである。そしてこのような場合、なぜ「啓示」は「それを受け取る者」によってこそ生ずるのだろうか。それは他者の発話が、あらかじめ私という「主観」の回答を——他者の他性の承認の「告白」であろうと、あるいは他者の発言に対する「異議」の「申し立て」であろうと——呼び求めているから、つまりそこには初めから、或る種の対−話的状況が開かれているからではないだろうか。

それゆえにこそ先に「〈言われたもの〉から〈前言撤回されたもの〉へと——ディア－クロニー的に——ゆく差異の挙示それ自身」について語られたときにも、「他－のための－一」(Ibid., p. 197-8) という言葉が挿入されていたのである。あるいはまた『他人のヒューマニズム』の「緒言」は「最初の前言撤回されたもの」であるところの「最初の——そして緊急の——註釈」や「最初の《すなわち》」を表現しうると述べられていたときにも、じつはそれは「〈言うこと〉として意味する他——のための——一の集めえない近しさが〔……〕〈言われたもの〉のなかでそこへと吸収され、そこにおいて露呈されるところの諸命題」(HA, p. 7) の註釈だと語られていたのである。かくして「〈言われたもの〉を〈言うこと〉へと還元する哲学的言語」は、「〈言われたもの〉」を「他〔人〕へと自らを開き、他者にその表意作用そのものを意味するところの呼吸」へと「還元」(AQ, p. 228) するのだし、あるいはまた「あらゆる返答」は「《問いの側面》を含み、或る前言－撤回されたもの (un dé-dit) を呼び求める」(DI, p. 138) とも述べられるのである。前言撤回が必要なのは、究極的には、他者に対して語りかけ、そして答えるという行為が、反復され続けなければならないからではないだろうか。

　仮に〈言われたもの〉が哲学的言語のように理論化をめざすものであるとするなら、レヴィナスのような立場からは、そのような陳述は〈言うこと〉に対してはつねに手遅れで、つねに不十分だということになってしまうだろう。それゆえそれは、たとえ自らを説得し、〈魂の自己との対話〉を実現しようとするときでさえ、〈前言撤回〉され続けなければならないのだということになってしまおう。ましてやそれが他者に対して伝えられる場合には、〈言われたもの〉は〈言われたもの〉としてそれだけではけっして決定的ではありえないのだということを知らせるだけのためにさえ、それは〈前言撤回〉されなければならないことになる。

　しかし、ともかくも他者に語りかけることがまず肝要なとき、〈言われたもの〉は最初から重要ではない。それは天気についての会話でも、「こんにちは」程度のあいさつであってもかまわない。けれどもそのような場合でさえ、もし〈言われたもの〉が肝要ではないということを他者にことさらに告げ知らせたいというのであれば、私はやはり〈前言撤回〉することがあるのかもしれない。いずれにせよそのような〈前言撤回〉にも、他者の存在が前提されている。

しかし〈前言撤回〉にはもう一つの条件があった。それは〈言うこと〉が自らを覚知しているということである。何かを誰かに語っているという意識は、もしその何かが重要でないなら、〈言われたもの〉を度外視しても成立しうる。しかるに〈前言撤回〉の諸条件の一つは、そのような前反省的な自己意識に、さらに反省的な自己意識が付け加わるということである。おそらく「反省」しない人は、「前言撤回」しえないだろう。それはそのつどの「言うこと」のたんなる反復――反復についてのことさらなる意識さえともなわないような反復――で終わってしまうだろう。それゆえ〈前言撤回〉の必要性についての問いは、なぜ「反省」が必要なのかという問いに結びついてゆく。ところでレヴィナスの場合、〈言うこと〉にはそもそも他者のことさらなる現前が前提されている。したがって「前言撤回」という意識的な反復は、基本的には他者の「問い」に対して自覚的に「答える」という行為が、既成事実として一度かぎりで終わってしまうのではなくて、係争中の関係として継続されていることが反省的に意識されている場合にしか、生じえないだろう。そしてそのような意味において、dédire〔前言撤回〕とは redire〔ふたたび言うこと、繰り返し言うこと〕である。そしてわれわれは他者をまえにするとき、どちらかが一方的に語るというのではなくて、互いに語り合うからこそ、〈言うこと〉のこのような自覚的反復ということも必要になってくるのではないだろうか。

第三節　関係と場所

「カフェは一つの場所（lieu）ではなくて、それは一つの非‐社会にとっての、〔すなわち〕連帯性なき、明日なき、参加《アンガジュマン》なき、共通の利害関心なき一つの社会、戯れの社会にとっての、一つの非‐場所（non-lieu）である。諸々の戯れの家たるカフェは、それをとおって戯れが生のうちへと浸透し、生を溶解させるような地点である。明日と昨日なき、責任なき、真剣さなき社会――気晴らし、溶解。〔……〕各人がそこから自らの針を引き抜くことができ〔＝ちょうどよいときに手を引くことができ〕、自己にとってのみ実存しうるような戯れとしての、忘却の――他〔人〕の忘却の――場所としての世界、それがカフェである」（SS, p. 41-2）。

「場所」とは何であり、「非‐場所」とはどのようなところなのだろうか。

前章でも見たように、一見するとレヴィナスは、「場所」や「空間」に対しては、否定的な態度を取るか、あるいは少なくとも副次的なステイタスしか与えていないように思われるかもしれない。しかしながら注意深く見てゆくなら、彼は他性の問題構制に関しても、それらに或る決定的な役割を演じさせていることが分かる。本節ではわれわれは、⑴まずレヴィナス哲学における「場所」に広い意味と狭い意味との区別を見出し、⑵とりわけ「非対称的」と言われる「空間」の空間性について検討したのちに、⑶そのような「場所」や「空間」にこそ「神」の所在を求め、⑷また私や他者に関しても、身体という空間性を認めなければ、数々の彼の倫理的主張も成り立たなくなってしまうであろうことを示してゆくことにしたい。

⑴場所と非 - 場所――狭い場所と広い場所

「言語が語られうるのは、じっさい、対話者が彼の言説の始源である場合のみであり、したがって、彼が体系の彼方にとどまる場合のみ、彼が私と同じ平面上にはいない場合のみである」(TI. p. 75) と、『全体性と無限』は語っている。このようにレヴィナスは、自他関係に関しては、よく「共通平面 (plan commun) の不在」(En. p. 43. Cf. DI. p. 29)[19] とか「共通祖国 (patrie commune) の不在」(TI. p. 9) といった表現を用いている。「私がそれであるところの一と――そして私がそれに対して責任があるところの他とのあいだには、共同性の基底なき或る差異 (une différence sans fond de communauté) が、ぽっかりと口を開けている」(AQ. p. 211) のであって、このような「共通の - 基底 - なき - 差異 (différence-sans-fond-commun)」(DI. p. 193) はまた「あらゆる場所の外」(AQ. p. 62) であり、「あらゆる場所への異他性」(HA. p. 110) でもあるのだという。

しかしながら、「私がそれであるところの一と私が責任を持つところの他とのあいだには、基底なき或る差異 (une différence sans fond) が、ぽっかりと口を開けている」(Ibid., p. 10) という、先ほどの『有とは別様に』と酷似した表現を用いている或る別のテクストは、直後に「それによってのみ一と他とのあいだの共同性の或る基底 (un fond de communauté) が描かれ、人々の兄弟性に負う人類の統一性が描かれるところの、〔また〕隣人の近しさそのものであるところの、非 - 無 - 頓着 (非 - 無 - 差別)」(Ibid., p. 11) について語ってもいるのである。ひょっとしてそれは、「基底なき或る差異」のあとになってようやく「共同性の或る基底」が生まれるという意味なのだろうか。けれども他所ではレヴィナスは、「近しさの基底」に「有とは別様にとしての身代わり」(AQ. p. 23. Cf. p. 110) を示そうとし、また「他者との連帯性の基底」に「他者による迫害」(Ibid., p. 130) を指摘してもいるのである。「私は〔……〕社会性の基底であるところの倫理的態度について語っていた」(AT. p. 170) ――それはむしろ本元的で根源的な意味での「基底」ではないだろうか。

レヴィナスは、すでに一九三〇年の彼の最初の著書の最後のページで、「フッサールにおける理論の優位を主張しつつも、同時にわれわれは、彼の本質的テーゼは具体的生のうちに有の席（place）を求めることに存しているのだと強調した」（ThI. p. 223）と述べている。しかるに place とは「席」であり、「場所」である。そして『全体性と無限』でも「社会は真理の場所（le lieu de la vérité）である」（TI. p. 74）と言明されているのである。「場所」や「基底」に対するレヴィナスのこのような関心は、いったい何に由来するのだろうか。

レヴィナスが「場所」について語るとき、そこには広い意味と狭い意味が区別されているようにわれわれには思われる。たとえば初期の彼が「場所」という言葉を用いるとき、それが意味しているのは、たいていは「局在化」された場所のことである。たとえば『実存から実存者へ』では「観念論が空間の外に位置づけるようにわれわれを習慣化した思惟」は、じつは「ここ」だと述べられている。「思惟」にも「出発点」というものがあるのであって、問題とされているのは、たんに「局在化の意識」であるのみならず、「意識の局在化」（EE. p. 117）でもある。そしてたしかにここではレヴィナスは、それは「空間を想定しない局在化」（Ibid., p. 118）のことだと述べてはいるのだが、しかし、それは「基盤（base）」という仕方での「場所」であり、前章でも見たように、「基盤としての場所との関係」を確立してくれるのが「眠り」（Ibid., p. 119）なのである。「意識」が到来するのは「ポジシオン〔措定・位置取り〕から出発して」であり、つまりは「場所とのこの唯一的な関係から出発して」なのであって、「主観が主観として自らを立てる」のも、このような「基盤」（Ibid., p. 120）の上に自らを支えることによってなのだという。「意識のここ」はしかし、「ハイデッガー的現有（Dasein）のうちに含まれている現（*Da*）」とは異なるのだと、『実存から実存者へ』は述べている。ハイデッガー的な現有はすでに「世界」というものを含んでいるのだが、しかしレヴィナスの言う「ここ」は、「あらゆる理解、あらゆる地平、あらゆる時間に先行」（Ibid., p. 121-2）しているのだという。「場所」は「幾何学的空間」や「ハイデッガー的世界の具体的環境」である以前に「一つの基盤」であり、そしてそのことによって、「身体」こそが「意識の到来そのもの」である。身体は「匿名的な有のうちへの、局在化という事実そのものの闖入」(Ibid., p. 122. Voir aussi p. 137-41. Œ 2, p. 134-6, 164) なのである。

同じく初期に属すると思われる或るノートのなかでは、同様の内容が「大地（terre）」という言葉を用いて述べられているのだが、しかしもちろん「大地」には、「ここ」以上の広がりというニュアンスが認められうるだろう。すなわち「大地の上に自らを立てること」は「対象とのあらゆる関係に先行する」のだが、「大地との関係」は「それ自身によって独自」である。つまり「大地との私の関係」において、「接触を感じ取る」という事実は「私が意識する《対象》」であるのみならず、「そこから出発してこの経験それ自身が受け取られるところのもの」であり、そのような意味においてこそ「私はここにいる」のである。それゆえ「大地の上での私のポジシオン」においては――『実存から実存者へ』でもよく似た表現が見られたように――「局在化についての思惟」があるのみならず、「思惟の局在化」(Œ 1, p. 244. Cf. Œ 2, p. 163) もあるのだということになる。

おそらくは五〇年に属すであろう或るテクストのなかで、レヴィナスは「私の場所は、たんに私に属す一対象のように私に属すのみならず、それは私の自宅（mon chez moi）である」(Œ 2, p. 166) と述べている。そして「身体」や「大地」、あるいは「自宅」といった考えは、中期の主著『全体性と無限』の「分離」という考えのうちにも引き継がれてゆくことになる。つまり、たとえば「身体で有ること」とは「大地の上に身を保つこと」(TI, p. 138) であり、「分離されて有ること」とは「どこかにとどまること」である。「分離」は「局在化においてポジティヴに生ずる」(Ibid., p. 142) のであって、「身体」は「分離の体制」(Ibid., p. 142-3) なのだという。そのうえ「自らを分離すること」とは「どこかに、家のなかにいること」(Ibid., p. 149-50) であり、したがって「分離」とは、「まずもってどこかに、何かで生きるところの、すなわち享受するところの或る有〔るもの〕の事柄」(Ibid., p. 191) なのである――しかるにこのような「分離」は、それがそこから分離されるところのものを、したがってまた「どこか」とその「どこか」以外とを包含する「大地」を、つまりはいっそう包括的な場所というものを、前提しているのではないだろうか。

ちなみに、たとえばレヴィナスが「無限の観念は、ひとが思惟する以上を思惟することに存する。〔……〕思惟が思惟する以上に思惟する或る思惟、それは〈欲望〉でなくて何であろうか」(DL, p. 410. Cf. DE, p. 172, 174 ; DI, p. 13 ; DMT, p. 201 ; LC, p. 70, 75 ; AT, p. 56 ; L'Herne, p. 103, 104, 129 ; Œ 1, p. 331 ; Œ 2, p. 344, etc.) 等々と述べるとき、そこには狭い意味での思惟と広い意味での思惟が区別されていることは、一目瞭然である。つまり、たとえばもし「〈無限〉との関係」としての「〈欲望〉」とは「思惟が思惟するより無限に多く思惟する或る思惟」(En, p. 69) のことであり、また「悟性の彼方の思惟」というものが「悟性それ自身には必要」(DI, p. 25) なのだとするなら、要するに広い思惟とは無限を思惟する思惟のことであり、それに比すればはるかに狭いのが、悟性的思惟である。そしてもし「〈同〉の思惟以上に思惟する或る思惟」(DMT, p. 165) があるとするなら、「それが含みうる以上を含む〈同〉」(DMT, p. 132 ; L'Herne, p. 73) というものもあるのであって、「意識はそれ自身のうちに、それが含みうる以上を見出す」(LC, p. 68-9 ; L'Herne, p. 102) のである――このような諸表現は、たんなるレトリックとみなすべきなのだろうか。それともそこには、いっそう厳密な意味での何らかの区別が、呈示されていると考えるべきなのだろうか。

あるいはレヴィナスは、「あらゆる受動性よりいっそう受動的な或る受動性」(AQ, p. 18. Cf. p. 73 ; DE, p. 223 ; DI, p. 106, 107, 113, 116, 184 ; HA, p. 86, 104, 122 ; DMT, p. 131 ; l'Herne, p. 73, etc.) といった表現も多用しているのだが、ここでもわれわれは、通常の意味での受動性といっそう根源的な意味での受動性とを区別すべきなのであって、これをたんなる誇張表現のレトリックと取ってしまうなら、そこであらゆる思索が停止してしまうだけである。ちなみにレヴィナスの場合、「最も受動的な受動性」とは「〈言うこと〉」(AQ, p. 64) そのものであり、「語る作用」こそが「受動性の受動性」(Ibid., p. 117) なのである。それは「いかなる能動性〔activité 活動〕の相関者でもない受動性」(En,

p. 154 ; L'Herne, p. 90）であり、「諸作用（actes）に相関的なあらゆる受動性よりいっそう受動的な忍耐」（DI, p. 87）[20]なのだという。

他者や神の他性や私の主観性に関わるような「場所」についても、レヴィナスはときとして狭い意味でのそれと、そして広い意味でのそれとを、しかし双方ポジティヴな意味で使い分けているように思われる。すでに見てきたことだが、たとえば彼は、「他者は、形而上学的で神との私の関係に不可欠な真理の、場所そのものである」（TI, p. 51）とか、「顔は神の発話の場所である」（AT, p. 114）等々と述べている。レヴィナスにとって「〈神的なもの〉は隣人を介してしか自らを顕現しえない」（DL, p. 223）のであって、「他者のうちには神の実在的現前がある」（En, p. 120. Cf. NP, p. 144-5）――そしてそのような「場所」は、けっして大地のようなすべてを包み込む空間ではなくて、むしろ神的なものがとりわけそこから発してことさらに自らを顕現するような、或る特権的な地点なのであろう。「〈無限〉についてのこの観念とその超越との本源的な場所の探求は、おそらくは哲学の主要問題の一つである。人間の人間性の諸次元のうちで探求すべき場所。〔……〕隣人の顔は、神が観念にいたるような或る沈黙の声によって、超越がそこにおいて或る権威を呼び求めるような、本源的な場所（lieu originel）ではないだろうか。〈無限〉の本源的な場所」（AT, p. 28-9）。

けれども「或る〈汝〉が〈私〉と絶対的な〈彼〉とのあいだに挿入される（Un Tu s'insère entre le Je et le Il absolu）」（DE, p. 216 ; En, p. 69）と述べていたその同じレヴィナスが、「〈汝〉の基底にある〈彼〉（Il au fond du Tu）」（DI, p. 114 ; DMT, p. 257）について語っているのも、すでに前章でわれわれの見たところなのである。このような「基底」は、より根底的な、そしていっそう包括的な「場所」なのではないだろうか。

すでに幾度も見てきたように、とりわけ後期のレヴィナスは、なるほど「非 - 場所」という表現を多用してはいる。たとえば『有とは別様に』では「有とは別様に（*l'autrement qu'être*）に関わるわれわれの問いかけは、主観の実詞化そのもののうちに――主観の主観化のうちに――一つの例‐外を、一つの非‐場所を〔……〕もはや有の言葉では言われない絶対的なものの或る外（un *en-dehors*）を、予感する」（AQ, p. 21. Cf. p. 138, 148, 185, 232 ; DE, p. 230 ; DL, p. 21 ; HA, p. 86 ; EN, p. 213 ; NP, p. 64 ; SS, p. 171, etc.）と述べられている。そして「非‐場所」という表現は主観についてだけでなく、「近しさ」（AQ, p. 103）や「隣人の他性」（HA, p. 12）についても用いられている。それゆえにこそ前章でも本章でもすでに引いておいたように、レヴィナスは「〈非‐場所〉から〈非‐場所〉へ与えられた合図」（DE, p. 231）という表現も用いるのである。そして逆に「共時としての存在作用（*essence*）」が「一つの‐場所‐のうちでの‐集合（*ensemble-dans-un-lieu*）」（AQ, p. 200）を意味し、そして「有」が「一つの全体」（DL, p. 289）を指すのだとするなら、そのような「非‐場所」が「全体」や「有」には同化されえない「有とは別様に」のために取っておかれた言葉であろうことは、察するにかたくない。

しかしながら『有とは別様に』においては、「場所かつ非‐場所（lieu et non-lieu）」（AQ, p. 18）や「場所あるいは非‐場所、場所かつ非‐場所（lieu ou non-lieu, lieu et non-lieu）」（Ibid., p. 58）といった表現も用いられているのである。それゆえ或る意味では、「非‐場所」もまた一つの「場所」なのではないだろうか。あるいは仮に全体性とか有とかいった、まだ比較的狭い意味での「場所」を免れるような「非‐場所」が見出されるにしても、そのような「非‐場所」をさえ包含するような、いっそう広い意味での「場所」というものもまた考えられるのではないだろうか。

本節冒頭でも見たように、カフェが「非‐場所」と言われるようなとき、「非‐場所」という語はけっしてレヴィナスが推奨するような優れた意味で用いられているわけではない。むしろここでは「場所」こそが「他〔人〕」との交流を可能にするような「社会」なのである。そして『全体性と無限』では「普遍を超えて或る席（place）を見出す」ための「唯一の可能性」とは、「自我で有ること」（TI, p. 223）だと述べられている……。

われわれが見出しえた最も決定的な表現は、『有とは別様に』に見られる次の言葉である。「他者に対する責任は、主観性の非 - 場所がそこにおいて位置づけられるところの、そしてそこにおいてはどこ？ の問いの特権が失われてしまうところの場所である」(AQ. p. 12-3)。それゆえレヴィナスの思想のなかには、いわゆる「非 - 場所」さえもが「そこにおいて位置づけられる」ような、最も広い意味での「場所」というものがある。そしておそらくそれは「主観性の非 - 場所」のみならず、「他者」の非 - 場所をさえ包括するような「場所」なのであろう——さもなくば当の「場所」が他者の「非 - 場所」に対して「どこ」にあるのかが、ふたたび問われうることになってしまうであろうからである。それゆえレヴィナスの他者論は、巷に流通する見解とは反対に、最も根底的な「場所」を前提としてこそ、つまりはそのような「空間」を拠り所としてこそ、初めて成り立つような類《たぐい》のものと言わなければならないのではないだろうか。

(2) 空間の非対称性と空間性

四六年の論攷「イリア」は、まさにその「イリア」においては「言説は存在しない。何ものもわれわれに答えない」と述べつつ、こう続けている。「しかしこの沈黙は、この沈黙の声は聞かれ、パスカルがそれについて語っているところの《これらの無限の諸空間の沈黙》のように怖れさせる」(IL. p. 104)。そしてパスカルの名を挙げてこそいないが、『全体性と無限』もまた「死」と「他者」との関係に触れつつ、「無限の諸空間の沈黙」について語っているのである。「死は彼方から私を脅かす。恐れさせる(fait peur)未知のもの、怖れさせる(effraye)無限の諸空間の沈黙は、〈他〉に由来し、そしてこの他性は、まさしく絶対的なものとして、或る悪しき意図あるいは或る正義の判断において、私に到達する。死の孤独は他者を消失させない」(TI. p. 210)。このように、レヴィナスにおいては「空間」に関する表現が好んで用いられていて、しかもそれは、必ずしもネガティヴな意味においてとはかぎらない。『有とは別様に』は「隣人の顔は、このような悲惨によって、私に付きまとう。《彼は私を見つめる》。彼のうちなるすべてが私を見つめ、何ものも私には無頓着ではない」と述べた直後に、こう語っているのである。「無限の痕跡たる空間の空虚のうちへのこの委ね（abandon）より命令的なものは、何もない」（AQ. p. 118）。

しかしながら、すでに述べたように、一般にはレヴィナスにおける空間性は、ネガティヴにしか捉えられていないことが多いように思われる。たとえば前章でも見たように、セバは「戦争としての〈有〉は、レヴィナスにおいて、まずもって空間性であって、時間性ではない」（Sebbah (2), p. 66）と述べていたのだし、彼は「コーナートゥス・エッセンディとしての有は、占有（occupation）としての空間性であり――それでしかない」（Ibid., p. 60）等々とも語っているのである。あるいはフランクもまた、とりわけレヴィナスの後期思想のことを考えてであろうが、「近しさの意味の或る変化」によってこそ「空間の潜在的な誕生が完遂される」（Franck (2), p. 223）と述べつつ、レヴィナスにおける「空間」のむしろ派生的な性格について指摘している。

そしてたしかにレヴィナスにおいては、「空間」に関してはわざわざその重要性を剥奪するような表現が、多々見られてもいたのである。たとえば『時間と他』では「空間の超越は、それが出発点に回帰することなき或る超越に基づく場合にしか、実在的なものとして確証されえないだろう」（TA, p. 48-9）とか、「空間によるこの瞬間的な超越は、孤独から脱せしめない。〔……〕そのことによって、空間的外在性と諸瞬間の外在性とのあいだの或るラディカルな差異が、告知される」（Ibid., p. 53）とか、あるいは「女性的なものは実存において、光のほうに向かう空間的超越や表現の出来事とは異なる或る出来事である」（Ibid., p. 79）等々と述べられていて、「超越」の根源的な意味がことさらに「空間」とは別のところに求められようとしている。あるいはまた「外在性」の概念に関しても、それは「空間の一特性」であるがゆえに「他性」（Ibid., p. 63）からは区別されたり、「外在性」が空間に限定されないときでさえ、「将来の外在性」は「空間的外在性とは全面的に異なる」（Ibid., p. 64）と述べられたりしている。そして後期思想においても、たとえば「近しさ」のうちには「主観が空間的意味に還元されない或る仕方で含まれている」(AQ. p. 103) ことがわざわざ指摘されたり、「人間的諸関係」を「そこにおいては非空間的な或る外 (un dehors non spatial) が意味するような法‐外なもの」として「強調すること」(DMT. p. 218) が肝要だと述べられたりしている。空間性は、たとえば時間性などに比べて、副次的なものでしかないのだろうか。

しかしそのレヴィナスが「時間の場所そのもの」(TA. p. 73) や「時間の空間」(TI. p. 208) といった諸表現を用いていたのも、すでに本章の冒頭で確認したことなのである。「場所」に関しては前項で検討したが、本項ではわれわれは、たとえ比喩的な仕方ではあっても、つまりはありきたりの幾何学的ないし地理学的な意味においてではないとしても、或る根源的な意味において「空間」という言葉がレヴィナスの初期・中期・後期の思想を通じて用いられ続けているのだということを、以下に確証してゆきたいと思う。

たとえば『実存から実存者へ』において、レヴィナスは「相互主観的空間 (l'espace intersubjectif) は初次的には非対称的 (assymétrique) である」(EE. p. 163) と言明している。そしてそのような「非対称的な相互主観性」は、「或る超越の場所 (le lieu d'une transcendance)」(Ibid., p. 165) なのである。また『時間と他』においても、同様の考えが類似の表現を用いて呈示されている。つまりレヴィナスは、「他性の関係は空間的でも概念的でもない」と述べつつも、「相互主観的空間は対称的ではないと言うことができる」(TA. p. 75) と語っているのである――しかし、そもそも「対称的」とか「非対称的」とか言うこと自体、或る共通の場所としての空間性を前提しておかなければ、なされえないのではないだろうか。

『全体性と無限』でも、「本質的に非対称的な或る《空間》」という表現が用いられ続けている。すなわち、「自らに全体化を禁ずるが、しかし兄弟性や言説として描かれる有における数多性は、本質的に非対称的 (asymétrique) な或る《空間》のうちに位置づけられる」(TI. p. 191)。そしてこのような「空間の非‐等質性 (une non-homogénéité de l'espace〉」の由来するのが、「〈形而上学的なもの〉〔＝他者〕がそこから〈形而上学者〉〔＝私〕に到来するところの高さの次元」(Ibid., p. 195) になのである。それゆえ『全体性と無限』の或るページは、「相互主観的空間の湾曲 (courbure de l'espace intersubjectif)」という表現を多用している。「相互主観的空間のこの湾曲は、距たりを上昇へと屈折させる」。そしてこのような「空間の湾曲」の外で現れる「有るものども」のいわゆる「客観的」本性は、むしろ反対に「上位の真理の形而上学的真理の喪失」を指し示すであろう。ゆえに「そこにおいて優位性としての外在性が実効化されるところの相互主観的空間のこの《湾曲》」を、「現れる諸対象に対して取られた《諸観点》という恣意的なもの」からは区別するのでなければならない。「空間の湾曲」が表現しているのは「諸々の人間的な有〔るもの〕のあいだの関係」なのである。「われわれが《相互主観的空間の湾曲》という隠喩によって示唆している有や有の観念に対する真理のこの剰余は、あらゆる真理の神的志向を意味している。このような〝空間の湾曲〟は、おそらく神の現前そのものである」(Ibid., p. 267)――ちなみにおそらくは六一年に書かれたであろう同じく中期に属する或るテクストでも、「相互主観的空間」は「非対称的」(Œ 2, p. 366) だと述べられている。

前章の最終節でも見たことなのだが、『有とは別様に』では「空間のいたるところ (le partout) は、正義に提供されるように思われる無差別〔無頓着〕にもかかわらず私に関わり、私を問いに付す諸々の顔の、いたるところ－から (le de-partout) である」と語られている。「宇宙の空間は、他〔人〕たちの住居として、自らを顕わにするであろう。私を見つめる他〔人〕たちによって住まわれているものとして、空間の前－幾何学的なエイドスが記述される」(AQ, p. 152)。なるほどハイデッガー的な「開示」もまた「空間性の出来事」であり、「主観の任務」であるのかもしれない。「しかし」、とレヴィナスは問う、「空間の意味は、透明性や有論のうちに汲み尽くされるだろうか。〔……〕それは他の諸意義を含んではいないだろうか」。同書が喚起してきた「或る出発の痕跡、或る回収不可能な過去の形態、或る数多性の平等、正義をまえにしての等質」といった「人間的諸意義」は、ハイデッガー的な「開示」から出発しては解釈されえない。そしておそらくはこれらの意義以前に、「空間の開け」が「そこにおいては何ものも何一つ覆い隠すことのないような外（le *dehors*）」や「無 - 防備（la *non-protection*）」（Ibid. p. 226）といったものを、意味しているのである。「露呈は、自らを露呈しようとするような――意志的な一主観が取るであろうような――イニシアティヴに対しては先行する。〔……〕主観は空間のうちへと自らを開く、しかし世界 - の内に - 有ら - ない」（Ibid. p. 227）――われわれの気づきえたかぎりでは、『有とは別様に』には「相互主観的空間」の「非対称性」について云々するような言葉は見出せなかったのだが、しかし八二年の或るテクストは、「相互性における他〔人〕との関係として、ブーバーにおける正義は、〈我〉 - 〈汝〉において始まる」と述べたあとに、こう続けているのである。「われわれのしたがったパースペクティヴにおいては、倫理的不平等から――われわれが相互主観的空間の非対称性（dissymétrie）と呼んだものから――《諸人格間の平等》への移行は、一つの国家における市民たちの政治的秩序に由来するであろう」（HS. p. 62）。

『有とは別様に』における「空間」は、ひょっとしてフランクの示唆していたような、おそらくは第三者の登場と正義の成立とを俟って初めて生起しうるような類《たぐい》のものであったかもしれない。しかし、少なくともそれは「幾何学的」な空間ではないのだし、そのうえ「相互主観的空間の非対称性」は、初期・中期・後期を通じて、レヴィナス倫理学によって要請され続けている。そして隣人もしくは他者の高さに基づくこのような「非対称性」は、けっして派生的にして二次的なものとは言われえないだろう。

問題は、たとえ非対称的であったとしても、それでも他者は私と同じ空間に属し、私と同じ場所に立っているということである。それは或る種の平等性――倫理的不平等さえそれを前提として初めて成り立つような――であり、相互性なのではないだろうか。空間の対称性や非対称性に先立つものがあるとするなら、端的に言って、それは空間の空間性なのでなければならない。つまり、まず同じ空間にいて初めてどちらが高いかが述べられうるのだとするなら、そのような根源的空間性こそが倫理的非対称性さえもが依拠するところの根拠であり、基底・根底なのではないだろうか。

⑶神という場所

「ナンセンスは世界で最も分かち合われているものである」(HS. p. 197) と、デカルトの『方法序説』を真似てでもあろうか、四九年の或るテクストのなかで、レヴィナスは語っている。同じく四九年に書かれたと推察される或る手帳のなかにも、こう記されている。「ナンセンスは、もしそれをして偽らしめる方法が存在しないのであれば、世界で最も分かち合われているものであろう」(Œ 1, p. 189)。

フェスラーによれば、レヴィナスの「哲学的な出発点」は「〈コギト〉」ではなくて「理 (le *sensé*)」(Faessler, p. 40) である。「エマニュエル・レヴィナスの著作全体が、顔を理《ことわり》の本源的な場所として呈示している」(Ibid., p. 44)。そしてじじつレヴィナスは、八三年の或る対談のなかで、当のフェスラーに答えつつ、「私が出発しているのは、人間的なものがあらゆる体系以前にそこにあるところの理からなのです」と述べている。「私は理が本源的に、もしくはもっぱら知のうちで分節され、理の場所そのものが知であるというような印象を、有してなどおりません」(TrI. p. 38)。同年に公刊された或るテクストによれば、なるほど「〈知〉」は「意味 (sens) を顕示し、意味をして言わしめ」はするのだが、しかしそれは「理の究極の分節の場所 (le lieu de l'ultime articulation du sensé)」(En, p. 150) ではない。その一年前に行われた有名な講演『第一哲学としての倫理』においても述べられているように、「私の哲学的諸試論のなかで、私は理の本源的な場所 (le lieu originel du sensé) たるものとしての他人の顔について、多くを語ってきた」(EP. p. 94) のである。

しかしながら先にも見たように、レヴィナスの「場所」には狭い意味と広い意味とがあった。われわれは前項で、

『全体性と無限』のなかで彼が「このような〝空間の湾曲〟は、おそらく神の現前そのものである」（TI, p. 267）と述べているのを目撃した。相互主観的空間が倫理的には「非対称的」で「湾曲」しているのは、そこに「神」が「現前」しているからではないだろうか。もっと端的に言うなら、神こそが相互主観的で倫理的な関係がそこにおいて成り立つような「場所」なのではないだろうか。

「倫理的秩序は〈神性〉への一つの準備ではなくて、〈神性〉への接近そのものである」（DL, p. 147）と、五〇年の或る論攷は語っている。われわれはまたレヴィナスが「〈無限〉は正確には一つの項ではない」（EE, p. 12）[21]と述べていることについても前章で触れておいた。神や無限に接近するということは、神という項に近づくことではない。しかし、もし神がそこにおいて私が他者に倫理的ないし宗教的に接近するところの場所であるとするなら、私は他者に接近するときには必ず神に接近し、そして神に近づくさいには必然的に他者の顔を機縁にしているのだということも肯えよう。そしてもしそれが師としての他者の高さを示すものであるとするなら、相互主観的空間が「湾曲」しているのも理の当然と言えるのではないだろうか。

他者の「高さ」については、われわれはすでに十分に検証してきた。『全体性と無限』には「自我と他〔人〕との道徳的非対称性」に関して、「この外在性の距たりは、ただちに高さへと拡張される」（TI, p. 273）という言葉が見出されるのだし、五〇年代から六〇年代初頭にかけて書かれたノート群のなかには、「非‐相互性＝高さ」（Œ 1, p. 264）という端的な等式が用いられている箇所もある。六二年の講演「超越と高さ」によれば、「〈他〉」は「〈他者〉として自らを呈示」しつつ「一つの顔を示し、高さの次元を開く」（LC, p. 53 ; L'Herne, p. 97-8）のだということになる。

けれども真に「或る高さ、或る高貴さ、或る超越」を指し示すのは「無限の観念」（TI, p. 12）であり、「高さ」とは「有のうちには閉じ込められない無限」（Œ 1, p. 248）である。八二年の或るテクストは、「啓示」とは「〈無限〉

が《天の高さ》から降りてくるような《場所》」(HN, p. 129) であるとも述べている。『全体性と無限』でも言われているように、「高さの次元」とは、言い換えるなら「外在性の神性」(TI, p. 273) なのであって、もし「顔のなかで〈他者〉がその卓越性を、高さと神性との次元を表現する」のだとすれば、それは〈他者〉が「高さと神性との次元」から「降りてくる」(Ibid., p. 240) からだという。したがって他者がかくも卓越して高貴なのは、彼が神という次元にして場所に位置づけられているからではないだろうか。「他者は高さの、理想の、神的なものの或る次元に位置づけられ、そして他者との私の関係によって、私は神と関係する。／それゆえ道徳的関係は、同時に自己意識と神についての意識とを結合する。倫理は神の見の系ではなく、それはこの見そのものである」(DL, p. 33)。もちろんもし神がそこにおいて「他者」が「位置づけられる」ところの「次元」であるのだとするなら、他者と関わるさいに私が神とも関わり、倫理を保つときには神をも「見」ることになるのも、けだし当然のことであろうが。

それゆえにこそまたレヴィナスは、「結局のところすべては諸人格間の関係に帰するという主張」(Œ 2, p. 253) のことを、あるいはまた「〈同〉と〈他〉のあいだに確立される絆」そのもののことを、「宗教」(TI, p. 10) とも呼ぶのである。「あなたたちがつねに〈他者〉に面と向かっていて、私的なものがない、この例外的状況をこそ、私は宗教的状況と呼ぶでしょう」(LC, p. 95 ; L'Herne, p. 110. Cf. LC, p. 48)。そのうえ『全体性と無限』によれば、「宗教」は「神との社会」(TI, p. 77) でもある。だからこそ、レヴィナスにおいては「無限の観念」が「社会的関係」(DE, p. 172) なのであり、「無限」こそが「社会」(Œ 1, p. 473) だということにもなるわけである――しかし、このような「状況」や「社会」もまた、一種の環境であり、場所なのではないだろうか。

もちろんレヴィナスには、神には社会や他者との関係から出発して初めて近づけるのだというような順序関係を設定しているように思える箇所も、多々見出されはする。たとえば『全体性と無限』では、「〈超越者〉との関係は〔……〕一つの社会的関係である」と言われる直前に、「神的なものの次元は、人間的な顔から出発して開かれる」

(TI, p. 50) と述べられているのだし、前章でも触れたように、先の六二年の講演「超越と高さ」のあとの討論でも、次のように語られているのである。「私が神について何かを言わなければならないとき、それはつねに人間的諸関係から出発してなのです。容認しえない抽象、それは神です。私が神について語るのは、〈他者〉との関係の諸言葉においてなのです」(LC, p. 94 ; L'Herne, p. 110)。たしかにレヴィナスの場合、他者との関係を捨象して神について語られることなど、ありえない。しかし他方で『全体性と無限』は、「無限は〔……〕神的に存在する」と述べた直後に、「それは全体性を超えて、一つの社会を創始する」(TI, p. 77) と語ってもいるのである。つまりは無限が、もしくは神そのものが現前するからこそ、そこにおいて真に倫理的な自他関係も生じうるのではないだろうか。

あるいはまたレヴィナスにおいては、ときとしてたしかに「関係」より「項」のほうが先立つというような考えも示されることがある。たとえば『有とは別様に』の或る箇所では、こう述べられている。「近しさとは、接近し、したがって或る関係を構成するような主観であり、私はその関係に項として参与しはするが、しかしそこにおいて、私は一つの項以上――あるいは以下――である。このような剰余、もしくはこのような不足が――私を関係の客観性の外に投げ捨てる。〔……〕私は関係には還元不可能な項である」(AQ, p. 103)。あるいは「宗教は発話の次元である」と述べている、おそらくは五七年の或るノートには、いっそう端的にこう記されているのである。「他のあらゆる関係に対する言語の例外的な性格とは、そこでは諸項が関係に先立つということである」(Œ 1, p. 388)。

たしかに私や他者といった諸項を全体化するような関係は、レヴィナスの場合、斥けられて当然である。しかし、それでも彼は、両者のあいだに「関係」を認め続けてきたのではないだろうか。そもそも相手に返答を求めないような「発話」や「言語」など、それこそやむことなくレヴィナスが否定し続けてきたものなのではなかったか。そして『全体性と無限』では、こう述べられてもいるのである。「私が〈他者〉の他性に接近するのは、私が〈他者〉と保つ社会から出発してのことなのであって、この関係を去ってその諸項について反省することによってなのではない」(TI, p. 94)。

八三年の対談のなかで、レヴィナスは「社会性は、それ自身、他者の顔たる神の〈発話〉によって命じられている」(TrI, p. 53)と語っている。巷に溢れるナンセンスのなかで、もし社会において真に理《ことわり》が見出され、他者の顔に高さが露呈されうるのだとすれば、それは顔を顔たらしめ、社会をも真の社会たらしめている神が、自らそこで語りかけているからではないだろうか。繰り返すが、そのような神は、一つの「項」ではない。それは湾曲した空間の湾曲性であり、倫理や宗教という名の場所なのである。

(4)場所と身体

「場所」ということに関しては、六一年のレヴィナスに、「ハイデッガー、ガガーリン、われわれ」と題された興味深い短文がある。つまり「或る風景のうちへの定住、〈場所〉への執着」は「原住民たちと異邦人たちとへの人類の分離そのもの」なのだが、このようなパースペクティヴにおいては、「技術」は「〈場所〉の守護霊たち」よりは「危険ではない」のだという。なぜなら「技術」は「ハイデッガー的世界や〈場所〉の諸々の迷信」からわれわれを解放してくれるのであって、かくして「人々を彼らが仮住まいしている状況の外で覚知し、人間的顔をその赤裸において輝かせる」という「チャンス」が現れるからである。そしてソクラテスは「田舎や樹々より人々に出会う街のほうを好んでいた」のだが、しかるにレヴィナスによれば、「ユダイスム」は「ソクラテス的メッセージの兄弟」(DL, p. 325)なのだという。

ガガーリンは、このような文脈のなかに登場する。つまり彼の活動でとりわけ重要なのは、「〈場所〉を離れたこと」だというのである。「一時間のあいだ、一人の人間が、あらゆる地平の外に存在した——彼の周囲ではすべてが空であった、あるいはいっそう精確に言うなら、すべてが幾何学的空間であった。一人の人間が等質空間という絶対的なもののなかに存在していた」。そして「ユダイスム」もまた「諸々の場所に対してつねに自由」であったのだし、かくしてそれは、「最も高い価値に忠実」であった。『聖書』は「一つの〈聖地〉しか知らない」（Ibid., p. 326）のである。そしてレヴィナスは、こう続ける。「ユダイスムは諸々の偶像を昇華させたのではない、それは偶像の破壊を要請したのである。技術と同様に、ユダイスムは宇宙を脱神話化した。それは〈自然〉を呪縛から解放した。それはその抽象的な普遍性によって、諸々の想像力や情念と衝突する。しかしそれは人間を、その顔の赤裸において発見したのである」（Ibid., p. 327）。

しかしながら、一般に人間は、あらゆる〈場所〉から解放されることなどできるのだろうか。ガガーリンはたまたま一時《いっとき》地球や大地を離れることができたのかもしれないが、しかしそのようなときでさえ、彼は大地や地球とまったく無関係に生きてゆくことができたわけではけっしてない。そしてそもそも一人の人間にとって、「等質空間」や「幾何学的空間」のうちに位置づけられることが、それほど大切なことだろうか。

またそのような「場所」の問題は、当然のことながら人間の「身体」の所在という問題につながってくる。『実存から実存者へ』によれば、「デカルト的懐疑によって排除された身体」とは「対象身体〔le corps objet 客観身体〕」でしかない。コギトが到達するのは「思惟がある」という非人称的な措定ではなくて、「私は思惟するものである」という「一人称現在」である。そして「デカルト的コギトの最も深い教え」は、「思惟を実体として、すなわち自らを立てる何かとして発見」（EE, p. 117）したことに存する。「思惟」は「まずもって思惟であり、それからここにある」というのではなくて、「思惟として、思惟はここにある」（Ibid., p. 118）のである。それゆえ、先にも見たように、「場所」は「幾何学的空間」や「ハイデッガー的世界の具体的環境」である以前に、「一つの基盤」である。そしてそのことによって、「身体」は「意識の到来そのもの」（Ibid., p. 122）であり、「ポジシオン〔措定・位置取り〕そのもの」（Ibid., p. 123）なのである。

われわれは「身体で有ること」は「大地の上に身を保つこと」(TI, p. 138) だという『全体性と無限』のなかの言葉も、すでに見ておいた。そしてそのような身体性は、レヴィナスの場合、何かを食べるという行為にまで及んでいて、しかもそのような行為こそが、他者との倫理的な関係を基礎づけるのである。すでに『時間と他』において、「提供される糧をまえにして、主観は空間のなかにいる」(TA, p. 46) と述べられていたのだが、『全体性と無限』では「ハイデッガーは享受の関係を考慮に入れていない。〔……〕ハイデッガーの現有は、けっして飢えない」(TI, p. 108) と語られている――けれどもこのような考えは、レヴィナスの後期思想においてこそ、最も明確に主張されることになろう。

たとえば『有とは別様に』では、先にも註記した「あらゆる物質的受動性の手前にある受動性」という言葉のあとに、「この絶対的な受動性は受肉に、身体性になる」(AQ, p. 156) と付け加えられている。そのうえ「身体性の相のもとに」考察するなら、「他のために」とか「自己の意に反して」といった諸特徴とならんで、「自らの口のパンや自らの肩の外套にいたるまで、他〔人〕に与えるという義務」(Ibid., p. 71)[22] についても語られることになるのである。「主観性」が「感性」であり「他‐のための‐一」であって、また「物質」が「他‐のため〔pour-l'autre 対他〕の場所そのもの」であるからこそ、「主観」は「肉と血」から成っていて、「飢えて食べ〔……〕かくして自らの口のパンを与えうる人間」(Ibid., p. 97) なのだとレヴィナスは述べている。「他‐のための‐一」とは「自らの‐口‐の‐パンを‐他〔人〕‐に‐与えること‐において‐一人の‐他〔人〕‐のために‐自己‐から‐奪い取ら‐れること (l'être-arraché-à-soi-pour-un-autre-dans-le-donner-à-l'autre-le-pain-de-sa-bouche)」であり、そして同書によれば、「一箇の魂によって一つの身体が活性化されること」がなすことと言えば、それは「主観性の他‐のための‐一を分節化すること」(Ibid., p. 99) なのである。

同じように「人間的主観性は肉と血から成る」と述べている七五‐六年のソルボンヌ講義においても、ここで問題とされているのは「一つの身体を含む或る与えることにおいての自己からの或る奪い取り（un arrachement à soi dans un donner qui implique un corps）」であり、「最後まで与えること」とは「自己自身の口から奪い取られたパンを与えること」（DMT, p. 221）なのだという。「与えることとは、自らの口から奪い取られたパンを与えることであり、パンを与えることは、一挙に或る身体的意義を持つ」（Ibid., p. 222）。したがってレヴィナス的倫理は、食べる身体やその空間性を前提としなければ、成り立ちえない。それゆえにこそ、たとえばペペルザックのような解釈者は、「他‐のための‐一の構造は、もしそれが身体的でないなら、取るに足りない一箇の抽象でしかないだろう」と語るのである。「与えることとは、両手を持つことである。身代わりは、自己とは他なる者たちが利用する地の糧の欠如によって、受苦させる」（L'Herne, p. 426）。

ちなみに後期のレヴィナスは、「私は他〔人〕の身代わりになるが、誰も私に取って代わることなどできない」（AQ, p. 201）というような言い方をよくしていた。「誰も私に取って代わることなどできないだろう」（DMT, p. 176）。あるいはむしろ後期レヴィナスにとって、「他‐のために」ある「主観」とは、「自らの席を失ってしまった者」（Ibid., p. 183）のことである。「このような責任において、自我は自らを措定するのではなくて、自らの席を失う」（Ibid., p. 184）。それゆえ「自我」が「一人称」だというのも、レヴィナスにとっては、自我が「自らの席を譲るべき最初の者」（Ibid., p. 188）だということにすぎない。彼は詩人エドモン・ジャベスに関する七二‐三年の或る短文のなかでも、「真の詩人が一つの席を占有するというのは確かだろうか。真の詩人とは、言葉の優れた意味において、自らの席を失う者ではないだろうか」（NP, p. 97）と語っている。しかるに「ジャベスの著作は、いかなる席も占有してなどいない」（Ibid., p. 98）のである。そしてもちろんこのことは、あらゆる人間一般に普遍化される。「人間とは、自らの席を、現（*Da*）を譲るという、他のために自らを犠牲にするという、異邦人のために死ぬという、驚くべき可能性――有のすべての諸様態の配列に対する例外！――でもあるのではないだろうか」（L'Herne, p. 136-

7)。

しかしながら、他人の身代わりになるということは、自らの席や場所を他人のそれと取り替えることではあっても、自らの身体性やそれが占める空間性を失ってしまうことではありえないだろう。さもなくば主観は、一つの倫理的行為を果たしてしまった瞬間に、幽霊や霊魂にでもなるよりほかないではないか。

「他〔人〕への身代わり——他の代わりの一——贖罪」(AQ. p. 18)とレヴィナスは述べている。「人間を、自己の意に反して全員の代わりに自らを置き、その非 - 交換可能性そのものによって全員の身代わりとなる自己から出発して、思惟するのでなければならない」(HA. p. 110-1)。けれども「他の代わりの一(l'un à la place de l'autre)」や「全員の代わりに(à la place de tous)」とは、「他」や「全員」の「席(place)」に自らを置くということではないだろうか。そしてそのようなことは、両者ともに「席」を有する者たち同士のあいだでしか、可能ではないのではないだろうか。あるいは「或る他〔人〕の代わりに提供された身代わり(substitution, offerte à la place d'un autre)」(AQ. p. 185)や「或る - 他〔人〕の - 代わり - に - 身を - 置くこと(se-mettre-à-la-place-d'un-autre)」は、例の「私はここにいる(me voici)」(Ibid., p. 186)に関連づけて語られることもあるのだが、「……の代わりに(à la place de ...)」には或る「席(place)」というものが必要であるのと同様に、「ここにいる」ためにも場所や空間性が必須なのではないだろうか。つまり「私はここにいる」と述べられるためには、たとえ「虚しい」と形容されていたとしても、それでも或る「現前」[23]が私に認められるのでなければならないのである。

ひとたび席を譲ったとしても、それで私が席を失ってしまうわけではないということは、他者に対する倫理的行為がひとたびなされたなら、それで私の倫理的義務が完結してしまうわけではないということからも確証されうるであろう。他者は、たとえ旧知の親友であろうと、つねに「最初の到来者」だというのは、そういう意味においてではないだろうか。それとも一度善行をなした者は、二度と自らの席を譲りえない運命にあるとでも言いたいのだろうか。そしてまた、そもそも「身代わり」や「人質」といった概念さえ、或る種の空間性を前提せずとも成り立ちうるようなものなのだろうか。

『全体性と無限』は「《私》と発言すること」は「それに対しては誰も私に取って代わることができず、それからは誰も私を解放しえないような諸々の責任に対して、或る特権的な席を所有すること」(TI. p. 223)を意味するのだと述べているのだし、六三年の或る論攷でも「〈他〉によって〈自我〉を問いに付すことは、まさにその事実によって、一つの選出であり、自我でないすべてがそれに依存するところの或る特権的な席である」(NP. p. 112)と述べられている。自我は、私は、あらゆる意味での席を失うどころか、むしろ「或る特権的な席(une place privilégiée)」をこそ所有しているのであって、そのような場所がなければ、レヴィナス的倫理は、それこそその一切の拠り所を失ってしまうであろう。

『全体性と無限』は「他者との関係は世界の外で生ずるのではなくて、所有された世界を問いに付す」(TI. p. 148)のだとも語っている。そして世界の所有、場所の占有という考えに対するレヴィナスの批判は、とりわけ八〇年代になってから顕著になってきて、或る独特の表現を帯びるようになってくる。たとえば八二年の或る論攷は、ハイデッガーの「現有」への批判というかたちで、「現有(être-là)は、すでに或る他〔人〕の席を占有することではないか。現有(*Dasein*)の現(*Da*)は、すでにして一つの倫理的な問題である」(HS. p. 65)と語っているのだが、八〇年代の他の諸テクストでも、「私の現有(*Dasein*)の現(*Da*)は、すでにして誰かの席の簒奪ではないか」(En. p. 158 ; L'Herne. p. 92 ; EP. p. 105 ; AT. p. 49. Cf. p. 180)等々と、繰り返し問われることになる。「私の現有(*Dasein*)の現(*Da*)のうちで誰かの席を占有することの怖れ。一つの場所を、一つの深いユートピアを持つことができないという無能」(En. p. 155 ; L'Herne. p. 90 ; AT. p. 44. Cf. EP. p. 94 ; En. p. 213)——しかしながら、一つの「場所」や「席」を持たない人間など存在しえないということは、その身体性を否定しえないかぎりは、明らかなのである。

八〇年代のレヴィナスはまた、「パスカルの《〈自我〉は憎むべきものである》」(En, p. 155 ; L'Herne, p. 90 ; EP, p. 91 ; AT, p. 44. Cf. En, p. 139, 141, 177, 239 ; L'Herne, p. 117 ; AT, p. 48, 52)[24]とならんで、「それは陽の当たる私の席だ。それが大地全体の簒奪の始源にしてイメージである」(En, p. 139 ; L'Herne, p. 118. Cf. En, p. 155, 177, 213, 243 ; L'Herne, p. 90 ; EP, p. 93-4 ; AT, p. 44, 52, 181)[25]というパスカルの言葉を、好んで引用するようになる。しかしながら、たとえ私が占有すべきは「陽の当たる席」ではないにしても、それでも私が占めなければならないのは、「或る特権的な席」なのである。

他者も私も必然的に或る席を占め、互いに場所を必要としつつ、両者ともに飢え、衣服を求める存在だからこそ、「譲る」という行為にも或る倫理的な性格というものが認められうるのであって、飢えない存在、或る席を占める必要のない存在が他人にパンを与え、他者に陽の当たる場所を提供しようとも、そこには何の有りがたみも何の倫理的価値も存しえないことだろう。たしかによりよい席を他者に譲るということはありうることである。しかしながら、そのような非対称性に先立つべきは、互いに身をもってこの大地の上にこそ生き、糧をえているという、いっそう根源的な対等性であり、相互性ではないだろうか。

第四節　「イリア」と場所

『時間と他』のなかで、レヴィナスは「有る(*il y a*)という事実」について語りつつ、「万物の不在は一つの現前として、つまりはそこにおいてすべてが沈んでしまったような場所(lieu)として、帰ってくる」(TA, p. 26)と述べている——つまり、「イリア」もまた一つの「場所」なのである。

八一年に催され、八二年に公刊された対談『倫理と無限』のなかでも、「非人称的な有という現象」としての

「イリア」に言及しながら、レヴィナスは「この主題についての私の反省は、幼児期の思い出から出発しています」(EI, p. 45)と語っている。幼児は自分の寝室の「静寂」を「ざわめいている」と感じるものだが、「創造以前の想像されうる絶対的な空虚」のなかでは、ただ「有る《イリア》(il y a)」としか言えない――そこで強調されるのは「雨が降る(il pleut)」や「夜になる(il fait nuit)」[26]のような「非人称性」(Ibid., p. 46)なのだが、それは「無」でも「有」でもなくて、レヴィナスはしばしば「排除された第三者〔le tiers exclu 排中律における「排中」〕という言葉を用いてきたという。『実存から実存者へ』は、これを「恐ろしい」ものとして記述しようとしてきた。また『倫理と無限』のなかでも「私が不眠監視するのではない。《それ》が不眠監視する(«ça» veille)」(Ibid., p. 47)という、『実存から実存者へ』と酷似した表現〔すぐあとに見る〕が用いられている。そしてそこで「要請」されたのが「《イリア》から脱出し、無意味《ナンセンス》から脱出しようとする一つの試み」(Ibid., p. 49)であり、その後レヴィナスは、自らの諸著作のなかで「イリア」について「それ自身のために」語ることは「もはやほとんどなかった」が、しかし「《イリア》と無意味との影は、私にはまだ、脱‐利害介在化の試練そのものとして必要であるように思われました」(Ibid., p. 51)と述懐している。

『脱走』の編者ジャック・ロランは、「脱走についての試論のなかで、純粋有や、有としての有や、有るという事実や、有るところのものの実存という名のもとに指し示されているのは――すでにしてまさしく、のちにイリアという表題のもとに思惟されるであろうところのものである」(Ev, p. 33)[27]と語っている。そしてわれわれも前章で見たように、「イリア＝有の夜」(Œ 1, p. 103)という等式は四三年の手帳に記されていたのだし、また四二年とおぼしき手帳のなかにも、すでに「イリアの時間への回帰」(Ibid., p. 71)という言葉が見出される。

　しかしながら、レヴィナスはその初期の諸著作を書き終えたのちにも、けっして「イリア」について語ることが「もはやほとんどなかった」わけではなくて、たとえば中期の主著『全体性と無限』のなかでは「匿名的なイリア」(TI, p. 117)や「非人称的なイリア」、あるいは「イリアの絶えざる戯れ」や「イリアの恐怖」(Ibid., p. 165)、「イリアの匿名的なざわめきとしての夜」(Ibid., p. 236)、「イリアの不条理なざわめき」(Ibid., p. 239)、「イリアの匿名性」(Ibid., p. 246)、「イリアのアナーキー」(Ibid., p. 257. Voir aussi p. 66, 116, 166, etc.)[28]等々といった言葉が用いられ続け、また後期の主著『有とは別様に』でも「イリアの鈍く匿名的なざわめき」(AQ, p. 3)、「恐ろしいイリア」、「イリアのざわつき(bourdonnement)」、「イリアの不条理」(Ibid., p. 208)、「イリアの匿名的なざわめき(bruissement)」(Ibid., p. 209. Cf. p. 4, 178, etc.)等々について、相変わらず語られ続けている。そして『倫理と無限』以降にも、たとえば八六年の或る対談のなかで、レヴィナスは「雨が降る(«il» pleut)、天気がよい(«il» fait beau)のような《イリア》」(AT, p. 109)について言及し、「匿名性の包み込むような現前としての《イリア》から〔……〕主観性が出現する」(Ibid., p. 110)[29]と述べてもいるのである。

「イリア」については前章でも触れたが、本節ではわれわれは、「場所」との関連ということも踏まえつつ、生涯をとおして用いられ続けることとなったこの主要概念について、もう少し詳述してゆきたいと思う。われわれは以下、(1)まず主客の区別以前に有ると言われる「イリア」の匿名性について検討し、(2)続いて「イリア」の物質性との連関から、ここでもまた「身体」の問題を扱う。(3)さらには「イリア」の「恐怖」や「情動」について考察し、(4)「自然」や「文化」・「歴史」との関連について問うたあと、(5)最後にわれわれは、先にも取り上げた「悪」と「正義」の問題に関して、「イリア」の観点からあらためて考察し直してみることにしたい。

(1)「イリア」の匿名性

主客未分の「イリア」の匿名性に関しては、最も詳しい『実存から実存者へ』の論述を中心に見てゆくことにしよう。「諸事物や諸人格といったすべての有〔るもの〕の無への回帰」(EE, p. 93. Cf. TA, p. 25; II, p. 103)については、前章でも触れた。「有のこの非人称的で匿名的な、しかし鎮めがたい《焼尽》」（EE. p. 93-4. Cf. II, p. 104）こそが「イリア」なのであって、それゆえそれは「有一般」とも呼ばれている。イリアは「内面性」をも「外在性」をも「超越」し、両者を「区別」することさえできない。つまり「有の匿名的な流れ(30)」は「あらゆる主観や人格や事物」を浸してしまう。それゆえ「主観 - 客観の区別」は「有一般に着手する一つの省察の出発点ではない」（EE. p. 94）のである。

これも前章で見たことだが、「夜」は「イリアの経験そのもの」とみなされている。夜においてはわれわれは、夜に「釘付け」されていて、「このもの」とか「あのもの」とか、「何ものにも」関わることがない。しかしながらこのような「普遍的な不在」は「一つの現前」、しかも「絶対に不可避的な一つの現前」（Ibid. Cf. II, p. 104）なのであり、「イリア一般」である。われわれは「雨が降る（il pleut）」や「暑い（il fait chaud）(31)」のように、「非人称的な形式たるイリア」というこのタームに「実詞」を結びつけることなどできないし、「自我」もまた「夜」によって浸され、「脱人格化〔dépersonnalisé 脱人称化〕」されている。そしてこのような「万物の消失と自我の消失」こそが、「力の領野（un champ de force）」としての「有」（EE. p. 95）そのものへと連れ戻すのである。

「夜の空間（l'espace nocturne）の諸点」は「相互に指示し合う」ことがない。そこには「パースペクティヴ」というものがなく、諸点は「位置づけられる」こともない。そしてこのような「パースペクティヴの不在」は「非安全（insécurité）」になるのだという。「端的な現前の、イリアの脅威」とはそのようなものなのであって、「ひと」は「曝され」、「夜の空間はわれわれを有に引き渡して」（Ibid., p. 96. Cf. II, p. 105-6）(32)いるのである。

けれどもレヴィナスは、ひとは「白昼の夜（nuits en plain jour）」についても語りうるのだと主張する。「照らされた諸対象」は、あたかも「薄明」を介してのように、われわれに現れることだろう。或る「疲労させる旅」ののちに見出される「非現実的な、案出された街」がそのようなものなのであって、そこでは「諸事物」や「諸々の有

〔るもの〕」はもはや「一つの世界」ではないがごとくであり、それらはただ「それらの実存のカオスのなかに浮かんでいる」(EE, p. 97. Cf. II, p. 106)[33] だけなのである。

このようなイリアを特徴づけるために、初期レヴィナスは、よくレヴィ=ブリュールの「融即」(EE, p. 98. Cf. TA, p. 21-2) の概念を援用する――論攷「イリア」では、「融即」においては「主観が石化される」(II, p. 108) とさえ述べられている――。「神秘的な融即 (participation)」においては、「或る類へのプラトン的な参与 (participation 分有)」とはちがい、「諸項の同一性」が失われてしまって、むしろ「或る項は他の項で有る」のだという。つまり「各項の私的な実存」は、この「私的な性格」というものを失ってしまい、「或る非区別の基底 (un fond indistinct)」に帰るのである。それゆえ「イリア」の概念がわれわれを連れ戻すのは、「神」というよりは「神の不在」、要するに「あらゆる有るものの不在」になのであって、「未開人たちは絶対に〈啓示〉以前に、光以前にある」(EE, p. 99. Cf. TA, p. 22 ; II, p. 109)[34] のである。

「夜とイリアの非人称的な、無‐実体的な出来事」には「何か」という「内容」はないのだから、そこにあるのは「不在の現前」としての「昏《くら》さ」のみであり、「現前の雰囲気そのもの」のみである。「何もないが、しかし諸力の領野 (un champ de forces) としての有がある」(EE, p. 104)[35]。そしてこのような「不在の現前」として、「イリア」は「矛盾」を超えている。それは「相矛盾したもの」を「包括」し、それゆえにこそまた「有」は「脱出の扉を持たない」(Ibid., p. 105. Cf. II, p. 113)[36] のである。

イリアが「不眠 (insomnie)」や「不眠警戒 (vigilance)」(EE, p. 110. Cf. p. 140 ; TA, p. 27) に関係づけられることについては、前章でも見た。「不眠」は「有の永遠性そのもののようなもの」[37] だとレヴィナスは述べている。そして「イリアという非人称的な出来事」のなかに導入されるのは、「意識概念」ではなくて、「不眠監視 (veille)」(EE, p. 111) なのだという。もちろんそのような発言に対しては、「イリアを不眠警戒によって特徴づけることは、イリアに或る意識を与えることではないか」(Franck (1), p. 145) というフランクのような疑問も当然予想されるのだし、レヴィナス自身も「不眠監視」には「意識が参与している」と述べてはいる。けれども『実存から実存者へ』によれば、「意識」が「不眠監視の一部」だということは、「意識がすでに不眠監視を引き裂いてしまった」(EE, p. 111) ということなのであって、『時間と他』においても「意識はむしろ不眠警戒から自らを引き離す可能性ではないか」(TA, p. 30) とか、「意識はイリアの匿名的な不眠警戒の、一つの引き裂きである」(Ibid., p. 31)[38] 等々と述べられている。それゆえにこそ『実存から実存者へ』もまた「不眠監視は匿名的である」と語り続けるのである。「不眠のうちには、夜への私の不眠警戒など存在しない。不眠監視しているのは、夜それ自身である。それが不眠監視する (Ça veille)」。さらに続けてレヴィナスは、ここでは「お望みならば、私は或る匿名的な思惟の主観であるというよりも、むしろ対象である」(EE, p. 111) と付け加えてもいるのだが、しかし厳密に言うなら「対象」という語さえ不適切であることは、すぐに述べられることになる。つまり「脱人格化〔脱人称化〕のこの経験」において、すなわち「無意識の正反対」であるようなこの「非人称性」(Ibid., p. 112) において、「不眠」がもたらすのは、「主観の消滅」であるとともに、「あらゆる対象の消失」(Ibid., p. 113) でもあるような状況なのである。

以上見てきたように、レヴィナスの「イリア」は、本来的には「客観的なものと主観的なものとの手前に、そしてそれらの必然的な相関関係の手前にさえ」(Œ 2, p. 157) 現前しているようなものなのであって、『実存から実存者へ』の言い方にならうなら、それは「実存哲学がそこから出発しているところの主観的実存と、古き実在論の客観的実存とが、そこにおいて混淆 (confondues) されている」ような「いっそう一般的な実存の一事実」(EE, p. 20-1) なのである。それゆえ同書の「意識は自己から出発して有にいたり、すでにして即自有から逃避している」(Ibid., p. 141) という言葉がひょっとして連想させるかもしれないような、「イリア」を「即自有 (l'être en soi)」と同一視するような考えは、正確に言えば適切ではない。なぜなら『時間と他』でも述べられているように、それは「一つの即自（un *en soi*）」でさえなく、むしろ「あらゆる自己の不在」にして「一つの無‐自己（un *sans-soi*）」（TA, p. 27）[39]だからである。

(2)「イリア」と身体性

「有の物質性の発見は、或る新しい性質の発見ではなくて、有の無定形のうごめき（grouillement）の発見である」と『実存から実存者へ』は述べている。そしてレヴィナスは、こう続ける。「物質はイリアの事実そのものである」（EE, p. 92）、と。

もちろんイリアが主観的なものと客観的なものとの区別の手前に見出されるのであるからには、「物質」とは言ってもそれはたんなる物質にすぎないという意味ではなく、そこでは物質性も看過しえないということなのであって、だからこそイリアは、人間の生ける身体の問題にもおおいに関わってくるのである。われわれは先に「身体」が「ポジシオンそのもの」（Ibid., p. 123）であり、「匿名的な有のうちへの、局在化という事実そのものの闖入」だということを見た。そのような意味においてこそ、「場所」は「一つの基盤」であり、「身体」は「意識の到来そのもの」（Ibid., p. 122）だったのである。『実存から実存者へ』では、「自己」の存立における「イリア」の意義に関して、こうも述べられている。「瞬間の実詞化のうちに〔……〕イリアの回帰を識別することは可能である。実詞化は、イリアに参与することによって、孤独として、或る自我のその自己への連鎖という決定的なものとして、ふたたび自らを見出す。〔……〕私（le *je*）はつねに、それ自身の実存のうちに足を捕らわれている。〔……〕自我にとって自己であらざるをえないという、この不可能性が、自我の根本的な悲劇を、自我が自らの有に釘付けされているという事実を、しるしているのである」（Ibid., p. 142-3）。

これは前章でも見たことなのだが、『時間と他』もまた「実存者は自己に専念する」と述べている。そして「自己に専念するこの仕様」こそが「主観の物質性」(TA, p. 36) なのである。「私(le je)はすでに自己に釘付けされている。〔……〕私の自由は恩寵のように軽いわけではなく、すでに重力である。〔……〕自我は容赦なく自己である」。それゆえレヴィナスにとって「物質性」が表現するのは、伝統が説くような「墓のうちへの精神の偶然的な墜落」や「一つの身体という牢獄」などではなくて、それは「実存者のその自由において、主観の出現に——必然的に——ともなう」。このようにして『時間と他』は「身体」を「物質性から出発して」(Ibid., p. 37) 理解しようとするのである。したがってまた「〈自我〉の自由」と「その物質性」とが「同行する」(Ibid., p. 38) のみならず、「孤独」と「物質性」もまた「同行」(Ibid., p. 39) する。つまり「物質性」が「自己自身への主観の連鎖」であるからこそ、「孤独」は「主観の物質性」(Ibid., p. 44) に結びつけられているのである。

『時間と他』はまた「現在」を「自己に対する一つの連鎖」と考え、「現在の物質的性格」は「現在としての現在に起因する」(Ibid., p. 36) とも述べている。それゆえにこそ同書は、サルトルにおける「現在」の考え方を批判するのである。「サルトルの哲学のなかには、何だか分からない天使的な現在がある。実存の重さ全体が過去に投げ捨てられているので、現在の自由は、すでに物質より上に位置づけられている」。それに対し、「現在」と「現在の出現の自由」とのうちに「物質の重さ全体」を認めようとするレヴィナスは、「物質的生」に対して、同時に「実存することの匿名性に対するその勝利」をも、「その自由そのものによって物質的生がそれに結びつけられるところの悲劇的な決定〔状〕態 (le définitif tragique)」(Ibid., p. 44) をも、容認しようとするのである。

ところで『全体性と無限』のレヴィナスは、「感性」を「要素」と関係づけ、またそのような関連において、「身体」にも「享受」という有り方を認めようとする。「感性は、支持体なき或る純粋な性質と、〔すなわち〕要素と、関わらせる。感性は享受である。感性的な有、身体は、このような有り方 (*façon d'être*) を具体化する」(TI, p. 109)。そして異他的なものを内在化する「享受」は、そのことによって「イリア」の影を引きずる。「要素はイリアのうちに伸長する。享受は、内面化として、大地の異他性そのものにぶつかる」(Ibid., p. 116)。つまり、もともとイリアに属していた外的な要素が自己のうちに取り込まれることこそが、身体的な享受なのである。「自己とは別のものにおいて自己のもとにあること(Etre chez soi en autre chose que soi)、自己自身とは別のもので生きることによって自己自身であること、……で生きること(vivre de. . .)は、身体的実存において具体化される」(Ibid., p. 139)。かくして「イリアの恐怖からの脱出」が、「享受の満足」のなかで「告知」(Ibid., p. 165)されるのだということになる。

イリアとのつながりを保持しつつも、このようにして「享受」こそが「分離を完遂」(Ibid., p. 115. Cf. p. 112)するのである。「匿名的なイリアに反して〔……〕享受の幸福は自己のもとの〈自我〉〔le Moi chez soi 自宅の〈自我〉〕を肯定する」(Ibid., p. 117)。それゆえにこそまた、前節でも述べられていたように、「身体」こそが「分離の体制」(Ibid., p. 142-3)だったのである。

これも前節で触れられたことなのだが、『有とは別様に』によれば、「主観性」が「感性――他〔人〕たちへの露呈、傷つきやすさにして他〔人〕たちの近しさにおける責任、他‐のための‐一、すなわち意味作用」であり、また「物質」が「他‐のため〔pour-l'autre 対他〕の場所そのもの」であるからこそ、「主観」は「肉と血」を具えた存在者であり、「飢えて食べる人間」、かくしてまた「自らの口のパンを与えうる」(AQ, p. 97)人間だということになるのである。あるいはまた七五‐六年のソルボンヌ講義でも、「人間的主観性は肉と血から成る。〔……〕ここで問題とされているのは、一つの身体を含む或る与えることにおいての自己からの或る奪い取りである。なぜなら最後まで与えることとは、自己自身の口から奪い取られたパンを与えることだからである」(DMT, p. 221)と述べられていた。「与えることとは、自らの口から奪い取られたパンを与えることであり、パンを与えることは、一挙に或る身体的意義を持つ」(Ibid., p. 222)。『有とは別様に』では、さらにこうも述べられている。「与えることとは、たんに自己なしにということだけではなくて、自己の意に反して自己から奪い取ることとしてしか、意味を持たない。しかるに自己の意に反して自己から奪い取られることは、享受の自己満足を奪い取られること、つまりは自らの口のパンを奪い取ることとしてしか、意味を持たない。食べる主観のみが、他‐のために〔対‐他〕たりうる、もしくは意味しうる。意味作用は——他‐のための‐一は——肉と血を具えた諸々の有〔るもの〕のあいだでしか、意味を持たない」（AQ. p. 93）。フランクの言い方にならうなら、「生きることの享受」という「エゴイズムそのもの」がなければ、「感性の他‐のために〔対‐他〕」もまた「いかなる意味も持たない」（Franck (2). p. 63）[40]のである。

先のソルボンヌ講義は、「私自身の飢えの思い出」から「他人の飢えに対する受苦や同情」には「転移」というものがあって、「他者の飢え」は「人々を彼らの満腹のまどろみや彼らの充足から覚醒させる」のだとも述べている。「コーナートゥス・エッセンディ〔存在努力〕において、飢えは他人の飢えには驚くほど敏感である」。またそれゆえにこそ、「飢え」のうちでは「或るきわめて慎ましいレヴェルにおいて、超越が素描されている」（DMT. p. 200）のだという。そして六九年のタルムード講話のなかで、レヴィナスは「私の隣人の物質的諸欲求は、私にとって精神的な諸欲求である」（SS. p. 20）という、一九世紀リトアニアのラビ、イスラエル・サランテルの言葉を引き、もう少しあとのタルムード講話のなかでは、彼自身が「人々を養うことは、一つの精神的な活動である」（Ibid. p. 78）と語ってもいるのである。

しかしながら、もともと「精神的」か「物質的」かという二者択一こそが、むしろこのような話題にはふさわしくなく、両者はもとから渾然一体なのだと言うべきなのだろう。なぜならそもそも身体や身体的な贈与や能与も、そしてまたそれらのもとにあったイリアでさえも、けっしてたんに物質的なものでもたんに精神的なものでもなかったからである。逆に言うなら、身体を持つということ、とりわけ倫理的な身体が存在するということは、「イリア」と名づけられた「場所」そのものが、たんなる幾何学的な空間や純然たる物質・物体でも、逆にまたたんに抽象的なだけの思惟範疇でもないということを示す、一つの有力な証左たりえているのだと言うこともできるであろう。「イリア」はけっしてたんにネガティヴなものなのではない。なぜならそれは、そこにおいてこそ主観的なものも客観的なものも存立し、そのうえ「他 - のための - 一」さえ成立しうるような、「非区別の基底（un fond indistinct）」（EE, p. 99 ; II, p. 109）だからである。

(3)「イリア」と情動の問題――「受苦する神」と空間

「イリアの恐怖」（TI, p. 165. Cf. EE, p. 98 ; DL, p. 407 ; EI, p. 47, 50 ; II, p. 108, etc.）や「イリアの経験としての夜の恐怖」（EE, p. 102 ; II, p. 110）については、前章や本章でもすでに触れてきた。それはハイデッガーとは異なる意味で、「無の不安に対置された有の恐怖」（EE, p. 102 ; II, p. 111）とも言われる。そしてこのような「恐怖」は「意識からその《主観性》そのものを奪おうとする運動」（EE, p. 98 ; II, p. 108）でさえある。なぜならそれは「イリアへの融即」だからであり、言うならば「死の不可能性」（EE, p. 100 ; II, p. 109）に基づく「不可死性の恐怖」（EE, p. 103 ; II, p. 111）だからである。『有とは別様に』でも「イリア」という「この非人称的な騒音（bruit）」の執存は、「現代において感じ取られている世界の終末の脅威」（AQ, p. 178）ではないかと語られている。

ところで「恐怖」を「イリアの顕示」（Franck (1), p. 88）と規定するフランクは、「それではひとは恐怖なしにイリアに接近することができるのか」（Ibid., p. 91）と問うてもいる。本節(1)の或る註のなかでも取り上げたことなのだが、彼は「昼間のイリア（*il y a* diurne）」もまた「可能」だとレヴィナスが認めていることから、「イリアの顕示は必ずしも恐怖に束縛されているわけではない」と、あるいはむしろ「イリアそれ自身は、有は、本質的に《恐れさせる》ものではない」（Ibid., p. 92）と結論するにいたる。つまり「イリアは、有は、恐怖の夜を免れ、決断の昼に返されることができる」（Ibid., p. 102）のだという。そしてレヴィナス自身も、少なくとも「情念」一般というかたちでは、イリアの「告知」の可能性を考えていたようなのである。たとえば「レヴィ＝ブリュールによって導入された融即の観念の新しさ」に関して「恐怖が一つの支配的な情動の役割を果たすような或る実存」(EE. p. 98) について語っていた『実存から実存者へ』は、もう少し先ではこう敷衍しているのである。「ポジシオンのアンチテーゼは、宙に吊るされた或る主観の自由などではなくて、主観の破壊、実詞化の解体である。それは情動において告知される。情動とは、動転させるものである。〔……〕情動が問いに付すのは実存〔＝有〕ではなくて、主観の主観性である。それは主観がまとまり、反応し、誰かであることを、妨げる。主観のうちにあるポジティヴなものは、どこにも－ない (le nulle-part) のうちに沈んでしまう。〔……〕コスモスが炸裂してカオスに、すなわち深淵、場所の不在、イリアに、ぽっかりと口を開けさせる」(Ibid., p. 121)[41]。

『実存から実存者へ』は「有をまえにした不安――有の恐怖――は、死をまえにした不安と同じくらい本源的ではないか」(Ibid. p. 20) という――明らかにハイデッガーを意識した――言葉を残しているのだが、ここではレヴィナスは、「不安」もまた「恐怖」と同様の「情動」とみなしているのであろう。ちなみにハイデッガー批判ということに関して言うなら、後期レヴィナスもまた「他者のための恐れ (crainte)、隣人の死のための恐れは、私の恐れではあるが、しかし、私のための恐れではまったくない。かくしてそれは、『有と時』が情感性について提示しているすばらしい現象学的分析とは、対照をなす」(En. p. 140 : L'Herne. p. 118. Cf. En. p. 157 : L'Herne. p. 91) 等々と述べていて、「恐れ」という「情感性」の特異性について言及している。レヴィナスに言わせるなら、ハイデッガーにとって「死－への－有」は、ただ「私の－死－への－有」でしかなく、そのうえ「謀殺者 (assassin) たることの恐れ」は、ハイデッガーにおいては「死ぬことの恐れ」(DMT. p. 107 : L'Herne. p. 62) には及びえないのだという。

けれども最初期のレヴィナスは、まだ情動や感情を、主観のみに関係づけて考察していたように思われる。たとえば『脱走』において、「受苦の基底」をなしているのは「釘付けされているという鋭い感情」(Ev, p. 70)であり、「吐き気」のうちには「そこにとどまることの或る拒絶、そこから脱出しようとする或る努力」が見られる。「しかしこの努力は、いまからすでに、絶望的なものとして特徴づけられる。〔……〕そしてこの絶望、釘付けされているというこの事実が、吐き気の不安全体を構成する」(Ibid., p. 90)。あるいはすでに引用した三七年の或るテクストは、「思弁する以前に、私は実存する」と述べた直後に、こう付け加えているのである。「私の実存はまさしく、この苦痛のうちで、この絶望のうちで、完遂される」(II, p. 88)。

それに対し、やはり感情や情感性についての言及が増してくる後期レヴィナスにおいては、当然のことながら、それらが他者との関係のうちで語られる傾向が顕著になってくる。すなわち『有とは別様に』によれば、「感性」とは「非‐現象による触発、他〔人〕の他性による或る喚問」(AQ, p. 95)であり、「迫害」が指し示すのは「それにしたがって〈自我〉が触発される形式」(Ibid., p. 128)である。とりわけ七〇年代以降のレヴィナスは、ミシェル・アンリの「志向性なき情感性」(DMT, p. 26 ; L'Herne, p. 26)について言及することが多くなってきて、『有とは別様に』でも「志向性としての主観性は、自己‐顕示としての自己‐触発に基づく」(AQ, p. 142)等々と述べられることになるのだが、しかし、同書が推奨するのは「たとえその受動性と厳密に同時的であろうとも、まだ能動性」であるところの「自己‐触発(l'auto-affection)」ではなくて、「〈自我〉からその帝国主義を奪い取」り、「絶対的な対格に従属」しているような「異他‐触発(l'hétéro-affection)」(Ibid., p. 155)のほうなのである。かくして「アフェクシオン〔触発・情感〕」や「情感性(affectivité)」は、レヴィナス的意味における「受動性」(DI, p. 184)に、つまりは他者との関係のうちに位置づけられることになる。「情感性」は「超越」(DMT, p. 247)であり、「感情」は「意識‐統覚を破る平和」なのである。あるいはまた「あらゆる感情が愛というわけではたしかにないのだが、しかしあらゆる感情は愛を前提とするか、もしくは愛を反転させる」(HS, p. 152)とも言われている。要するにレヴィナスにとって肝要なのは、「感情の表意作用から生じた社会性」(Ibid., p. 153) なのである。

後期レヴィナスはとりわけ「受苦(souffrance)」について、もしくは「受苦の受苦(souffrance de la souffrance)」(AQ, p. 70 ; En, p. 103) についてよく言及するようになる。つまりそれは「他〔人〕の受苦に対する受苦」(HA, p. 104) であり、「他人の無益な受苦に対する受苦」(En, p. 103. Cf. p. 103-4) なのである。「他者の受苦と過ちとを引き受けることは、受動性をまったくはみ出さない。つまりそれは、パッシオン〔受動・情念〕である」(AQ, p. 164. Cf. p. 227)。このような「被ること(pâtir)の受動性」を強調するために、ときとしてレヴィナスは、ミシェル・アンリを彷彿とさせるような仕方で、「非 - 自由(non-liberté)」(En, p. 101) という言葉を用いる。それは、やはりアンリを想起させるような表現にしたがうならば、「自己に対して距たりを取ることができないということ」(Ibid., p. 70) なのである。

そしてこのような情感・情感性は、「神」の受容という問題構制とも絡んでくる。なぜなら前章でも見たように、われわれには「無限による有限の触発」が、つまりは「無限による有限の不可逆的触発」というものがあるからであって、「神の観念」は「すっかり情感性」(TrI, p. 26 ; En, p. 228-9) なのである。そしてレヴィナスの場合、具体的にはそれは、たとえば「神の恐れ」は「隣人のための私の恐れ」(HS, p. 64) であり、「他〔人〕たちのための恐れ」(AV, p. 195) だということを意味している。

「受苦」の問題構制のなかにも、「神」は必然的に介入してくる。そもそもレヴィナスによれば、「〈メシア〔救世主〕〉」とは「受苦する人間」(DL, p. 128) のことであり、「すべての人格」は、この意味で「〈メシア〉」なのである。「〈自我〉としての〈自我〉のみが、〈世界〉の受苦全体を引き受けつつ、この役割のために指し示される」(Ibid., p. 129)。それゆえ「〈メシアニスム〉」とは「歴史を停止させる或る人間の到来の確実性」などではなくて、「全員の受苦を堪え忍ぶことができるという私の力能」(Ibid., p. 130) のことだという。そして前章でも引用したように、八三年のジュネーヴでの対談のなかで、レヴィナスは「個人の受苦は、つねに神の受苦なのです」と語っている。「自己のための真の祈りの意味とは、或る受苦する神のための一つの祈りなのです。〔……〕私の受苦——私の罪によって私がそれに値したような受苦であろうとも——のなかで受苦している〈者〉とは、神であると言うことができるのです」（TrI. p. 58-9）。モーガンも語るように、「神学的な言葉では、われわれの各々が受苦するとき、われわれとともに神が受苦する」（Morgan, p. 352）ということになるのである。

そのような神の「無力」（DL. p. 84）については、本章でも見た。前章でも触れたように、「受苦の受苦」としての「私の受苦」は、「私の受苦で受苦する《神のための》一つの受苦」（AQ. p. 150. Cf. HN. p. 149）でもある。イリアとは、たしかに神も私もいない一つの極限状態であるのかもしれない。しかしイリアもまた場所であり、そしてイリアを告知し顕示するのは情動である。それゆえわれわれは、私も神もただ受苦するだけのような、それゆえただ受苦が受苦するだけのような場所に——神とは一つの場所であり、空間であるとわれわれは述べた——イリアとの深い親縁性を認めることもできるのではないか。もっともそのように〈情感性の場所〉という考えを押しとおそうとするなら、われわれはレヴィナス解釈の域をはるかに越えて、われわれ自身の思索世界のなかをさまようことになってしまうのかもしれないが。

(4)「イリア」のアルケオロジー——歴史と文化の根底としての自然

『全体性と無限』は、「歴史」についてはネガティヴに、こう語っている。「内的生の深化は、もはや歴史の諸明証によっては導かれない。それは〔……〕歴史より広く、歴史それ自身がそこにおいて裁かれるような諸地平に、委ねられている」。なぜなら「神の裁き」が私に確認されるのは「私の内面性」においてであって、その「正義」は「歴史の裁きより強力」（TI. p. 224. Cf. p. 231）だからだという。

『有とは別様に』でもまた「歴史的なもの」や「文化的なもの」、あるいはまた「文明」にはそれほどの意義が認められていない。「主題化するロゴス、モノローグや対話《ディアローグ》や情報交換の或る〈言われたもの〉――それが担う文化的なものや歴史的なものの負荷全体をともなった――を言う〈言うこと〉は、この前‐本源的な〈言うこと〉から生ずる。なぜならそれはあらゆる文明以前に、また語られた言語における意味作用のあらゆる始源以前に、あるからである」（AQ. p. 182）。ユダイスムに関する或るテクストでは、「われわれは世界のなかで、文化なき一つの宗教を欲望する唯一の者たちである」（DL. p. 344）[42]とさえ述べられている。

あるいは「歴史以前」や「文化以前」のことがらは、よく「プラトニズム」（Œ 2. p. 382）への回帰として語られている。「或る新しい仕方でプラトニズムに回帰すること〔……〕。意味作用――叡智的なもの――は、有にとって、その非‐歴史的な単純性において、その絶対的に形容不可能で還元不可能な赤裸において、自らを示すことに、歴史《以前に》、また文化《以前に》実存することに、存している」（HA. p. 60. Voir aussi p. 31, 58 ; DL. p. 411）――こうした言葉は、そもそもレヴィナスの哲学が、全般的に「歴史」や「文化」の起源・根源をめざし、そこへの回帰を図っていたことを、示唆しているのではないだろうか。

もちろんレヴィナス自身は「l'origine〔起源・根源〕の探求」としての「アルケオロジー」（AV. p. 155）という言葉を、必ずしも積極的に用いていたとは言いがたいのかもしれない――ときとして彼は、むしろ「非‐アルケオロジー（une an-archéologie）」（AQ. p. 8）という語さえ用いるであろう。しかしながら『神、死、時間』の編者ジャック・ロランは、『全体性と無限』と『有とは別様に』という「レヴィナスの二つの大著」の「差異」について、それは前者が「〈自我〉の現象学」を遂行しているのに対し、後者は「何らかの仕方でこの〈自我〉のアルケオロジーを行っている」（DMT. p. 158）ことに存しているのだと主張する。そして〈より先のもの〉が〈よりあとのもの〉に影響を及ぼし、或る仕方でそこに存続するのだということを、そのような起源もしくは根源に遡って確証するという、このようなアルケオロジー的な試みは、レヴィナス哲学の随所において垣間見られるのではないだろうか。たとえば前項の或る註のなかでも見たように、「諸感情」自身は「外 - 内」モデルでしか考えられないのだとしても、「諸感情の《昏《くら》さ》」は「超越」以前の「非 - 超越」という「先行的な出来事」を「確証」(EE, p. 172-3) するのだとされている。また「〈善〉は悪なしには不可能」という言葉も本章ですでに引用済みなのだが、レヴィナスはその直後に「〈善〉は歴史から不可分である。〈善〉は抽象的な完全性ではなくて、或る歴史の一つの到達点である」(Œ 3, p. 203) と続けている。けれどもここで言われている「歴史」とは、先に批判された「文化」や「文明」とならんだ「歴史」ではなくて、むしろ発生や生成の順序に関わる、いわば系譜学のそれではないだろうか。あるいはまた「〈言われたもの〉の有論的形式」は「有の彼方の意味作用」を「変質しえない」(AQ, p. 198) のだし、ひとは「匿名的な原理の背後」にさえ「他人の顔」(IH, p. 169) を見るのでなければならないのだという。なぜなら「正義それ自身」――もちろん後期レヴィナスの意味での――が、その「起源」を「忘却させることなどできない」(En, p. 202) からである。そしてこのような起源・根源の尊重は、その最極端の場所としての「イリア」についてこそ認められるべきなのではないだろうか。

もちろん一方ではレヴィナスは、「実詞化」は「イリアに帰ることはない」(EE, p. 11. Cf. Œ 2, p. 79) 等々の言葉を残してはいる。「イリアへの回帰は、自体的に不可能である。私 (je) の出来事、《実詞化》は、不朽である」(Œ 3, p. 162. Cf. p. 159)。しかしながら、他方では彼は「有の回帰」(EE, p. 101) や「イリアの回帰」(Ibid., p. 142) について語り、またレヴィ＝ブリュールの「神秘的な融即」に関しても、そこでは「各項の私的な実存」は「この私的な性格を失って、或る非区別の基底に帰る」(IH, p. 109) と言明してもいたのである。そしてイリアをめぐる具体的な諸記述は、このような遡行なしに可能だっただろうか。

すでに見たように、「情動」が「告知」するのは、たんにイリアの原初的な状態ということだけではなくて、むしろ「主観の破壊」や「実詞化の解体」(EE, p. 121)、つまりはひとたびイリアから進展したあとでのイリアへの回帰なのである。逆にまた「イリアの事実そのもの」と言われた「物質」(EE, p. 92)は、「主観の物質性」(TA, p. 36)のなかでは、「実詞化の不幸」というかたちで存続する。それゆえにこそ「孤独と物質性は同行する」(Ibid., p. 39)と言われたのである。かくして「主題化する自我の固有のあらゆる目的性の背後」にも「恐ろしいイリア」(AQ, p. 208)というものが控え、また「疲労、怠惰、努力」といった諸現象のうちにも「《イリア》の影」(EI, p. 49)が存続する。そしてこれも本章ですでに見たことなのだが、「脱 - 昇と〈幸福〉」でさえ必然的に「有」のうちに足を入れ、それゆえにこそまた「有ることは有らぬことにまさる」(EE, p. 9)と述べられたのである。

ところで実質的には「イリア」は、何を指しているのだろうか。

『全体性と無限』には「創造」の観念に寄せて、「或る共通の母体」(TI, p. 269)という考えを否定しているような箇所がある。また『有とは別様に』はよく「〈母的なもの〉」や「母性」について言及するのだが、それらもまた母なる大地や自然を想起させるようなものではない(43)。「イリア」と「自然」との関連を示唆するのは、むしろ『実存から実存者へ』や『全体性と無限』において頻出し、われわれも前々項ですでに取り扱った「要素」という概念なのである。

たとえば『実存から実存者へ』には、「世界の不在」を「要素的なもの」(EE, p. 80)と併置している箇所がある。同書は「芸術の運動」を話題にするとき、それは「知覚を去って感覚を復権させ、性質を対象へのこのような送り返しから離脱させること」(Ibid., p. 85)に存するのだと主張する。「芸術」においては「感覚」は「新しい要素として」顕わとなる、あるいはむしろ「要素の非人称性に帰る」(Ibid., p. 85-6)のだという。「感覚と美的なもの〔l'esthétique 感性的なもの〕とは、それゆえ、物自体を産出するのだが、しかしそれは程度の高い諸対象としてではなく、あらゆる対象を遠ざけることによってである。それらは――《外》と《内》のあいだのあらゆる区別には疎遠で、実詞のカテゴリーをさえ拒絶するような――或る新しい要素へと通じている」(Ibid., p. 87)。

ところで「物質」が「イリアの事実そのもの」(Ibid., p. 92) と言われたのも『実存から実存者へ』においてであったのだが、『全体性と無限』では「事物の同一性」は「事物が物質として着手されるや否や、消え去る」(TI, p. 136) のだと述べられている。すでに前々項で見たことでもあるのだが、要するに「要素はイリアのうちに伸長する」(Ibid., p. 116) のであり、「要素の要素的本質」は「非人称のイリア」が持つ「めまい」という性格に「参与」(Ibid., p. 165) するのである。そしてレヴィナスは、こう述べる。「要素はどこからともなくわれわれのほうにやって来る。要素がわれわれに提供する面は、一箇の対象を規定するのではなくて、完全に匿名的なままにとどまっている。それは風、大地、海、空、空気である」(Ibid., p. 105)――しかしながら「風、大地、海、空、空気」とは、まさしく「〈自然〉」(Ibid., p. 144) のことではないだろうか。

四八年の或る講演にまつわるノートのなかに、たしかにレヴィナスは、「非人称的な生という一種のロマンティスム」(Œ 2, p. 101) に対する或る否定的なコメントを記してはいる。けれども他方では、捕虜時代の或る手帳によれば、「自然は生である、さもなくばそれは一対象でしかない」(Œ 1, p. 127) のだという。あるいはまた本章でも部分的に引用したように、なるほど「コーナートゥスを問いに付すこと」は「自然に反した、自然の自然性そのものに反した問い」(AV, p. 78) と言われてもいた。しかしながらレヴィナス的倫理の〈他 - のために〉が成り立つためにも、そのような自然のエゴイズムやコーナートゥスは、不可欠の前提条件なのではなかったか。

「レヴィナスにおいては自然の概念も、或る自然状態への言及もないように、私には思われる」(Derrida (2), p. 159) とデリダは述べている。けれどもモーガンも強調するように、「イリア (*there-is*)」とは、「〈原 - 自然〉(*Ur-Natur*)」(Morgan, p. 151. Cf. p. 196) のことなのである。もちろんそのような「自然」からレヴィナス的倫理を直接導き出すことなど絶対に不可能であり、それは彼の精神に反するむしろ無謀で虚しい企てでさえあるのかもしれない。

しかしながら、それでも「イリア」がなければ何も始まらないのであって、しかも「イリア」が乗り越えられたところにも、「《イリア》の影」というものはどこまでも付きまとう――レヴィナス倫理学について考察するとき、われわれはそのことを忘れてはならないだろう。

(5) 「イリア」と悪

それではそのように発生論的・アルケオロジー的に影響を及ぼし続ける「イリア」は、結局のところ倫理的生には昏《くら》い「影」しか落とさないような、「悪」の根源でもあり続けるのだろうか。

われわれは本章第一節第五項(d)で、有は悪であり、悪は有であるというレヴィナスの考えを紹介しておいた。「有はその積極性そのものにおいて、何らかの根本的な悪を有しているのではないか」(EE. p. 20)と初期レヴィナスは問う。そして「有は悪である、それは有が有限だからではなくて、有がかぎりないからである」(TA. p. 29)。あるいは後期レヴィナスにおいても、八二年の対談ではこう述べられていた。「悪とは端的に有の次元である――そして反対に、他〔人〕のほうへゆくことは、有のなかでの人間的なものの突破であり、《有とは別様に》である」(En. p. 124)――しかしながら、初期レヴィナスのこれら二つの発言が端的に「イリア」を指し示しているであろうことは察するにかたくないのだとしても、八二年の「有」は本当に「イリア」なのだろうか。それともそれは、ひょっとして「有るものの有」なのだろうか。

あるいはわれわれは、或る註のなかで、八三年に語られ、八六年に出版された或るテクストのなかの「有の野蛮」という言葉にも触れておいた。「有の野蛮は、いっそうラディカルな或る外在性から出発して、他人の超越と異他性とから出発して、脅かす。〔……〕有の野蛮のなかでの人間的なものの突破。たとえいかなる歴史哲学も、われわれを野蛮の回帰から守ってくれることがないにしても」(En. p. 193-4)。この場合の「有の野蛮」も、はたして端的なイリアでありうるのだろうか。それともそれは——そこには「他人の超越と異他性」や「外在性」が前提されているのであるからには——あくまで「人間的なもの」や「われわれ」が生起したのちの「有」の脅威のことを指し示しているのではないだろうか。

われわれはまた中期や後期のレヴィナスが、「有」を「戦争」と同定しているのも目撃してきた。たとえば『全体性と無限』では、こう述べられていた。「哲学的思索には、有は戦争として顕示されるのだということを、ひとはヘラクレイトスの昏《くら》い諸断片によって証明する必要などない。〔……〕戦争において自らを示す有の面は、西洋哲学を支配している全体性の概念のうちに定住している。そこでは諸個体は、彼らの知らぬ間に彼らに指図する諸力の担い手へと還元される。諸個体は、この全体性から、（この全体性の外では見えない）彼らの意味を借りている。各々の現在の唯一性は、そこから客観的な意味を引き出すべく呼び求められている或る将来のために、絶えず犠牲にされている」（TI, p. IX-X）。あるいはまたわれわれは、『有とは別様に』のなかの次の言葉も、ほとんどすべて紹介した。「存在（*esse*）は利害介在（*interesse*）である。存在作用（essence）は利害介在化（intéressement）である。〔……〕積極的には、利害介在化は諸々の有るもののコーナートゥスとして確証される。〔……〕戦争は存在作用の利害介在化の所作ないしドラマである。〔……〕かくして存在作用が、戦争の極端な共時性なのである」（AQ, p. 4-5）。中期・後期のこれらの発言からも確認されるように、また常識的にも当然そう考えられるであろうように、「戦争」は「諸個体」や「諸々の有るもの」が成立したあとにしか生起しえない。それゆえ「戦争」と同定されうるような「有」や「存在」とは、〈有るものの有〉であり〈存在者の存在〉なのだろう。

たしかに七八年に書かれた『実存から実存者へ』の「第二版への序文」のなかでは、「イリア」の「非人間的な中立性」に言及しつつ、こう述べられてはいた。「しかし脱‐中立化がその真に人間的な意味を受け取りうるのは、生ける者たちの——実存者たちの——コーナートゥス・エッセンディにおいてでも、彼らが位置する世界においてでもない。世界においては彼らの自己の気遣い（*soucis de soi*）の野蛮さ（sauvagerie）は、文明化されはするが、しかし無頓着へと、諸力の匿名的な均衡へと転じ、かくして、もしそうしなければならないとするなら、戦争へと転ずる」（EE, p. 11）。しかしながら、ここでは「イリア」が「コーナートゥス・エッセンディ」や「戦争」と直結されているわけではないのだし、またもし直結されているとするなら、それはもはや端的なイリア、つまりは実詞化以前のイリアではありえない。

つまりわれわれは、ときとして「悪」とも同定される端的な「イリア」としての「有一般」と、むしろ「戦争」と形容されがちの「有」とを、区別すべきだと考える。これも本章第一節第五項(d)で見たように、フランクは「有一般の、イリアの根本的な悪さ（malignité）は、論証不可能」（Franck (1), p. 91. Cf. p. 102）と結論していたのだが、そのとき彼が引用していたのは、「有は悪である、それは有が有限だからではなくて、有がかぎりないからである」や「悪とは端的に有の次元である」（Ibid., p. 90）というような、「悪」にかぎったレヴィナスの諸発言なのであって、少なくともここでは、彼は「戦争」としての有と「悪」としての有を混同するようなことはしていない。けれどもすでに見たように、反対にセバのような人は、「或る意味ではレヴィナスの著作全体が、《〈有〉は悪である》もしくは《〈有〉は戦争である》という解釈に依拠している」（Sebbah (2), p. 75）と述べつつ、レヴィナスの二つの発言を簡単に併置してしまう――しかもレヴィナスの「悪」や「戦争」に関するセバの言及は、彼の著書『レヴィナスと同時代人』（Cf. ibid., p. 33-5, 42, 52, 57-60, 63-4, 66, 71-6, 92, etc.）の随所に見られる中心的にして最重要なものなのである。しかしながら、「〈有〉は悪である」と「〈有〉は戦争である」は、もともとそれらが述べられていた文脈を無視しうるというのでもなければ、等価や同義とはけっしてみなされえないのではないだろうか。

ちなみに先に引用した「有としての有は、正義の関数である」（AQ, p. 207）という後期レヴィナスの言葉は、明らかに第三者の登場以降の「有」と「正義」とを意味している。それゆえここでの「有」は、端的なイリアとは、けっして混同されえないのである。けれども「〈善〉は悪なしには不可能である」(Œ 3, p. 203) と言われたさいの「悪」が指し示しているのは、イリアのことなのか、戦争のことなのか、これだけではさだかではない。なぜなら〈善〉は、〈イリア〉をも〈有るものの有〉をも前提しているからである。また八二年の或るテクストは「本当を言うと、悪が記述されるのは、受動性によってではない。被ること (le pâtir) が理解されるのが、悪によってである」とか、あるいは「あらゆる悪は受苦を指示する」(En, p. 101)、あるいはまた「受苦の悪――極端な受動性、無力、断念、孤独――は、引き受けえないものでもあるのではないか」(Ibid., p. 102) といった言葉を残してはいるのだが、しかしこのような「悪」がどのような意味で解されるべきなのかも、ただちに明らかというわけではない。

前章でも本章でもわれわれは、「神」は「不在にいたるまで、イリアの大混乱 (remue-ménage) とのその可能的混同にいたるまで、超越的」(DI, p. 115 : DMT, p. 258) という七〇年代半ばのレヴィナスの言葉を見た。このような考えに基づいて、たとえばフランクなどは「他者の顔のなかで意味するために不在にいたるまでゆく或る超越」と「イリアの大混乱が絶えずそこへとわれわれを連れ戻すところのあらゆる超越の無意味な不在」との「区別」(Franck (2), p. 268-9) が、すなわち「彼性 (illéité) をイリア (*il y a*) から区別すること」が、「他‐のための‐一に応じた意味概念の拡張」(Ibid., p. 273-4) によっては許されないのだという結論に到達する。そして現に諸個体の多の不在という点に関しては、イリアは善の一性に似ている。たとえば「〈一者〉についてのプラトン的もしくはネオ・プラトニズム的な観念にしたがっての、多の一性への回帰〔多が一性へと回帰すること〕としての平和」(AT, p. 138) とか、「各人がそこにおいて自らの休息を、自らの席を、自らの座を見出すところの一つの〈全体〉の一性」、あるいは「平穏と休息としての平和」(Ibid., p. 139) といった八四年のレヴィナスの言葉は、彼自身の考えを述べたものではないという理由から、斥けてしまうこともできたかもしれない。しかし周知のように、『全体性と無限』は「多元性の一性、それは多元性を構成する諸要素の一貫性ではなくて、平和である (L'unité de la pluralité c'est la paix et non la cohérence d'éléments constituant la pluralité)」(TI, p. 283) と言明しているのである。

捕虜時代の或る手帳には、「実存のための闘い〔lutte pour l'existence 生存競争〕はイリアの事実を知らない」(Œ 1. p. 181) という言葉が記されている。われわれは逆に、「イリアの事実」は「実存のための闘い」を知らないと述べることもできたであろう。なぜならそこには互いに闘い合うことのできる諸個体が、まだ存在していないからである。われわれはフランクとともに、イリアの悪は「論証不可能」だと考える。しかし、たとえイリアに悪の根源を見出そうとするのだとしても、ただちにそれを「戦争」と同定するのは時期尚早であろう。そのうえエゴイズムやコーナートゥスがなければ、レヴィナス的倫理それ自身が、その存立を脅かされていたのではなかったか。そしてイリアなしには善さえありえないのではなかったか。

たしかにイリアから善の成立を説明することは、虚しくも無謀な企てであるのかもしれない。しかしながらそのことは、イリアによっては実詞化や世界の成立が説明できないのと、同断ではないだろうか。何かが何かの根拠としてその根底にあるということは、そこから何かが創造されるとか導き出されるとかいったことと、けっして等しくはない。それゆえわれわれがここで主張したいのは、ひとはイリアという基底・根底の場所をけっしてないがしろにしてはならないという、ただそれだけなのである。

おわりに――他性と場所の関係に寄せて

われわれは本章を、レヴィナス的倫理の非対称性にまつわる諸々の問題点を指摘することから始めた。それは、たとえば「他〔人〕の死はあなたの死に対して、またあなたの生に対して、優位を持ちます」(AT. p. 168) などと言われるときに、最も顕著に露呈される疑問点でもあった。そもそも非対称性の倫理など、倫理ないし倫理学として、成立しうるのだろうか。せいぜいのところ、それは現実から遊離した一箇の無力で虚しい信仰にとどまってしまうのではないだろうか。

それゆえわれわれは、まずレヴィナス倫理学それ自身のうちに〈非対称性以前の相互性〉と〈非対称性以後の相互性〉とを区別しようと試みた。〈非対称性以後の相互性〉、すなわち第三者の登場以降に成立するとされる対称性・平等性とは、「歴史」、「政治」、「取引」(TI, p. 201) といった、ごく散文的な相互性である。それはまた「比較」とともに始まる「共観 (synopsis)」、「同時性」、「主題化」、「エクリチュール」(AQ, p. 20) であり、「尺度、知、諸法、諸制度」(Ibid., p. 116) 等々でもある。しかしわれわれは、「現れ (l'apparaître)」(Ibid., p. 152) や「思惟」、「意識」(Ibid., p. 165) や「現象性、有」(Ibid., p. 204) が第三者の入来とともに初めて成り立つとは考えない。それらは——恣意的な定義を持ち込むというのでもなければ——すでにして〈非対称性以前の相互性〉に数え入れられるべきものだとわれわれには思われる。そしてレヴィナス自身の言により、私と他者とのあいだには、初めから「対‐談 (entre-tien)」や「対‐話 (dia-logue)」(AT, p. 105) という相互性の関係が存立し、そして私と他者は「人間的な有」(SS, p. 135)、「誰 (*qui*) の誰‐性 (*quis-nité*)」(AQ, p. 31)、「自我」(TI, p. 270)、「死すべき者」(DMT, p. 133 ; L'Herne, p. 74)、「特異性」(DE, p. 232)、「唯一性」(LC, p. 67 ; L'Herne, p. 102 ; En, p. 202, etc.) 等々の諸性格を共有する。そのうえ自他は身体を持ち、身体を持つがゆえに飢え、食し、暖を求め、さらには或る場所というものを占有しつつコーナートゥスやエゴイズムに囚われながら生きているという点でも共通点を有する。とりわけ双方とも、あらかじめ「〈顔〉」(En, p. 123) を有しているのでなければならないのではないだろうか——ちなみに「顔」の数多性という問題も、もしわれわれがまずもってそれを第二者にしか認めないという立場から出発するなら、永久に解決されることができなくなってしまうであろう。

そしてわれわれは、そのような先行的相互性がそこにおいて成り立つところのものとして、局在化や放射の中心というような狭い意味での「場所」とは区別された、もっと広い意味での「場所」というものを要請した。それはいわゆる「非 - 場所」さえそこに「位置づけられる」ような「場所」(AQ. p. 12)であった。つまりレヴィナスには「相互主観的空間」(EE. p. 163 ; TA. p. 75 ; TI. p. 267 ; HS. p. 62 ; Œ 2. p. 366)というものがあるのであって、それが「或る超越の場所」(EE. p. 165)なのである。

われわれはまた具体的他者への気遣いという観点から、理論と実践、あるいは知覚と倫理とのあいだのあまりに性急なレヴィナス的区別に関しても、批判を試みた。われわれが『倫理と無限』から引用した次のレヴィナスの言葉は、たしかに印象的なものではあった。「私はむしろ、顔への接近は一挙に倫理的だと思います。あなたが鼻、両眼、額、顎を見、それらを記述しうるときにこそ、あなたは一箇の対象のようにして、他者のほうを振り向いているのです。他者に出会う最良の仕様とは、彼の両眼の色にさえ気づかないことなのです！ ひとが両眼の色を観察するとき、ひとは他者と社会的な関係のうちにあるのではありません。顔との関係は、たしかに知覚によって支配されえますが、しかし特殊的に顔であるところのものとは、それには還元されないものなのです」(EI. p. 89-90)。けれども「顔」は「見られも触れられもしない」(TI. p. 168)のだという、その趣旨は分からないでもないが、少しゆきすぎのように思える考えは、もしそれが「他者が私に対して何であるのか」は「彼の問題」であって、「私にはあまり重要ではない」(En. p. 115)といった類《たぐい》の発言に結びつけられてしまうなら、はたしてそれが本当に責任ある言葉なのかと問われると、たしかに一考の余地はあるような気はする。他者がどのような者であり、いかなる状態にあるのかということは、私がそれをよく見ることもなく、ただ一方的に私のほうからの一般論で決めつけてよいような問題ではけっしてない。われわれとしては、むしろ「実践的なものと理論的なものは合流する」(EE. p. 71)とか、「倫理は、すでにそれ自身によって、一つの《光学》である。〔……〕理論と実践のあいだの伝統的対立は、形而上学的超越から出発して消し去られるであろう」(TI. p. XVII)といったレヴィナス自身の言葉が、もう少しちがったかたちで尊重されるべきではなかったかと考える。

同様にわれわれ自身としては、「有」と「有とは別様に」とのあいだのレヴィナス的区別が本当に正しかったのか、いささか疑問に思わないでもない。そもそも「有」や「有るもの」は、「言われたもの」にしかその所在を有していないのだろうか。それはあまりにも言語偏重の考えではないだろうか。あるいは逆にもしそうだとしても、あくまで言語的には「有とは別様に」は「有」を前提としてしか言われえない言葉であるからには、どうして今度は「有とは別様に」もまた「言われたもの」のうちに居住をうるのだということを否定できるのだろうか。また自ら慎重に「有」の意味を問うこともなく、やはり一方的にそれを「悪」や「戦争」と断定するのは、一種の暴力的な解釈ではないだろうか。有りと有らゆるものを慈しむというような情《こころ》は、レヴィナスに言わせるなら、反道徳的で反倫理的なエゴイズムでしかないのだろうか。そしてたとえばわれわれが見た「人間存在（esse humain）は、本元的にはコーナートゥスではなくて、人質、他者の人質である」（DMT, p. 30 ; L'Herne, p. 28）というようなレヴィナス自身の言葉は、集中力の欠如による大失言とみなすべきものでしかないのだろうか。

神についても、われわれはそれを「場所」として考察すべきだと考えた。『全体性と無限』のなかで、レヴィナスはこう述べていたのである。「われわれが《相互主観的空間の湾曲》という隠喩によって示唆している有や有の観念に対する真理のこの剰余は、あらゆる真理の神的志向を意味している。このような〝空間の湾曲〟は、おそらく神の現前そのものである」（TI, p. 267）。つまり「高さの次元」とは「外在性の神性」（Ibid., p. 273）のことなのであって、「他者は高さの、理想の、神的なものの或る次元に位置づけられ、そして他者との私の関係によって、私は神と関係する」（DL, p. 33）のである。このような「空間」や「次元」は、先ほど言われたような「或る超越の場所」でもあるのではないだろうか。

もちろん「超越」という言葉には注意を要する。レヴィナスは――レヴィナスもまた――或る箇所では「《われわれの側の神（Dieu de notre côté）》と《それ自身の側の神（Dieu de son propre côté）》とのあいだの不一致〔contradiction 矛盾〕」について語っている。しかしそれは「人間的なもの」は「それに対して啓示がなされる一被造物」であるのみならず、「それによって神の絶対的なものがその意味を顕現するところのもの」でもあるのだということを示すための発言であり、「〈無限〉を考えることのこの人間的不可能性」はまた「一つの意味する新たなる可能性」（AV. p. 198-9）でもあるのだということを指摘するための言葉でもある。先にも引用したように、『有とは別様に』は「秩序の反転。つまり啓示は、それを受け取る者によって生じる」（AQ. p. 199）と述べていたのだが、ここでの「啓示」という言葉は、その本来の場所たる神についても、当てはまるのではないだろうか。そしてたとえば『全体性と無限』では、「無限の観念」において分節されるのは「推論」ではなく「顔としての公現」であり、「無限の観念」は「すぐれて経験」（TI. p. 170）であるとも言われていた――われわれが前章で明らかにしようとしたことの一つは、神や無限に対するレヴィナスの、このような現象学的なアプローチなのである。

それゆえ「場所」は、無意識でも非現象でもない。そしてそのような意味において、場所は自己－触発する。けれども「場所」を「場所」として考察するためには、すなわち場所においてあるものから場所を把捉するのではなく、そのようなものをいったん度外視しつつ、「場所」それ自身のために「場所」を考えるためには、まだそこにおいてあるものどもが出現していないような「場所」について省察するということが、一つの有力な方途となってこよう。本章の最後にわれわれがことさらに「万物の不在」の「現前」としての、つまりは「そこにおいてすべてが沈んでしまったような場所」としての「イリア」（TA. p. 26）に着目したのには、そのような理由がある。自我も他性もそこから誕生するがゆえに、そこにおいてはまだ自我も他我もなく、一切が消滅してしまうような場所についてまず第一に思索すること――しかしそのような試みは、レヴィナス哲学の信奉者たちやレヴィナス自身にとってさえ、彼の真意を逆転させてしまうような、あからさまな愚行に見えてしまうのだろうか。

そもそも万物が不在する場所から、いかにして何かが生まれうるというのだろうか。「レヴィナスにとってフィヒテは、或る哲学的な袋小路の代表者である」とタウレクは述べている。「この〔＝フィヒテの〕哲学において、《狂気のうちに沈む危険を冒してまでも》、自我が自らそれでないところのものが、自我から演繹されるのでなければならない」[44]。しかしながらタウレクによれば、レヴィナスはフィヒテへの或る近しさを有しているのだという。「有論に対する倫理的なものの或る優位を哲学的に確保するということのうちに、結局のところ、フィヒテとレヴィナスの或る共通の意図が存することができよう」（Taureck, S. 26）——しかし、それではそのフィヒテにおいて、いかにして自我から非我や他我が「演繹」されようとしていたのだろうか。

またわれわれ日本の研究者にとって、「場所」の哲学者とはまず第一に西田である。けれどもモーガンは「アジア文化に対するレヴィナスの完全な理解欠如」（Morgan, p. 410）について語り、レヴィナス自身も、たとえば『全体性と無限』のなかで、こう述べているのである。「ギリシアの形而上学は、〈善〉を存在作用〔本質〕の全体性から分離されたものとして考え、そしてそのことによって〔東洋的な或る自称思索のいかなる貢献もなしに〕全体性が一つの彼方を認めうるような或る構造を垣間見ている」（TI, p. 76）——しかしわれわれは、レヴィナスを一つの機縁として、「場所」をそこにおいてあるものなしに思索しようとする試みを模索した。このようなわれわれのアプローチは、西田哲学の観点からはどのように映るのだろうか。

次著ではわれわれは、本書の他者論の続編として、一見すると他者論には無縁と思われるかもしれない二つの問い、すなわち〈一〉から〈他〉ないし〈多〉がいかにして成立するのかという問題と、〈場所〉はいかにして〈場所〉それ自身として、〈場所〉それ自身のために、そして〈場所〉それ自身において考察されるのかという問題とを、追求したいと考えている。そしてわれわれはそのことを、フィヒテと西田についての検討というかたちで遂行してゆきたいと思う。

註

第一章

（1） 本章で用いる主たる引用文献は、以下のとおりである。略号は［ ］内に示す。

BERMES, Christian/HENCKMANN, Wolfhart/LEONARDY, Heinz (Hg.), *Person und Wert. Schelers «Formalismus», Perspektiven und Wirkungen*, Freiburg, Alber, 2000 [Bermes]

BUBER, Martin, *Das dialogische Prinzip*, Heiderberg, Lambert Schneider, 1979^4 (1962^1) [Buber]

CUSINATO, Guido, *Person und Selbsttranszendenz. Ekstase und Epoché des Ego als Individuationsprozesse bei Schelling und Scheler*, Würzburg, Königshausen & Neumann, 2012 [Cusinato]

DEPRAZ, Natalie, *Transcendance et incarnation. Le statut de l'intersubjectivité comme altérité à soi chez Husserl*, Paris, Vrin, 1995 [Depraz]

DERRIDA, Jacques, *Adieu à Emmanuel Lévinas*, Paris, Galilée, 1997 [Derrida]

FINK, Eugen, *De la phénoménologie*, Paris, Minuit, 1974 [Fink (1)]

– *Sixième Méditation cartésienne. L'idée d'une théorie transcendantale de la méthode*, Grenoble, Jérôme Milon, 1994 [Fink (2)]

FRANCK, Didier, *Chair et corps. Sur la phénoménologie de Husserl*, Paris, Minuit, 1981 [Franck]

GIOVANNANGELI, Daniel, *Le retard de la conscience. Husserl, Sartre, Derrida*, Bruxelles, Ousia, 2001 [Giovannangeli]

HEIDEGGER, Martin, *Sein und Zeit*, Tübingen, Max Niemeyer, 1976^{13} (1927^1) [SZ]

– *Wegmarken*, Frankfurt, Vittorio Klostermann, 1978^2 (1967^1) [WM]

HELD, Klaus, "Das Problem der Intersubjektivität und die Idee einer phänomenologischen Transzendentalphilosophie", in : *Perspektiven transzendentalphänomenologischer Forschung*, herausgegeben von U. CLAESGES u. K. HELD, *Phaenomenologica* 49, Den Haag, Martinus Nijhoff, 1972 [Held]

HUSSERL, Edmund, *Cartesianische Meditationen und Pariser Vorträge*, *Husserliana*, Bd. I, Den Haag, Martinus Nijhoff, 1973 [H I]

– *Zur Phänomenologie der Intersubjektivität, Texte aus dem Nachlass, Erster Teil : 1905-1920*, *Husserliana*, Bd. XIII, Den Haag, Martinus Nijhoff, 1973 [H XIII]

– *Zur Phänomenologie der Intersubjektivität, Texte aus dem Nachlass, Zweiter Teil : 1921-1928*, *Husserliana*, Bd. XIV,

Den Haag, Martinus Nijhoff, 1973 [H XIV]

–*Zur Phänomenologie der Intersubjektivität, Texte aus dem Nachlass, Dritter Teil : 1929-1935, Husserliana*, Bd. XV, Den Haag, Martinus Nijhoff, 1973 [H XV]

LAHBIB, Olivier, *De Husserl à Fichte. Liberté et réflexivité dans le phénomène*, Paris, L'Harmattan, 2009 [Lahbib]

MARION, Jean-Luc, *Questions cartésiennes. Méthode et métaphysique*, Paris, PUF, 1991 [Marion]

MERLEAU-PONTY, Maurice, *La strucure du comportement*, Paris, PUF, 1972⁷ (1942¹) [SC]

–*Phénoménologie de la perception*, Paris, Gallimard, 1945 [PP]

–*Signes*, Paris, Gallimard, 1960 [S]

–*Le visible et l'invisible*, Paris, Gallimard, 1964 [VeI]

–*L'Œil et l'Esprit*, Paris, Gallimard, 1964 [Œ]

–*Résumés de cours. Collège de France 1952-1960*, Paris, Gallimard, 1968 [RC]

–*Merleau-Ponty à la Sorbonne. Résumé de cours 1949-1952*, Cynara, 1988 [MS]

–*La Nature. Notes. Cours du Collège de France*, Paris, Seuil, 1994 [N]

–*Notes de cours 1959-1961*, Paris, Gallimard, 1996 [NC]

–*Parcours deux 1951-1961*, Verdier, 2000 [P II]

–*L'institution. La passivité. Notes de cours au Collège de France (1954-1955)*, Belin, 2003 [IP]

ORTH, Ernst Wolfgang/PFAFFEROTT, Gerhard (hers.), *Studien zur Philosophie von Max Scheler, Phänomenologische Forschungen*, Bd. 28/29, Freiburg/München, Alber, 1994 [Orth]

PATOČKA, Jan, *Qu'est-ce que la phénoménologie ?*, Grenoble, Jérôme Milon, 2002 [Patočka]

SANDER, Angelika, *Max Scheler. Zur Einführung*, Hamburg, Junius, 2001 [Sander]

SARTRE, Jean-Paul, *L'être et le néant*, Paris, Gallimard, 1979 (1943¹) [EN]

SCHELER, Max, *Frühe Schriften*, Gesammelte Werke, Bd. I, Bern, Francke, 1971 [GW I]

–*Der Formalismus in der Ethik und die materiale Wertethik*, Gesammelte Werke, Bd. II, Bonn, Bouvier, 2000 [GW II]

–*Wesen und Formen der Sympathie*, Gesammelte Werke, Bd. VII, Bern, Francke, 1973 [GW VII]

–*Schriften aus dem Nachlass. Zur Ethik und Erkenntnistheorie*, Gesammelte Werke, Bd. X, Bonn, Bouvier, 2000 [GW X]

–*Schriften aus dem Nachlass. Erkenntnislehre und Metaphysik*, Gesammelte Werke, Bd. XI, Bern, Francke, 1979 [GW XI]

TAIPALE, Joona, *Phenomenology and Embodiment. Husserl and the Constitution of Subjectivity*, Evanston, Illinois,

Northwestern University Press, 2014 [Taipale]
THEUNISSEN, Michael, *Der Andere*, Berlin, Walter de Gruyter, 1977^{2} (1965^{1}) [Theunissen]
WALDENFELS, Bernhard, *Das Zwischenreich des Dialogs. Sozialphilosophische Untersuchungen in Anschluss an Edmund Husserl*, *Phaenomenologica* 41, Den Haag, Martinus Nijhoff, 1971 [Waldenfels]

(2) トイニセンの枚挙する「対話論」の四つの特徴とは、(1)「人称代名詞二人称の厳密な意味での汝の主題化」、(2)「対象的な何かからのこの汝の判明な区別」、(3)「対話的事実性の確認」、そして何より、(4)「主観より優勢な間《あいだ》(Zwischen) への洞察」(Theunissen, S. 375) である。

(3) レヴィナスの哲学を対話哲学のうちに数え入れるか否かに関しては解釈の分かれるところであろうが、「レヴィナス以前の二〇世紀の他者論」を主題化する本章は、その問題には触れない。

(4) おそらくは一九二七年二月の初めに書かれたであろうフッサールの或るテクストによれば、「異他的付帯現前化 (Fremdappräsentation) の発生が異他主観性なき或る周界 (*Umwelt*) の先行的発生を前提する」とはあらかじめ主張しえないので、ここで問題とされているのは、一つの「虚構的発生」(H XIV, S. 477) なのだという。

(5) 同様の表現に関してはH XV, S. 7も参照。別のテクストでは他者は「私の志向的〝反復〟」(Ibid., S. 489) とも言われている。

(6) ヴァルデンフェルスによれば、「機能する〝肉体〟」と「物的な〝物体〟」との区別は、フッサールには『イデーンⅡ』以来なじみのものなのだが、ターム的には、それはシェーラーの『形式主義』において初めて定着し、さらにプレスナーやフランス現象学者たちに影響を及ぼしているのだという (Waldenfels, S. 372)。

(7) ドゥプラッツの指摘によれば、「内在的超越」という考えそのものは、一九〇七年以来フッサールに現前していたのだが、「内在における超越」という表現が現れたのは、〔相互主観性論で有名な〕一九一〇-一一年の彼の講義『現象学の根本諸問題』においてのことだという (Depraz, p. 32) ——後者に関しては、たとえばH XIII, S. 165-6, 170等を参照。

(8) 「異他的肉体が、最初の相互主観的なものである」(H XIV, S. 110)、あるいはまた「相互主観的になる最初の超越は〔……〕異他的な肉体物体である」(H XV, S. 18) ともフッサールは述べている。

(9) それとは反対に、「移入一般によって、また準発生的に語るなら、すでに最初の移入によって、一つの共同的な世界が構成される」(H XV, S. 137-8) と語っているフッサールのテクストもある。

(10) 「第五省察」における他者経験の分析が持つ「唯一の意味」とは「《移入》の主題的解釈」ではなく、「還元の展開」(Fink (1), p. 157) であるというのが若きフィンクの主張であるが、そのフィンクによれば、「《相互主観的》還元」とは、「超越論的エゴのうちに含まれている共-構成的な相互主観性の完全な展開」(Fink (2), p. 56) である。他方ドゥプラッツは、『省察』の「相互主観的還元」においては、「自我性」があとから増加されて「モナドロジー」になるという道と、「超越論的主観性」が「完全な相互主観性として一挙に読まれる」(Depraz, p. 227) という道との両方が、併存したままだと指摘している。

(11) 「構成的には異他的人間が、自体において最初の人間である」(H I, S. 153)、「他者が最初の人間なのであって、私がそうなのではない」(H XIV, S. 418) ともフッサールは述べている。なぜなら「〝人間としての私〟は、私を理解する者たちを前提とする――私は自らを、直接的には人間として理解しない」(H XV, S. 665) からであり、「原本的経験においては、私は人間という客観ではない」(H XIV, S. 414) から――私は「〝他者たち〟という回り道」を迂回してしか、「自らを人間として経験」(Ibid., S. 416) しないから――である。Vgl. H XIII, S. 443; H XIV, S. 417; H XV, S. 51, etc.

(12) 一九〇八年頃にも一九三一年にも、フッサールには「モナドはいかなる窓も持たない」(H XIII, S. 7) とか、「いかなるモナドも窓を持たない」等々と語っているテクストが見出されはするのだが、しかしそれは「モナド的因果性」を「世界的諸実在の因果性」(H XV, S. 376) から区別するためにすぎないのであって、相互主観性に関わるたいていのテクストは、むしろモナドに「窓」(Vgl. H XIII, S. 473; H XIV, S. 260, 360, etc.) を認めようとする。それは「意思疎通 (Verständigung) の窓」(H XIII, S. 230) であり、「移入の窓」(H XIV, S. 295) である。

(13) ドゥプラッツはリップスの「(感情) 移入」理論に対するフッサールの二重の批判、すなわち「直接的性格」に対する批判と「他人の前‐表現的な感性論的性格」の擁護という「二つの戦線」(Depraz, p. 164-5) の所在を指摘している。後者についてはのちに詳述するが、前者に関してはH XIII, S. 24, 242, 330等を参照。

(14) この種の「間接性 (＝媒介性)」は、トイニセンが超越論的他者論一般の特徴として指摘していることでもあるのだが、特にフッサールに関しては、トイニセンは「世界による他者の媒介性」を基盤に置きつつも、「私の肉体による」媒介と「固有の自我による」媒介という「三つの主要段階」(Theunissen, S. 136. Vgl. S. 60, 102, 103, 117, etc.) を区別している。

(15) 先に「人間」に関しても同様のことを見たのだが、よく指摘されるように、フッサールにおいては私の肉体を一箇の「物体」として構成するためには、他者の肉体物体を構成することが、あらかじめ前提とされている (Cf. Franck, p. 99, 106; Depraz, p. 132, 240, etc.)。フランクは、「もし固有なものへの還元の閉域のなかでは、物体としての肉体のいかなる構成も可能ではないように思えるのであれば、それは物体化が、相互主観性を前提としているからである」と述べつつ、「独我論的経験のみにおいては、物理的事物としての肉体の構成が、問題的とみなされる」ようになるのは「一九二一年以来」(Franck, p. 98) のことだと付け加えている。じじつフッサールは、一九二一年の或るテクストのなかで、「他者や可能的他者たちを迂回して初めて、それゆえまったく間接的に、私は私の固有肉体を、物理的事物として経験することを学ぶ」(H XIV. S. 63) と述べているのである。そこから、また他の様々な論拠から、フランクは「他我の構成は、それ自身を前提しているのではないか」(Franck. p. 124) という、一種の懐疑的な結論を導き出すことになるのだが、しかしここではわれわれは、ヘルトと同様に、「共主観の構成の成功のために重要なのは、私の純粋な物体性にとって構成的なすべての諸規定についての意識が、本元的にすでに存していることではない」(Held. S. 33) と考えておきたいと思う。

(16)「類比体《アナロゴン》」のところでも同様なことが見られたように、フッサールには「類比化」や「類比による移送」(H XIII. S. 338-9) をあからさまに否定するようなテクストもあるのだが、他方また、「現象学的には動物(なおまだ肉体存在者として移入によって経験されうる存在者としての)の限界は、われわれの肉体性との何らかの類比が、まだ統覚的に可能だというまさにそのことのうちに置かれている」(H XIV. S. 118) と述べているようなテクストもある。ちなみにわれわれは、「鳥への移入」によって「飛翔」を理解し、「飛翔しうる理念的可能性」(H XV. S. 265) を眼前に有してもいるのだという。

(17)「類推」説に対する批判に関しては、特にH XIII. S. 36-7. 41を参照。類推ではないのだが、たとえば「火を焚いた場所から、ここで宿営した人間たちを推論する」場合のような「客観的告知(Anzeige)」による「客観的推論」(H XIV. S. 352) が、根源的な他者経験からはっきり区別されているようなケースもある。

(18)「連合の対化は相互的な〝押しかぶせ構造(Überschiebung)〟である」(H XV. S. 252) と述べているフッサールのテクストもある。

(19)「〝内的経験〟における、独我論的経験における私の肉体が〔……〕原統覚であって、必然的な規範を与える。他のすべては、この規範の変容である」(H XIV. S. 126) と、一九二一年の或るテクストも語っている。それゆえにこそ、すべてを「絶対的意識」に関係づけながら何かを「異常」として規定しうるのか、そもそも「固有の自我論的正常性」について語ることに意味などあるのか、といったフランクのような批判(Franck. p. 132) も生まれてくるのである。タイペイルは「本元的」な正常性と「相互主観的」な正常性とのあいだの「緊張」(Taipale. p. 122) を、「規範的緊張(normative tension)」(Ibid., p. 117. Cf. p. 15, 121-46, 156, 159-60, 165, etc.) と呼んで、この問題を解決しようと試みてはいるのだが、しかしながら、日常言語のコンテクストのなかではともかく、フッサールの厳密な哲学的議論のなかでそのような解釈が成り立つのか、いささか疑問の余地がないわけではない。

(20) ちなみにハイデッガーがここで日常的な共相互有の「有の性格」として列挙しているのは、「間隔性(Abständigkeit)、平均性(Durchschnittlichkeit)、平板化(Einebnung)、公開性(Öffentlichkeit)、有の重荷の免除(Seinsentlastung)、迎合（Entgegenkommen）」（SZ, S. 128）の六つである。

(21) 拙著『メーヌ・ド・ビラン――受動性の経験の現象学――』世界思想社、二〇〇一年、七九‐八四頁を参照。

(22) 本項(a)および(b)の本文における引用は、すべてヘルトの論攷「相互主観性の問題と現象学的超越論的哲学の理念」からのものなので、本文ではHeldは略して、ページのみ記すことにする。

(23) まったく別の観点からではあるが、〈あそこのあのもの〉と〈ここのこのもの〉との類似性による対化に関して、フランクは、以下のような或る興味深い結論を提示している。「要約しよう。〔1〕類似が物理的物体の意味での二つの物体間に生ずるときには、その類似は重要ではない。というのも、それは私の物体‐肉体が、私のエゴを捨象することによって、たんなる物体性に還元されてしまったということを想定しているからである。この場合、他者の構成は不可能である。〔2〕もしあそこの物体の現前化があそこの私の身体‐肉体の再‐現前化〔＝表象〕に似ているのであれば、他者の構成は、あらかじめ前提されている。〔3〕最後に、もしあそこの物体の直観的現前化が、あたかも私の物体‐肉体があそこにいるかのように、私の物体‐肉体の意味的再‐現前化を類似によって喚起（évoquer）するというのであれば、もはや他人は、私の虚構的複製でしかない」（Franck, p. 149）。

(24) ジョヴァンナンジュリの指摘によれば、「将来とは他〔人〕である」と述べて「出来事の不意打ち」を「企投」に対置しようとするレヴィナスに対して、サルトルは――フッサールのように？――「将来」が「他性」を巻き込むことは認めるにしても、「予見不可能」なものは「予見可能」なものに含まれるのだという考えに固執したという。「それ〔将来？〕が私を逃れようとも、またいかなる仕方でそれが他で未知的なものなのであろうとも、それが他で未知的なものとして定義されうるのは、すでに私の企投がそれを粗描している場合だけである」（SARTRE, J.-P., *Cahiers pour une morale*, Paris, Gallimard, 1983, p. 432. Cité in Giovannangeli, p. 135）――けれどももし他者問題が真に危機的かつ根本的な哲学的問題として取り上げられなければならないのだとするなら、まずもってわれわれが斥けなければならないのは、この種の超越論的企投という発想そのものなのであろう。

(25) この点に関してはわれわれには、むしろトイニセンのほうが正しかったように思われる。なぜなら彼は、「対話的現在」をこそ「将来的現在」（Theunissen, S. 296）と呼んで、「不意打ち」する「本来的将来」を、「真正の現在」（Ibid., S. 297）と同定しているからである。「将来は、これら二つの時間様態に分裂する。〔つまり〕それは、対話的なものとしては現在であり、主観の企投としては過去である」（Ibid., S. 300. Vgl. S. 150-1, 294-301）。

(26) 本項(a)(b)(c)の本文における引用は、すべてサルトル『存在と無』からのものなので、本文ではENは略して、ページのみ記す。

(27) のちに見るように、ハイデッガーの「共‐有」、つまりサルトル流に言い換えるなら「われわれ‐主観」を、たんに

「心理的」な経験でしかないと述べて批判するサルトルが、ここで具体的な問題のことを「心理的」と形容しているのは、いささか奇妙である。

(28)「フッサールは超越のうちに内在を求める。しかしサルトルは、絶対的内在のうちに絶対的超越を求める」(Theunissen, S. 223)と、トイニセンは述べている。

(29)「各人は、このうえなくありきたりのその経験のうちで、《他者の眼で》自らを見る。各人はそれ自身にとって、ほぼ、他〔人〕たちが彼について彼において見るところのものであり、彼らが経験する、もしくは経験しうるものである」(Patočka, p. 100)と、パトチュカも述べている。

(30) ブーバーならば「本質からの生」もしくは「或る者がそれで有るところのものから規定された生」と、「像《ビルト》からの生」あるいは「或る者がいかに現出せんと欲しているかということから規定された生」という「人間的現有の二つの仕方」(Buber, S. 277)を区別するところであろう。後者においてはさらに、たとえば「パウルに現出せんと欲しているようなペーター」と「ペーターに現出せんと欲しているようなパウル」、「現実にパウルに現出しているようなペーター」、〔つまり〕パウロのペーター像」とその「逆」、「自己自身に現出しているようなペーター」と「自己自身に現出しているようなパウロ」という「六つの幽霊的な仮象形態」(Ibid., S. 279)が、細分されることになる。

(31)「世界‐の内の‐対象(l'objet-dans-le-monde)」という表現も、いささか不可解である。いつものサルトルなら、「世界‐の‐ただなか‐の‐対象(l'objet-au-milieu-du-monde)」とでも言うところであろう。

(32)「それゆえサルトルは〝主観‐われわれ〟というタイトルのもとで、ハイデッガーの〝ひと〟に或る場所を容認している。彼はこのことを表明的に行っているのだが、それに対し、彼にはフッサールのわれわれへの近さは、覆蔵されたままである」(Theunissen, S. 220)と、トイニセンは述べている。

(33) 同様の主張は、すでにPP. p. 183, 216などでもなされている。

(34) われわれは「はじめに」で、「デカルトの《コギト》は自我と他者の問題を、その解決を不可能にするように思える言葉《ターム》で立てている」(MS. p. 38)というメルロ＝ポンティの言葉を引いておいたが、ハイデッガーは、メルロ＝ポンティは「フッサールからハイデッガーへの途上」にいたが、しかしその目標に到達しなかったと、アーレント宛書簡のなかで述べていたとのことである。「フランス人たちは〔……〕生まれながらの彼らのデカルト主義に、苦労する」(cité in Bermes, S. 141-2)。

(35) よく似た実例は、フッサールも用いている。「他者」は「彼の母が死んだ」ので悲しんでおり、私もまた「それについて悲しんでいる」のだが、私は「彼が悲しんでいることにも悲しんでいる」(H XIV, S. 189)。あるいはむしろ、順序から言うなら、私はまず「彼が嘆き悲しんでいる」ことに悲しんでおり、「それゆえに私は彼の母の死についても悲しんでいる」(Ibid., S. 190)のである。「共感(Sympathie)」においては、私は「移入」のうちに生きているのではなく、他我およびその行為・振舞いは、「私の評価、私の愛等の主題」(Ibid. S. 191)でしかない。

(36) 『知覚の現象学』第二部第三章でも、「求められている」のは「他者と私の妄想的な一致」ではなく、また「与えられている」のは一方で「自我」、他方で「他者」というのでもなくて、それは「他者と共にある私(moi *avec* autrui)」(PP. p. 388-9)だと述べられている。

(37) たとえばサルトルなども、「心理学者たちの大部分」に関して、「彼らにとって他者の実存は確実で、他者についてわれわれが持つ認識は蓋然的である」(EN. p. 268-9)と述べている。

(38) NC. p. 171に、ほとんど同じ内容の叙述がある。というよりもむしろ一九六〇−一年のこの講義(「デカルトの有論と今日の有論」)のノートの多くが、『眼と精神』と内容的に重複している。

(39) ミシェル・アンリを嚆矢として、すでに多くの研究者たちが指摘しているように、メーヌ・ド・ビランの「努力の感情」を「努力の感覚」と表記するのは、誤りである。

(40) 直近では特に拙著『身体の生成――《自然の現象学》第四編――』萌書房、二〇一五年、第四章第六節、第五章第三節、第六章第二節(2)等を参照。

(41) 本項(a)の本文における引用も、すべてサルトル『存在と無』からのものなので、本文ではENは略して、ページのみ記す。

(42) 「製造された対象は私自身に、私を《ひと》として告知する、すなわち任意の超越のそれとしての私の超越のイマージュを、私に送り返す」(EN. p. 475)。

(43) 『知覚の現象学』第一部第四章の或る箇所(PP. p. 194-5)ではサルトルそっくりの他者論を展開していたメルロ=ポンティも、『見えるものと見えないもの』では、サルトルの他者論においては「他者についての積極的な経験は存在せず、私自身の見える部分において危うくされたものとしての私の全体的有についての経験がある」(VeI. p. 88)だけだとか、「哲学的には他者経験は存在しない」(Ibid., p. 100)等々といった批判を展開することになる。「他者」は「顔のない匿名的な一つの強迫観念(hantise)、他〔人〕一般」(Ibid., p. 102)でしかないのである――ちなみにジョヴァンナンジェリはデリダの造語を用いて、『存在と無』は「一つの強迫観念論(*hantologie*)によって住みつかれている」(Giovannangeli, p. 107. Cf. p. 17, 106)と述べているのだが、或る別の意味では、サルトルの他者論は「恥論(une hontologie)」であると言うこともできるであろう。

(44) ここでサルトルが「一つの必然性」と述べているのは、「être-làという形式のもとに有る」必然性と「しかじかの視点に拘束されている」必然性とを、おそらく彼が同一の事態と捉えているからであろう。

(45) 拙著『歴史と文化の根底へ――《自然の現象学》第二編――』世界思想社、二〇〇八年、三四七頁以下を参照。

(46) 先の註(24)におけるレヴィナスに対するサルトルの反論

を参照。

（47） *Merleau-Ponty à la Sorbonne. Résumé de cours 1949-1952*, Cynara, 1988は、二〇〇一年にVerdier社から再版されたときには、タイトルが*Psychologie et pédagogie de l'enfant. Cours de Sorbonne 1949-1952*に変更されている。ただしわれわれの気づきえたかぎりでは、「編者のノート」のなかにあった改行の乱れが修正されているだけで、本文には内容にもページ付にも、変更はなかったように思われる。

（48） 先の註（35）を参照。

（49） idiopathischは「突発性の」と、heteropathischは「異発性の」と訳すのが通例のようだが、若干意味が分かりにくいので、語源に照らして前者は「自己感情的」と、後者は「異他感情的」と訳しておくことにする。

（50） 「理性」や「精神」を保っていては「一体感」が生じえないであろうことは容易に推察しうるが、他者の「肉体状態」（GW VII, S. 249）に関して一体感が除外されることに関しては、のちに本文でも扱う。おそらくそれは、身体レヴェルではそもそも一体感が生じえないということではなくて、「苦痛」等々の意識が過度に優ってしまえば、蛇に睨まれたリスの場合のような「一体感」を保っているどころではない、ということなのであろう。

（51） この箇所についてはフッサールにも言及がある。Vgl. H XIII, S. 73.

（52） ちなみにサンダーは、「『共感の本質と諸形式』の影響は過小評価されてはならない。かくして『共感の本質と諸形式』は、フランス語に翻訳（一九二八年）されてフランスで受容された、比較的大きい最初の現象学的著作であった」（Sander, S. 167）と述べているのだが、このことはもちろんメルロ＝ポンティにも当てはまろう。

（53） 拙著『身体の生成』上掲書、第六章第二節(1)を参照。

（54） 「最も根源的な結合」の箇所と「最初の他者〔ママ〕」の箇所は、タイペイル（Taipale, p. 201）も引用している。

（55） タイペイルは「他者たちへのわれわれの関係は、基本的にもたいていのときにも、志向的関係ではない」（Taipale, p. 180）という考えをフッサール自身に帰せしめようとしているのだが、われわれとしては、そこまで断定するほどの確信を有しているわけではない。

第二章

（1） 本章で用いる主たる引用文献とその略号は、以下のとおりである。

㈠デカルト第一次文献

DESCARTES, René, *Œuvres*, éd. Adam et Tannery, 13 vols., Paris, Vrin, 1974-86 (1964¹-74¹). 以下、本書はATと略記して、直後にローマ数字で巻数を、アラビア数字でページを示す。

– *Œuvres philosophiques*, éd. Alquié, 3 vols., Paris, Garnier, 1963-73. 以下、本書はFAと略記して、ローマ数字で巻数を、アラビア数字でページを示す。

– *L'entretien avec Burman*, édition, traduction et annotation par Jean-Marie Beyssade, Paris, PUF, 1981. 以下、本書はEBと略記する。

㈡デカルト第二次文献〔略号は［　］内に示す〕

ALQUIÉ, Ferdinand, *La découverte métaphysique de l'homme chez Descartes*, Paris, PUF, 1987^{3} (1950^{1}) [Alquié]

BEYSSADE, Jean-Marie, *La philosophie première de Descartes*, Paris, Flammarion, 1979 [Beyssade]

BUZON, Frédéric de/CASSAN, Élodie/KAMBOUCHNER, Denis (dirs.), *Lectures de Descartes*, Paris, Ellipses, 2015 [LdD]

DEVILLAIRS, Laurence, *Descartes et la connaissance de Dieu*, Paris, Vrin, 2004 [Devillairs]

GILSON, Étienne, *Étude sur le rôle de la pensée médiévale dans la formation du système cartésien*, Paris, Vrin, 1984^{5} (1930^{1}) [Gilson]

GONTIER, Thierry, *Descartes et la* causa sui, Paris, Vrin, 2005 [Gontier]

GOUHIER, Henri, *La pensée métaphysique de Descartes*, Paris, Vrin, 1987^{4} (1962^{1}) [Gouhier]

GRESS, Thibaut, *Descartes et la précarité du monde*, Paris, CNRS, 2012 [Gress]

GUENANCIA, Pierre, *Lire Descartes*, Paris, Gallimard, 2000 [Guenancia]

GUEROULT, Martial, *Descartes selon l'ordre des raisons*, I, *L'âme et Dieu* [Gueroult I], II, *L'âme et le corps* [Gueroult II], Paris, Aubier, 1991 (1953^{1})

KOLESNIK-ANTOINE, Delphine (dir.), *Union et distinction de l'âme et du corps : lectures de la VI*^e^ Méditation, Paris, Kimé, 1998 [K-A]

LAPORTE, Jean, *Le rationalisme de Descartes*, Paris, PUF, 1988^{3} (1945^{1}) [Laporte]

MARION, Jean-Luc, *Sur l'ontologie grise de Descartes*, Paris, Vrin, 1981^{2} (1975^{1}) [OG]

–*Sur la théologie blanche de Descartes*, Paris, PUF, 1981 [TB]

–*Sur le prisme métaphysique de Descartes*, Paris, PUF, 1986 [PM]

–*Questions cartésiennes. Méthode et métaphysique*, Paris, PUF, 1991 [QC I]

–*Questions cartésiennes*, II, *Sur l'ego et sur Dieu*, Paris, PUF, 2002^{2} (1996^{1}) [QC II]

–*Sur la pensée passive de Descartes*, Paris, PUF, 2013 [PPD]

MOREAU, Denis, *La philosophie de Descartes. Repères*, Paris, Vrin, 2016 [Moreau]

RODIS-LEWIS, Geneviève, *L'Œuvre de Descartes*, 2 vols., Paris, Vrin, 1971 [R-L (1)]

–*L'anthropologie cartésienne*, Paris, PUF, 1990 [R-L (2)]

WILSON, Margaret Dauler, *Descartes*, London/New York, 2003 (1978^{1}) [Wilson]

㈢レヴィナス第一次文献〔略号は［　］内に示す〕

LEVINAS, Emmanuel, *Théorie de l'intuition dans la phénoménologie de Husserl*, Paris, Vrin, 1978^{4} (1930^{1}) [ThI]

– *De l'évasion*, Montpellier, Fata Morgana, 1982 (1935^{1}) [Ev]

– *De l'existence à l'existant*, Paris, Vrin, 1978^{2} (1947^{1}) [EE]

– *Le temps et l'autre*, Paris, PUF, 1985^{2} (1948^{1}) [TA]

– *En découvrant l'existence avec Husserl et Heidegger*, Paris, Vrin, 1982^{3} (1949^{1}) [DE]

– *Totalité et Infini*, Den Haag, Martinus Nijhoff/La Haye, 1974^{4} (1961^{1}) [TI]

– *Difficile liberté*, Paris, Albin Michel, 1976^{2} (1963^{1}) [DL]

– *Quatre lectures talmudiques*, Paris, Minuit, 2005 (1968^{1}) [QL]

– *Humanisme de l'autre homme*, Montpellier, Fata Morgana, 1972 [HA]

– *Autrement qu'être ou au-delà de l'essence*, Den Haag, Martinus Nijhoff / La Haye, 1978^{2} (1974^{1}) [AQ]

– *Noms propres*, Montpellier, Fata Morgana, 2014 (1976^{1}) [NP]

– *Du sacré au saint. Cinq nouvelles lectures talmudiques*, Paris, Minuit, 1977 [SS]

– *Ethique et Infini*, Paris, Fayard, 1982 [EI]

– *De Dieu qui vient à l'idée*, Paris, Vrin, 1982 [DI]

– *L'Au-delà du verset. Lectures et discours talmudiques*, Paris, Minuit, 1982 [AV]

– *Transcendance et intelligibilité*, Genève, Labor et Fides, 1996 (1984^{1}) [TrI]

– *Hors sujet*, Montpellier, Fata Morgana, 1987 [HS]

– *À l'heure des nations*, Paris, Minuit, 1988 [HN]

– *Entre nous*, Paris, Grasset, 1991 [En]

– *Ethique comme philosophie première*, Paris, Payot & Rivages, 1998 (1992^{1}) [EP]

– *Dieu, la mort et le temps*, Paris, Grasset, 1993 [DMT]

– *Les imprévus de l'histoire*, Montpellier, Fata Morgana, 1994 [IH]

– *L'Intrigue de l'infini*, Paris, Flammarion, 1994 [II]

– *Liberté et commandement*, Montpellier, Fata Morgana, 1994 [LC]

– *Altérité et transcendance*, Montpellier, Fata Morgana, 1995 [AT]

– *Nouvelles lectures talmudiques*, Paris, Minuit, 2005 (1996^{1}) [NL]

– *Œuvres 1. Carnets de captivité et autres inédits*, Paris, Grasset/IMEC, 2009 [Œ 1]

– *Œuvres 2. Parole et silence et autres conférences inédites au Collège philosophique*, Paris, Grasset/IMEC, 2009 [Œ 2]

– *Œuvres 3. Eros, littérature et philosophie*, Paris, Grasset/IMEC, 2013 [Œ 3]

(四) レヴィナス第二次文献〔略号は［　］内に示す〕

CHALIER, Catherine/ABENSOUR, Miguel (dirs.), *L'Herne. Lévinas*, Paris, l'Herne, 2006 (1991^1) [L'Herne]

CHOPLIN, Hugues, *De la phénoménologie à la non-philosophie*, Paris, Kimé, 1997 [Choplin]

DERRIDA, Jacques, "Violence et Métaphysique", in *L'écriture et la différence*, Paris, Seuil, 1967 [Derrida (1)]

– *Adieu à Emmanuel Lévinas*, Paris, Galilée, 1997 [Derrida (2)]

FÆSSLER, Marc, *En découvrant la transcendance avec Emmanuel Lévinas*, Genève/Lausanne, Neuchâtel, 2005 [Fæssler]

FRANCK, Didier, *Dramatique des phénomènes*, Paris, PUF, 2001 [Franck (1)]

– *L'un-pour-l'autre. Levinas et la signification*, Paris, PUF, 2008 [Franck (2)]

FREYER, Thomas/SCHENK, Richard (Hg.), *Emmanuel Levinas - Fragen an die Moderne*, Wien, Passagen, 1996 [Freyer]

HABBEL, Torsten, *Der Dritte stört*, Mainz, Grünewald, 1994 [Habbel]

KREWANI, Wolfgang, "Zum Zeitbegriff in der Philosophie von Emmanuel Levinas", in *Phänomenologische Forschungen*, Bd. 13, Freiburg/München, Alber, 1982 [Krewani (1)]

– *Emmanuel Lévinas. Denker des Anderen*, Freiburg/München, Alber, 1992 [Krewani (2)]

MARION, Jean-Luc, *Figures de phénoménologie. Husserl, Heidegger, Levinas, Henry, Derrida*, Paris, Vrin, 2012 [FP]

MORGAN, Michael L., *Discovering Levinas*, Cambridge University Press, 2007 [Morgan]

NANGA-ESSOMBA, Jean-Thierry, *Emmanuel Levinas. La philosophie de l'altérité*, Paris, L'Harmattan, 2012 [N-Essomba]

SEBBAH, François-David, *L'épreuve de la limite. Derrida, Henry, Levinas et la phénoménologie*, Paris, PUF, 2001 [Sebbah (1)]

– *Lévinas et le contemporain. Les préoccupations de l'heure*, Besançon, Les Solitaires Intempestifs, 2009 [Sebbah (2)]

STRASSER, Stephan, *Jenseits von Sein und Zeit*, Den Haag, Martinus Nijhoff, 1978 [Strasser (1)]

– "Emmanuel Levinas : Ethik als erste Philosophie", in WALDENFELS, Bernhard, *Phänomenologie in Frankreich*, Frankfurt am Main, 1983 [Strasser (2)]

TAURECK, Bernhard, *Emmanuel Lévinas zur Einführung*, Hamburg, Junius, 1997^2 (1991^1) [Taureck]

㈤その他〔略号は［　］内に示す〕

BERGSON, Henri, *Œuvres*, édition du centenaire, Paris, PUF, 1959 [Œ]

HENRY, Michel, *Phénoménologie de la vie*, t. III, De l'art et du politique. Paris, PUF, 2004 [PV III]

MARION, Jean-Luc, *Étant donné. Essai d'une phénoménologie de la donation*, Paris, PUF, 2005³ (1997¹) [ED]

– *Certitudes négatives*, Paris, Grasset, 2010 [CN]

(2) 『精神的エネルギー』所収の一九一一年の講演「意識と生」のなかで、ベルクソンは、他者問題に関する「類比による推論」には「蓋然性」しか求めえないのだが、しかし「この蓋然性が、実践的には確実性に等価であるに十分なほどに高い、多くのケースがある」(E, p. 819) と述べている。「実践的に」を意味するフランス語pratiquementが、「ほとんど」や「言わば」をも意味することのある単語だということは、いまの文脈に照らして興味深い。

(3) レヴィナスを「ベルクソン以来最大のフランス人哲学者」(FP, p. 75) と呼ぶマリオンは、二〇一〇年の著作『消極的確実性』のなかで、「確実性という規準はわれわれの思惟の大多数を、学の領野の外に排除してしまう」(CN, p. 11) と述べている。なぜなら「対象」とならないようなものは何一つ「確実にはならない」(Ibid., p. 13) からである。けれども「積極的確実性」のみが「あらゆる確実性を完遂」(Ibid., p. 15) するわけではなく、「消極的確実性 (*certitude négative*)」という「まったく別の道」(Ibid., p. 16) もあるのであって、「自己認識」や「神の認識」とならんで、「他者認識」(Ibid., p. 315) もまたそのような部類に属すのだという。

(4) 下線はレヴィナス自身による。レヴィナスの *Œuvres* には、イタリックの部分と下線で示された部分との両方が併存していて、ひょっとしてレヴィナスの頭のなかでは、下線部はイタリックに相当する箇所だったのかもしれないが、編者の意向を尊重して、ここでも以下においても、下線部には拙訳のなかでもそのまま横線を引いてこれを示すことにする。

(5) 詳細な年代は分からないが、おそらく初期か中期のレヴィナスには、「無限は〈汝〉である」(Œ 1, p. 473) というストレートな表現もあり、また「発話 (parole) は一つの無限である」(Ibid., p. 477) といった言葉も見受けられる。

(6) 一九六四年の高名な論攷「形而上学と暴力」のなかで、デリダもこう述べている。「もし顔が身体で有るならば、それは死すべきものである。死としての無限な他性は、積極性と現前 (神) としての無限な他性とは、調停されえない。形而上学的超越は、同時に〈死〉としての〈他〉への超越、かつ、神としての〈他〉への超越であることなど、できない」(Derrida (1), p. 170)。

(7) 一九七五年にはレヴィナスは、こう述べている。「神は単純に《最初の他者》や《すぐれて他者》や《絶対的に他者》であるのではなく、他者とは他、別様に他であり、他者の他性に、隣人への倫理的束縛に先立つ他性によって他なのであって、あらゆる隣人とは異なり、不在にいたるまで、イリアの大混乱とのその可能的混同にいたるまで、超越的である」(DI, p. 115)。一九七六年の言葉 (DMT, p. 258) も、ほぼ同様である。

(8) 見落しも多いとは思うが、われわれの気づきえたかぎりでは、«tu ne tueras point〔汝殺すなかれ〕» という表現が見出されたのはDE, p. 173 ; EI, p. 91, 93 ; HN, p. 128, 129, 155, 201, 214 ; En, p. 114, 174, 175, 192-3, 199 ; DMT, p. 122 ; IH, p. 202 ; AT, p. 114, 134, 135, 142, 147 ; Œ 1, p. 367 ; Œ 2, p. 227であり、よく似た表現«tu ne tueras pas〔汝殺すなかれ〕»が用いられているのはTA, p. 14 ; DI, p. 246 ; TrI, p. 41 ; L'Herne, p. 69 ; Œ 1, p. 374である。また«tu ne commettras pas de meurtre〔汝殺害を犯すなかれ〕»が見られるのはTI, p. 173, 191, 240, 280 ; En, p. 45 ; DMT, p. 132 ; L'Herne, p. 74であり、«tu ne commettras pas d'homicide〔汝殺人を犯すなかれ〕»が確認されたのはEn, p. 159 ; AT, p. 50 ; L'Herne, p. 93である。同じテクストを再録しているはずの諸著書のなかでも、表現のちがっているケース〔たとえばDMT, p. 132とL'Herne, p. 69〕がある。

(9) ちなみにクレワニによれば、レヴィナスの初期思想においては、「有」は段階的に「有るものなき有」〔＝イリア〕、「有るものの有」、「複数的な有」の「三つの形式」(Krewani (2), S. 61) に区別される。あるいはこの「最初の着手」が「㈠有」、「㈡有るもの」、「㈢他者」という「三つの段階」で遂行されたのだとするなら、『全体性と無限』において見出されるのは、「㈠自己有としての生物学的意識」、「㈡責任と疎外としての自己意識」、「㈢愛」(Ibid., S. 116) である。

(10) それゆえレヴィナスが八九年のタルムード講話を「他者に対する責任へと開かれた有論」(NL, p. 96) という言葉で閉じているのは、いささか不可解である。

(11) ここでも見落しは多いとは思うが、いっそう頻出する言葉として「エロスなき愛（amour sans éros）」(DI, p. 13, 113 ; En, p. 113 ; DMT, p. 257 ; AV, p. 177)、「欲情なき愛（amour sans concupiscence）」(En, p. 113, 159, 160, 176, 239 ; EP, p. 106 ; AT, p. 51, 136, 147, 168) 等があり、なかには「欲情なき、脱利害介在的な愛（amour désintéressé, sans concupiscence）」(AT, p. 177) といった表現もある。

(12) じっさいデリダは、こう述べている。「じつはレヴィナスは、無限に他なるものについて語っている。しかしそこにエゴの志向的一変様を認めるのを拒否することによって――それは彼にとって、一つの全体主義的で暴力的な作用なのであろう――彼は自らに、彼自身の言語の根拠そのものと可能性とを禁じている。もし無限に他なるものが、そのようなものとして、彼が同と呼ぶところの、そして超越論的記述の中立的水準であるところの地帯のうちに現れないのだとするなら、何が彼に《無限に他》を言うことを許してくれるというのか」(Derrida (1), p. 183)。

(13) ピエール・ヘヤによれば、三五年の『脱走』は、すでに「有から脱出しようとする深い欲求」を示しており、さらにはサルトルの『嘔吐〔＝吐き気〕』の二年もまえに、早くも「吐き気についての繊細な現象学」を展開している。それゆえ「若きレヴィナスの現象学的諸著作が三〇年代にサルトルに及ぼした影響には、議論の余地がない」(IH, p. 14) のだという。

(14) われわれは後期レヴィナスのessenceを「存在作用」と訳す。『有とは別様に』では、*ens*〔存在者〕とは異なる*esse*〔存在」を指し示すために、敢えて*essance*という語は用いずに*essence*を用いると語られているのだが（AQ. p. 3. Cf. p. IX. 29）、他の諸テクストのなかには*essance*は「存在（*esse*）の作用（l'acte）、もしくは出来事、もしくは過程」、「有（*être*）という動詞の作用」（DL. p. 160 ; En. p. 76）を表現するのだと述べられている箇所がある。

（15） さらに「いっそう精確」には、<u>Autre que l'Être</u>（Œ 1. p. 236）である。

（16） 「赤裸とは、衣服なしにあることではない。それは神秘の現れにして呼び求めであり、〈神秘〉が自らを顕示することである」（Œ 3. p. 181）。

（17） 「私は欲望という言語には満足しておらず、のちにはレヴィナス自身が、それについて懐疑を抱いているのだと考える根拠がある。彼にとってさえ、それは他‐定位的というよりも、むしろあまりに自己‐定位的な表現である」（Morgan. p. 92）と、モーガンは述べている。われわれも「欲望」という表現には、いつも違和感を覚えている。

（18） 『倫理と無限』のなかで、レヴィナスはこう語っている。「私の端緒において、私は哲学は本質的に無神論的だという印象など持っておりませんでしたし、今日でも私はそう思ってなどおりません」（EI. p. 18）。

（19） 「神は語りかけるべき者（à qui parler）を創造した」（DL. p. 200）と、五二年の或るテクストでは述べられている。

（20） 「居住」に関しては、次の(b)で説明する。

（21） かなり初期の或るノートのなかに、レヴィナスはこう記している。「ロダン――顔の表現〔で〕はない（pas d'expression du visage）――身体の表現、空間のなかでのその席。顔それ自身が身体それ自身のようである」（Œ 1. p. 57）。ここではロダンの影像は、「顔」の観点からはむしろネガティヴにしか捉えられていないようなのだが、しかし周知のように、のちにはレヴィナスは、このような見解をすっかり改めることになる。たとえば八八年の或る対談のなかでは、「顔という語は、狭い仕方で解されてはならない」と述べられていて、実例として「ロダンによって彫刻された腕の赤裸」（En. p. 244）が挙げられている。またそれ以前の八四年にも、「かくしてもっぱら人間のフェイスだというわけではない顔」について語りつつ、レヴィナスは或る作家の文章のなかの「人間の背中」（AT. p. 146）に言及している。

（22） モーガンは「責任」、「身代わり」、「付きまとい」、「人質」、「告発」、「迫害」、「隷属」、「言うこと」、「近しさ」といったタームの多くは、「他人に対する自己の関係の受動性の意味」を強化し、また逆説的にも「自己が自由で能動的であるのに先立って、受動的で強制され、重荷を課せられていること」を、かくしてまた「或る意味で自己が、主観である以前に対象であること」（Morgan. p. 155-6）を、強調しているのだと述べている。

（23） 新共同訳では「わたしがここにおります。／わたしを遣《つか》わしてください」となっている。

（24） 「有と有るものとは、すでに言われたものたるかぎりでの言語のうちにある」（Œ 1. p. 241）。

(25) 本文でも後述するが、このような文脈での「抽象的」という表現は、「世界」という「具体的なもの」との対比において語られた言葉である。

(26) 本文でも後述するが、「作出因についての考察は、神の存在を証明するためにわれわれが持つ、唯一とは言わないまでも、第一にして主要な手段である」(AT VII,. 238 : FA II, p. 681) というデカルトの言葉がある。

(27) マリオンもまた或る別の理由から、「アポステリオリな証明がアプリオリな証明に指図する」と述べているのだが、それは「無限の概念」が「絶対に無条件的」なので、それが「最高の完全性の概念」に「先立つ」(QC I, p. 52-3) からだという――「無限」と「完全性」という神の諸属性の関係についてのマリオンの解釈に関しては、本文の後述箇所を参照されたい。

(28) 「観念の客観的〔表現的〕実在性ということによって私が理解しているのは、それが観念のうちにあるかぎりで、観念によって表象されている事物の有である。〔……〕何であれわれわれが観念の対象のうちにあるように知覚するものは、観念それ自身のうちに、客観的に〔objective 表現的に〕ある」(AT VII, p. 161 : FA II, p. 587)。

(29) 「原因のうちにあらかじめ存在していなかったようなものは何一つ、結果のうちにはありえない」(AT III, p. 428 : FA II, p. 366)。

(30) 「実在性は、多い少ない (plus & minus) を受け入れる。〔……〕実体は、様態以上に、もの (res) である。〔……〕もし無限で独立した実体が与えられるなら、それは有限で依存的な実体以上に、ものである」(AT VII, p. 185 : FA II, p. 618. Cf. AT VII, p. 165 : FA II, p. 592)。

(31) 「無限が有限や制限の否定によって理解されるというのは、真ではない。なぜなら反対に、あらゆる制限は、無限の否定を含んでいるからである」(AT VII, p. 365 : FA II, p. 808)。

(32) 「無限について私が持つ概念は、有限の概念以前に、私のうちにある」(AT V, p. 356 : FA III, p. 923. Cf. AT V, p. 153 : EB, p. 44)。

(33) デカルトにおける「無限」と「無際限」との区別に関しては、AT VII, p. 113 : FA II, p. 532 ; AT V, p. 51, 356 : FA III, p. 737, 923等々を参照。

(34) 「現在時は直前の時間には依存しない。それゆえ事物を保存するには、それを最初に産出するのに劣らぬ原因が、要求される」(AT VII, p. 165 : FA II, p. 592)。「私が何か或ることを考えている瞬間に、私は存在しているが、しかし、もしたまたま私が存在しているなら何か別のことを考えうるであろうような直後の瞬間に、私が存在しないということは、起こりうる」(AT V, p. 193 : FA III, p. 856)。Cf. AT VII, p. 109-10 : FA II, p. 528-9 : AT V, p. 53 : FA III, p. 738 : AT V, p. 148, 155 : EB, p. 24, 54 : ATVIII-1, p. 13 : FAIII, p. 104, etc.

(35) 「しかし同じものを創造することは、保存することより、大きいことではない」(AT VII, p. 166 : FA II, p. 593)。

(36) 「しかるに顕在的な存在が、必然的に、またつねに、神の残りの諸属性と結合しているということを、われわれが理解するということから、神が存在するということが、たしかに帰結する」(AT VII, p. 117 : FA II, p. 536)。

(37)「三角形の性質 (ratio) に三つの側面が属しているのと同様に、最高に完全な〈有るもの〉の性質には存在が属している」(AT VII, p. 114-5 : FA II, p. 533)。

(38)「ところで、われわれが神をただ非十全的にのみ、あるいはお気に召すなら、このうえなく非十全的に考えるのだとしても、このことは、神の本性が可能である、もしくは矛盾を含まない (non implicare) ことが確実だということを、妨げるものではない」(AT VII, p. 152 : FA II, p. 578)。

(39) ただしドゥヴィレールは、二〇一五年の論文のなかでは「本質」という語の扱いに関して、若干ニュアンスを変えている。「本質の主題構制がかなり遅まきにしか『省察』のうちに介入してこないということは、意義深くあり続ける」(LdD, p. 166)。つまり「本質」という語は単独で用いられることがほとんどなくて、たいていは「本性」をともなっていたり、「本性」のほうが先立っていたりさえするのだという。そして「まずもって「第五省察」が神に関して用いているのも、やはり本性という語である」(Ibid., p. 167)。

(40) BEYSSADE, Jean-Marie. *Études sur Descartes*, Paris, Seuil, 2001, p. 232. Cité in Gontier, p. 90.

(41) マリオンの引用によれば、ショーペンハウアーは「私としては自己原因のなかに、一つの形容矛盾しか見ない」と述べ、またニーチェは「自己原因は、今日まで思惟された最も美しい自己矛盾であり、一種の論理的強姦にして反-自然的作用である」(Cf. QC II, p. 153. Voir aussi Gontier, p. 11) と語ったという。

(42) デカルトにおける「外来的 (*adventitiae*)」、「作為的 (*factitiae*)」、「生得的 (*innatae*)」への諸観念の分類に関しては、一六四一年六月一六日付のメルセンヌ宛書簡 (AT III, p. 383 : FA II, p. 337) を参照されたい。「第三省察」のなかの有名な箇所 (AT VII, p. 37-8 : FA II, p. 434) では、「外来的」、「生得的」という言葉は用いられているが、「作為的」はなく、代わりに「作られた (factae)」という語が使用されている。

(43)「永遠真理創造説」の登場する箇所に関する最も詳細な枚挙と紹介とは、マリオンの『白い神学について』(TB, p. 268-71) のそれであろうと思われる。他に本章が利用した文献のなかでは、Gouhier, p. 243 : Wilson, p. 121, 233等も参照されたい。該当箇所の特定に関して、彼らは全面的に一致しているわけではない。われわれとしても、判断に迷う箇所——削除すべきというより、考え方次第では含めてもよいのではないかと思われる箇所——がある。

(44) ゴンティエは「デカルトはけっして神が円周の半径が互いに等しくないようにすることができたと主張しているのではなく、それを否定しないだけで満足している」(Gontier, p. 58) と述べているが、これは一六三〇年のメルセンヌ宛の三通目の書簡の内容と、整合していないように思われる。

(45) 奇妙なことにアルキエ版は、同じラテン語のテクストの仏訳を二度、しかも訳に若干の違いを示しながら、掲載している。

(46) 神の存在が証明される以前にさえ成立するとみなされるべき「思惟するためには有らねばならない」という「非被造的」な真理は、しかし、ただちに「〈全能者〉の有そのもの」と一体であるわけではない。この問題構制のなかでは、これが最も不可解な要素となろう——しかしまた、この最も不可解な要素こそが、デカルト哲学の最大の明証性だったのではないだろうか。

(47) マリオンはページのp.を省略し、逆にページの数のあとには行まで記しているので、本書の表記法とはずいぶん異なっているが、ここでは原文の表記どおりに紹介しておいた。

(48) ハイデッガーの原文では、「人はこの神には、祈ることも犠牲を捧げることもできない。人は自己〈原因〉をまえにして恐れおののき跪くことも、この神をまえにして奏で踊ることもできない」(HEIDEGGER, Martin, *Identität und Differenz*, Pfullingen, Neske, 1982^{7} (1957^{1}), S. 64) となっている。

(49) ゴンティエの指摘するとおり、マリオンは『白い神学』〔『灰色の有論』も含めて〕では「有神論」を、まだ「有-神論（onto-théologie）」と考えているのだが、以後の諸テクストでは、それは「有-神-論（onto-théo-logie）」と考えられるようになる——ゴンティエによれば、「有-神論」が「有論」と「〔根拠の〕神学」との「二重化」を意味するだけのものにすぎないのに対し、「有-神-論」は「有の問い」と「神的なものの問い」の両方を、「ロゴスの次元」(Gontier, p. 25) に従属させようとする。

(50) 「第二省察」からのモローのこの引用は、公認の仏訳に対して、「外套」と「帽子」の位置が逆になっている（AT IX-1, p. 25 : FA II, p. 427）。またラテン語原文はもっと簡潔で、「そのもとに自動機械が隠れうるような帽子と衣服」(AT VII, p. 32) である。

(51) デカルトの他者問題に関するマリオンのもう一つの有名な論文「エゴの根源的他性」に関しては、とりわけ「〔私の〕存在は、三段論法からも、直観からも、自律的パフォーマンスからも、自己-触発からも帰結するのではなく、私とは別の他者による私の触発から帰結する」(QC II, p. 29) や、「私は或る他〔人〕によって思惟される、ゆえに私は有る。つまり、思惟された思惟するもの（*res cogitans cogitata*）」(Ibid., p. 44) といったその過激な主張に対して、われわれはすでに他所で批判しておいたので、ここではその検討を繰り返すことはしない。拙著『身体の生成——《自然の現象学》第四編』萌書房、二〇一五年、五五-七頁を参照。

(52) AT VII, p. 142 : FA II, p. 567. なお本節(1)の本文は、マリオンの論文「エゴは他者を他化するか」の紹介ならびに検討を旨としているので、本文でのそこからの引用にはQC Iを略し、ページのみ記す。したがって他のテクストを参照するときには、引用箇所の指示は、すべて註に記すことにする。

(53) AT VII, p. 32 : FA II, p. 426-7.

(54) オースティンの「遂行的陳述」に対するマリオンの批判的なコメントは、すでに『白い神学』(TB, p. 380-3) のなかに見出される。しかしながらマリオンは、「言うこと」とは「行為すること」であり、そして「或る思惟の陳述」が「一つの存在」に「到達」(Ibid., p. 380) するのだということ、したがって「コギト」が「一つの遂行動詞」(Ibid., p. 383) となるのだということは、認めているようである。「エゴ」は「それが思惟するごとに」有り、この意味で「コギタチオの瞬間」が、「コギタチオのパフォーマンスの瞬間性」に結びついた「瞬間的存在の存在する瞬間」(PM, p. 186) となるのだという。なお、単純に「コギト」を「発話」と結びつけようとするのを否定する立場からなされた「パフォーマンス解釈」の批判については、たとえばWilson, p. 55, 70等を参照。

(55) 『ビュルマンとの対話』のなかでは、「天使の観念」は「われわれの精神の観念」から「形成」されるという前提のもとに、対話が進行している。「天使の観念に関するかぎり、われわれがそれをわれわれの精神の観念から形成し、われわれの精神の観念からでないと、それについてのいかなる認識も持たないということは、確実です。〔……〕しかしそうすると、天使とわれわれの精神とは、双方とも思惟するものでしかないので、同じものになるのでしょうか」。「たしかに両方とも、思惟するものです。しかしこのことは、天使がわれわれの精神よりはるかに多くの完全性を持つということ、もしくはより大きな程度において持つということを、妨げるものではありません」(AT V, p. 157 : EB, p. 60)。このような発言を額面どおりに受け取ってよいとするなら、デカルトは「他人たち」の観念をも、「私自身」の観念のみから「形成」しうるのだと考えていたと想定することができるかもしれない。

(56) AT XI, p. 374 : FA III, p. 999-1000.

(57) AT VIII-2, p. 112. アルキエ版では——おそらく——当該箇所が省かれている。

(58) たとえばフランクは、「超越論的現象学は、デカルトの最初の二つの「省察」を、生誕の地として採用する」(Franck (1), p. 125) と述べている。

(59) 八三年に行われた或る対談のなかでは、レヴィナスは「〈無限〉の観念の神-学」(TrI, p. 62) という言葉を用いているのだが、しかし——周知のことでもあろうが——「神学」に対するレヴィナスの態度は両価的で、つねに肯定的なものであったとは言いがたい。

(60) 「顔が有るのは、それ自身によってなのであって、或る体系への準拠によってなのではない」(TI, p. 47) という言葉もある。

(61) 「解釈すべき記号のうちでの解釈する鍵の現前」(TI, p. 69) という言葉もある。

(62) 逆に「事物は即自的に有るのではないので、それは交換されることができ、したがって比較され、計量化されることができ、したがって、すでにその同一性そのものを失うことができ、金銭のうちに反映されうる」(TI, p. 136) のだという——人間を「事物」なみに扱う非倫理的な態度が抱える問題については、次章でも扱う。

(63) 「内容たること (être contenu)」にはもちろん「内包されること」という意味が込められているように思われる。

(64) 五二年の或るテクストには、「属性なき実体とは、発話である。顔とは、或る実体が属性なしにある可能性である。〔……〕属性の背後にあるこの実体が——まさしく顔の公現である」(CE 2, p. 218) という言葉もある。

(65) 「あらゆる特殊的表現以前に」、「そしてあらゆる特殊的表現のもとで」という言葉は、いわゆる「理論」に対する「倫理」の優位を物語っているように思われるかもしれないが、じつは真に「倫理的」な態度には抵触しているのではないかとも考えられる——この点に関しては次章で検討する。

(66) 八三年の或る対談のなかで、レヴィナスは「私は隣人の顔について、おそらくキリスト教徒がキリストの顔について述べているものを、述べている」(TrI, p. 57) と語っている。

(67) クレティアンはこう述べている。「レヴィナスと同様、サルトルは、他者との出会いは内世界的 (mondaine) ではなくて、世界とはまったく別であるようなものに私を直面させるのだということを示そうと企てるのだが、そのことは両者を、メルロ＝ポンティからラディカルに区別する。メルロ＝ポンティにとって、他者の他性は世界のなかで、世界から出発してしか生じない」(L'Herne, p. 269) ——しかしながら、もちろんレヴィナスにおける「突破」の問題構制と同様に、はたしてサルトルにおいて、本当に私-主観や他者-主観が世界とは無関係であり続けることができたのかという問いや、あるいはまた逆に、後期メルロ＝ポンティの有論において、私や他者がその究極の有においても世界のうちにあり続けることができたのかという問いは、そう簡単に片付く問題ではない。たとえばサルトルの場合、具体的に特定された他者は、本当に世界を離れて出会われうるのだろうか。また後期メルロ＝ポンティの場合、もし本当に他者が世界のなかで出会われうるような構造を有しているのであれば、なぜ見る者と見られるものの、あるいは触れる者と触れられるものとのまったき合致が、究極的には否定されてしまうのだろうか。

(68) 後期レヴィナスは「非-志向的なものは一挙に受動性であり、対格が何らかの仕方で、その《最初の格》である」(En, p. 154 ; EP, p. 89 ; AT, p. 43 ; L'Herne, p. 89) という表現を、繰り返し用いている。「《最初の格》」が「最初の《格》」(DI, p. 262 ; En, p. 139 ; L'Herne, p. 117) になっただけの、ほとんど同一の表現もときおり見られる。

(69) 「神の〈無限〉による人間の不安化 (inquiétude de l'homme par l'Infini de Dieu)」(AV, p. 178) という表現もある。ちなみに「死と時間」についての七五-六年のソルボンヌ講義によれば、「死による触発」もまた「情感性、受動性、尺度-逸脱 (dé-mesure) による触発、非-現在による現在の触発」(DMT, p. 24 ; L'Herne, p. 25) である。

(70) 同じページのうちに「彼性」という語と「否定神学」の否定との両方を示している別の箇所も、『有とは別様に』のなかにはある。Cf. AQ, p. 193.

(71) レヴィナスには「人権の明証性から出発した神の観念の到来」(HS, p. 161) について語っているテクストもある。

(72) これは『有とは別様に』の最終ページの最後の言葉である。

(73) 『実存の発見』や『固有名詞』からのこれらの引用箇所には、フランクも着目している (Cf. Franck (2), p. 267)。

(74) さらに特徴的で特異な表現を用いるなら、「表象を超えて、盗人のように私の知らぬ間に私を触発する他〔人〕の非‐現象性は、三人称の〈彼性〉である」(DMT. p. 234)。

(75) 八一年の有名な対談『倫理と無限』のなかで、レヴィナスはこう語っている。「私はあなたに、ユダヤ神秘主義の特異な一特徴のお話をいたしましょう。古代の諸権威によって定着した、きわめて古い幾つかの祈りのなかで、信者は神に《汝》と言うことから始め、始められた命題を《彼》と言うことによって終えるのです。あたかも《汝》のこのアプローチの途中で、《彼》へのその超越が、不意にやって来るかのように。それは私が私の諸記述のなかで、〈無限〉の《彼性》と呼んだものなのです」(EI. p. 112-3. Voir aussi AV. p. 151, 196-7)。レヴィナス自身の思想からするなら、神は「汝」と呼ばれることから「彼」と呼ばれることへと移行したことによって、その本来の場所を取り戻したということになるのだろう。

(76) すでに『有とは別様に』のなかに、「私の受苦で受苦する《神のための》一つの受苦」(AQ. p. 150) という表現が見られる。

(77) 「デカルトの神」に関して、アルキエが「ひとはそこに、われわれがその生に参与しうるような受苦し受肉した神 (le Dieu souffrant et incarné) を認めることなど、できないだろう」(Alquié. p. 108) と語っているのは、いまのコンテクストに鑑みて興味深い。

(78) 「不可侵な〔触れえない〕ものとして、〈望ましいもの〉〔le Désirable 欲望されるもの。ここでは〈無限〉ないし神〕は、それが呼び求める〈欲望〉の関係から自らを分離し、この分離もしくは聖性によって、三人称のままにとどまる。すなわち、〈汝〉の基底にある〈彼〉」(DI. p. 114. Cf. DMT. p. 257)。

(79) フランクは「フランス語ではイリアは前置詞の価値を有しうる。ところで問題とされているのは、実存における実存者の措定 (position) を記述することなのであるからには、実存〔この場合、「イリア」のこと〕は、文字どおり pré-position-nelle〔＝前置詞的、前‐措定的〕であらねばならない」(Franck (1). p. 87) という、彼らしいコメントを記している。

(80) 「不眠がイリアの脅威としてネガティヴに内包されるのは、初期レヴィナスにとってであり、不眠が称讃すべき意識の真の他化の意味を取るのは、後期レヴィナスにとってである」(Sebbah (1). p. 184) と、セバは指摘している。じじつ後期レヴィナスは、たとえば「〈同〉を疎外せずに〈同〉を呼び覚ます、〈同〉のうちの〈他〉」を「不眠の還元不可能な性格」(DMT. p. 243. Cf. AQ. p. 110) と呼んだり、「不眠監視すること」を「〈他者〉の身代わりになること」(DI. p. 52. Cf. DMT. p. 167) と、あるいは「不眠警戒」を「〈他者〉に対する責任」(DI. p. 55. Cf. p. 60) とみなしたりするようになる。

(81) 「意識」という言葉も、やはり不可解である。レヴィナスにおける「イリア」の記述には、不可解な箇所が多すぎる——しかし先に本文でも述べたように、これについても本格的な検討は、次章で行いたいと思う。

(82) 「実存は、或る重さを——それが実存それ自身であろうとも——引きずっていて、それがその実存の旅を複雑にしている。〔……〕それは端的に実存するのではない。純粋で真っ直ぐでありえようその実存の運動は、それ自身のうちに屈折し、嵌め込まれていて、有という動詞のうちにその再帰動詞的性格を顕示する。つまり、ひとは有るのではなく、ひとは自らを有る（on n'est pas, on *s'est*）」（EE, p. 38）。

(83)「現在のそれ自身への回帰は、すでに自己に釘付けされ、すでに一つの自己によって二重化された私の、肯定である」（EE, p. 135-6）。ここでもセバの言うとおり、「レヴィナスは、哲学的テクストのなかで〔……〕《釘付け-されていること》という契機をネガティヴに内包しているのと同じ時期に、ユダヤ的テクストのなかでは、それを暗黙のうちにポジティヴに内包している」（Sebbah (2), p. 130）——つまり三五年の『脱走』のなかでは、「釘付けされていること」は「受苦」（Ev, p. 70）や「恥」（Ibid., p. 87）や「吐き気」（Ibid., p. 90）等々に結びつけられて、ネガティヴにしか評価されていないのに対し、同じ三五年の或る別のテクストでは、「ユダヤ人は不可避的に、そのユダイスムに釘付けされている」（L'Herne, p. 144）と述べられてもいるのである。

(84)「〈有〉はたんに一動詞（un verbe）であるだけではない——それはまさにその〈動詞〉（le Verbe）である」（CE 1, p. 166）と、レヴィナスは手帳に記している。

(85)「メルロ＝ポンティにおいて私が世界のキアスムのなかで生まれるようにして、〔レヴィナスの場合には〕私はイリアから生まれるのではない。私はイリアに反して生まれるのである」（Sebbah (1), p. 181）と、セバは述べている。もちろん、いかにしてかは誰にも分からない。後期のレヴィナスなら他者による「指定」や「選出」を挙げるでもあろうが、しかし、今度はいかにしてイリアから他者が出現するのかが、やはり分からなくなってしまう。

(86)〈努力-抵抗〉の相関関係が、まずもって自我と身体とのあいだに成立し、そしてそのことによって自我にも身体にも或る種の存続が確立されるという点に鑑みるなら、ビランには「世界に向けられた努力」しかないと言うのは、明らかに言いすぎである。けれどもたしかにビランにおいては、「努力」それ自身は「自己超越」する作用だということにはなるだろう——ただし、超越・非超越のこのような問題構制に関するかぎり、ビラニスムにおいては「努力」と「抵抗」だけでなく、「努力の感情」や「アフェクション」も考慮に入れることが肝要になってくるであろうことは、やはり指摘しておかなければならないが。

(87)「自由」は「〔……〕他者の他性そのものによって、自らの有を赦させる（se faire *pardonner*）ことに存する」（EE, p. 161）という『実存から実存者へ』の言葉を引きつつ、フランクは、「他性」は「私がそれであるところの悪を私に赦しうるような〔……〕他者」にしか由来しえないと述べ、また「『全体性と無限』のなかで、レヴィナスはいっそう明瞭に、復活がその第一次的な出来事を構成するところの時間は、赦し（pardon）であると言うことになろう」（Franck (1), p. 101. Cf. TI, p. 259-60）と語っている。じっさいのところ、すでに四四年の手帳のなかに、レヴィナスは以下の言葉を記しているのである。「時間とともに、赦しが有の構造そのものとなる。それはヘーゲル的、ベルクソン的、ハイデッガー的な生成とは別物である」(Œ 1, p. 134)。

(88) サルトルはともかくとして、トータルに見ても、レヴィナスにおいては、ベルクソンの時間論に対するこのような辛口のコメントのほうが少ない。たとえば以下のようにポジティヴな、しかも自らの立場と重ね合わせるかのような評価が与えられているような箇所もある。「ベルクソンにとって一つの瞬間は、たんに他の一つの瞬間と関わるのみならず、何らかの仕方で他の瞬間で有る——とはいえ、他の瞬間と同一化されることはなしに。将来を孕んだ現在とはまさしく、将来を実存する現在である」(DE, p. 100)。「ベルクソンの教えを正しく解するためには、持続のディアクロニーそのものによって意味する新しさを〔……〕強調しなければならないのではないか」(TrI, p. 35. Voir aussi EI, p. 22-3 ; En, p. 235-6, Œ 1, p. 217-9, etc.)。

(89) 八一年の対談『倫理と無限』のなかで、レヴィナスはこう述べることになる。「予見不可能性が他性の形式たるのは、認識に相対的にでしかない。認識にとっては、他なるものとは本質的に、予見不可能なものである。しかるに他性は、エロスにおいては、予見不可能性と同義ではない」(EI, p. 69)。

(90) すでに四〇年代前半の手帳のなかに、レヴィナスは以下のような言葉を残している。「女性的なものは、他者が一箇の他の人格である以前に、他者である」(Œ 1, p. 76)。「愛において本質的なものとは、二つの有〔るもの〕の合一があることではなくて、二つの有〔るもの〕があることである」(Ibid., p. 119)。

(91) 四八年や四九年には、「父性」や「豊饒性」の問題を、「自己からの脱走」のそれと結びつけて語っているテクストもある。「自己からの脱走は、主観のたんなる再開ではない。それは息子との関係から成っている。父性はたんに息子のうちでの父の更新や、息子との父の混同ではない。それは息子に対する父の外在性、つまりは或る多元論的な実存することでもある」(Œ 2, p. 99)。「息子は私ではないが、私の作品でも私の所有物でもない。それは私でもある。一と他に共通の項——息子——が関係のうちにある両項のあとに出現するということは、自己からの脱走の唯一の有論的可能性である。豊饒性は、それ自身の同一性に対する実詞化の解放である」(Ibid., p. 139)。

(92) 拙著『自然の現象学——時間・空間の論理』世界思想社、二〇〇四年の第四章「〈一なき多〉の場の自己経験としての〈多なき一〉——レヴィナス多元論の批判の試み」の、特に第三節(1)や、拙稿"Différance ou présent vivant ? La temporalité chez Husserl, Derrida, Lévinas et Michel Henry", in JEAN, Grégorie/LECLERCQ, Jean/MONSEU, Nicolas (éd.), *La vie et les vivants. (Re-)lire Michel Henry*, Presses universitaires de Louvain, 2013, p. 157-66を参照されたい。

(93) 「ユダイスムと女性的なもの」と題された六〇年の論攷のなかで、レヴィナスはこう語っている。「中世に由来する愛の経験全体が、ダンテを介し、ゲーテにまで導くところの〈永遠の女性的なもの〉は――ユダイスムにおいては欠けている。女性的なものは、けっして神的なものの様を取ることがないであろう。処女マリアも、ベアトリーチェさえいない。女性によって開かれるのは、内密なものの次元であって、高さの次元ではない」(DL, p. 60-1)。周知のようにデリダは、「なるほどこのようにして顔の《高さ》を、また教えにおける〈きわめて - 高きもの〉〔Très-Haut 神〕の絶対的垂直性を、欠いているように思えようとも、女性的他性は語る――そしてそれは、人間的言語を語る。女性的他性のうちには、動物的なものは、何もない」(Derrida (2), p. 72) と述べることになる。そしてこれもまた周知の事実ではあろうが、レヴィナス自身、その後期思想においては、このような態度は改めることになる。「かつて私は、他性は女性的なものにおいて始まる、と考えていた。じっさいそれは、きわめて奇妙な他性である。〔……〕〈エロス〉以前に〈顔〉があった。〈エロス〉それ自身が、〈諸々の顔〉のあいだでしか可能ではない」(En, p. 123)。

(94) レヴィナスには「死の脅威は他者の脅威のようなものである」(CE 2, p. 305) という言葉もある。

(95) 同じ対談のなかで、レヴィナスはこうも語っている。「私は哲学が慰めうるとは思いません。慰めは、まったく異なる機能なのです。それは宗教的です」(DI, p. 137. Cf. EI, p. 127)。

(96) 八九年の論攷 (AT, p. 52) に、まったく同一の言葉がある。なお邦訳すると分からなくなってしまうが、「見つめる」の主語は、先ほどの引用と同様、「他〔人〕たち」ではなくて「過去」である。

(97) われわれは『イデーン』第二巻で主張されている意味内容を取って、「局在感覚」と訳しているのだが、他に「感覚感」といった訳もある。

(98) 「他〔人〕の死、それこそが第一次的な死である」(DMT, p. 53 ; L'Herne, p. 38) とレヴィナスは言う。

第三章

(1) 本章はレヴィナス論としては前章の続編に当たるので、主たる引用文献とその略号に関しては、前章のものをそのまま用いることにする〔前章の註(1)を参照されたい〕。

(2) 「しかし人々は、そんなにも異なっているでしょうか。人間とは最も内包を持たない概念だとあなたは言う。私には分からない。私にとって、最も内包を持たないのは、有の観念なのです」というジャン・ヴァールの問いに対して、レヴィナスはこう答えている。「すべての人々は似てはいますが、しかし、彼らは同じものではありません。私はけっして、人々の類似性に異論を唱えようとは思いませんでした。けれども〈自我〉としての〈自我〉は、絶対的に唯一的で、彼が社会学〔という客観的な学問〕の外で着手されるや否や、彼は〈他〔人〕〉とのいかなる共通的なものも持たないのです」(LC, p. 92-3 ; L'Herne, p. 109-10)。

(3) 八三年の或るテクストによれば、「他人に対する責任」の創設するのが「歴史的な兄弟性」（En. p. 161）なのだという。

（4）「偶像崇拝——〈父〉を通過することなき他者の崇拝」（CE 1. p. 387）と、おそらくは五七年に書かれたであろう或るノートには記されている。

（5）この文章のなかでフランクが引用しているレヴィナスの言葉については、われわれも以下の本文でまた取り上げることになるのだが、典拠はTI. p. 44, 51である。

（6）「正義」が二度出てくるのは奇妙だが、ここは原文どおりに訳しておく。

（7）そもそも「人質」とは、たとえばAがBを裏切らないためにAに親しい、もしくはAの側にいるCを差し出すというようなときに用いられる概念である。したがって第三者が介在する以前に「人質」について論じるのは、おおいに奇妙である。

（8）「厳密に語るなら、レヴィナスは顔が倫理的だと言っているのではない。彼が述べているのは、責任は倫理的であり、他者の顔によって問いに付されていることは倫理的である、ということである」（Morgan, p. 228）とモーガンは語っている。

（9）前章でも部分的に引用したが、「無からの創造（création ex nihilo）という観念が表現しているのは、全体性のうちには合一されない数多性である」（TI. p. 78）という言葉が『全体性と無限』にはある。

（10）また後述するが、八六年の或るテクストには、「有の野蛮」（En. p. 193）という言葉も見られる。

（11）スピノザの原文では「各々のものは、自己のうちに有るかぎり、自らの存在のうちに拘執しようと努力する（Unaquæque res, quantum in se est, in suo esse perseverare conatur）」となっている。SPINOZA, Baruch de, *Éthique*, texte et traduction par Charles Appuhn, Paris, Vrin, 1983, p. 260.

（12）これもハイデッガーの原文によれば、「それ〔＝現有〕はむしろ次のことによって有るもの的に特筆される、つまりこの有るものには、その有において、この有それ自身が肝要だということである（Es ist vielmehr dadurch ontisch ausgezeichnet, daß es diesem Seienden in seinem Sein *um* dieses Sein selbst geht）」となっている。HEIDEGGER, Martin, *Sein und Zeit*, Tübingen, Max Niemeyer, 1976[13]（1927[1]）, S. 12.

（13）レヴィナスにおける「コーナートゥス・エッセンディ」については以下の本文でもまた幾度か言及するが、その他にも、たとえばHS. p. 65 ; En. p. 177 ; AT. p. 171 ; HN. p. 14, 155, 211等を参照。

（14）『有とは別様に』のなかでレヴィナス自身が、「本書は主観性の意義を、他人たちに対する私の責任という法-外な日常的なもの（le quotidien extra-ordinaire）のうちに露呈した」（AQ. p. 179）と語っている。

（15）古フランス語ではvisは「顔」を意味していたのだという。小学館『ロベール仏和大辞典』二五三〇頁のvis-à-visの項目を参照。

（16）先にわれわれは、責任は「顔」を持つ側の問題ではなく

「顔」を迎え入れる側の問題であって、「愛される女」が無責任状態に陥ったのだとしても、だからといってその「顔が鈍化」するというような理屈にはならないと批判しておいたのだが、ひょっとしてレヴィナスの心のうちには、ほとんど無意識のようにして、責任ある者には責任ある態度を取るべきであり、責任なき者には私も責任ある態度を取らなくてよいというような、一種の相互性の考えが、すでに働いていたのかもしれない。

(17) やはり五一年に属すと推定されうる或るノートのなかにも、「語ることとはもともと、聴くこと（écouter）ではないだろうか」(Œ 1, p. 376) という言葉が記されている。

(18) ヴァリエーションの一つとして、レヴィナス自身がもう少し先で「すべての人々は互いに責任があるのだが、《皆（tout le monde）よりいっそう私に》責任がある」(En, p. 117) とも述べている。

(19) 本章でも見たように、レヴィナスは「〈善〉と〈悪〉とは同じ平面上にはない」(DMT, p. 207) というような言葉も残している。

(20)『有とは別様に』では「あらゆる受容性（réceptivité）よりいっそう受動的な受動性」(AQ, p. 61) や「忍耐の固有の——かくして意志的なものに相関的なあらゆる受動性よりいっそう受動的な——受動性」(Ibid., p. 66)、あるいは「付きまといの——諸事物の受動性よりいっそう受動的な——全面的な受動性」(Ibid., p. 140) や「あらゆる物質的受動性の手前にある或る受動性」(Ibid., p. 156) といった表現も用いられている。「あらゆる惰性よりいっそう受動的な、受動性-能動性という二者択一の手前にある受動性は、告発、迫害、他〔人〕たちに対する責任といった倫理的諸術語によって記述される」(Ibid., p. 155)。

(21) 周知のように「暴力と形而上学」のなかで、デリダは「有は〔……〕しばしばレヴィナスが解させているように、一つの第三項、一つの共同的真理等々などではない」(Derrida (1), p. 217) と述べて、ハイデッガーを擁護しつつ、レヴィナスを批判しているのだが、同じようにレヴィナスにおける「場所」や「空間」もまた「第三項」ではなく、そもそも「項」などではないと言えるはずである。

(22) 原文ではle devoir de donner à l'autre jusqu'au pain de sa bouche et du manteau de ses épaulesとなっているが、文意不明瞭なので、du manteauをau manteauに読み替える。

(23)「私はここにいる。おそらくは虚しい私の現前。しかし、現前と他者に対する責任との無償の運動」(AT, p. 167)。

(24)「自我は憎むべきものである」(PASCAL, Blaise, *Pensées*, Paris, Garnier-Flammarion, 1976, p. 179)。

(25) パスカルの原文では「私のもの、君のもの——《この犬は僕のものだ》と、かわいそうなこれらの子供たちが言っていた。《これこそが陽の当たる僕の席だ》。それが大地全体の簒奪の始源にしてイメージである」(PASCAL, Blaise, *Pensées*, *op. cit.*, p. 137) となっている。また或る研究者の指摘によれば、「陽の当たる或る席のたんなる要求によって、すでに私は大地を簒奪してしまった」や「陽の当たる私の席は、すでにして殺害である」（L'Herne, p. 323）といったブランショの言葉があるという。

(26) あとでもまた述べるが、イリアの非人称性を説明するために「夜になる」を用いるのは、後期レヴィナスの特徴であるように思われる。

(27) ロランはまた「『有とは別様に、もしくは存在作用の彼方』のなかでは〔……〕イリアは明示的に存在作用（*essence*）の同義語となることによって、一つの鍵‐概念のステイタスを真に獲得する」（Ev, p. 35）と述べてもいるのだが、のちに本文でも見るように、そのような発言はやや安直にすぎるように思われる。

(28) 同様に『全体性と無限』でもレヴィ＝ブリュールの「融即」（TI, p. 253）について語られている箇所がある。

(29) その他、「イリア」に関しては以下の本文に扱う箇所のほか、Œ 1, p. 140, 179, 419, 452 ; Œ 2, p. 78-9, 317 ; Œ 3, p. 159, 183, 209, 215等も参照。

(30) 有の匿名性についてはEE, p. 10, 26, 80, 139, 141, 149, 169, 171 ; TA, p. 13, 31 ; DL, p. 407等、その非人称性に関してはEE, p. 10, 140 ; TA, p. 27等も参照。

(31) 『時間と他』（TA, p. 26）や四六年の論攷「イリア」（IL, p. 105）も「雨が降る」や「暑い」という例を挙げているのだが、先に見たように、『倫理と無限』（EI, p. 46）や『実存から実存者へ』の七八年に書かれたであろう「第二版への序文」（EE, p. 10）、また『困難な自由』の七六年の新版の末文「署名」（DL, p. 407）では、「雨が降る」と「夜になる」が挙げられている――おそらく「夜」への注意をいっそう喚起するためであろうと思われる。

(32) 「ひと」はともかく、「われわれ」は不可解な表現である。

(33) フランクは「イリアは、有は、恐怖の夜を免れ、決断の昼に返されることができる」（Franck (1), p. 102）と語っている。われわれも「イリア」や「有」が夜の「恐怖」を免れうることを認めるにやぶさかではないのだが、しかし「疲労させる旅」ののちに見出される「非現実的な、案出された街」にニーチェのごとき「決断の昼」を見るのは、いささかゆきすぎのような気がする――なお「夜」の「恐怖」については、本節冒頭でも述べたように、本節(⑶であらためてまた取り上げ直すことにしたい。

(34) 「歴史的にはレヴィナスは、〝イリア〟を魔術的な世界の状態に、あるいは神話的世界の状態にさえ、〔また〕哲学的啓蒙以前の状態に定位した。魔術的世界は、レヴィナスがこの表現をルシアン・レヴィ＝ブリュールにおいて用いられているのを見出す（TA, 21）ような意味において、融即（participation）の世界である。限界状況としての融即は、魔術的な〈一‐即‐一切〉における、一切の一切への参与における、主観の消失である」（Krewani (1), S. 112）とクレワニは述べている。Voir aussi En. p. 59. クレワニはまた「哲学的にはレヴィナスは、〝イリア〟の概念がヘラクレイトスにおいて先行的に形成されているのを見る」（Krewani (1), S. 113）と述べてもいるのだが、その点に関してはTA, p. 28を参照。レヴィナスがハイデッガーの「被投性」（Ibid., p. 25）をイリアに近づけている箇所もある。また「〈イリア〉は主観によって初めてその組織化を経験するような物質としても記述されることができる」(Krewani (1), S. 113) というクレワニの言葉に関しては、本節次項を参照。

(35)「諸力の領野」という表現に関してはTA, p. 26 ; II, p. 112も参照。

(36)『時間と他』には「無なき有の概念」や「無のこの不可能性」(TA, p. 28) といった言葉がある。

(37)「イリアはそれ自身によっては時間的ではない。イリアが一つの現在を獲得するのは、私 (le je) によってである」(Œ 1, p. 465) と、或るノートには記されている。『時間と他』には「実存することの非人称的な無限」(TA, p. 32) という言葉もある。

(38)「イリア――それは夢やめまいにおいてひとが認識するような深淵への墜落である」(Œ 1, p. 397) と記しているノートもある。

(39) われわれが〈場所の自己-触発〉という表現を用いるとき、もちろんわれわれはこのような場所にも一つの〈自己〉を認めたいと考えている。しかしながらもちろんそれは、〈対象〉と区別された〈主観〉が持つ自己のような、狭い意味での〈自己〉ではない。

(40) 先に引用したレヴィナスの言葉を註釈しつつ、フランクは「食べることのできる主観のみが意味することを能い、意味作用は受肉した諸々の有〔るもの〕のあいだでしか可能ではない」(Franck (2), p. 72) とも述べている。

(41)「場所の不在」とはこの場合、もちろん、局在化された場所の不在という意味である。なお『実存から実存者へ』は、「諸感情は《外-内》モデルで構成されている」(EE, p. 172) と述べつつ、情動と感情のステイタスを区別している。ただし「超越」は「ポジシオンの非-超越」に基づき、「諸感情の《昏《くら》さ》」は「この先行的な出来事を確証」(Ibid., p. 172-3) しているのだという――もちろん「イリア」を告知する「情念」から「ポジシオンの非-超越」に関わる「諸感情の《昏《くら》さ》」にいたるまでの距離は、まだまだ遠いと言わなければならないだろうが。

(42) もちろんレヴィナスにおいても「文化」について肯定的に述べているテクストは存在する。Cf. p. ex. En, p. 193-4 ; Œ 1, p. 263, etc.

(43)「分析は感性を、その自然-以前的な意味作用において、〈母的なもの〉にいたるまで追跡することになろうが、〈母的なもの〉においては意味作用は、近しさとして、それが一つの〈自然〉のただなかで有における拘執のなかでひきつる以前に、意味する」(AQ, p. 86)。「自然よりむしろ (plutôt que nature)――自然より早く (plus tôt que la nature)――直接的なものとは、感性がそこへと遡るところの傷つきやすさや母性、誕生-以前や自然-以前である」(Ibid., p. 95)。このようにレヴィナスにおける「母性」は、むしろ「自然」とは対蹠的な地点に位置している。それは「感性」、「傷つきやすさ」、「物質性」とならんで「他〔人〕たちに対する責任」を「記述」(Ibid., p. 135) するものであり、一言で言うなら、それは「傷つきやすさ」の「究極の意味」(Ibid., p. 137. Voir aussi p. 89, 96, 99) である——ただし四九年に行われた或る講演のためのテクストのなかでは、『有とは別様に』における倫理的な意義とはちがって、「眠ること」に関して「場所の母的な起源」(Œ 2, p. 135) という言葉が用いられている。

(44) この挿入句はレヴィナスの論文「ヒューマニズムとアーナーキー」(HA, p. 81) からの引用である。

あとがき

本書の成立事情に関しては「序」に記しておいたので、ここではまず本書を構成する三つの章のそれぞれの実質的な執筆時期と、筆者の既刊論文とのそれらの関連とについて、簡単に述べることから始めることにしたい。まず第一章をじっさいに執筆していたのは二〇一五年の八‐九月であって、サルトルの他者論を中心としたその約1/6サイズの縮小版が、「サルトルと20世紀の古典的他者論」という題名で『愛知県立芸術大学紀要』No.45（二〇一六年三月発行）に掲載された。次いで第二章は二〇一六年のやはり八‐九月に起草し、その約1/9サイズの縮小版を、「神の他性と他者の他性――デカルトとレヴィナスにおける「無限」の観念――」という表題のもとに『愛知県立芸術大学紀要』No.46（二〇一七年三月発行）に発表。最後に第三章は二〇一六年一二月から翌一七年二月にかけて断続的に書き続けたもので、直後の二‐三月には「序」を著しつつ三つの章の全体を見直し、加筆修正を行った。

ちなみに本書のレヴィナス論の発想の根底にあったのは、二〇〇四年に世界思想社から出版した『自然の現象学――時間・空間の論理――』の第四章「〈一なき多〉の場の自己経験としての〈多なき一〉――レヴィナス多元論の批判の試み――」と、二〇一二年三月に宗教哲学会第四回学術大会（於京都大学）において口頭発表し、翌一三年三月に『宗教哲学研究』（宗教哲学会）に掲載された論攷「他性と神――現代フランス現象学に於ける「超越」の問題をめぐって」とである。

もともと筆者は一年かけて論文を準備しつつ夏季休暇期間中に集中して執筆し、また一年間用意して夏休みに次稿をまとめて書き下ろす、というペースで研究を進めてゆくことをほぼ習慣化していたのだが、習慣が型にはまってくるとその型を壊したくなるというのも人情である。とりわけ第二章と第三章は同じくレヴィナス論なので、今回は前者が一段落つくと、ただちに後者の原稿化に取り掛かるという段取りとなった。そのために、また資料の共有ということもあって、両章では同じ文言を何度か繰り返して引用するというようなこともときに出来《しゅったい》してしまったが、同じ文章でも他のコンテクストのなかではまたちがった役割を担うこともありうるので、その点は御容赦されたい。

また特に第二章と、或る意味では第三章も、当初の予定を大幅に超えてかなり長大なものになってしまったが、それには筆者が最初に公表したレヴィナス論が一般にはさっぱり理解されなかったので、今回は特に丁寧に扱っておこうと思ったといういきさつもある。さっさと切ってしまうか、それとも気長に付き合ってみるか——今回筆者が取った戦略とは、もしレヴィナスの思索を本当に認めようとするなら、レヴィナスの表立った主張とはまた別のことを前提しておかなければならなくなるだろうというようなものであったが、書き終えたいまとなっては、いささか滞留しすぎたかという思いも多少はある。

四半世紀以上もまえに六部から成る「自然の現象学」の全体を構想したときには、最後の第六部に当たる他者論においては、とりわけ「自然における他者と文化的他者」について本格的に論ずるつもりであった。その傾向は、本書でもまったく消え去ってしまったわけではない。しかし本書の関心は、むしろ「他性」と「場所」との関係そのもののほうへと傾いていった。本文でも述べたように、他者論に関して言うなら、レヴィナス以降、たしかに何かが変わったような気がする。レヴィナス以前の「古典的他者論」が「いかにして他者の存在が理論的に私に知られうるか」に向かっていたとするなら、レヴィナスにそのような「理論」の厳密さを求めても無駄である。他者は初めから倫理的に前提され、むしろ「いかにして」そのものが倫理的に解釈されてしまう。そして二〇世紀の古典的他者論を検討してきたわれわれも、やはり理論的には他者存在の絶対確実性などとうてい望めないという結論に導かれざるをえなくなってしまった。しかし、それではレヴィナスの取った道でよかったのかと尋ねられると、われわれとしてもおおいに疑問は残る。たとえレヴィナスの述べたことを大筋として認めたとしても、それでもそこにレヴィナスがそれほど明確に述べるにはいたっていなかった或る根拠を、つまりは「関係」の——「相互性」もしくは「対称性」の——「場所」というものを求めなければならないのではないのか、それがわれわれの思い描いた道筋であった。

　他者が他者として他者にふさわしく迎え入れられるためには、そのような出会いが生起しうる「場所」というものが必要になってくる。そしてもし神の他性というものが他者の他性の覚知や承認に関与してくるとするなら、それは他性の場所もしくは相互主観的空間にこそ、神が住まっているからではないだろうか——しかし、そもそも「場所」とは何であろうか。「場所においてあるもの」が「場所」においてしか考察されえず、現象しえないのだとして、今度は「場所」それ自身はいかにして考えられ、意識を触発しうるというのだろうか。われわれをして「場所」について語りうることを許容している当のものとは、いったい何なのだろうか。「場所」は「場所」それ自身として、「場所」それ自身によって、「場所」それ自身において現象しうるのでなければならない。そしてもし「場所」それ自身が「場所においてあるもの」とは別様に受け取られなければならないのだとするなら、「場所が場所において現象する」と言われるさいの「おいて」は、「場所においてあるもの」の「おいて」とは、まったく別の意味と構造とを有しているのでなければならない。すなわち前者の「おいて」が成り立つためには、後者の「おいて」がとりあえずは消滅するのでなければならない。しかしもしそうだとするなら、「おいてある場所」は「端的な場所」と或る意味では同じでありつつも、まさにそのことによって、或る別の意味ではやはり異なるのだと言わざるをえなくなってしまうだろう。そしてもし「おいてあるもの」が「おいてある場所」のうちに内立することによって初めて「おいてあるもの」と言われうるのだとすれば、「端的な場所」はむしろ「おいてあるもの」なしにあるのだと言われなければならない。したがって「おいてあるもの」から後追い的に「端的な場所」のことをあえて思索しようとするなら、そこにわれわれ哲学者が「内在〔内立〕」の関係をも「超越〔端的に異なる〕」の関係をも双方同時に見出したとしても、特に不思議はない。それゆえこのような局面において「内在」という言葉を用いるか「超越」という表現を使うかは、同じことがらを上から見るか下から見るかの相違くらいにしかならず、本質根源的にはどうでもよいということになってしまうであろう。

「序」のなかで筆者は自らの「アンリ体質」について語った。おそらく筆者が行っているのは、アンリ現象学の――ずいぶんと粗末で偏った――一つのヴァリエーションにすぎないのかもしれない。そして同じく筆者の思索の内実には、辻村公一先生と山形頼洋先生との影響が、いまだに色濃く反映し続けていることも確かである。やはり非礼を顧みずにあえて言わせていただくなら、それは筆者の「辻村体質」であり「山形体質」なのだろう。いままでは学界や学会にはほとんど疎遠になってしまった筆者ではあるが、それでも筆者はけっしてただ一人で思索しえているわけではない。「あとがき」の類《たぐい》にはいつも同じことばかり記しているようではあるが、三人の先生方には、あらためて感謝の意を表しておきたい。

世のなかには学界向きの論文や学会受けする原稿というものも、あるのだとは思う。筆者はだんだんそういうものには、疲れてきた。哲学の思索にはもう少しちがったかたちもあるのではないか――いつまでも学生あがりの博士論文まがいの著書ばかり上梓し続けている筆者ではあるが、『自然の現象学』のシリーズが完結したあかつきには、そろそろそのようなスタイルは卒業させてもらってもよいのではないかと考えている。本書の続編たる次著では、まだそのようなわけにはゆかないのだが。

「序」でも触れておいたように、本書はJSPS科研費15K02009の助成を受け、「他性と場所」という研究課題名のもとに二〇一五年度から一九年度にかけての五年間になされる予定の一連の諸研究の、一五－一六年度の研究成果報告でもある。助成に対しては、謝意を表しておく。また萌書房の白石徳浩さんには、三章のみから構成され、他者論の全体構想のなかではまだその前半部しか占めない本書の現段階での出版の是非も含めて、原稿を送るまえからいろいろ相談に乗ってもらった。一般向きでないばかりか、それほど学界向きとも言えないかもしれない著作、つまりは売れる見込みのほとんどない本書の公刊にさいして、それでも白石さんからは、いつものように繊細で温かい御協力をたまわった。この場を借りて厚く御礼申し上げておきたい。

二〇一七年八月　於長久手市根の神

中　敬夫

■著者略歴
中　敬夫（なか　ゆきお）
1955年　大阪府生まれ
1987年　京都大学大学院文学研究科博士課程学修退学
1988年　フランス政府給費留学生としてフランスに留学（ボルドー第三大学博士課程）
1991年　パリ第四（ソルボンヌ）大学博士課程修了（博士号取得）
現　在　愛知県立芸術大学美術学部教授
著　書
『メーヌ・ド・ビラン――受動性の経験の現象学――』（世界思想社，2001年）
『自然の現象学――時間・空間の論理――』（世界思想社，2004年）
『歴史と文化の根底へ――《自然の現象学》第二編――』（世界思想社，2008年）
『行為と無為――《自然の現象学》第三編――』（萌書房，2011年）
『身体の生成――《自然の現象学》第四編――』（萌書房，2015年）　ほか
訳　書
ミシェル・アンリ『身体の哲学と現象学』（法政大学出版局，2000年）
ミシェル・アンリ『受肉』（法政大学出版局，2007年）
ディディエ・フランク『ハイデッガーとキリスト教――黙せる対決――』（萌書房，2007年）ほか

他性と場所Ⅰ――《自然の現象学》第五編――

2017年10月5日　初版第1刷発行

著　者　中　敬　夫
発行者　白石徳浩
発行所　有限会社　萌《きざす》　書　房
〒630-1242　奈良市大柳生町3619-1
TEL（0742）93-2234 / FAX 93-2235
［URL］http://www3.kcn.ne.jp/~kizasu-s
振替　00940-7-53629
印刷·製本　共同印刷工業株式会社

ISBN978-4-86065-113-8

中　敬夫著

行為と無為——《自然の現象学》第三編——

A5判・上製・カバー装・432ページ・定価：本体6000円＋税

■「自ずから然り」という意味での「自然」についての現象学的諸研究の中から，サルトル，メルロ＝ポンティ，シェリング等の思索を検討しつつ，多様な意味における自由について，それらの根底に「非自由」や「無為」を見るという観点から考察。

ISBN 978-4-86065-064-3　2011年12月刊

中　敬夫著

身体の生成——《自然の現象学》第四編——

A5判・上製・カバー装・498ページ・定価：本体6800円＋税

■〈主－客〉未分以前，自我・身体・世界の区別さえ確立されていない一なる場所からそれらが誕生し，さらには文化的身体の生成へ至るまでの発生論的過程を，ビランやアンリの身体論，デカルトやメルロ＝ポンティ等の理論も援用して検証・考究。

ISBN 978-4-86065-091-9　2015年4月刊

ディディエ・フランク著／中敬夫訳

ハイデッガーとキリスト教——黙せる対決——

A5判・上製・カバー装・208ページ・定価：本体3200円＋税

■ハイデッガーにより西洋形而上学の始源と位置づけられる古代ギリシャ時代の「アナクシマンドロスの箴言」についてのハイデッガー自身の解釈を通じ，彼の思索とキリスト教との「暗黙の関係」が持つ意味を剔抉。

ISBN 978-4-86065-033-9　2007年12月刊刊

山形賴洋 著

感情の幸福と傷つきやすさ

A5判・上製・カバー装・294ページ・定価：本体4000円＋税

■フランス哲学の素養にドイツ現象学や西田哲学等の知識も加味し，意識・感情・身体・運動といった幅広いテーマを飽くことなく考究し続け，またミシェル・アンリ研究の第一人者でもあった著者の未発表の遺稿や仏語論文も収めた論文集。

ISBN 978-4-86065-087-2　2014年11月刊